U0527935

王陵秘色

钱镠墓越窑青瓷

郑建华 主编
鲍伟华 副主编

杭州市临安区博物馆 编

浙江大学出版社·杭州

主　编
郑建华

副主编
鲍伟华

编撰成员（以姓氏笔画为序）
张馨月　张惠敏　徐　玲

摄　影
林　城

绘　图
张馨月　程爱兰

目 录

钱王陵秘色瓷简论 | 郑建华 / 001

细颈盘口瓶 / 015

执壶 / 021
1. 长颈圆腹执壶 / 023
2. 葫芦形执壶 / 027
3. 垂囊形执壶 / 030

皮囊壶 / 035

龙纹罂 / 041

罐 / 047
1. 夹耳带流盖罐 / 049
2. 瓜棱腹盖罐 / 053
3. 四系罐 / 079

碗 / 085
1. 圆口碗 / 087
2. 花口碗 / 110

盏 / 113
1. 圆口盏 / 115
2. 花口盏 / 118

盏托 / 123
1. 圆口盏托 / 126
2. 花口盏托 / 129
3. 敛口盏托 / 136
4. 葵口盏托 / 138

海棠杯 / 141
1. 平口海棠杯 / 143
2. 花瓣口海棠杯 / 147

盘 / 151
1. 平底盘 / 153
2. 圈足盘 / 169

碟 / 183
1. 圆口碟 / 185
2. 花口碟 / 211

盆 / 247
1. 折沿盆 / 249
2. 撇口盆 / 252

钵 / 255
1. 平底钵 / 257
2. 圈足钵 / 266

套盒 / 269

盒 / 285
1. 平底盒 / 287
2. 圈足盒 / 294

熏炉 / 297
1. 盒式熏炉 / 299
2. 兽头足熏炉 / 304

水盂 / 313

唾壶 / 317

枕 / 321

砚 / 325

后 记 / 329

钱王陵秘色瓷简论

郑建华

浙江省杭州市临安区太庙山南麓，有一座五代时期的吴越国王陵，俗称钱王陵，这就是吴越国第一代国王钱镠的陵寝（图1、图2）。[1]

钱镠（852—932），杭州临安人，在藩镇割据、战乱频仍的唐末五代时期创立吴越国。他坚定奉行保境安民、善事中国的国策，广建城池、发展商贸、筑塘捍海、奖掖农桑，为江南"人间天堂"建设奠定了厚实的基础。后唐长兴三年（932）三月，钱镠病逝于杭州，应顺元年（934）正月归葬故里安国县衣锦乡茅山之原（即今临安太庙山南麓）。

本书介绍钱王陵出土之瓷器，这些瓷器都是越窑青瓷，且多数是堪称精品的秘色瓷。

一、钱王陵越窑青瓷的特征

越窑青瓷是吴越[2]显贵墓葬中常见的随葬品，迄今所见，以钱王陵出土的数量最多，制作最为精美，器形也最为丰富，有碗、盏、盘、碟、盆、钵、杯、盏托、水盂、唾壶、执壶、皮囊壶、罐、瓶、盒、委角套盒、熏炉、砚、枕、罂等。

钱王陵出土的越窑青瓷，总体上延续了晚唐到吴越国前期的风格，但也出现了新的变化，表现出明显的过渡性特征，有些器形非常罕见，甚至前所未见。

这批青瓷多胎质细腻，胎色浅灰。器形多规整端巧，胎体匀薄，仿金银器的风格鲜明。釉面大都光洁无瑕，玉质感较强，玻质感较弱。釉色多呈淡雅的湖绿色，少量略泛黄，呈色青黄或青灰的仅个别器物。偶见流釉现象。

（一）装饰

这批青瓷整体上给人精致典雅的感觉，其缘由，除了精工细作外，主要是造型美、釉质釉色美。碗盘类圆器，部分作花口，壶罐类琢器多作瓜棱腹，执壶的颈肩相接处往往有一圈圆凸棱。多数器物素面，仅蟠龙罂有划花，委角套盒有简单的印纹与镂孔，熏炉有实用与装饰相结合的镂孔，特殊器形如皮囊壶，细部有刻划、戳印类装饰等。尽管制作环节的装饰少见，但烧成以后，以

图1　石牌坊

图2　钱王祠

银釦另行装饰的做法却比较多见，而且从检测的情况看，还是罕见的鎏金银釦。[3] 从残存的银釦和器物上遗留的痕迹观察，大量器物的口部、部分器物的足部（如套盒）以及壶流的口部（第024页）等位置，都曾有银釦，可惜多数已经脱落。

（二）装烧工艺

根据装烧痕迹和釉面效果等，可以对装烧工艺做出判断。多数青瓷釉色均匀，釉面光洁，温润如玉，有垫烧的泥点或泥点痕，不见叠烧痕；这些器物用匣钵单件装烧的可能性大，即便其中有匣钵多件装烧者，也应该是置放在叠烧组合最上层的。

兽头足熏炉，器身、器盖和盖纽分别烧成（第306—307页）。兽头足底部和炉身外底均有泥点痕（第311页），显然是因为器身重，装烧时除支垫足底外，还曾以高垫圈类支垫具另行支垫器身外底。

委角套盒虽然数量多，可以彼此套叠，但普遍器形规整，釉面和釉色皆佳，垫烧痕在足底，口部无叠烧痕迹（第273—284页），也应该是分别以匣钵单件装烧而成的。

有一件浅盘式盏托，外底和圈足的足端均无垫烧痕迹，但上卷的唇沿无釉，有垫烧痕（第136—137页），说明采用了覆烧的方式。相似的器形和同样的装烧方式，在上林湖后司岙窑址五代时期的地层中可以见到。[4] 从口部的痕迹来看，这件盏托烧成后，曾经以银釦包镶芒口，可见，为追求瓷器外观的华美，当时对装烧方式和银釦装饰做了统筹考虑。

采用明火裸烧方式的器物，应该只有两件四系罐（第080—084页）和蟠龙罌的器身。这两种器物的体形比较高大，前者高近30厘米，后者高近50厘米，釉色均呈不均匀的青黄和青灰色，釉面比较干涩，局部有落灰现象。

蟠龙罌的器盖，釉面洁净，青釉色调均匀，与器身存在明显的反差。罌盖的内面有一圈泥点痕（第046页），而罌的口部并无垫烧痕。这说明，罌盖的装烧方式是以匣钵单件装盛、以超出罌盖内部高度的垫圈或类似的支垫具垫烧。

（三）罕见器形

部分器物体形硕大，有些器形在越窑青瓷中罕见，甚至是首次发现。体形硕大者，除上述蟠龙罌、四系罐和兽头足熏炉外，还有撇口平底大盆、平底捧盒（第287页）、细颈盘口瓶（第017页）、卷沿圈足钵（第266页）等，这几件器物均属罕见器形，后两种更是首次发现。其他鲜见或首见的器形，还有菊瓣海棠形折沿高足盘、菊瓣海棠形喇叭足杯、海棠形盒、双足风字砚（第327页）、深腹五出花口碗、带夹层的盒、球形盖香熏（第299页）、带流夹耳盖罐等。

在唐、五代越窑青瓷中，海棠形器物并不少见，器形多为海棠杯，作四曲口或平口，足部的发展趋势是从矮直圈足到喇叭形高圈足。钱王陵出土的平口高足海棠杯（第143页），在同类器中比较多见，但菊瓣海棠杯鲜见（第147页），菊瓣海棠形折沿盘更是迄今别无他例（第178页），后二者可能配套使用，折沿盘充当杯托。海棠形盒也是少见的器形（第294页）。

越窑兽头足熏炉，除窑址外，目前仅见于吴越显贵墓，已发表材料的完整器只有钱镠母亲水邱氏墓之出土品（图3）。[5] 两者相比，钱王陵出土的熏炉有其鲜明的特点：一是体形特别高大，炉身加器盖，高近60厘米；二是盖纽特别高耸，且与炉盖分别成型、分别烧成，然后再组装在一起（第304—305页）。

钱王陵出土了两件平底盆。一件盆的器形相对较小，口径23厘米（第249页）。晚唐、五代时期，这种盆比较多见，通常作平折沿，口径一般在20—30厘米，在扶风法门寺地宫[6]、洛阳后梁开平三年（909）高继蟾墓（图4）[7]、临安五代早期吴随□墓[8]、康陵（图5）[9]、苏州七子山五代墓[10]，均有出土。据考证，文献中记载的秘色鉌鑼就是这种器物。[11] 另一件盆，口径达36厘米，撇口，腹部较浅，腹壁坦张（第252页）。在越窑平底盆中，这种大体形的器形非常罕见。

五出花口圈足碗，是晚唐、五代时期常见的越窑青瓷器形，器高与口径之比多在1:2左右。钱王陵出土的这件碗，高度与口径之比约1:1.5，器身瘦高，腹部特别深（第110页）。

图 4 高继蟾墓平底盆

图 5 康陵平底盆

图 3 水邱氏墓褐彩熏炉

青瓷盒是唐宋越窑常见器形，通常只有盒身与盒盖这两部分。钱王陵出土了十分罕见的盒，盒身与盒盖之间另有一个平折沿浅碟状的夹层（第290页）。慈溪寺龙口窑址曾出土一件平折沿、浅腹、平底碟形器物，发掘报告称之为异形器盖（图6）。[12] 从器形、大小和装烧痕迹看，该"器盖"很可能就是钱王陵出土的这种三件套盒的夹层。

夹耳盖罐是比较有特色的越窑青瓷器，在慈溪寺龙口窑址[13]、内蒙古赤峰辽会同五年（942）耶律羽之墓[14]、苏州七子山五代墓（图7）[15]等地，都曾出土过。但这些出土品，均体形高大，器高在35厘米左右。钱王陵出土的夹耳盖罐，体形比较小巧，器高只有前一种罐的一半，肩部一侧还带有一短流（第049页）。这种带流夹耳盖罐，目前似仅有两例。

（四）风格的过渡性

钱王陵的年代处于吴越国前后期的中间点，随葬的越窑青瓷具有明显的过渡性风格。也就是说，既往的越窑青瓷风格在这里得以延续，同时，某些新的特征开始萌发。

1. 装烧方式

在装烧方式上，这种过渡性表现最为突出。以最为常见的圈足类器物为例，一方面，唐代开始出现的泥点支垫足底的匣钵装烧工艺（图8）依然多见，装烧痕迹表现为外底满釉、足底刮釉、有泥点支垫痕（参见第093页）。另一方面，以垫圈支垫外底的装烧方式开始大量使用（图9），器物的外观则表现为足底裹釉，

图6 寺龙口窑址出土青瓷盒夹层（《寺龙口越窑址》页272，彩图406，报告称异形器盖）

图7 七子山五代墓夹耳盖罐

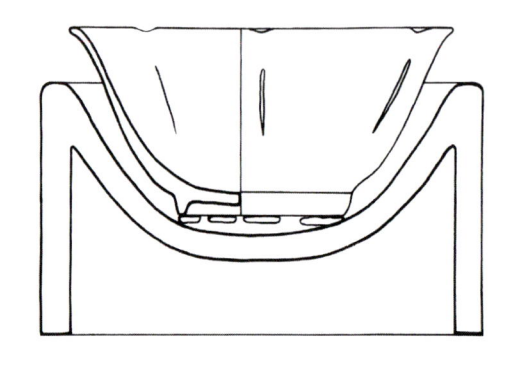

图8 匣钵装烧泥点支垫示意图

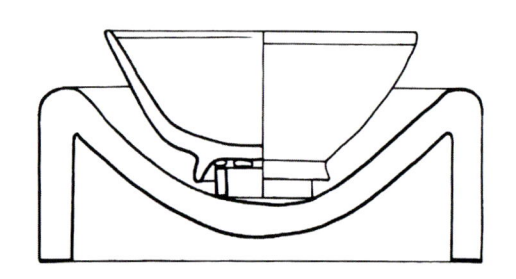

图9 匣钵装烧垫圈支垫示意图

图 10　钱元瓘墓蟠龙罂

外底留有间隔瓷器和垫圈的泥点或泥点痕迹（参见第 094 页）。

从现有纪年材料看，使用垫圈垫烧工艺的越窑青瓷中，钱王陵出土品最早；此前不见这种装烧方式，此后逐渐流行。晚于钱王陵的康陵、钱元瓘墓、吴汉月墓等吴越显贵墓出土之圈足和卧足的碗盘类越窑青瓷，采用垫圈垫烧工艺者都比较多见。这种具有鲜明越窑特色的支垫方式，一经出现就迅速成为主流，并一直延续至南宋早期。

从瓷业文化结构看，处于核心层的胎釉特征保持稳定，属于中间层的窑炉类型也没有变化，但同属中间层的装烧方式却出现了重大变革，这预示着越窑青瓷面貌嬗变时代的来临。[16]

2. 造型和装饰

与审美取向密切相关的器物造型和装饰也表现出了一定的过渡性。晚唐至吴越国前期，越窑青瓷的胎装饰不发达，多追求釉和形美，花口器流行；盘碟类花口器物中，有的口部花瓣有 8—10 瓣之多。钱王陵出土的越窑青瓷，花口器依然多见，但多为五出花口，仅高托圈盏托为花瓣口（第 138 页）。

钱王陵出土的带盖罂，肩腹部以细线在釉下划蟠龙。这种胎体划花的装饰手法，流行于吴越国后期到北宋早期。此前虽零星可见，但划线往往较浅，线条给人以飘浮感。钱王陵出土的带盖罂的划花蟠龙，构图雄浑，划线入胎，线条苍劲有力（第 043 页）。晚于钱王陵八年的钱元瓘墓中也出土过越窑青瓷罂，同样饰有划花蟠龙，风格与钱王陵出土者相近，唯其有双龙且作浅浮雕状，表面原有贴金（图 10）。钱元瓘墓还出土过带划花装饰的执壶、器盖（图 11）等器物，惜该墓早年被盗，出土的器物不能反映随葬品全貌。稍晚于钱元瓘墓的吴汉月墓也出土过划花盘口罂和器盖，但该墓早年同样被盗。[17] 早于钱王陵的吴越显贵墓，如临安水邱氏墓、吴随□墓，出土的越窑青瓷罂造型与钱王陵出土品不同，装饰的也不是划花，而是釉下褐色彩绘（图 12）。

兽头足熏炉是吴越显贵墓随葬品中比较特殊的器物，在水邱氏墓和钱王陵中都有出土，造型基本相似，均包括器座、器身和器盖三部分，兽头足都有五个，炉身均作筒腹、宽折沿，炉盖也

图 11　钱元瓘墓划花器盖

图 12　吴随□墓褐彩罂

图 13 水邱氏墓"新官"款银釦白瓷盘

图 14 寺龙口窑址出土套盒（《寺龙口越窑址》页 212，彩图 279）

图 15 印尼井里汶沉船出水之皮囊壶

都呈盔形，但前者饰有褐色彩绘，后者不见。

钱氏家族墓随葬的瓷器中，金银釦装饰比较多见，水邱氏墓出土品中即有发现，钱王陵出土品中则更为普遍。水邱氏墓出土品中银釦见于白瓷器（图 13），不见于越窑青瓷；钱王陵随葬的瓷器只有越窑青瓷，银釦多见。越窑青瓷的金银釦装饰，从晚唐开始出现，吴越国晚期到北宋中期达到高峰。这种装饰通常与秘色瓷联系在一起，使用者身份往往比较高贵。

3. 器形

钱王陵出土之越窑青瓷风格的过渡性，还表现在器形上。虽然多数器形早前有之，但也有一些新器形首次出现，此后并延续发展。比如方形委角套盒在吴越显贵墓中往往成套出现，迄今所见，以钱王陵出土者年代最早，数量最多（第 269 页）。晚于钱王陵的苏州七子山五代墓出土了 9 件[18]，康陵[19]和钱元瓘墓[20]虽曾遭盗掘，也分别出土了 9 件和 4 件。更晚时期的套盒，似以圆形为多见（图 14）。

器形鲜见的带流皮囊壶，也以钱王陵出土者（第 035 页）为早；江苏南通和印尼井里汶沉船也发现有同类器（图 15），形态略有差异，前者的年代与钱王陵出土者相当，后者较之为晚。

垂囊形瓜棱腹执壶（第 030 页）、敞口斜腹圈足碟（第 185 页）、高托圈盏托等器形，也都呈现出一定的过渡性。

还有一些器形，此前流行，在钱王陵出土品中依然可见，但此后就少见或不见了。比如，在钱王陵出土的盘、盆类器物中，平底器仍然占较大比例（第 153 页、第 247 页），但此后这类器形就逐渐被卧足器取代了。

二、钱王陵越窑青瓷几乎件件堪称秘色瓷

究竟什么样的越窑青瓷是秘色瓷，至今尚无统一的说法。笔者认为，吴越国时期，同时满足三个条件的越窑青瓷，就可称之为秘色瓷。这三个条件是：吴越小朝廷自用或用于贡奉，即"臣庶不得用之"；成瓷质量高，形美釉佳；一般由官窑烧制。

按照上述三个条件判断，钱王陵出土的越窑青瓷绝大多数可

图 16　上林湖后司岙窑址出土之瓷质匣钵（《秘色越器》页 145，图 143）

图 17　上林湖后司岙窑址采集"罗湖师秘色椀"铭匣钵（《浙江古代青瓷》页 542，图 7—11）

归入秘色瓷之列。使用者身份显贵，自不待言。至于官窑烧制问题，后文另论。这里仅就成瓷质量问题，略作阐述。

从窑址考古出土的标本看，晚唐到吴越国时期，越窑青瓷精品的胎料选择或加工，要比普通瓷器略微精细一些。[21]但胎体质地差异微小，并不是判断瓷器精、粗的主要依据。釉的化学成分也无明显差别。此时越窑青瓷的精与粗，表现最为突出的，应该是釉的质感和外观特征；而这种差异性的形成，与装烧方式的选择和烧成温度的控制密切相关。

这一时期的越窑青瓷，在焙烧时，曾部分使用瓷质匣钵装盛，并在上下两个匣钵（或盖）的接缝处刷釉密封（图 16）。虽然与其装盛的瓷器相比，瓷质匣钵的胎质稍显粗糙，但二者的化学成分相同。[22]如此，在烧成环节，因为与匣钵的膨胀系数相同，瓷坯发生移位和变形的可能性明显降低。又因为匣钵接缝处刷釉密封，不仅可以有效防止窑室内的灰烬类物质污染釉面，而且在升温的过程中，因匣钵具有透气性，其内部可以保持较强的还原气氛；降温时，刷釉密封的瓷质匣钵与瓷器一样烧结，不透气，又能避免空气进入匣钵致使瓷器因二次氧化而釉色发黄。如果在采用这种装烧工艺的同时，又能选取理想窑位的话，烧成造型优美、呈色湖绿、釉面光洁的高质量青瓷的概率就会大大提高。鉴于刷釉密封的瓷质匣钵只能一次性使用，瓷器烧成后必须破匣取器，费料耗工，成本甚高，在普通商品瓷的生产中不太可能使用这种工艺。显然，这种特殊的工艺只可能用于某种特殊瓷器的烧造。从窑址考古发现看，采用这种工艺烧成的瓷器往往都是越窑青瓷精品。慈溪上林湖后司岙窑址曾发现过大量的这一时期的瓷质匣钵，其中一件平底盆形匣钵的外壁刻有"罗湖师秘色椀"六字（图 17）[23]，这是瓷质匣钵用于秘色瓷烧造的有力佐证。但需要指出的是，根据已有的考古成果，发现有瓷质匣钵的窑址并不限于上林湖一带；在上林湖，也并非仅见于后司岙窑址一处。

这一时期的精品越窑青瓷，还存在烧成温度偏低的现象。普通越窑青瓷的烧成温度，一般不低于 1220℃；而精品青瓷的烧成温度，则多在 1120—1200℃；瓷质匣钵的烧成温度介于两者之间。普通青瓷的胎体烧成温度比较接近理论烧结温度值，表明其胎体基本上已烧结；精品瓷器的烧成温度低于普通青瓷，致密度略低，处于微"生烧"

的状态。[24] 从外表观察，精品青瓷往往釉色湖绿，釉面色调柔和，呈半哑光状；仔细观察，能看到分布均匀的细小黑点。这些小黑点，可能是烧成过程中沉积在釉面"针孔"内的游离碳，也可能是烧成后进入"针孔"的杂质。"针孔"的形成，很可能与烧成温度偏低、微"生烧"有关；游离碳沉积，则可能与瓷质匣钵密封、还原气氛过重有关。[25] 显而易见，这里的微"生烧"状态并非偶然现象，而是人为控制温度、刻意为之的结果。

概括来说，在这一时期，从生产环节看，秘色瓷一般就是用瓷质匣钵装盛、在微"生烧"条件下烧成的精品越窑青瓷。

钱王陵的越窑青瓷，普遍釉色均匀，釉面柔和，玻质感较弱，分布细小黑点的现象比较多见，分布细小黄点的现象也可见到。需要特别指出的是，这些小黄点连片分布时，乍一看，像是釉面青中泛黄，实际并非如此，而是沉积在釉面"针孔"内的黄色细泥浆。它们的形成原理与小黑点相似，但渗入的时间不是在烧成环节，主要应该是瓷器埋藏在地下的过程中。钱王陵出土的青瓷，绝大多数是成瓷质量高的精品，很可能就是用刷釉密封的瓷质匣钵装盛、在微"生烧"条件下烧成的，显系有意识烧造的秘色瓷。

相对来说，瓷质匣钵比较适用于装烧中小体形的器物。因为耐火度与瓷坯接近，瓷质匣钵装盛的瓷坯若过重，在焙烧过程中就容易歪塌、变形。钱王陵出土的兽头足熏炉，因为体形硕大，采取了将器盖、盖纽、器身分别烧成的方法。除盖的内面有缩釉现象外，该熏炉各部分的釉面都均匀、光洁，呈色纯正，采用刷釉密封的瓷质匣钵装烧的可能性不能排除。熏炉盖的口沿有泥点垫烧痕，显然，在匣钵内焙烧时，该器盖是扣置在垫具上的。这说明，盖内缩釉发黑，可能是因为内部空间过于密闭、烧成温度过低，坯体挥发出的水汽不易排出。

尽管秘色瓷的生产环节追求釉润、色美，但是龙窑的烧成气氛和温度控制非常复杂，即使在最好的窑位，采用瓷质匣钵刷釉密封的烧成工艺，也未必一定能烧出理想的"秘色瓷"。因此，钱王陵出土的越窑青瓷，即便是精品，一定程度上也存在质量参差不一的现象。

应该特别指出的是，我们可以主张使用瓷质匣钵的目的是烧造秘色瓷，但不能据此认为只有使用瓷质匣钵烧成的才是秘色瓷。水邱氏

图 18 水邱氏墓褐彩油灯

墓和吴随□墓中都出土过釉色泛黄的褐彩青瓷罂，水邱氏墓中还出土过褐彩油灯（图 18）。褐彩青瓷是十分珍稀的越窑青瓷品种，除上林湖的窑址中有零星发现外，目前仅于吴越时期的显贵墓中有见，这种青瓷的使用无疑具有某种垄断性。不仅如此，这种褐彩青瓷的存续时间也甚为短暂，唐末水邱氏墓中始见，至钱王陵时即已不见。这些褐彩青瓷，造型端庄，纹饰讲究，釉面比较光洁，色调也比较均匀，显然采用了匣钵装烧的方式烧成。因为器形大，器体厚重，所用匣钵应该是用粗质耐火材料制作的。从窑址考古发现看，越窑粗料匣钵不见刷釉密封的做法，相较于瓷质匣钵，其内部的还原气氛可能较弱，这应该就是褐彩青瓷釉色泛黄的主要原因。水邱氏墓出土的褐彩兽头足熏炉，虽然炉身和炉座存在生烧现象，但从炉盖的烧成质量看，应该采用了匣钵装烧的工艺；而且，从装烧痕迹看，炉盖、炉身和炉座应该是分别装烧的。毋庸置疑，这些褐彩青瓷可以跻身越窑精品之列，若将其排除在秘色瓷之外，恐有不妥。

因为釉面烧成质量欠佳，将钱王陵的蟠龙罂和四系罐视为秘色瓷，可能会存在异议。在吴越显贵墓随葬的越窑青瓷中，体形大、器体重的器物往往成瓷质量一般，此乃常见现象。临安水邱氏墓出土的四系深腹罐[26]、吴随□墓出土的双系深腹罐[27]、钱元玩墓（临 M20）和太庙山吴越勋臣墓（临 M22）出土的四系缸（图 19）[28] 等，均如此。这些青瓷的装烧方式，应该是明火裸烧。可见，以不够精美的越窑青瓷随葬，一方面可能因为不同功用的随葬品可以有不一样的质量要求，另一方面可能受限于当时的装烧工艺水平。也就是说，虽然需要大型青瓷器随葬，奈何没有精品可用，只能退而求其次。

秘色与非秘色实在难有泾渭分明的界限。钱王陵出土的蟠龙罂，器身和器盖分别采用不同的装烧方式，二者成瓷质量差距如此之大，就是典型例证（第 044 页）。或许，在时人眼中，对秘色瓷的界定本就不那么严格。今天我们判断哪些越窑青瓷是秘色瓷时，其实不必过于苛求成瓷质量特别是釉面呈色。

总而言之，钱王陵出土的越窑青瓷几乎件件堪称秘色瓷，这个结论是可以成立的。

图 19 钱元玩墓四系缸

三、钱王陵的秘色瓷产自吴越国官窑

唐代末年,随着军阀割据局面的形成,各地军阀为巩固统治、满足自身贪欲,纷纷加强对辖境内财赋的控制,增辟财货来源,"有形之类,无税不加"。[29] 进入五代,各割据政权一方面进一步强化赋税征收,"诸国益务掊聚财货以自赡,故征算尤繁";[30] 另一方面,他们常常直接插手获利丰厚的生产经营领域,"率令部曲主场院,其属三司者,补大吏以临之,输额之外亦私有焉"。[31] 钱氏据两浙期间,也是"常重敛其民,以事奢僭,下至鸡鱼卵鷇,必家至而日取"。[32] 对于钱氏政权的这种评价,来自欧阳修修撰的《新五代史》。在宋代士大夫心目中,吴越国之类割据政权非正统所在,不具备合法性,因此在论及其人其事时,多语意贬损。聚财与拥兵乃乱世枭雄的生存之道,包括吴越钱氏在内,概莫能外。

经过两千多年的工艺积累,到唐末五代时,中国的制瓷业已经非常成熟,不仅已形成相当可观的生产规模,而且名窑辈出,精良的瓷器亦成为著名的物产。这一时期的越窑,生产规模大,工艺水平高,是钱氏政权重要的财赋来源。但赋税征收只是其对瓷业实行管控的一个方面,为更好地保障自身的瓷器用度,充分满足贡奉和对外交往等需求,钱氏政权还曾在越窑的中心产区设置官窑。

慈溪上林湖一带是唐宋越窑青瓷的核心产区。钱镠奄有两浙之初,就在这里设置了省瓷窑务的机构,创设时间在唐乾宁三年(896)与后梁开平二年(908)之间,该机构的存续时间至少到了宋太平兴国二年(977),也就是吴越纳土归宋的前一年。这个省瓷窑务机构直接隶属于钱氏政权的中央财政机构,即盐铁发运使系统。"务"是中晚唐开始出现的财政机构,至

图 20　"新窑官坊"铭食瓶盖（《浙江古代青瓷》页 567，图 7—36）

图 21　"官坊"铭火照（《浙江古代青瓷》页 568，图 7—37）

唐末五代时，各地普遍设置，负责征收赋税。不过，上林湖的省瓷窑务机构，职责并不完全是征税。这里不仅有被称作"使司"的衙署，还有低级别的窑务官，可见除了征税外，该机构还曾直接组织瓷器生产[33]。也就是说，这里曾经设置过隶属于省瓷窑务的官窑。存在官窑的其他证据还有"新窑官坊"铭食瓶盖（图 20）、"官坊"铭火照（图 21）以及专门用于烧造"官物"瓷器的垫圈（图 22）等。[34] 吴越时期，上林湖一带曾设立某种形式的官窑是确凿无疑的。

随着宋朝的建立，国家统一进程的加快，吴越国承受的压力日甚一日：对内，要继续保境安民；对外，面临的形势日趋严峻。尤其对于大宋王朝，既要听其号令，助攻南唐，又要小心侍奉，殷勤贡奉。在这种情势下，财赋需求大增，贡奉须索大增，正如《十国春秋》所言，"自宋革命，王贡奉加常数，奇器精缮皆制于官，以充朝贡"。[35] 作为因应这种需求的举措之一，吴越国朝廷进一步加强了对瓷业生产的控制，将设置官窑的做法推行至上林湖之外的其他越窑青瓷产区。上虞窑寺前一带，是唐宋越窑的次核心区之一，《嘉泰会稽志》记载："国初，尝置官窑三十六所于此，有官院故址尚存。"[36] 施宿等宋朝地方官员编撰方志时所称之"国初"，乃指宋朝立国之初，越地当时尚在吴越国治下。考古发现，吴越国晚期，这里的窑场数量猛增，产品质量也可与同时期的上林湖相媲美，应该就是官方推动的结果。这里的"官窑"与上林湖的"官坊"所指是否完全相同，还需要深入研究；这里的"官院"则可能与上林湖的"使司"一样，均是隶属于省瓷窑务的衙署。

钱王陵出土的秘色瓷多数不见使用痕迹，因为墓室积水，有些器物表面有水渍痕，少量有土沁或土锈（第 078 页），但光洁如新者更多，甚至装烧时用以间隔垫圈和瓷坯外底的泥点都还附着在瓷器上。显然，为安葬钱镠，吴越国朝廷曾专门组织烧造过一批秘色瓷。随葬新烧秘色瓷的现象，在临安康陵中也可见到。康陵的主人是吴越国第二代王钱元瓘的夫人马氏，其下葬时间仅晚于钱镠数年。

图22 "官物"铭垫圈铭文（《浙江古代青瓷》页569，图7—38）

　　因为吴越国设立有官窑，钱王陵和康陵中随葬的秘色瓷产自官窑当可无疑。钱镠为钱元瓘的父亲，马氏为钱元瓘的夫人，二人下葬的时间处于吴越国第二代王钱元瓘主政时期。此时的吴越国与南吴杨氏政权在边境地区的局部争战早已结束，国内政局稳定，经济繁荣。吴越国官窑此时已运行三四十年，管理体系成熟，生产技艺高超，有条件和能力为国王或王后之类显贵人物组织生产质量上乘的秘色瓷。从王后马氏去世到下葬，仅两个月时间，在这么短的时间内专门烧制秘色瓷作为随葬品可能有些仓促，其随葬的秘色瓷或许是从新近烧成的官物瓷器中拣选的。钱镠去世，将近两年后才下葬，专门为其烧制秘色瓷，时间上是非常充裕的。钱王陵出土的秘色瓷中，特殊器形甚多，若非专门定制，恐怕难以理解。有使用痕迹的秘色瓷应该同样产自官窑，只不过其烧造时间应在钱镠去世之前。吴越国官窑扩展至上林湖地区之外的时间是在吴越国晚期，因此钱王陵随葬的秘色瓷的产地只可能在上林湖一带。

　　钱王陵出土的四系罐中，有一件的肩部刻"上"字款（第080—081页），水邱氏墓[37]和吴随口墓[38]中也出土过器形相似的刻单字款的深腹罐，肩部分别刻"东"字和"官"字。相似的器形、在同样的位置都刻有单字款，应该有着某种特殊含义。水邱氏下葬时，钱氏政权是否已经设立官窑，目前还难以确定。另外两座墓葬的年代都在吴越国官窑设立之后，出土的单字款罐以及共出的无字款同形罐即便达不到所谓秘色瓷的标准，也可能和同墓共出的其他越窑青瓷一样都产自官窑。[39]

1　李晖达：《吴越国考古》，浙江人民出版社，2022年，第51—52页。

2　本文中所谓吴越时期，指的是钱氏实际控制两浙一带的时间，起于唐乾宁三年（896）钱镠领镇海镇东两军节度使，终于宋太平兴国三年（978）钱俶纳土归宋。

3　部分银釦已经检测，均为鎏金银釦。

4　参阅浙江省文物考古研究所等编著：《秘色越器——上林湖后司岙窑址出土唐五代秘色瓷器》，文物出版社，2017年，第136、168页。

5　浙江省文物考古研究所等：《晚唐钱宽夫妇墓》，文物出版社，2012年，第61—63页，彩版二八、二九。"水邱氏"，此处依照发掘报告中的称呼，而据其夫钱宽墓志，作"水丘氏"（第33页）。

6　陕西省考古研究院等：《法门寺考古发掘报告》，文物出版社，2007年。

7　洛阳市文物工作队：《洛阳后梁高继蟾墓发掘简报》，《文物》1995年第8期。

8　浙江省文物管理委员会：《浙江临安板桥五代墓》，《文物》1975年第8期。

9　杭州市文物考古研究所：《五代吴越国康陵》，文物出版社，2014年，第80—81页，彩版---：2。

10　苏州市文管会等：《苏州七子山五代墓发掘简报》，《文物》1981年第2期。

11　陈洁：《秘色鈔锣考》，《东方博物》第五十三辑，中国书店，2015年。

12　浙江省文物考古研究所等：《寺龙口越窑址》，文物出版社，2002年，第271—272页，彩图406。

13　浙江省文物考古研究所等：《寺龙口越窑址》，第204页。

14　内蒙古文物考古研究所：《辽耶律羽之墓发掘简报》，《文物》1996年第1期。

15　苏州市文管会等：《苏州七子山五代墓发掘简报》，《文物》1981年第2期。

16　笔者将瓷业文化结构分为核心层、中间层和浅表层三个层次，分别指向瓷器的胎釉、烧成工艺和外观特征。参阅郑建华、谢西营、张馨月：《浙江古代青瓷》，浙江人民出版社，2022年，第016页。

17　浙江省文物管理委员会：《杭州、临安五代墓中的天文图和秘色瓷》，《考古》1973年第5期；浙江省文物管理委员等：《杭州郊区施家山古墓发掘报告》，《杭州师范学院学报》1960年第1期。

18　苏州市文管会等：《苏州七子山五代墓发掘简报》，《文物》1981年第2期。

19　杭州市文物考古研究所：《五代吴越国康陵》，第70—72页。

20　浙江省文物管理委员会：《杭州临安五代墓中的天文图和秘色瓷》，《考古》1973年第5期。

21　丁银忠等：《上林湖后司岙窑址出土秘色瓷工艺特征的研究》，《南方文物》2020年第5期。

22　朱伯谦等：《上林湖窑晚唐时期秘色瓷生产工艺的初步探讨》，汪庆正主编：《越窑、秘色瓷》，上海古籍出版社，1996年。

23　郑建华、谢西营、张馨月：《浙江古代青瓷》，第542页。

24　丁银忠等：《上林湖后司岙窑址出土秘色瓷工艺特征的研究》，《南方文物》2020年第5期。

25　张福康：《中国古陶瓷的科学》，上海人民美术出版社，2000年，第47—48页。

26　发掘报告称"四系坛"，浙江省文物考古研究所等：《晚唐钱宽夫妇墓》，第64—65页，彩版三二：1、2。

27　浙江省文物管理委员会：《浙江临安板桥五代墓》，《文物》1975年第8期。

28　浙江省文物管理委员会：《杭州临安五代墓中的天文图和秘色瓷》，《考古》1973年第5期。

29　（宋）王钦若等：《册府元龟》卷四八八《邦计部》《赋税》二，中华书局影印，1960年。

30　《宋史》卷一百八十六"志"第一百三十九"食货"（下）八"商税"条。

31　《宋史》卷一百七十九"志"第一百三十二"食货"（下）一"会计"条。

32　《新五代史》卷六十七"吴越世家"第七"钱镠"，中华书局，1974年。

33　厉祖浩：《吴越时期"省瓷窑务"考》，《故宫博物院院刊》2013年第3期。

34　郑建华、谢西营、张馨月：《浙江古代青瓷》，第567—569页。

35　（清）吴任臣：《十国春秋》卷第八十一"吴越"五"忠懿王世家"上，中华书局点校本，1983年。

36　（宋）施宿等：《嘉泰会稽志》卷八"寺院"上虞县，采鞠轩藏版，台湾成文出版社有限公司印行。

37　浙江省文物考古研究所等：《晚唐钱宽夫妇墓》，第64—65页，彩版三二：1。

38　浙江省文物管理委员会：《浙江临安板桥五代墓》，《文物》1975年第8期。

39　根据编著单位意见，重印本对个别文字进行了调整。

细颈盘口瓶：1件

细颈
盘口瓶

细颈盘口瓶

口径 10.1 厘米、最大腹径 16.8 厘米、底径 8 厘米，高 33.8 厘米

浅盘口，方圆唇，细长颈，圆肩，鼓腹，下腹斜收、平底上凹。颈部有两周凹弦纹，肩部有一周凹弦纹。浅灰胎，通体青釉，釉色呈湖绿色，釉面莹润，外底釉面发黑起泡。底面边缘残存一周垫烧泥点。

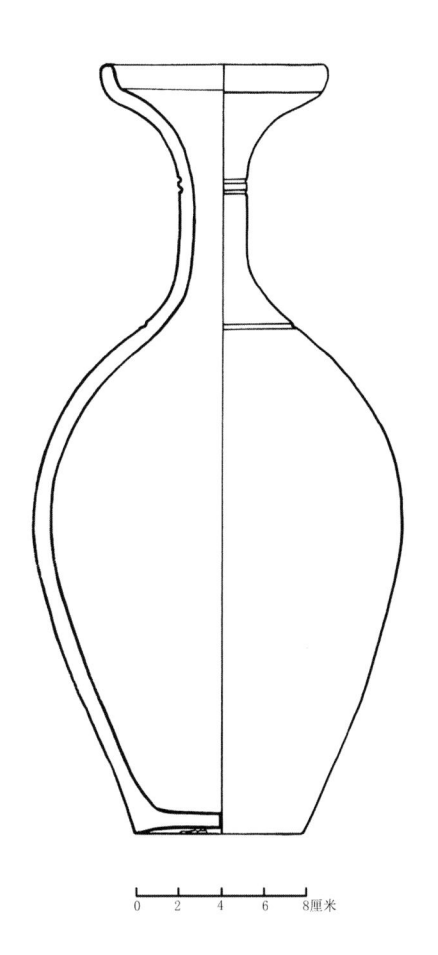

细颈盘口瓶

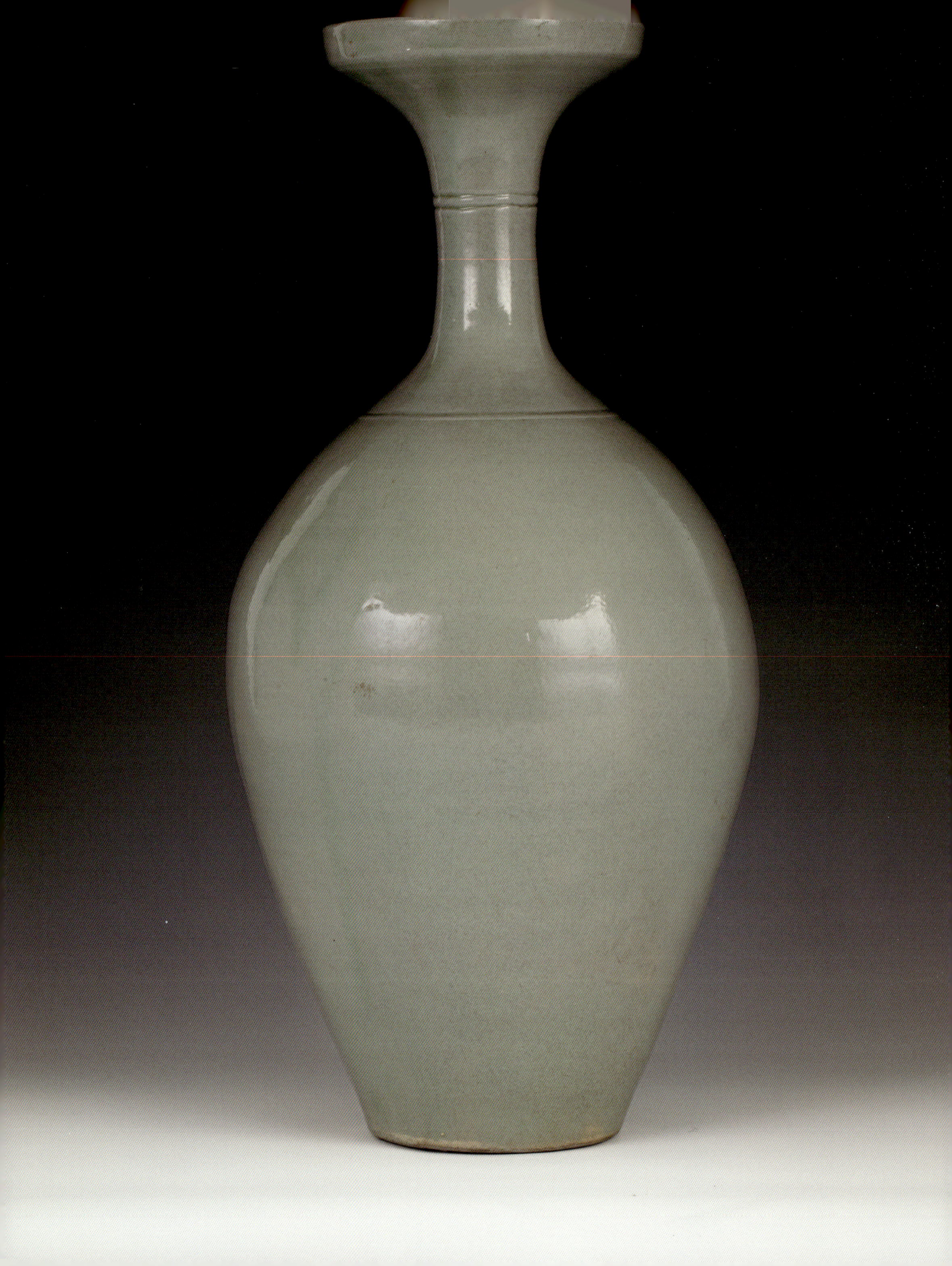

019

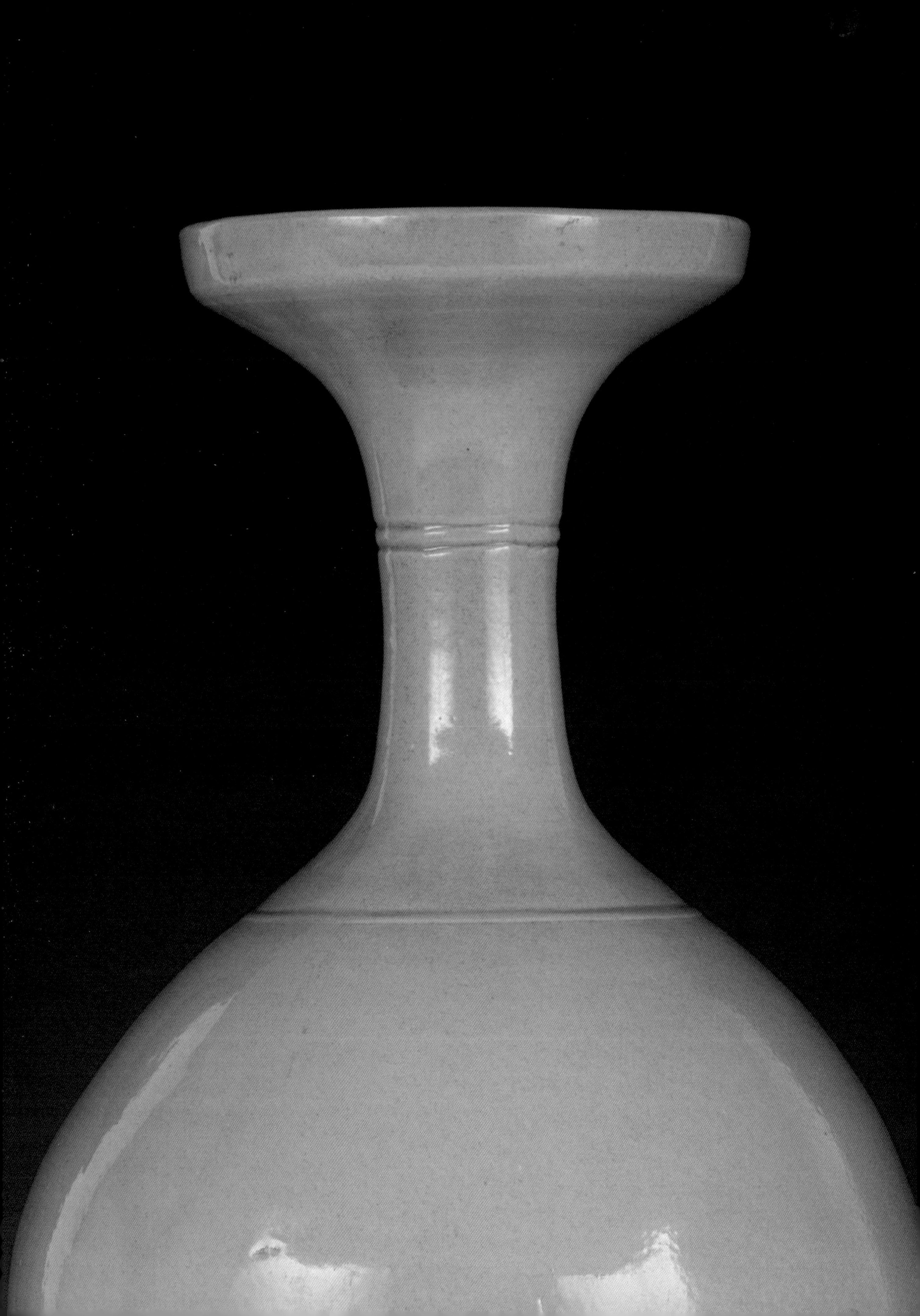

执壶：3件
根据其形制特征，可分为长颈圆腹执壶、葫芦形执壶和垂囊形执壶三种。

执壶

1 长颈圆腹执壶 1件

长颈圆腹执壶

口径 9.2 厘米、最大腹径 13.1 厘米、足径 7.4 厘米，高 21 厘米

喇叭口，圆唇，长直颈，圆肩，圆弧腹作四瓜棱形，平底，圈足微外撇。肩部按长弧形流，与流相对的一侧按宽带状把手，把手上有三道凹槽。流口釦银，颈肩交界处有一周凸棱。浅灰胎，通体青釉，釉色呈湖绿色，釉面莹润。足端有一周垫烧泥点痕。

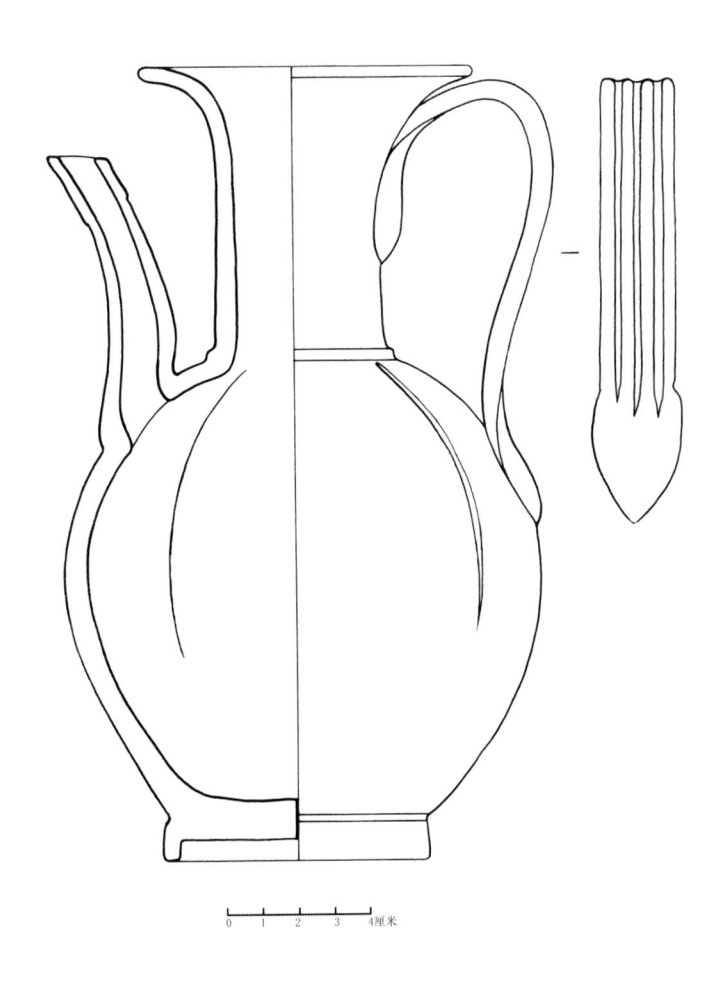

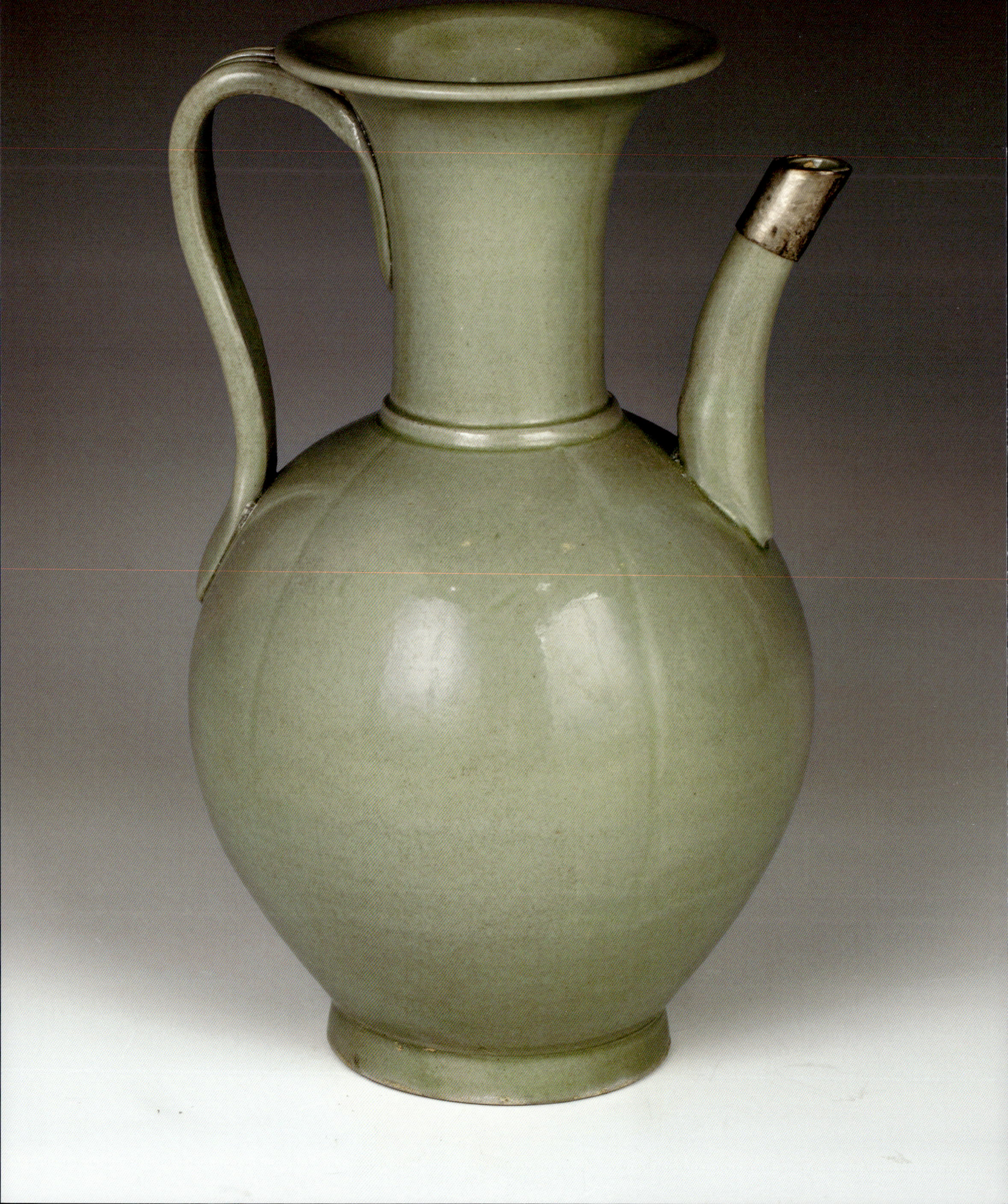

025

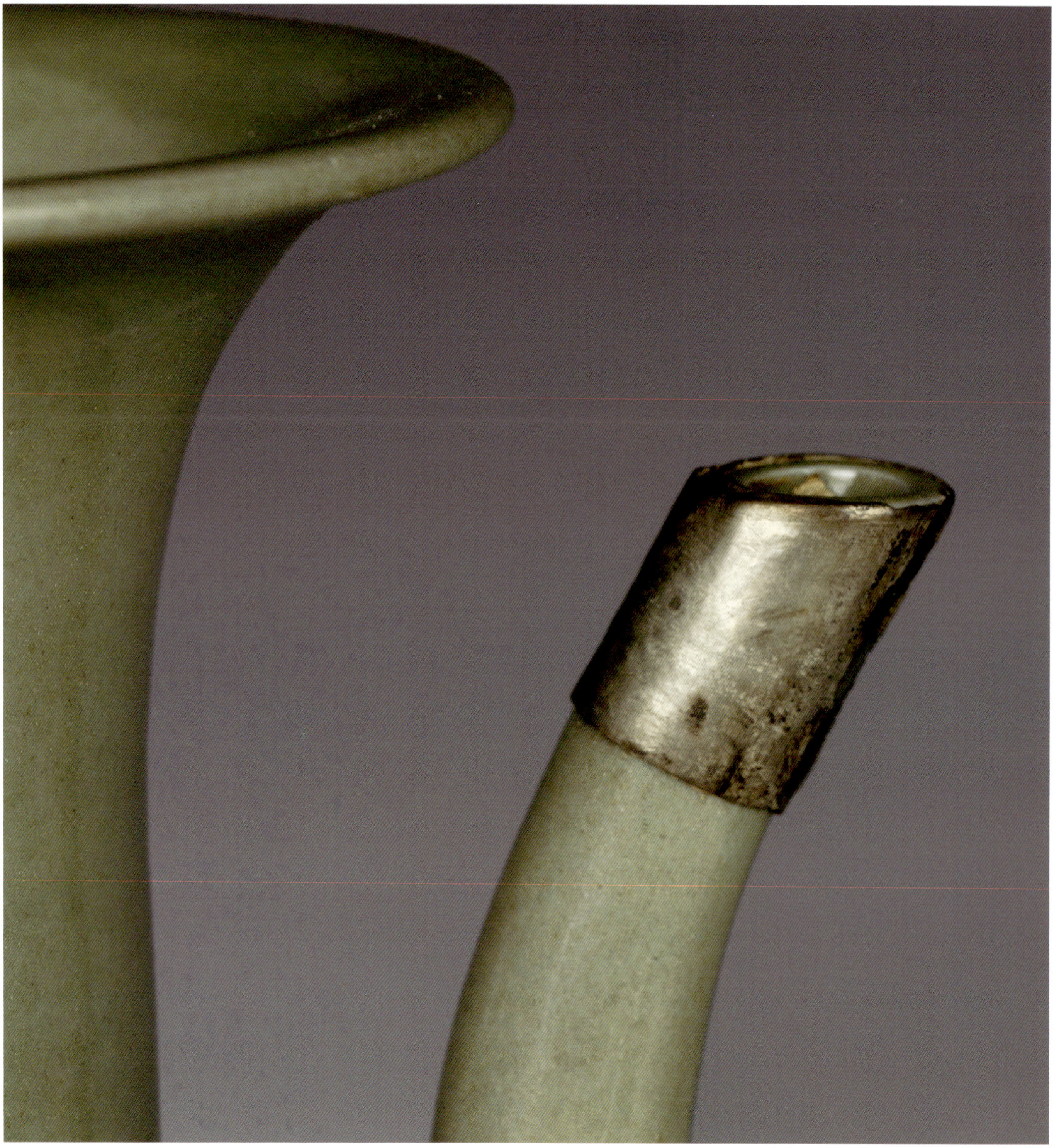

2 葫芦形执壶 1件

葫芦形执壶

口径3.2厘米、圆球形口部最大径6.3厘米、最大腹径12.5厘米、底径7厘米、高21厘米

整体呈葫芦形，口部呈球形，圆唇，细长颈，球形腹，平底上凹。肩部按长弧形流，与流相对的一侧按双泥条状把手。颈腹交界处有一周凸棱。浅灰胎，通体青釉，釉色呈湖绿色，釉面莹润。底面边缘残存一周垫烧泥点，泥点数量为10枚。

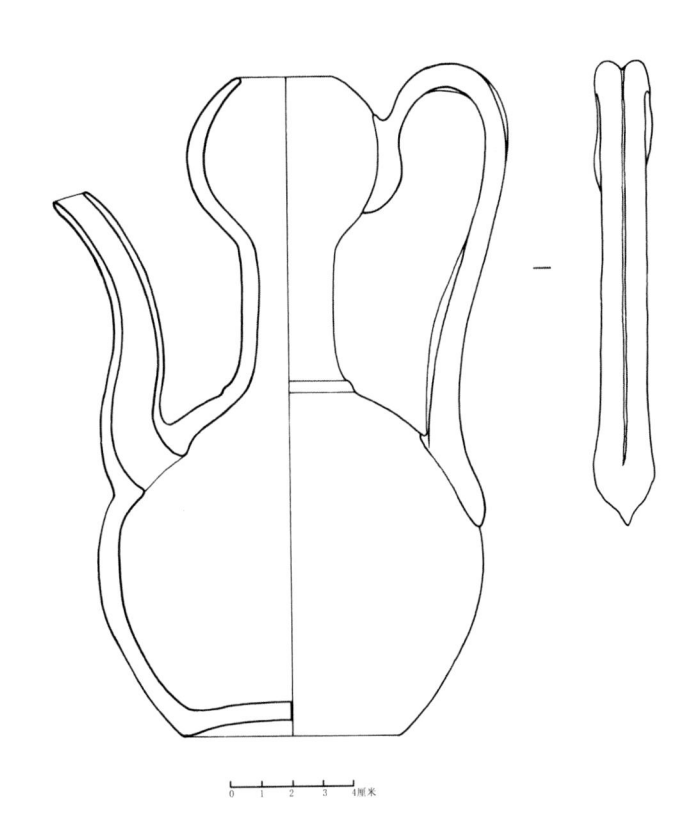

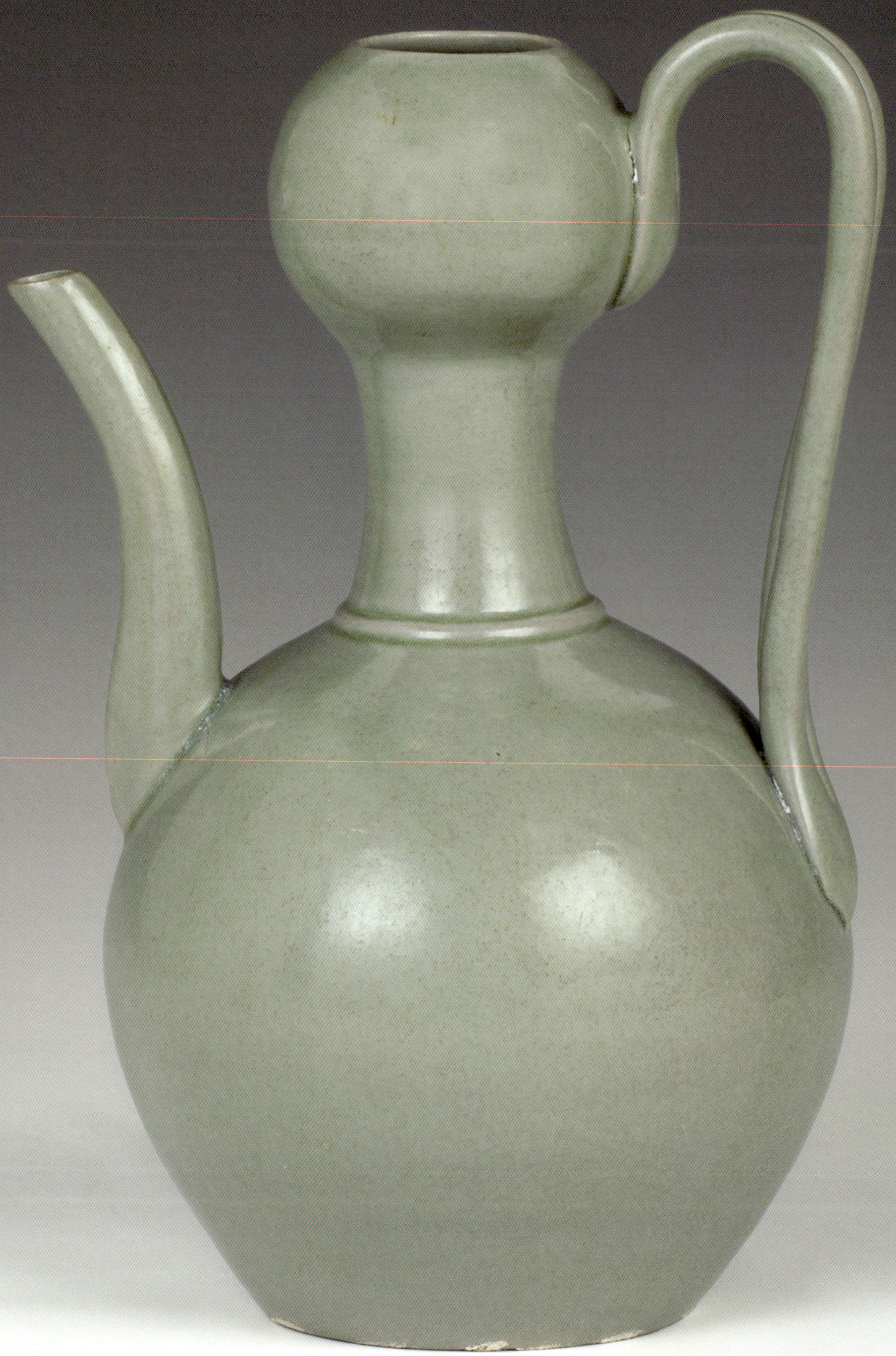

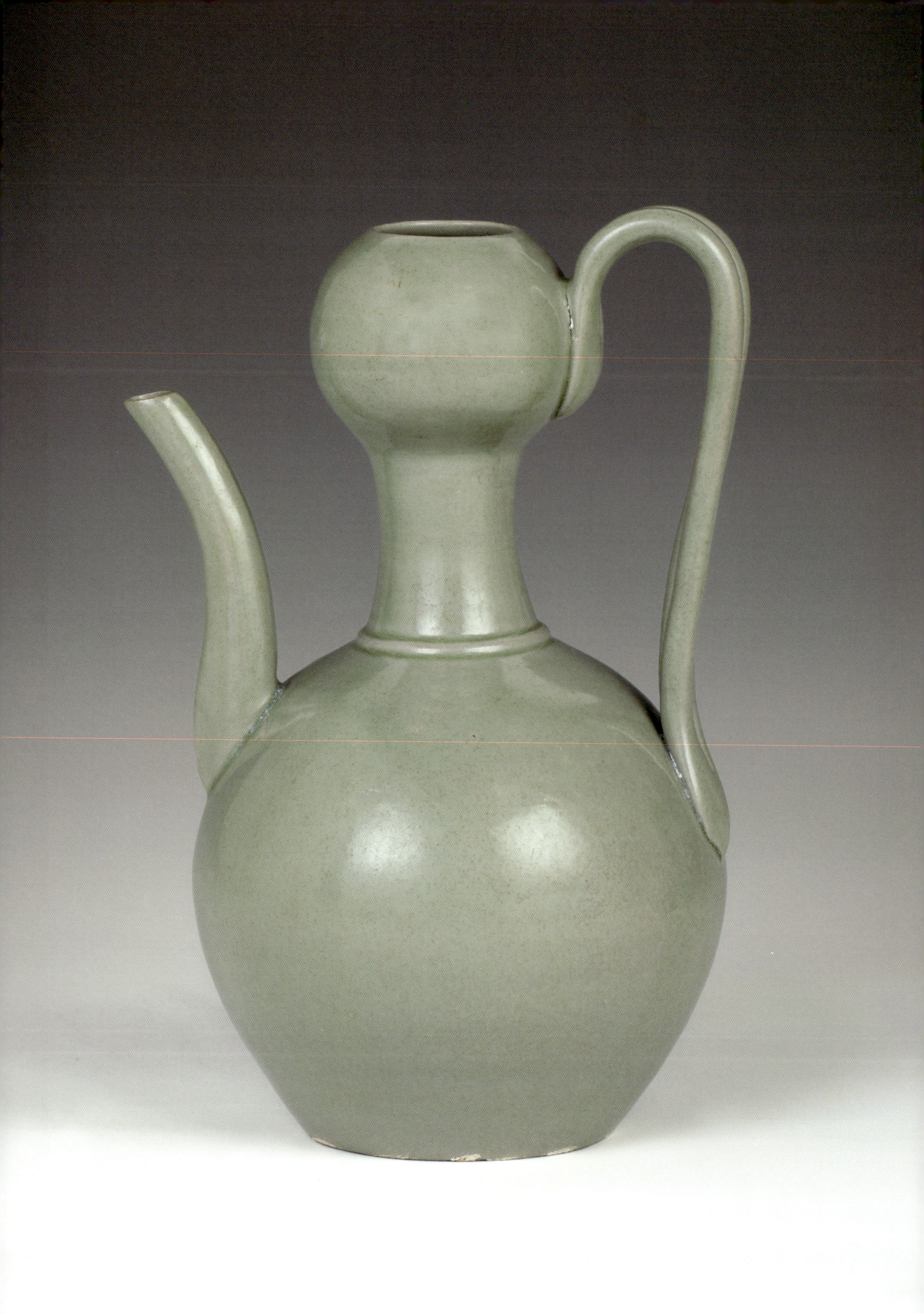

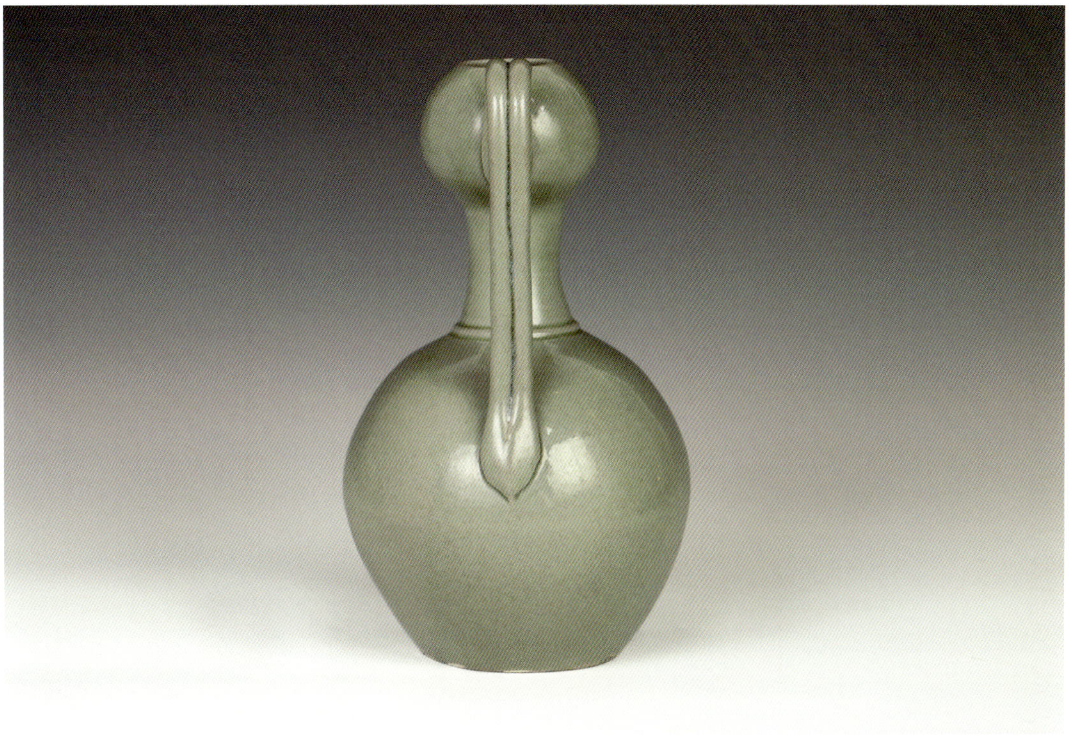

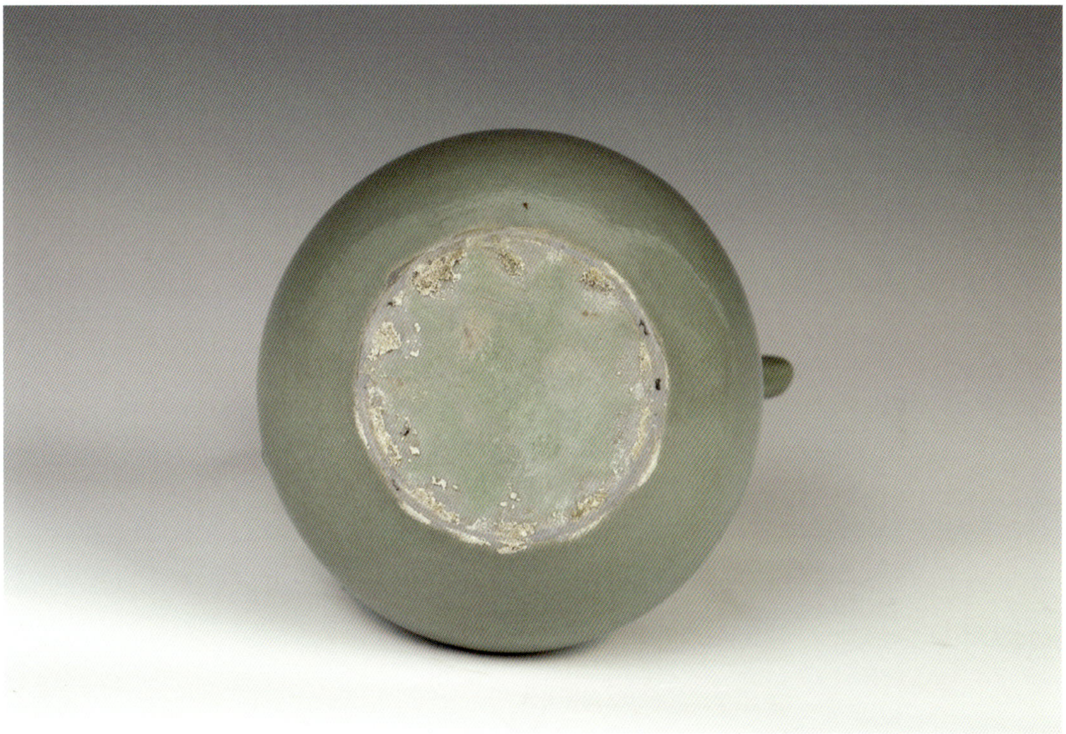

3 垂囊形执壶 1件

垂囊形执壶

口径 5.9 厘米、最大腹径 12.4 厘米、底径 6.4 厘米，高 17.8 厘米

敛口，方唇，垂腹，腹部作八瓣瓜棱形，腹部一侧按长弧形流，与流相对的一侧按宽带状把手，把手上有三道凹槽，平底上凹。缺盖。浅灰胎，通体青釉，釉色呈湖绿色，釉面莹润。口沿有一周泥点痕，装烧时应有泥点间隔壶盖与壶身。底面边缘有一周垫烧泥点痕，泥点数量应为 7 枚。

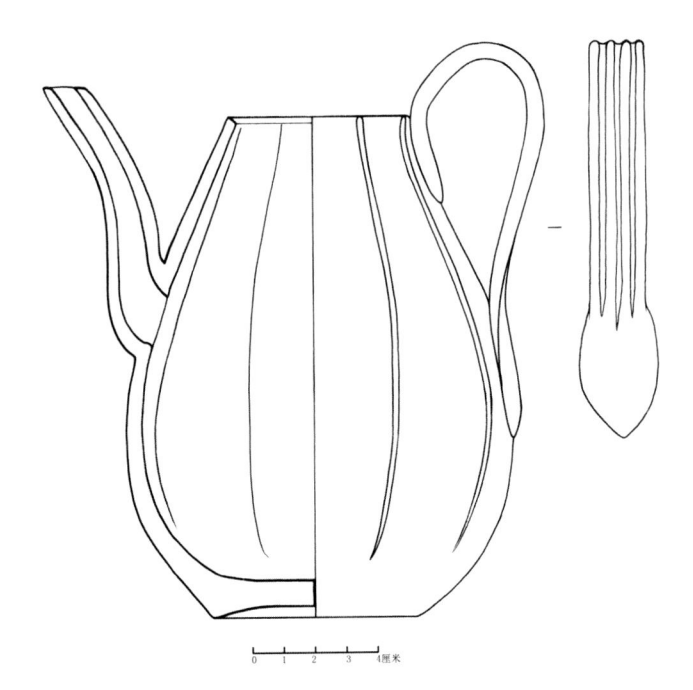

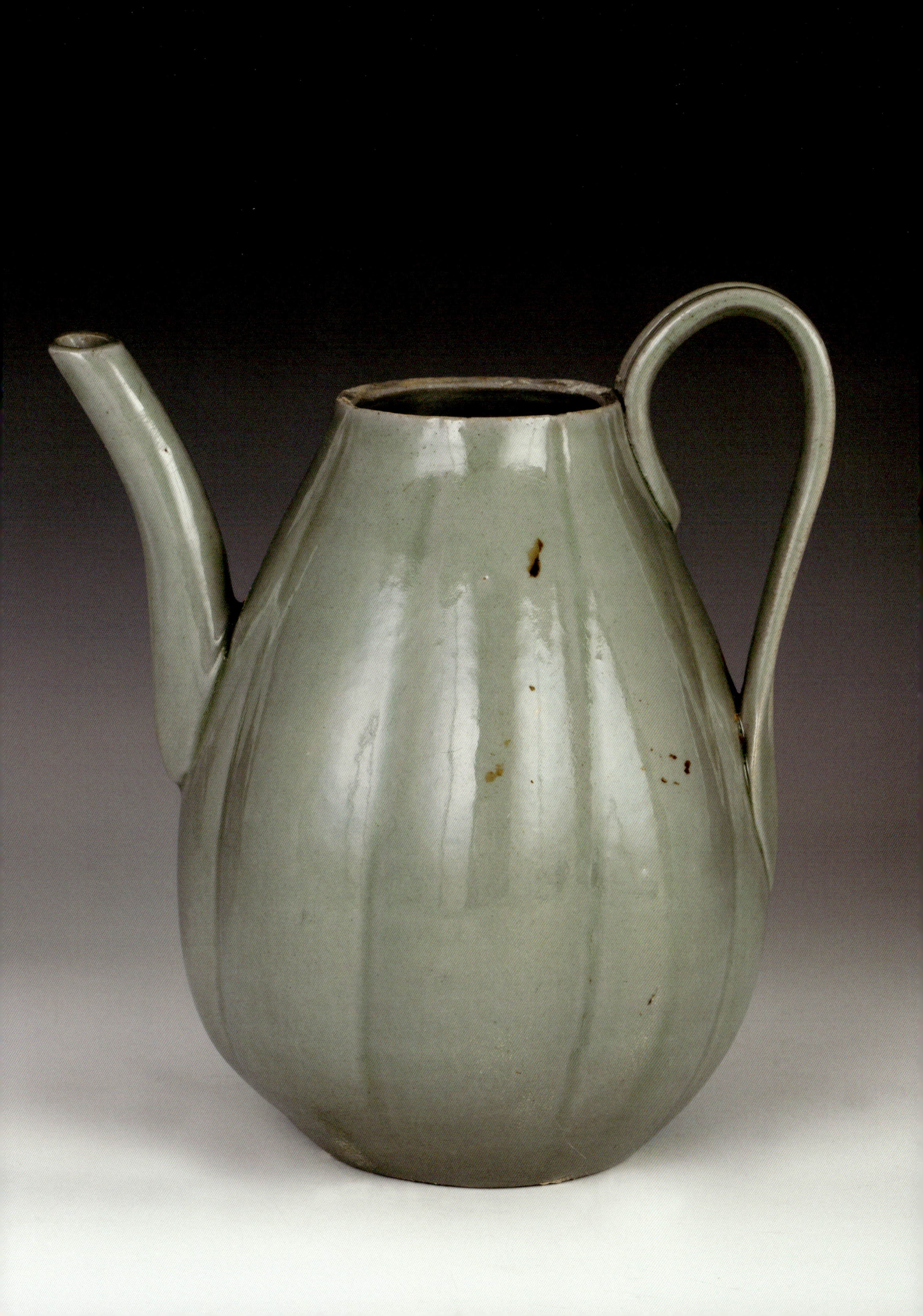

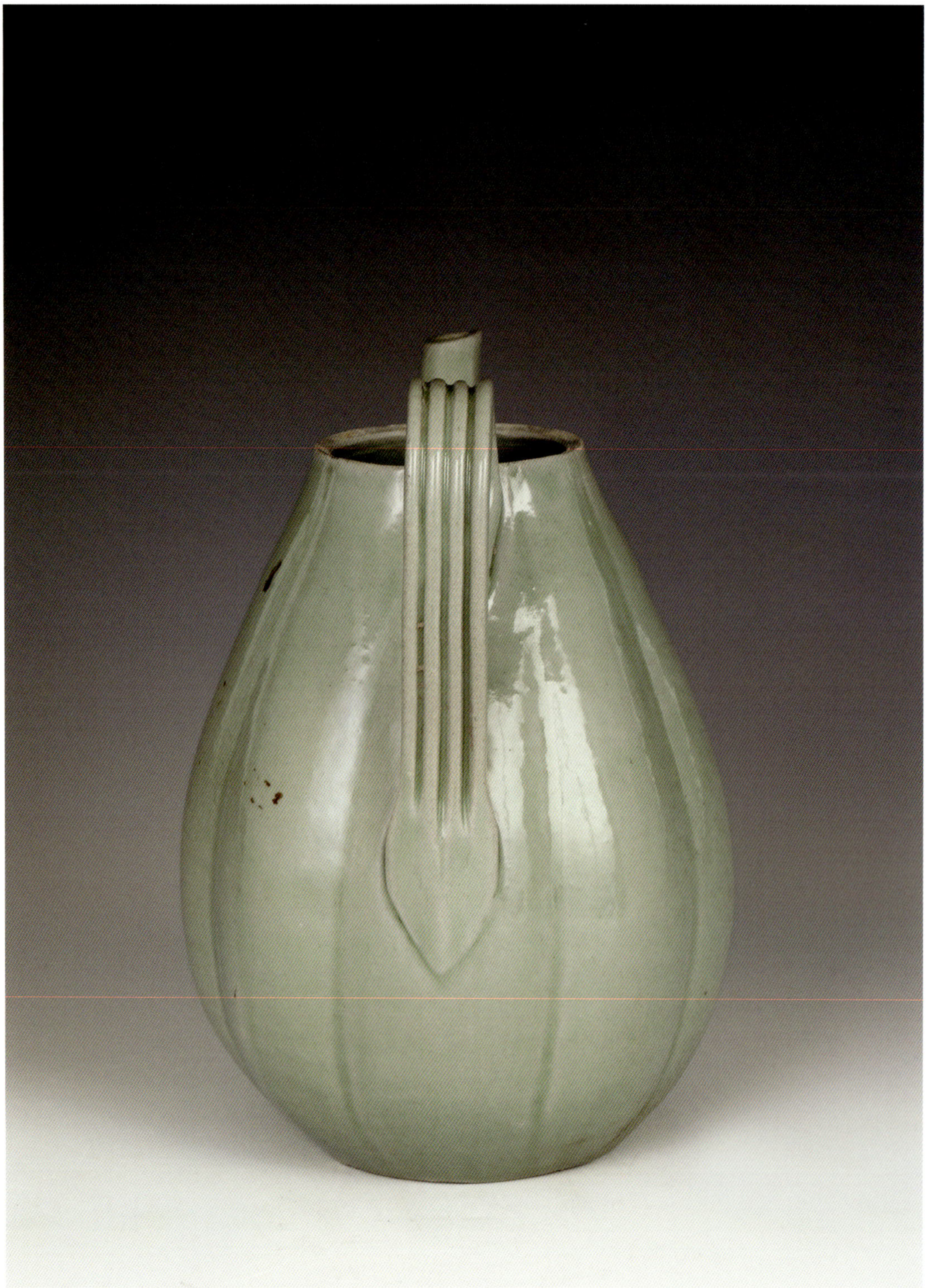

033

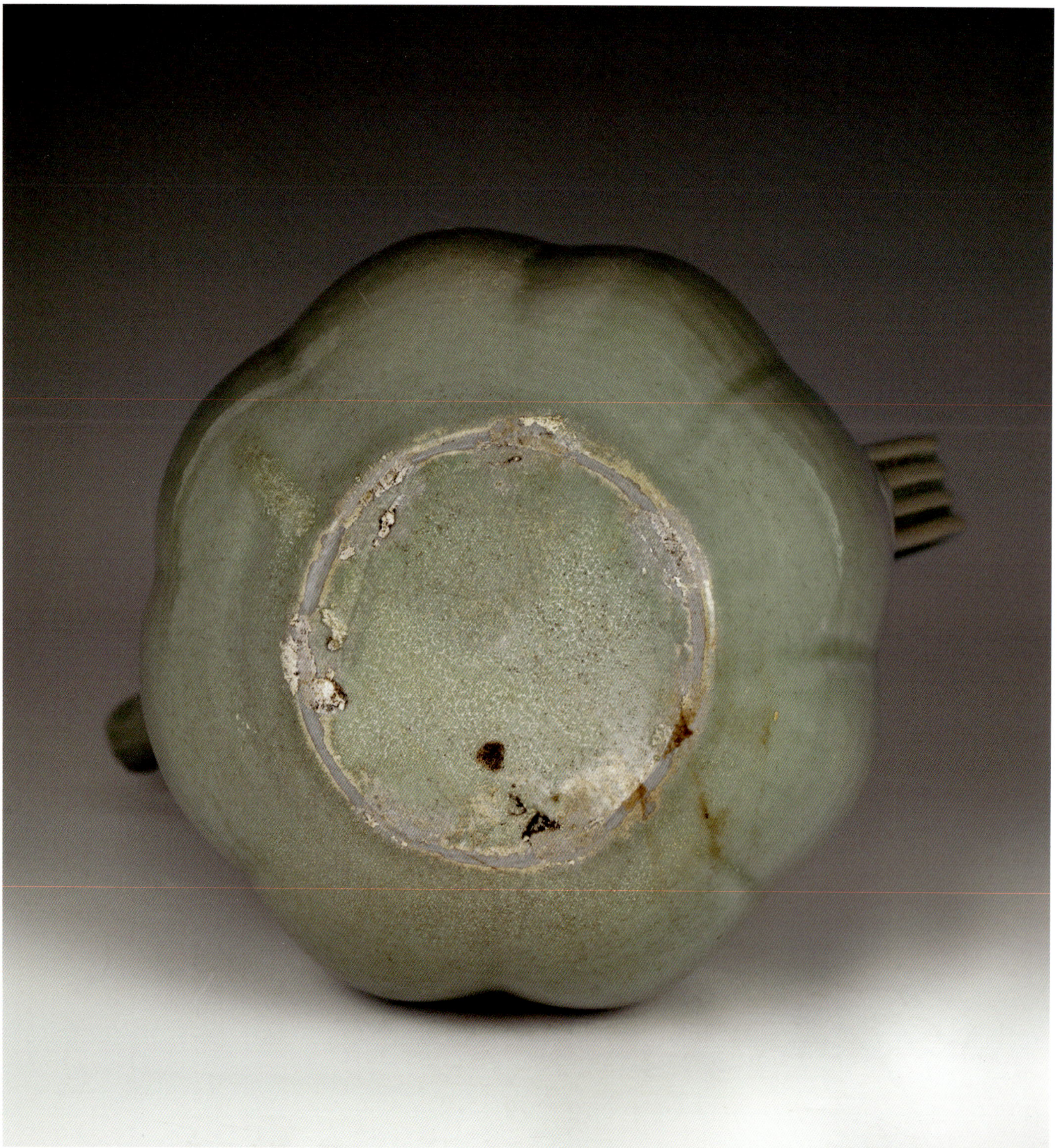

皮囊壺：1件

皮囊壺

皮囊壶

通长 17 厘米、通宽 14.5 厘米、足径 9 厘米，高 21.6 厘米

壶身上扁下圆，呈皮囊状。上有提梁，提梁上部中间戳印三枚圆珠纹；左右两侧和腹部各有一条凸起线；腹部一侧有短直流，根部戳印一周圆珠纹，与其相对的另一侧翘起一羽状尾，尾下有一小孔；提梁下端与壶体的连接处，做成相对的螭首形，两螭首相对的中心部位堆塑荷叶状小钮，其上有珠状凸起。圈足外撇。浅灰胎，通体青釉，釉色呈湖绿色，釉面莹润。足端有一周垫烧泥点痕。

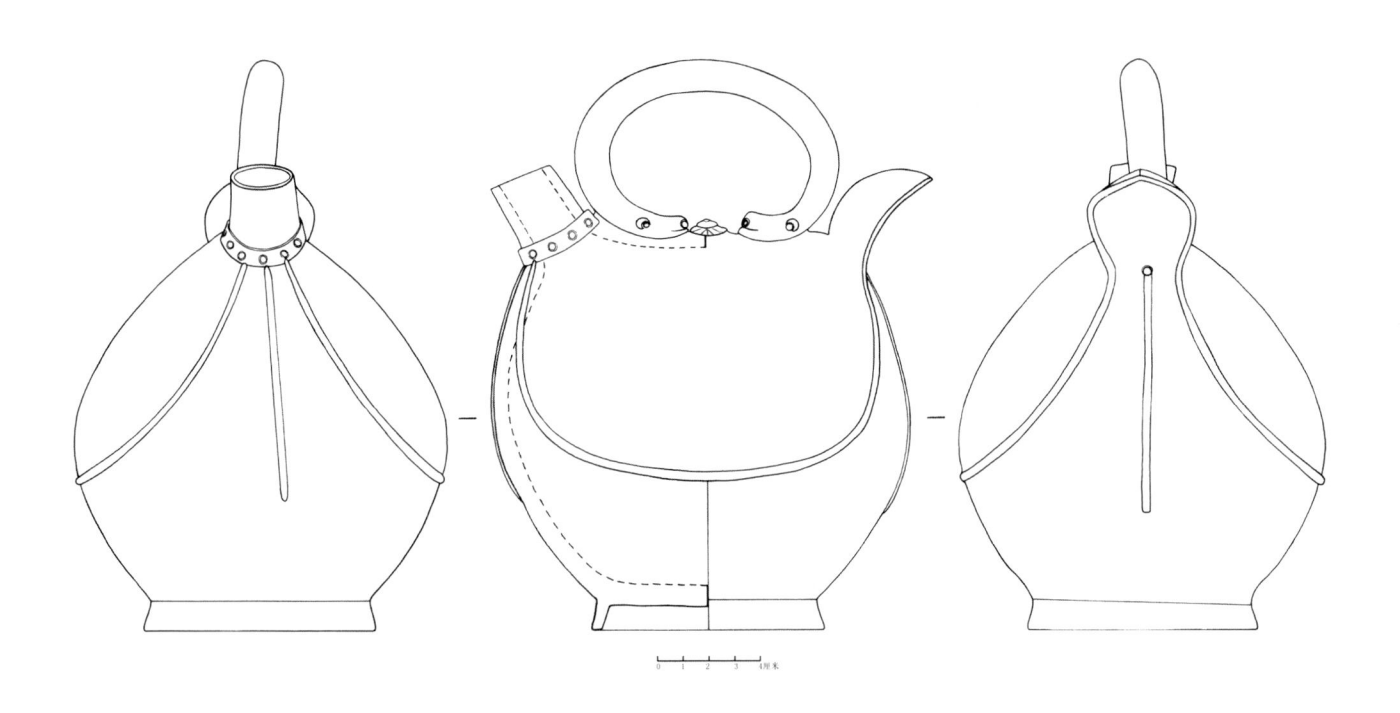

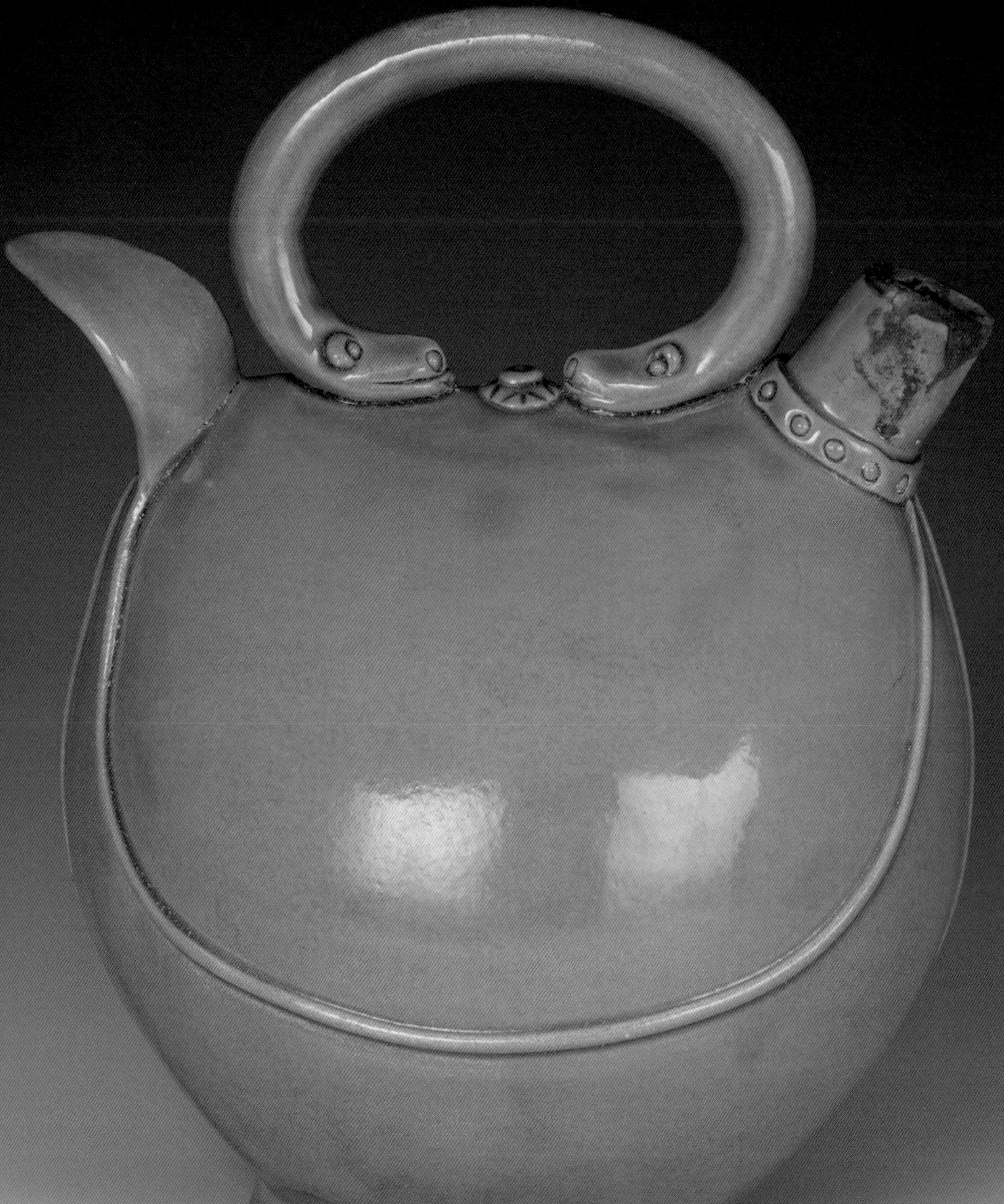

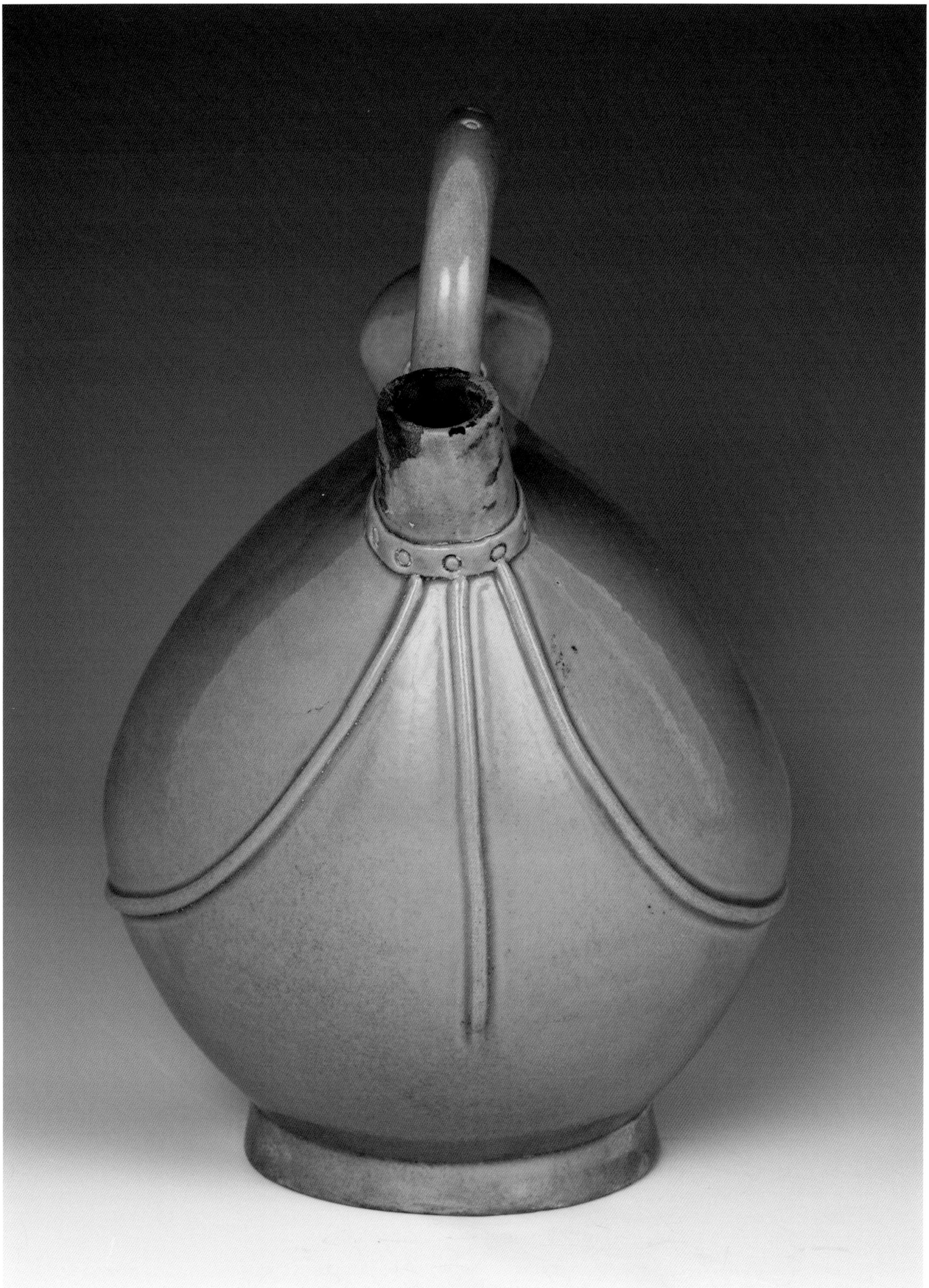

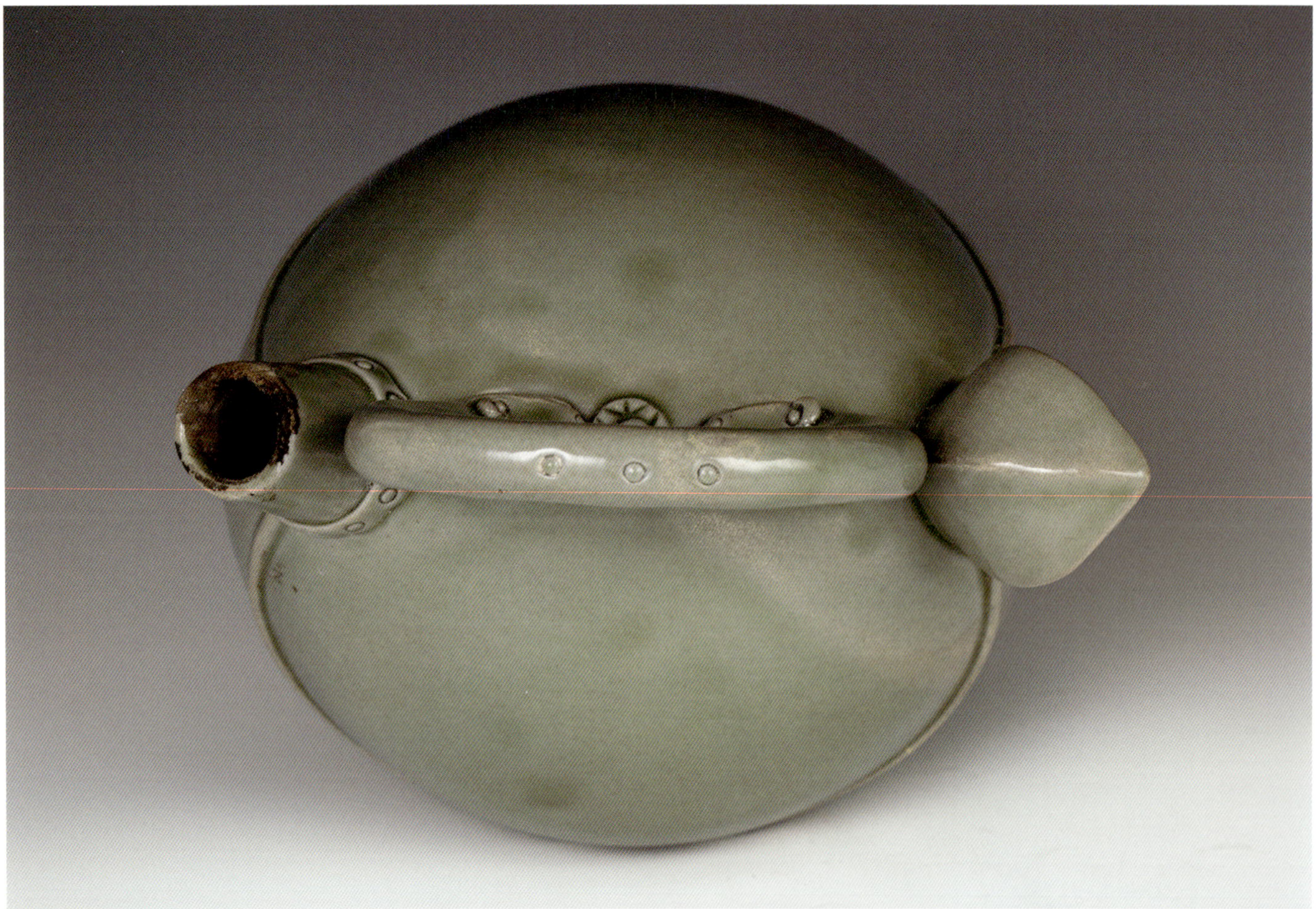

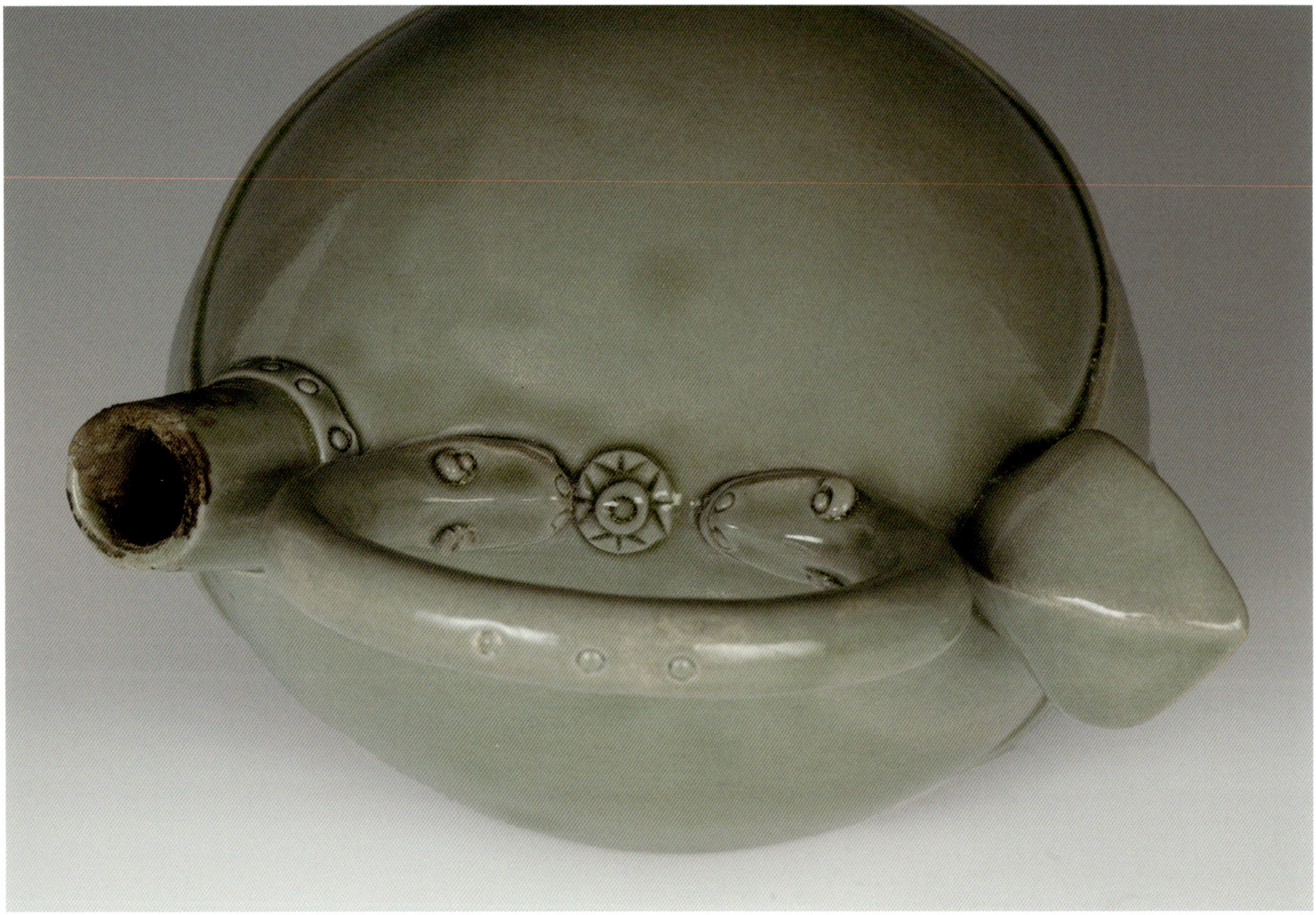

龙纹罍：1件

龙纹罍

龙纹罍

罍盖口径 25.4 厘米，高 14.8 厘米；罍身口径 21.4 厘米、最大腹径 27 厘米、足径 14.2 厘米，高 47.3 厘米；通高 61.7 厘米

分为罍盖和罍身两部分：器盖顶部置空心宝珠纽，纽外有一周荷叶卷边，盖缘上卷；器身浅盘口，圆唇，长颈，圆肩，鼓腹，下腹斜收，圈足。颈部至肩部贴双泥条状曲形复錾。颈部下端与腹部衔接处饰一周凸起，肩腹部划四爪盘龙一条，脚踩三朵如意祥云。浅灰胎，通体施釉。器身釉色不匀，大部青中泛黄，局部青中泛灰。器盖釉色均匀，青中略泛灰。盖内壁有一周垫烧泥点，足端有一周泥点垫烧痕。

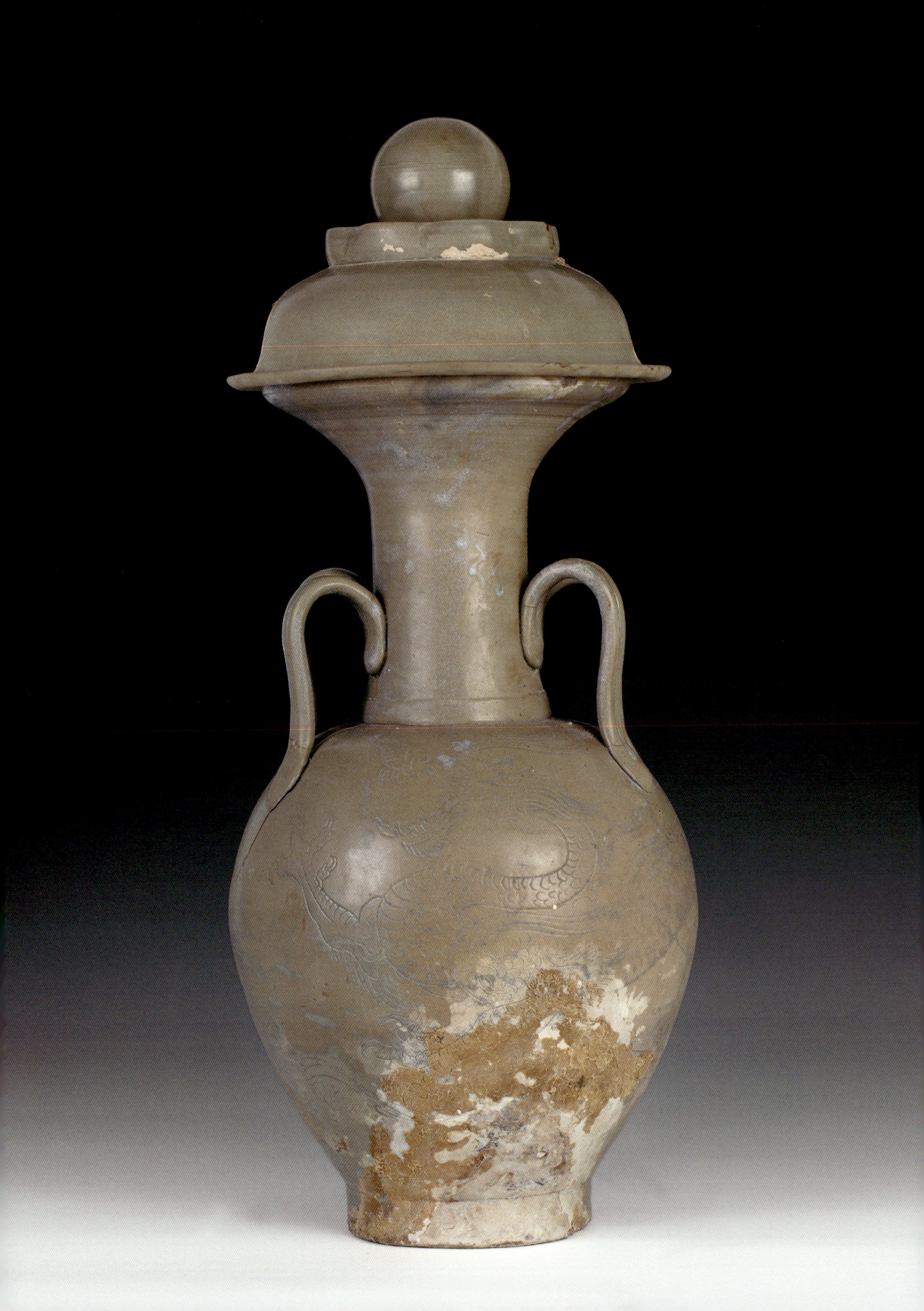

045

046

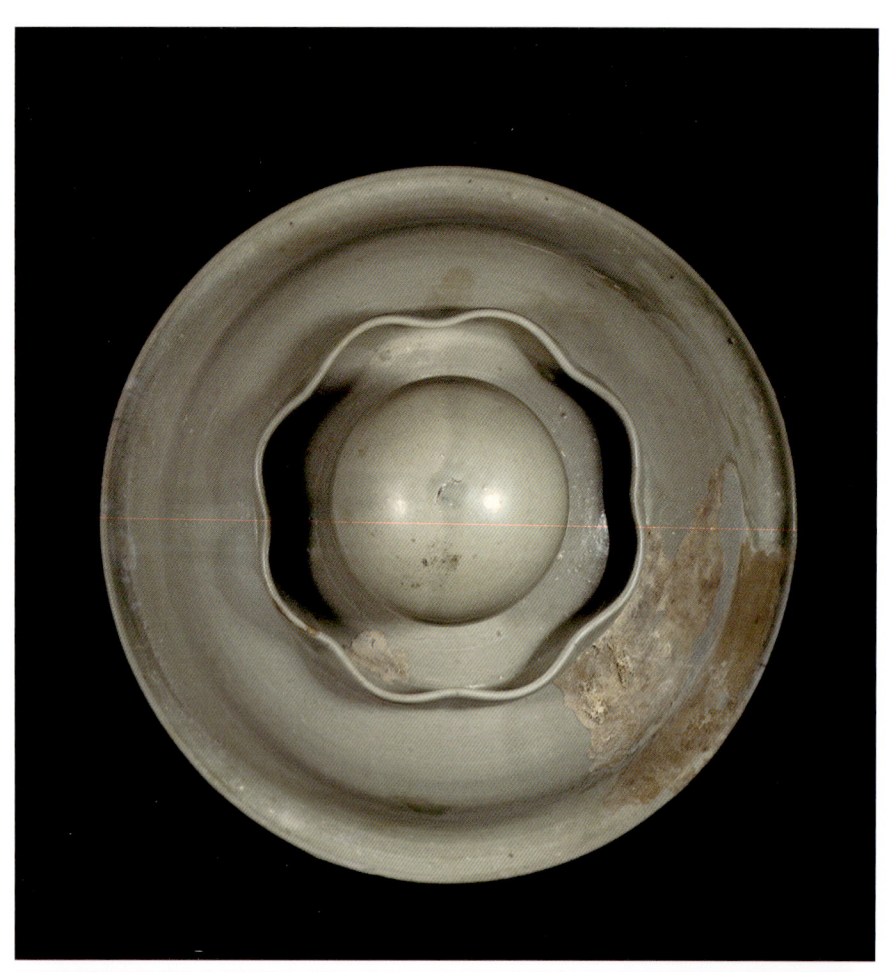

罐：12 件

根据其形制特征，可分为夹耳带流盖罐、瓜棱腹盖罐和四系罐三种。

罐

1 夹耳带流盖罐 1件

夹耳带流盖罐

罐盖口径 5.8 厘米、顶径约 6 厘米、高 2.3 厘米；罐身口径 4.2 厘米、最大腹径 15.1 厘米、足径 8.2 厘米、高 16.7 厘米；通高 17.4 厘米

分为罐盖和罐身两部分：盖口为母口，方圆唇，盖面微隆，盖顶较平、中心微凸，两侧各一穿孔圆耳；罐身子口微敛，圆唇，丰肩，球形腹，矮圈足微外撇，肩部贴梯形系一对、椭圆形系两对。当盖和器身扣合时，盖的两耳夹于椭圆形系之间，一端可系绳或插棍作轴，另一端可开启或闭合。一侧夹耳下方置一直形短流。浅灰胎，通体青釉，釉色呈湖绿色，釉面莹润。罐盖和罐身交界处有一周泥点间隔痕，罐身足端有一周垫烧泥点痕。

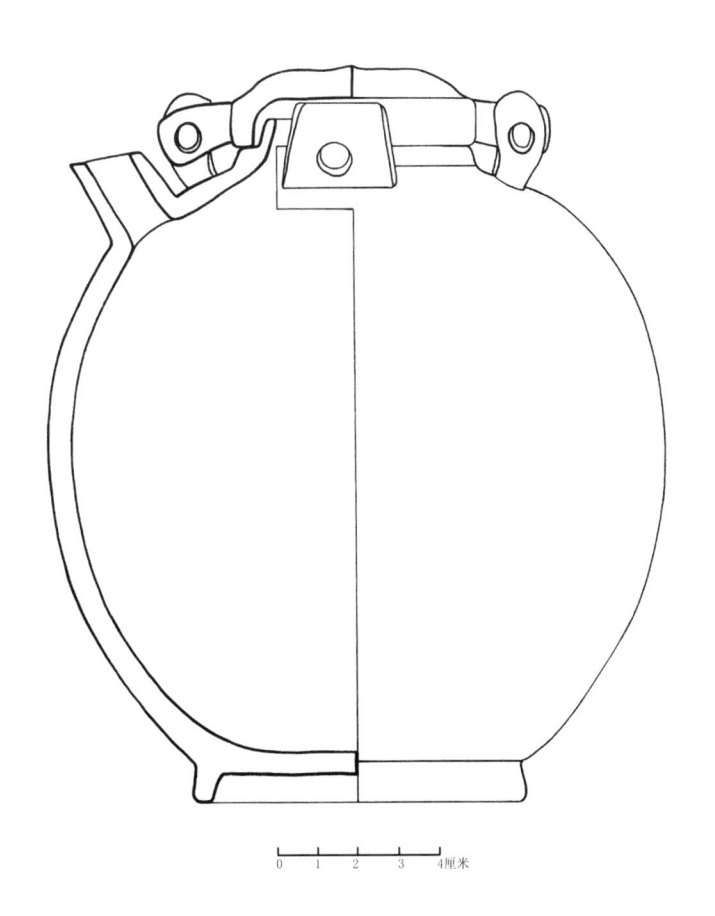

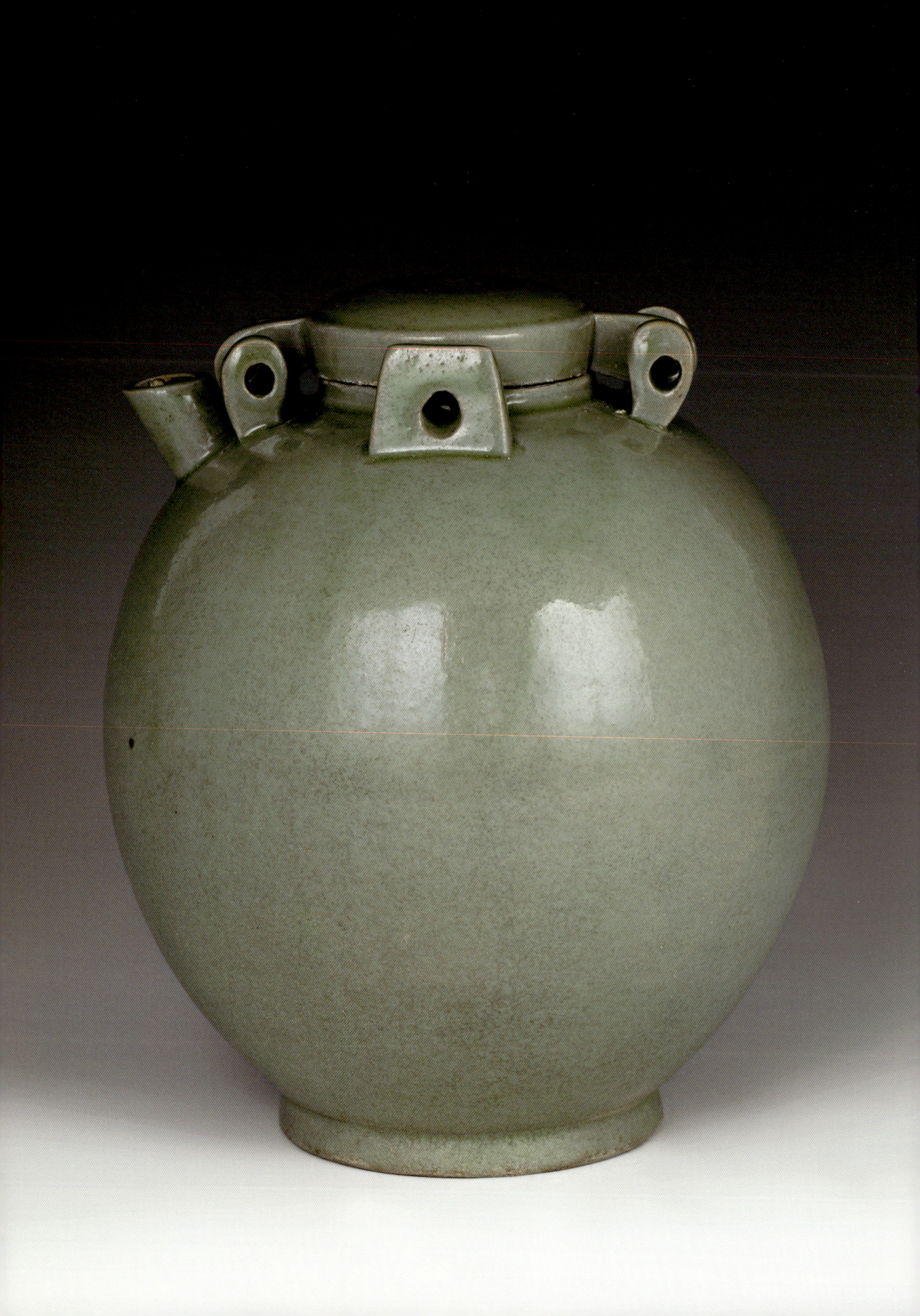

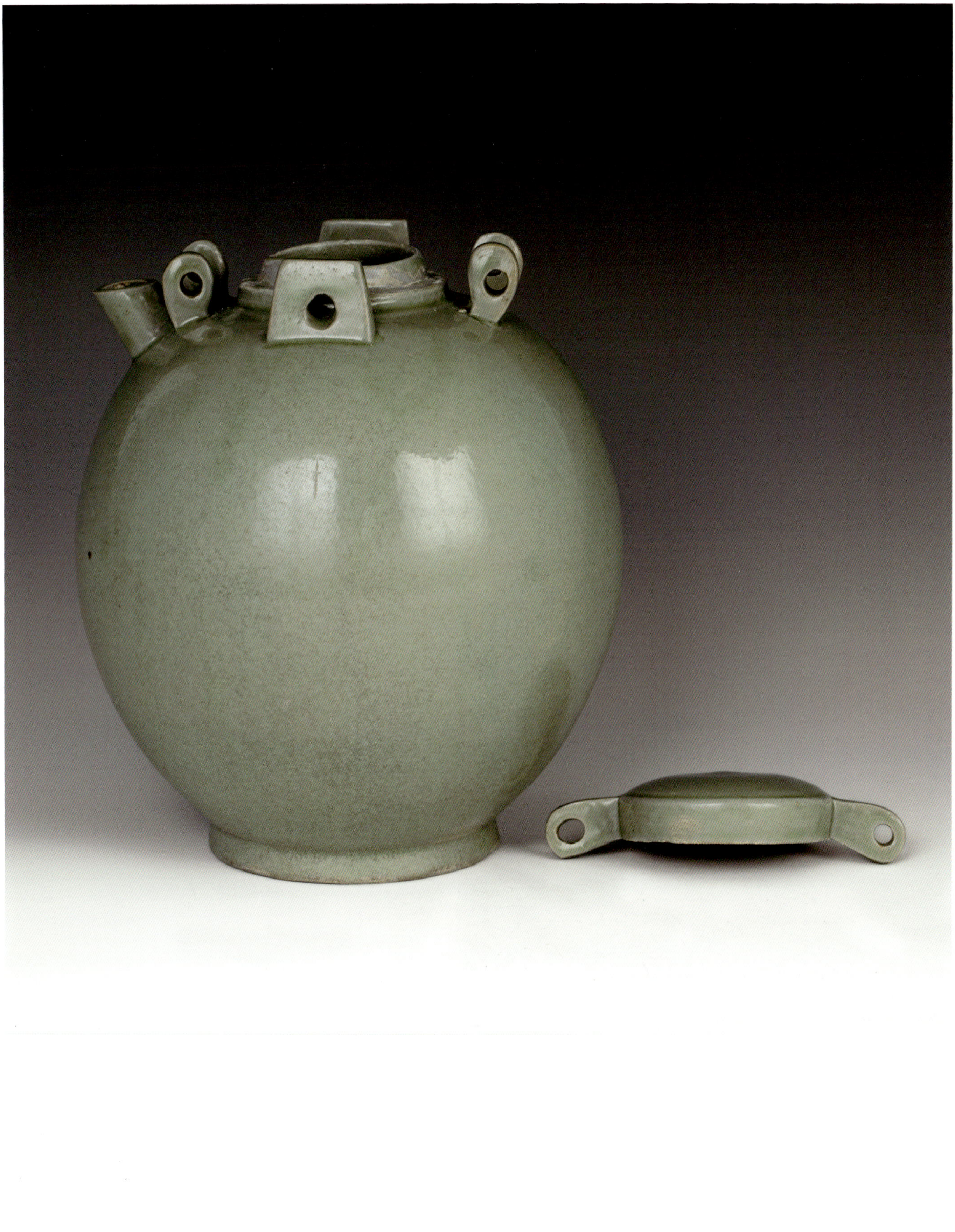

052

2

瓜棱腹盖罐 9件

分为罐盖和罐身两部分：盖口为母口，方唇，盖面微弧，平顶下凹，边缘有一周凹弦纹；罐身子口内敛，圆唇，溜肩，肩部贴对称双耳，腹部鼓，作四瓜棱形，平底，矮圈足或微外撇。此类型罐在盖和罐身上通常各有一圆形小孔，盖上的穿孔位置通常在盖面边缘或母口壁，罐身的穿孔通常在颈肩交界或子口外侧。其中有6件罐盖缺失，仅存罐身。均浅灰胎，通体施釉，釉色湖绿，釉面莹润。垫烧的位置分为两种，5件在足端，4件在外底，其中少数外底依然残存泥点，泥点数量多为5—7枚。

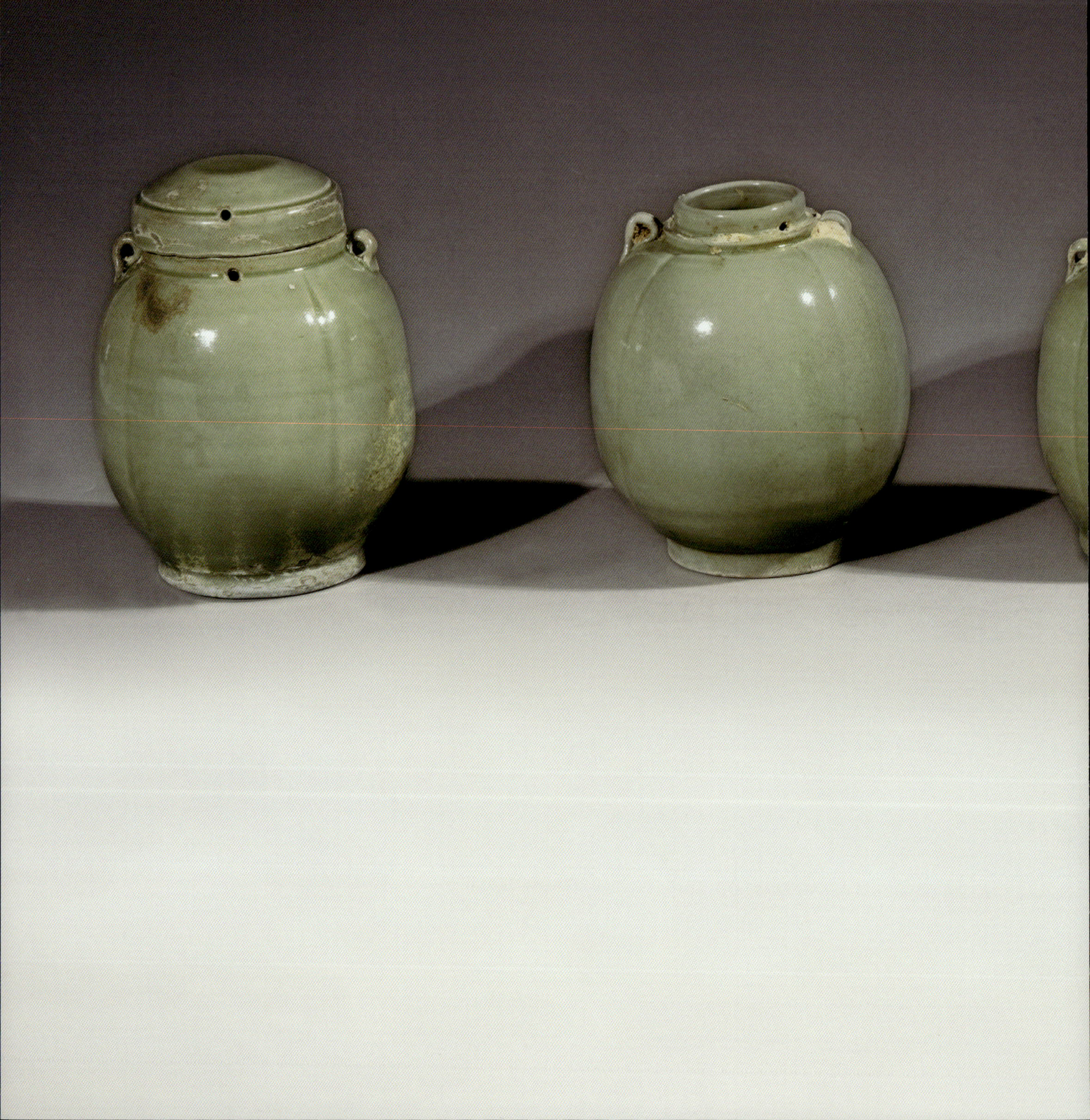

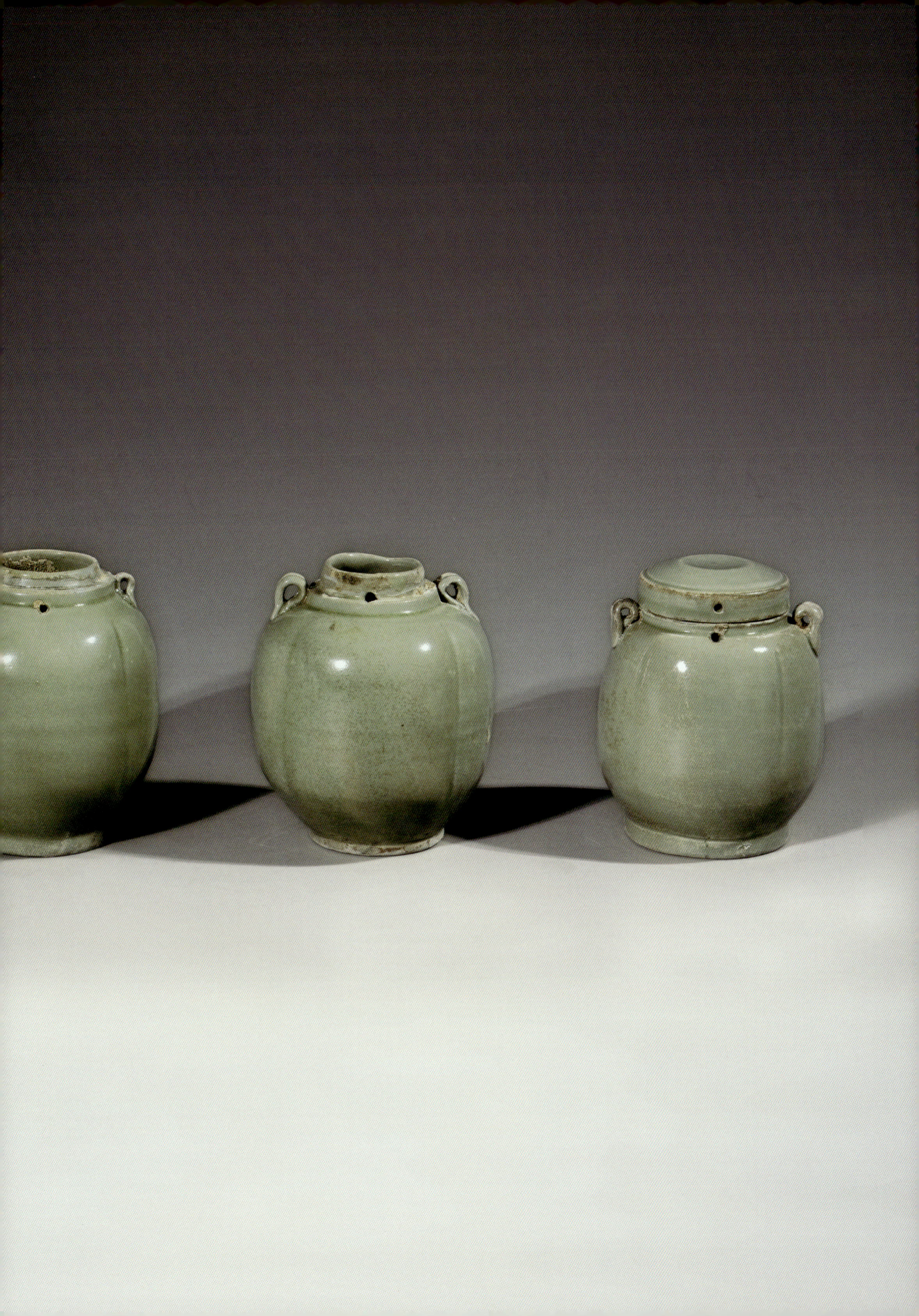

瓜棱腹盖罐

罐盖口径 4.9 厘米、顶径 2.2 厘米，高 1.4 厘米；罐身口径 3.4 厘米、最大腹径 7.8 厘米、足径 5.7 厘米，高 8.5 厘米；通高 9.4 厘米

分为罐盖和罐身两部分：盖母口，盖面平顶微下凹；罐身子口内敛，腹部微鼓，平底，矮圈足略外撇。罐盖母口壁有一圆形小孔，罐身颈肩交界处有圆形小孔。盖与罐交界处有一周泥点间隔痕，罐身外底残存一周垫烧泥点。

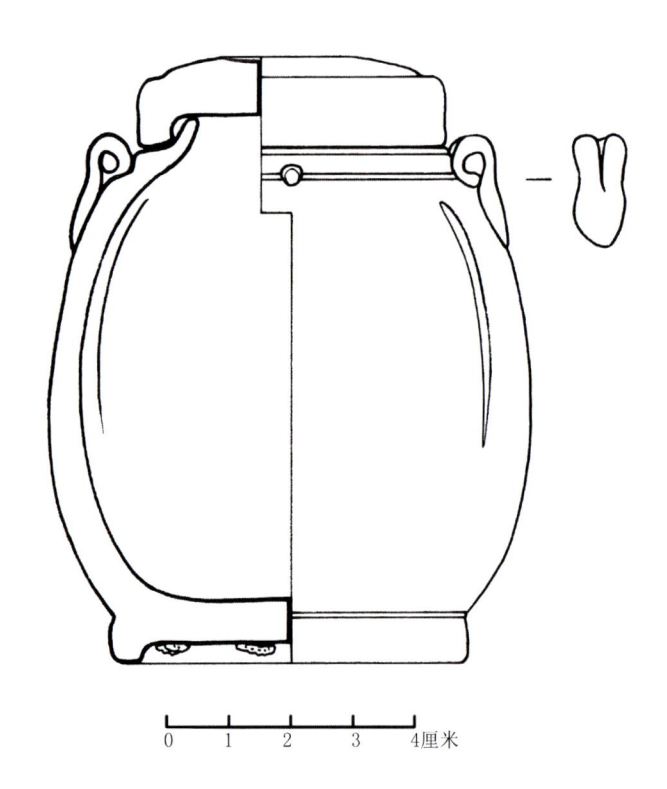

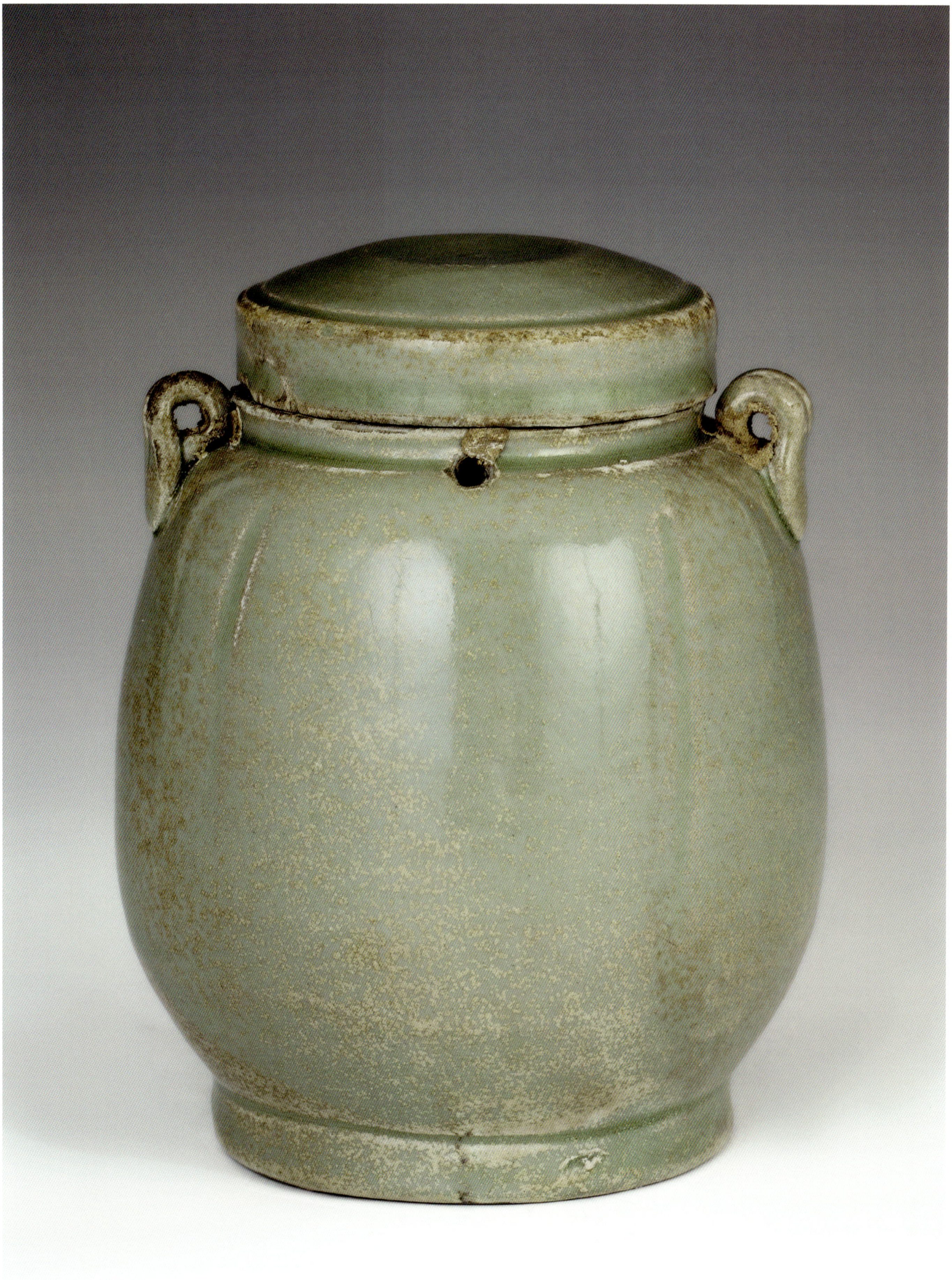

瓜棱腹盖罐

罐盖口径 6.2 厘米，顶径 2.8 厘米，高 1.9 厘米；罐身口径 4.2 厘米、最大腹径 9.4 厘米、足径 6.2 厘米，高 10.7 厘米；通高 12 厘米

分为罐盖和罐身两部分：盖母口，盖面平顶下凹；罐身子口内敛，腹部微鼓，平底，矮圈足。盖面边缘有一圆形小孔，罐身颈肩交界处有一圆形小孔。盖与罐交界处有一周泥点间隔痕，罐身足端有一周泥点垫烧痕。

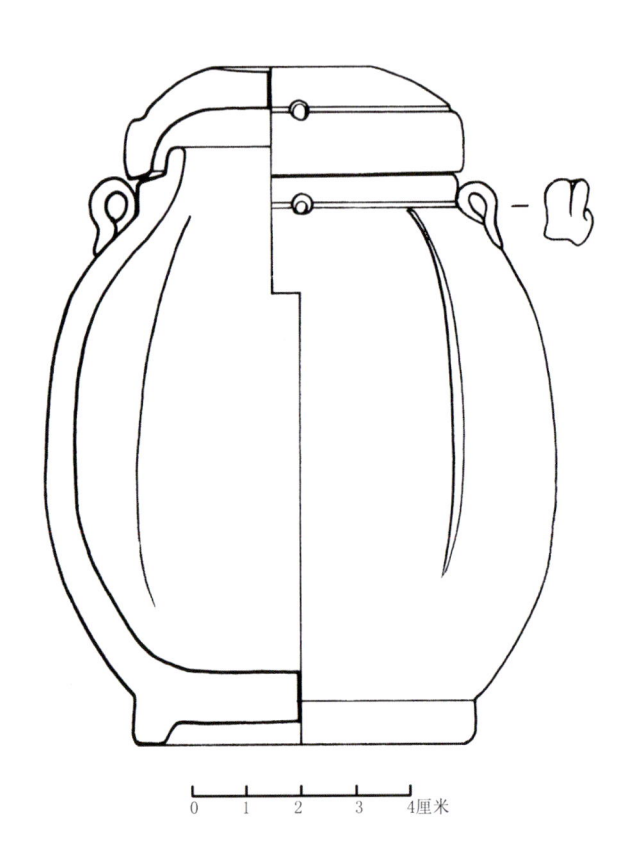

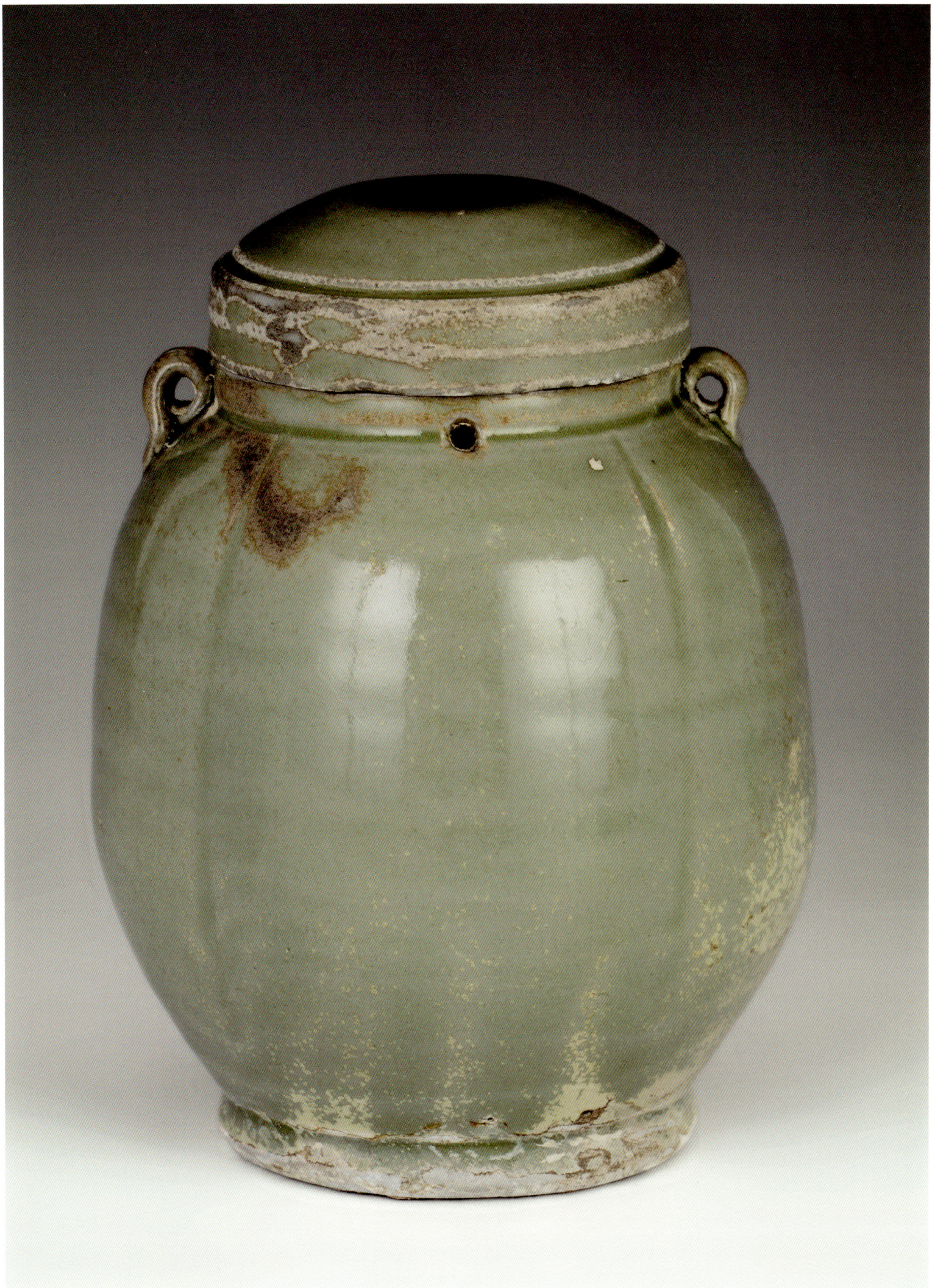

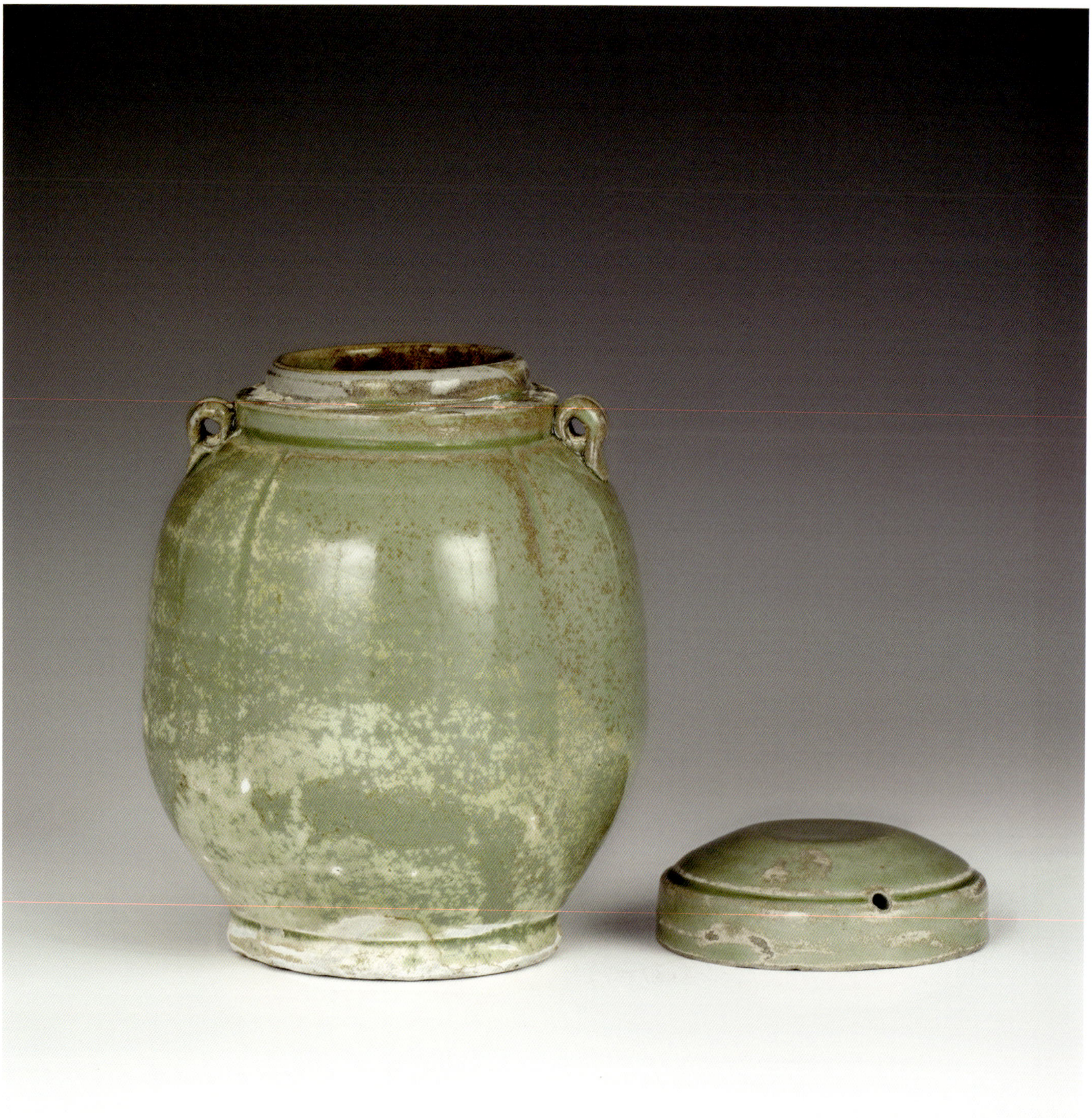

061

瓜棱腹盖罐

罐盖口径 5.8 厘米、顶径 3 厘米，高 2 厘米；罐身口径 4.2 厘米、最大腹径 9.4 厘米、足径 6.3 厘米，高 10.8 厘米；通高 12.3 厘米

分为罐盖和罐身两部分：盖母口，盖面平顶下凹；罐身子口内敛，鼓腹，平底微上凹，矮圈足外撇。罐盖母口壁有一圆形小孔，罐身颈肩交界处有圆形小孔。盖和罐交界处有一周泥点间隔痕，罐身足端刮釉。

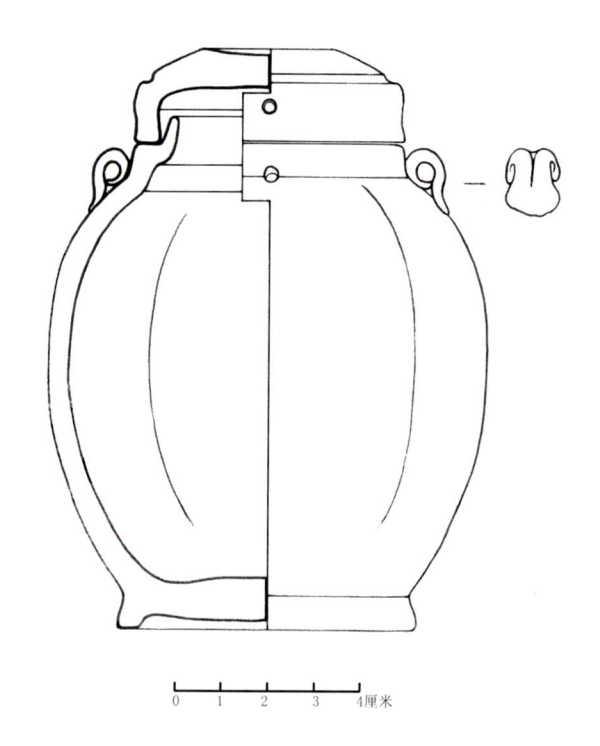

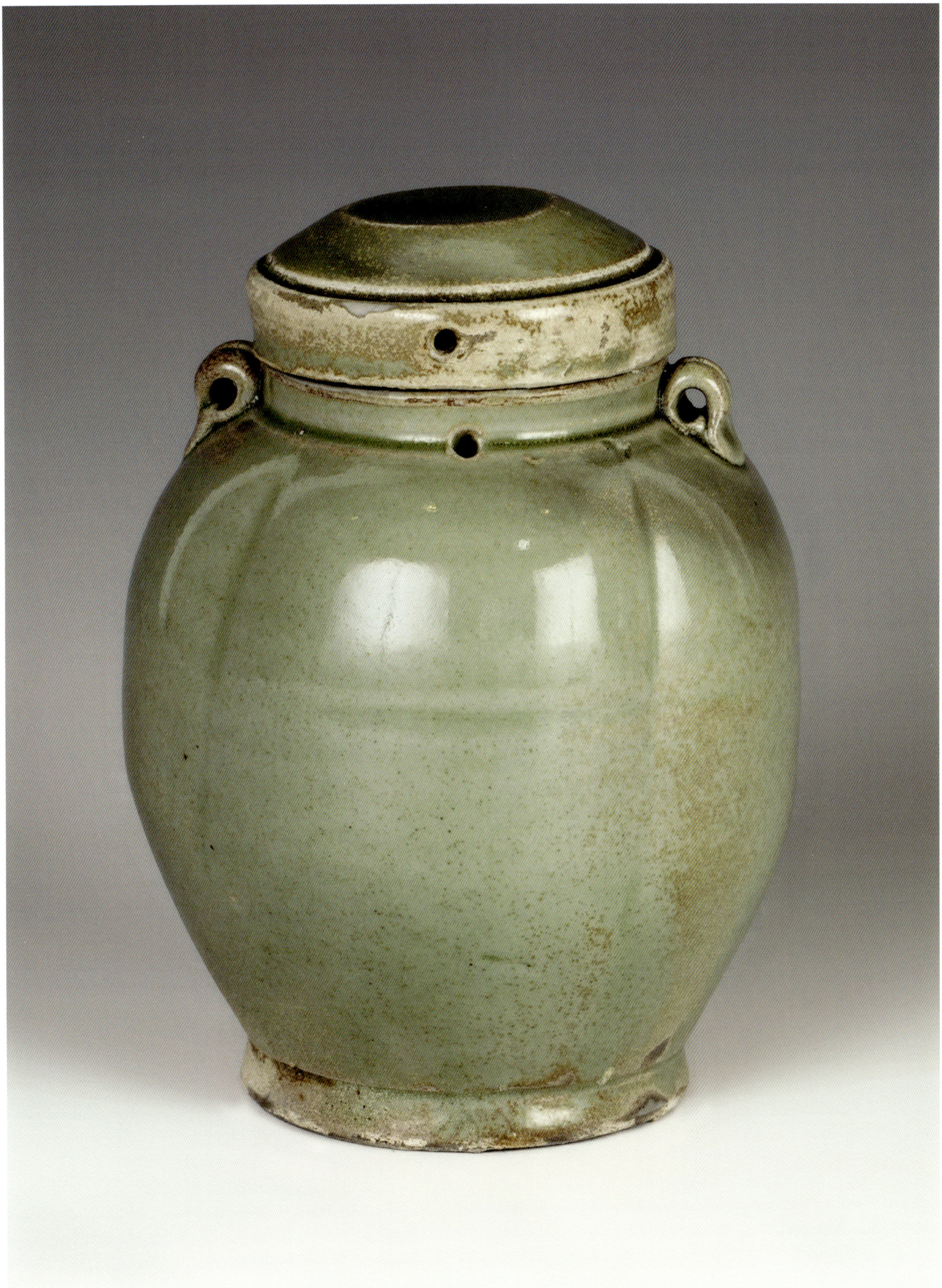

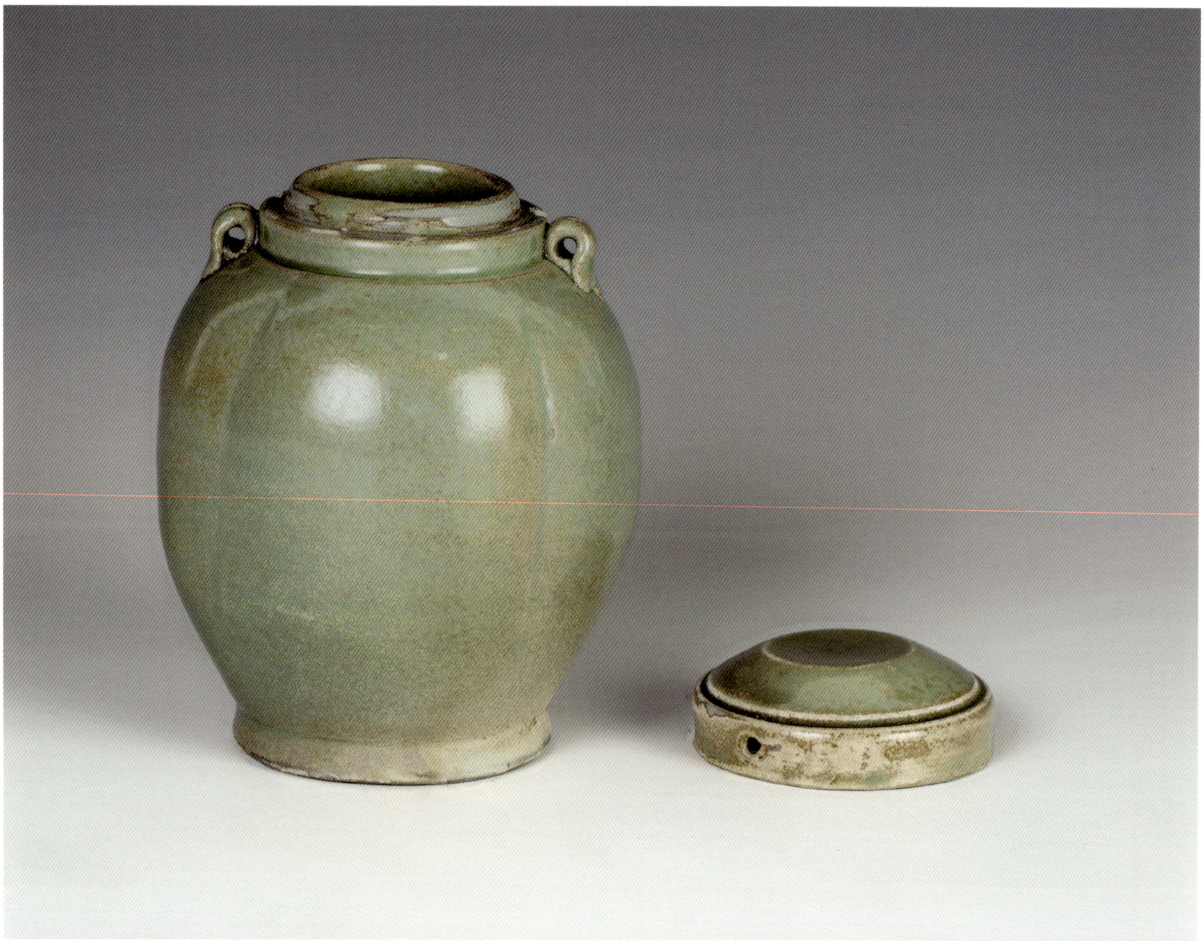

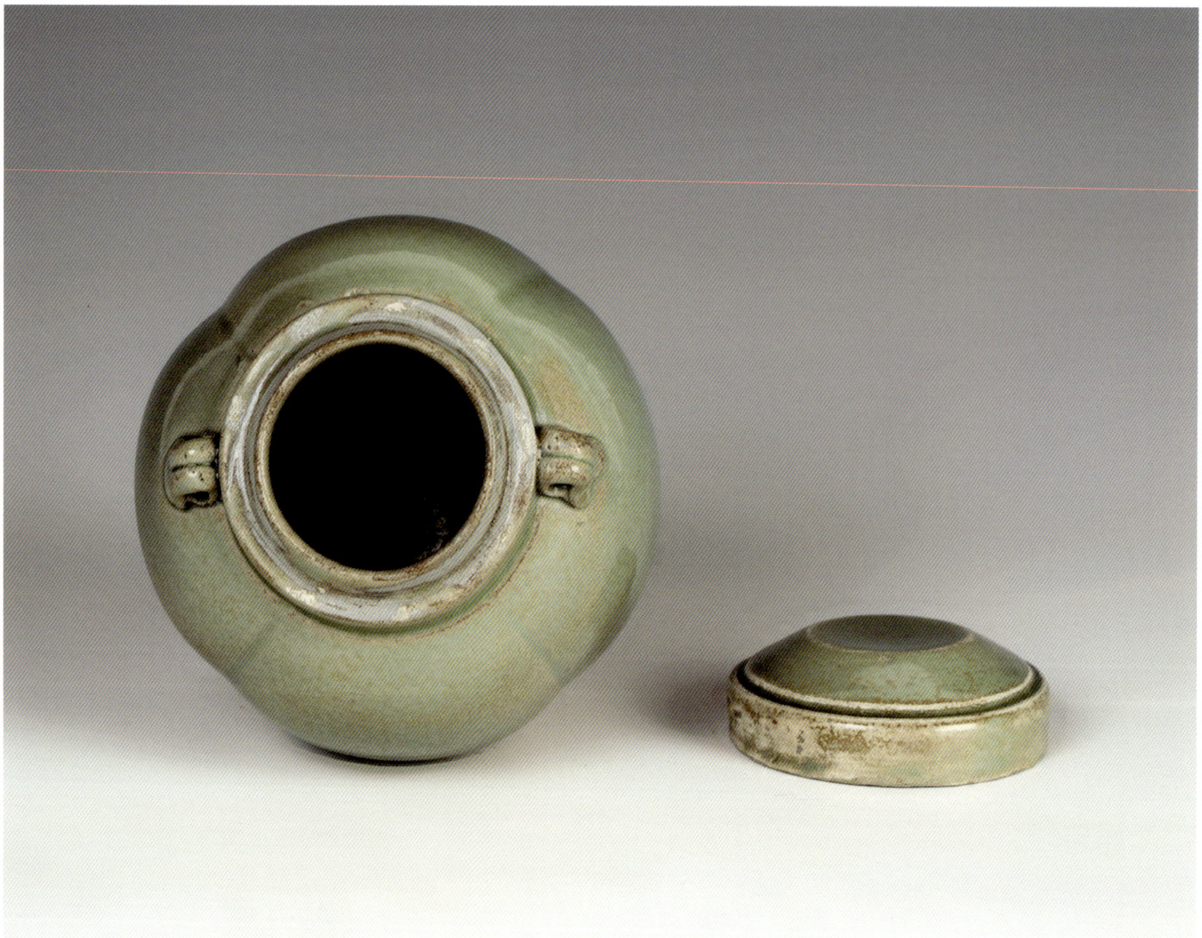

065

瓜棱腹盖罐

口径3.8厘米、最大腹径8.4厘米、足径5.6厘米，高9.6厘米

缺盖。子口微敛，腹部微鼓，平底，矮圈足。颈肩交界处有一圆形小孔。口沿外侧有一周泥点间隔痕，外底残存一周垫烧泥点。

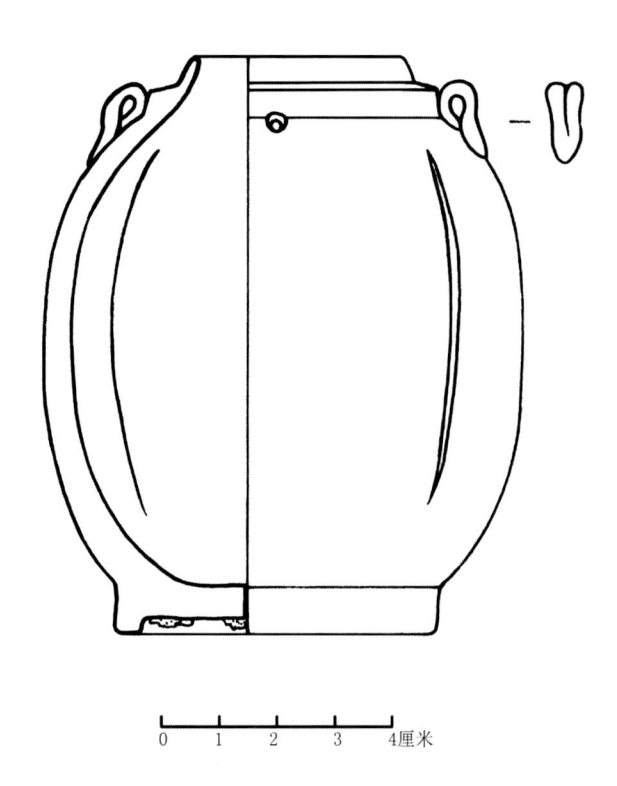

067

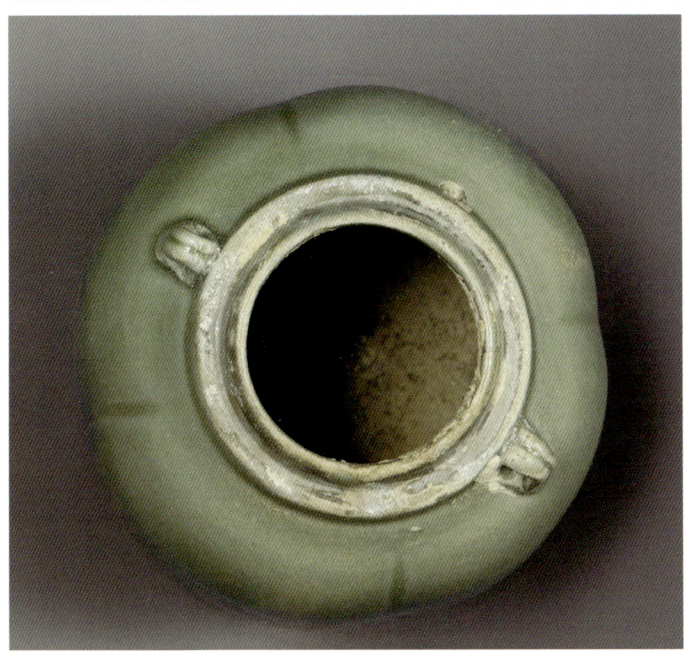

瓜棱腹盖罐

口径 3.8 厘米、最大腹径 9.5 厘米、足径 5.6 厘米，高 10.8 厘米

缺盖。子口微敛，腹部鼓，平底，矮圈足。子口外侧有一圆形小孔。口沿外侧有一周泥点间隔痕，足端有一周泥点垫烧痕。

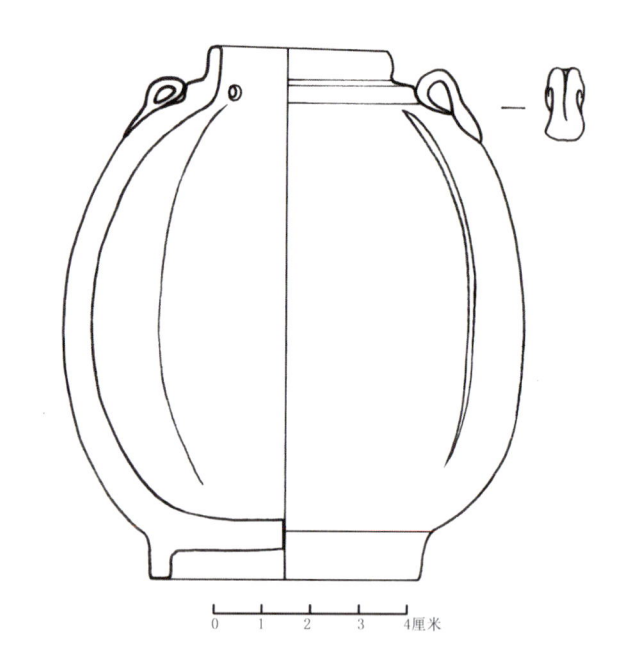

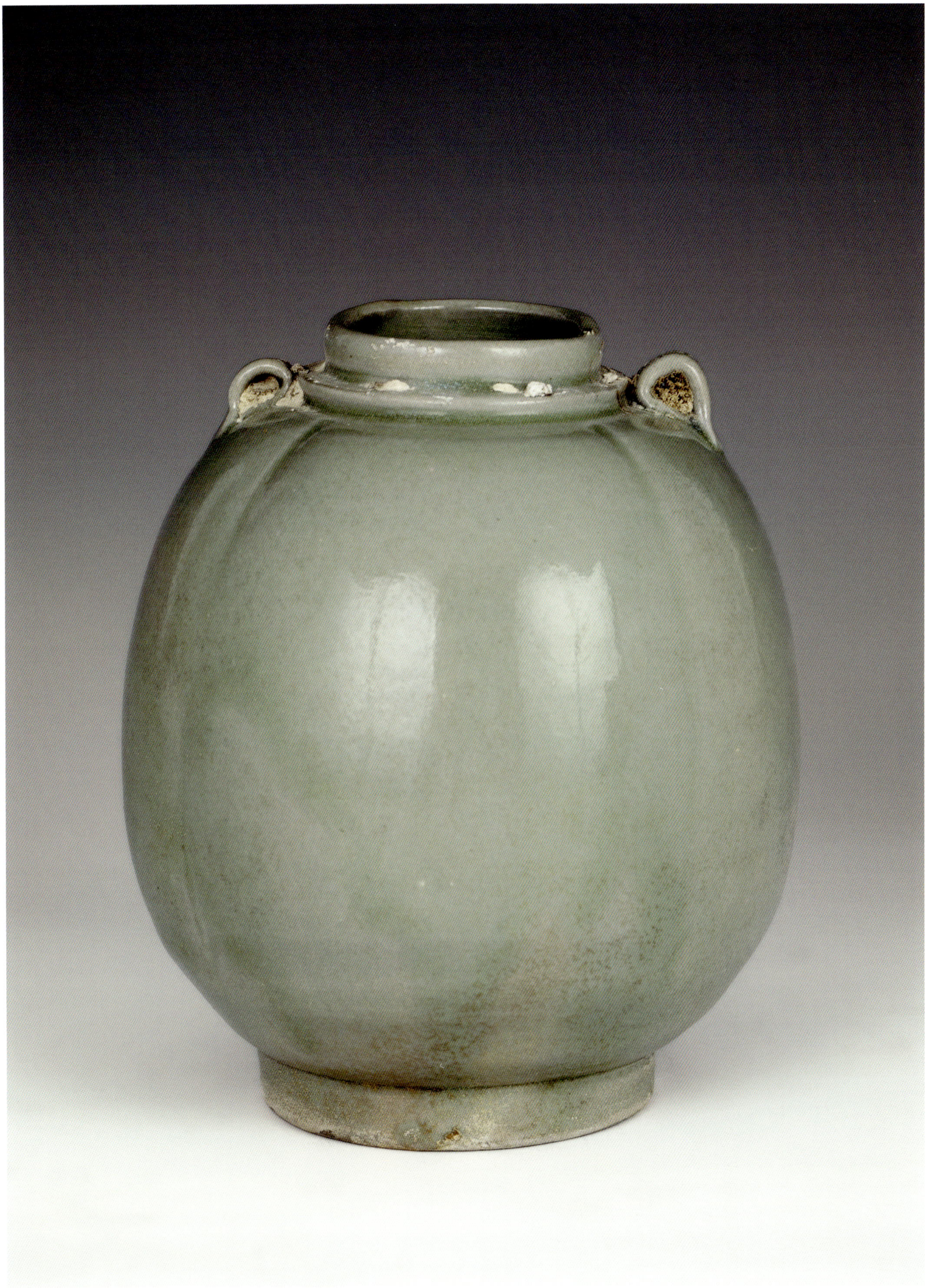

瓜棱腹盖罐

口径 3.4 厘米、最大腹径 8.4 厘米、足径 4.6 厘米，高 9.6 厘米

缺盖。子口较直，鼓腹，平底上凹，矮圈足。子口外侧有一圆形小孔。口沿外侧有一周泥点间隔痕，足端有一周泥点垫烧痕。

071

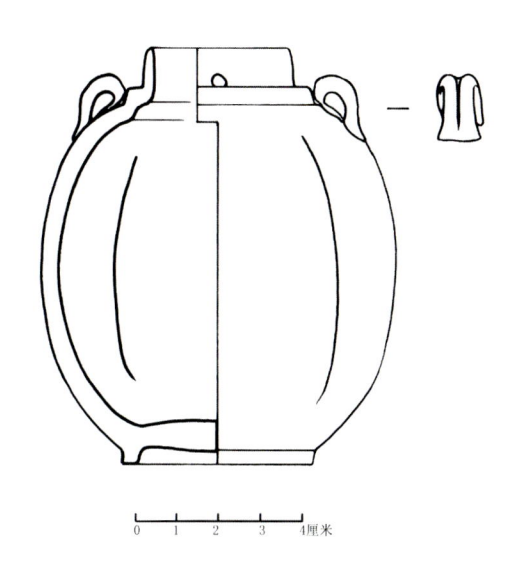

瓜棱腹盖罐

口径 4 厘米、最大腹径 8.1 厘米、足径 5.5 厘米，高 9.3 厘米

缺盖。子口微敛，腹部微鼓，平底，矮圈足。口沿外侧有一周泥点间隔痕，外底残存一周垫烧泥点。

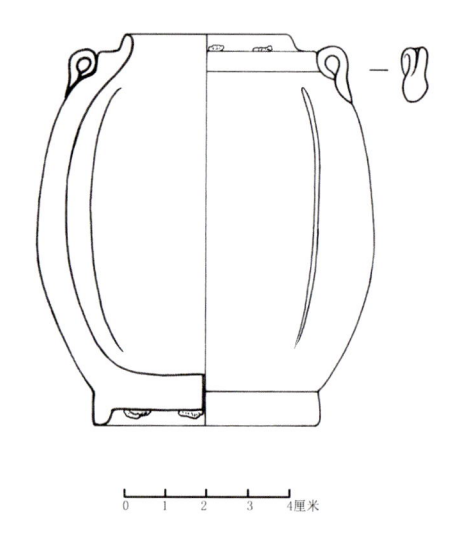

073

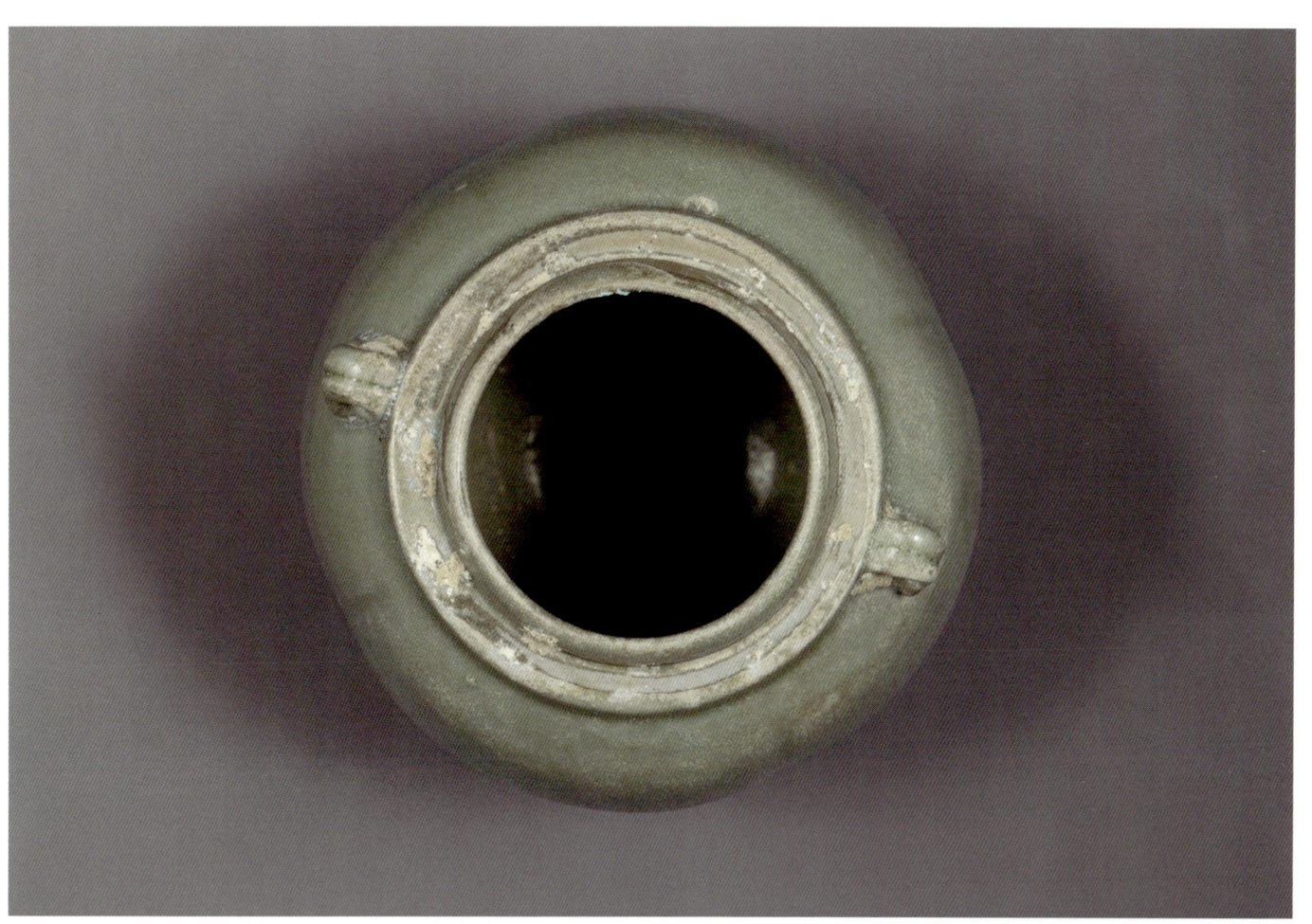

瓜棱腹盖罐

口径 4.3 厘米、最大腹径 8.5 厘米、足径 5.6 厘米，高 9.4 厘米

缺盖。子口微敛，鼓腹，平底，矮圈足。颈肩交界处有一圆形小孔。口沿外侧有一周泥点间隔痕，外底有一周泥点垫烧痕，且残存 3 枚泥点。

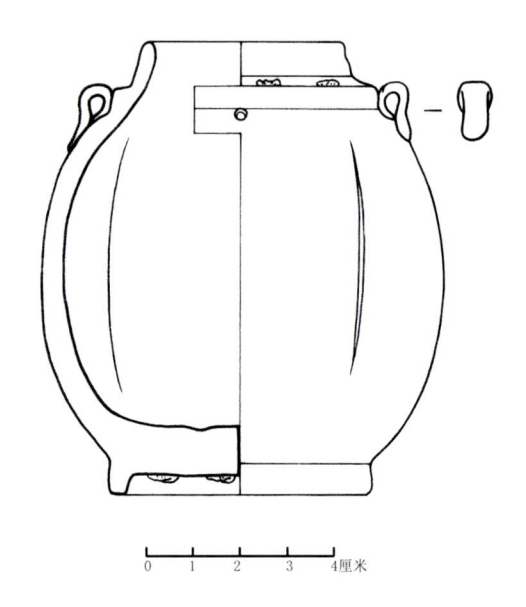

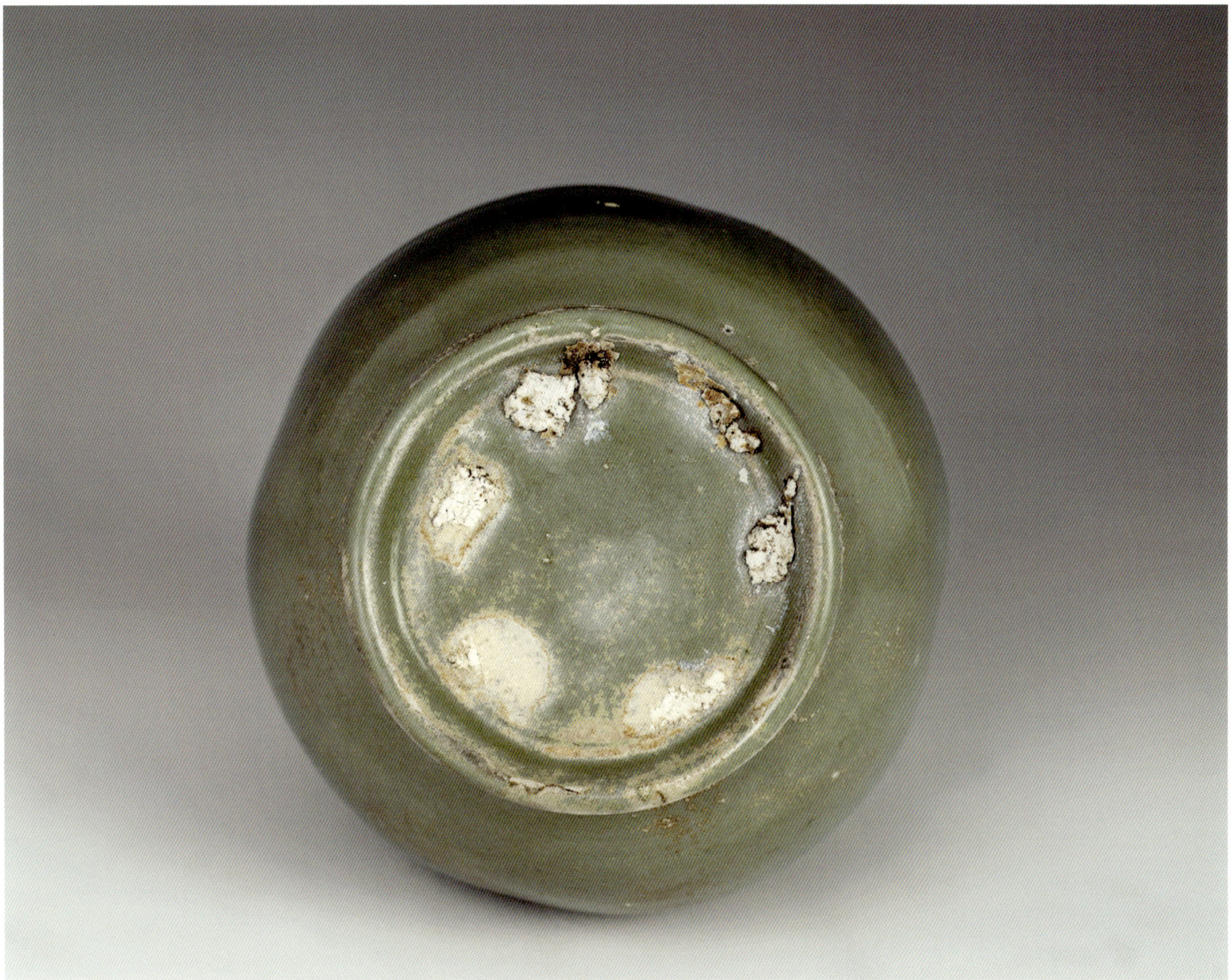

瓜棱腹盖罐

口径 3.4 厘米、最大腹径 9.3 厘米、足径 5.4 厘米，高 10.8 厘米

缺盖。子口微敛，鼓腹，平底微上凹，矮圈足外撇。子口外侧有一圆形小孔，肩部一侧小耳残失。口沿外侧有一周泥点间隔痕，足端有一周泥点垫烧痕。

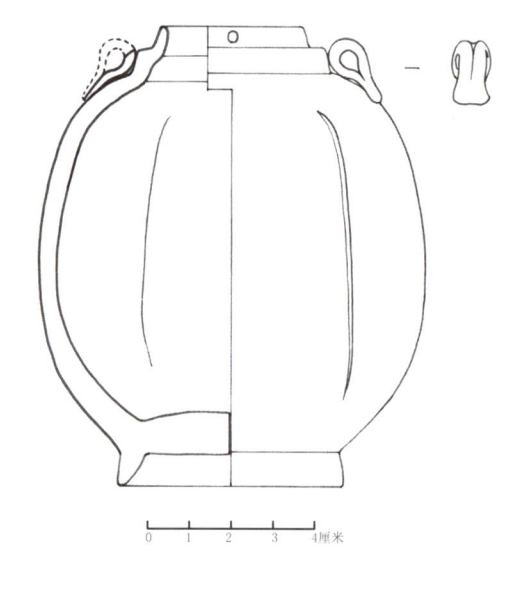

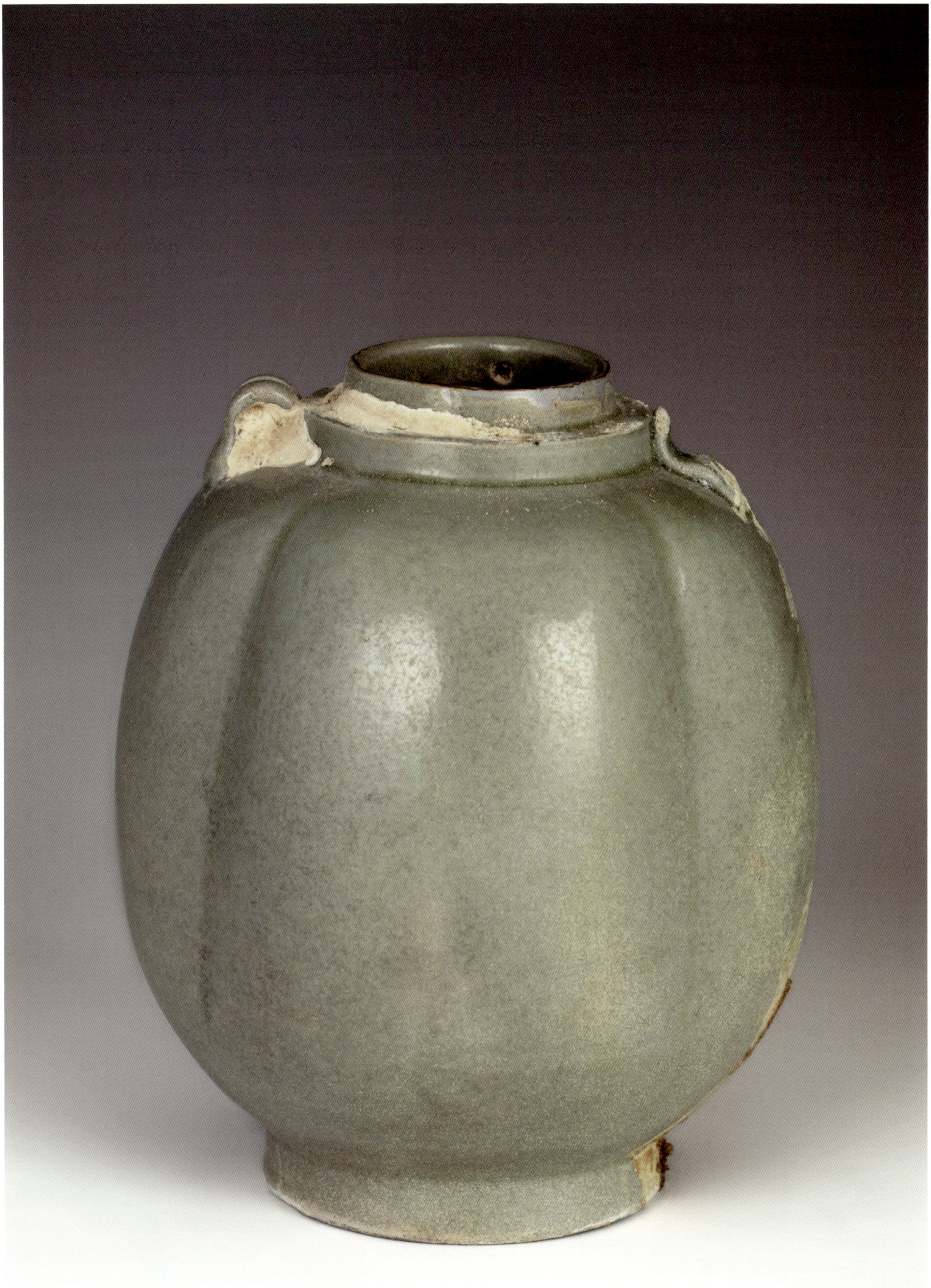

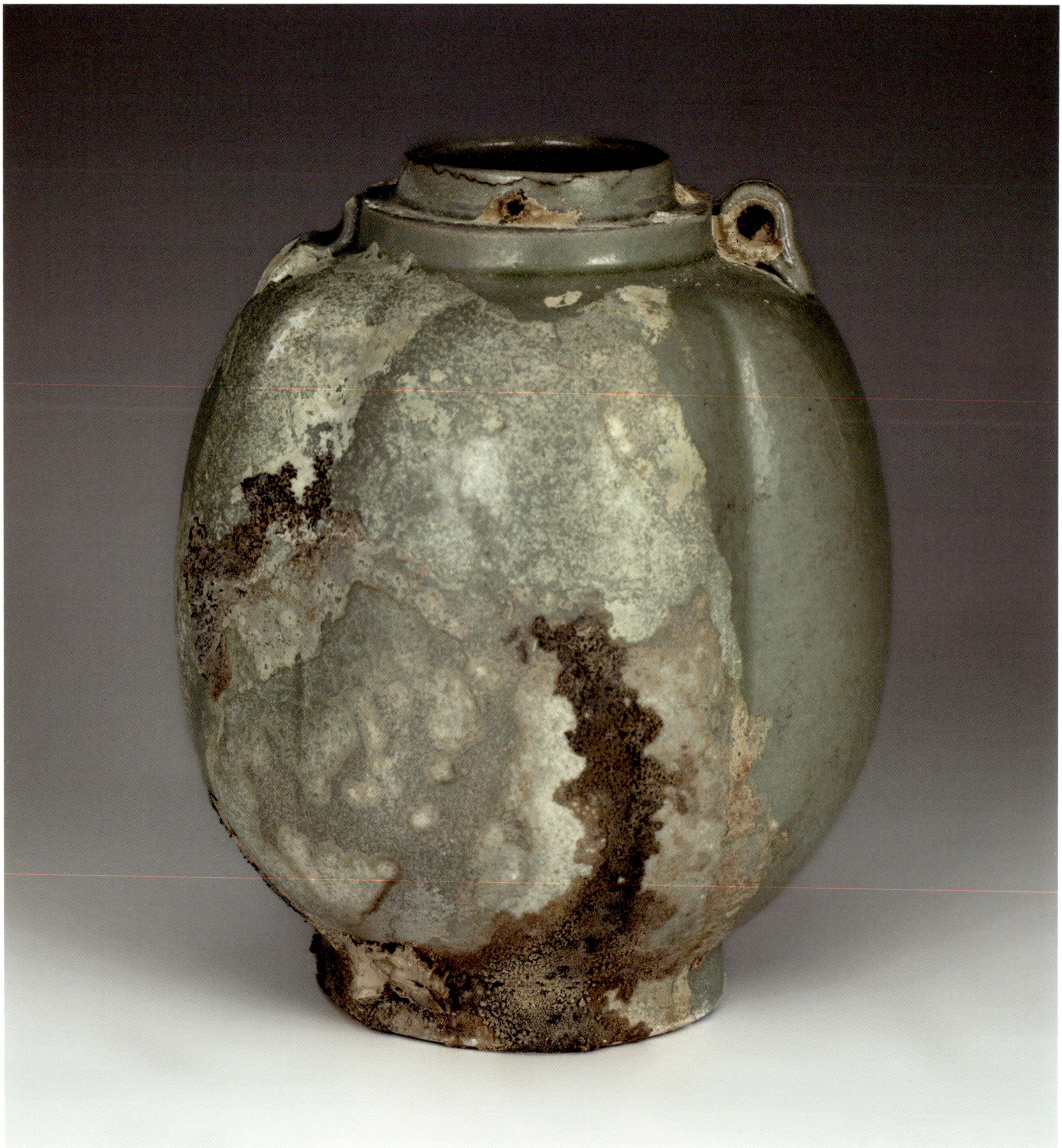

3

四系罐 2件

侈口，圆唇，束颈，圆肩，弧腹内收，平底。肩部等距分布四个泥条状横系，腹部内壁遍布轮制拉坯痕迹。此类型罐体型较大，通体施釉，釉色不匀，青中泛黄或泛灰。最大径偏上腹部，高度在 29 厘米左右。

四系罐

口径 9.6 厘米、最大腹径 21.3 厘米、底径 9.4 厘米，高 29.8 厘米

侈口，束颈，深弧腹内收，平底上凹。肩部一侧刻"上"字。浅灰胎，釉色不匀，大部青中泛黄，局部釉色青灰。底面边缘有一周垫烧泥点痕，部分泥点尚存。

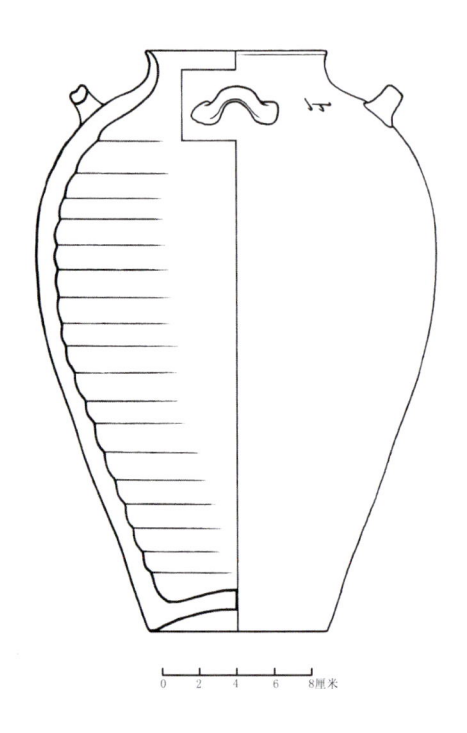

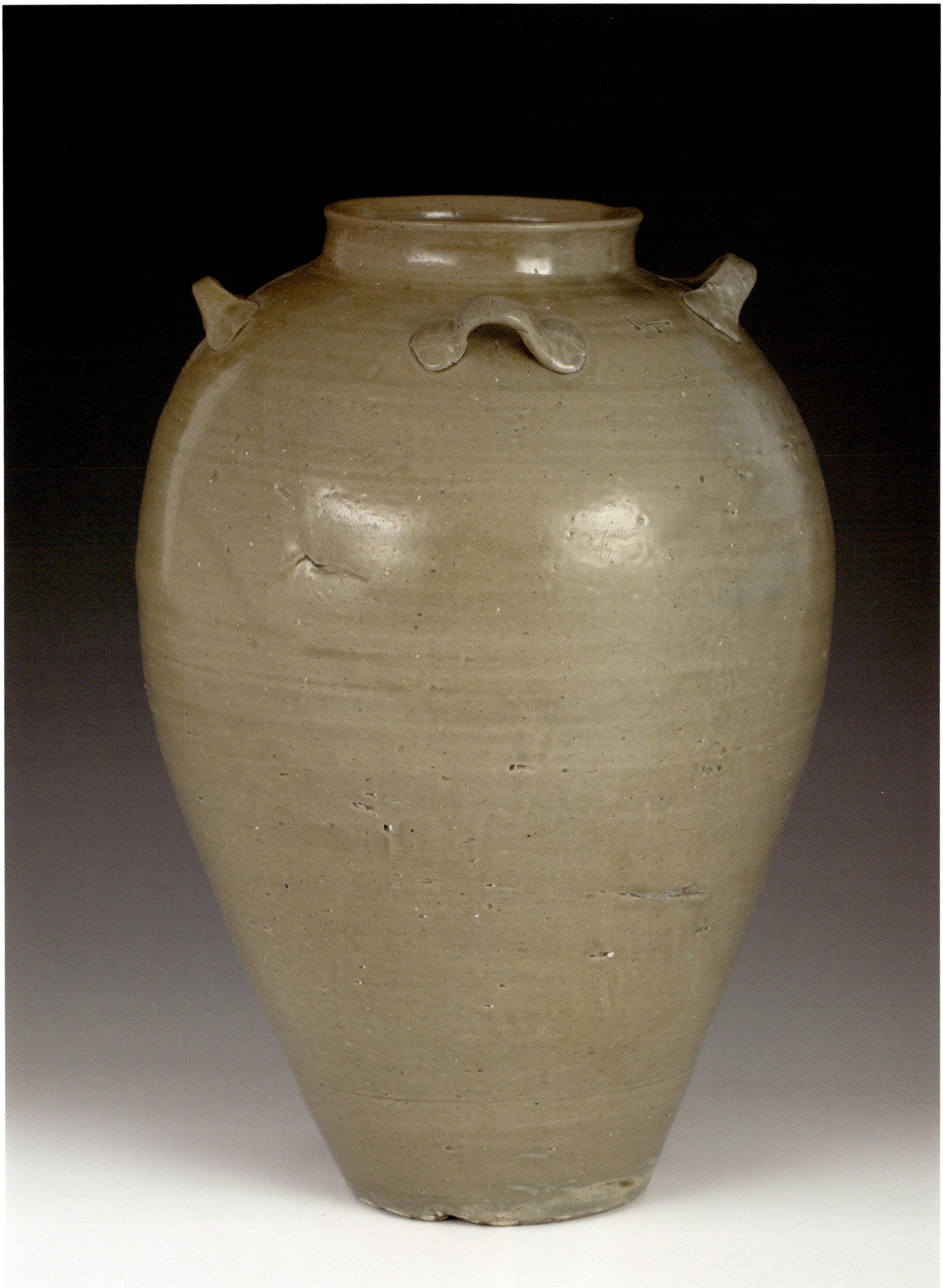

四系罐

口径 12.9 厘米、最大腹径 21.4 厘米、底径 9.4 厘米，高 28.9 厘米

侈口，束颈，深弧腹内收，平底上凹。浅灰胎，釉色青中泛黄。底面边缘残存一周垫烧泥点痕。

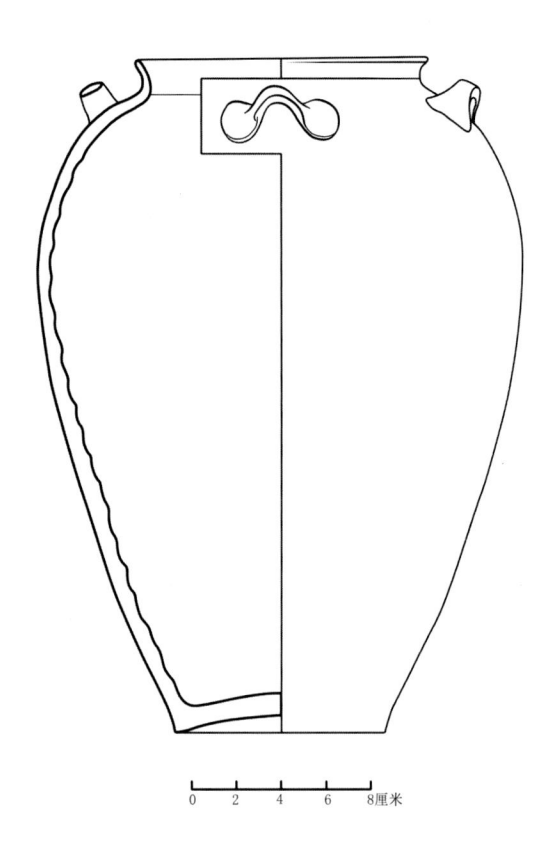

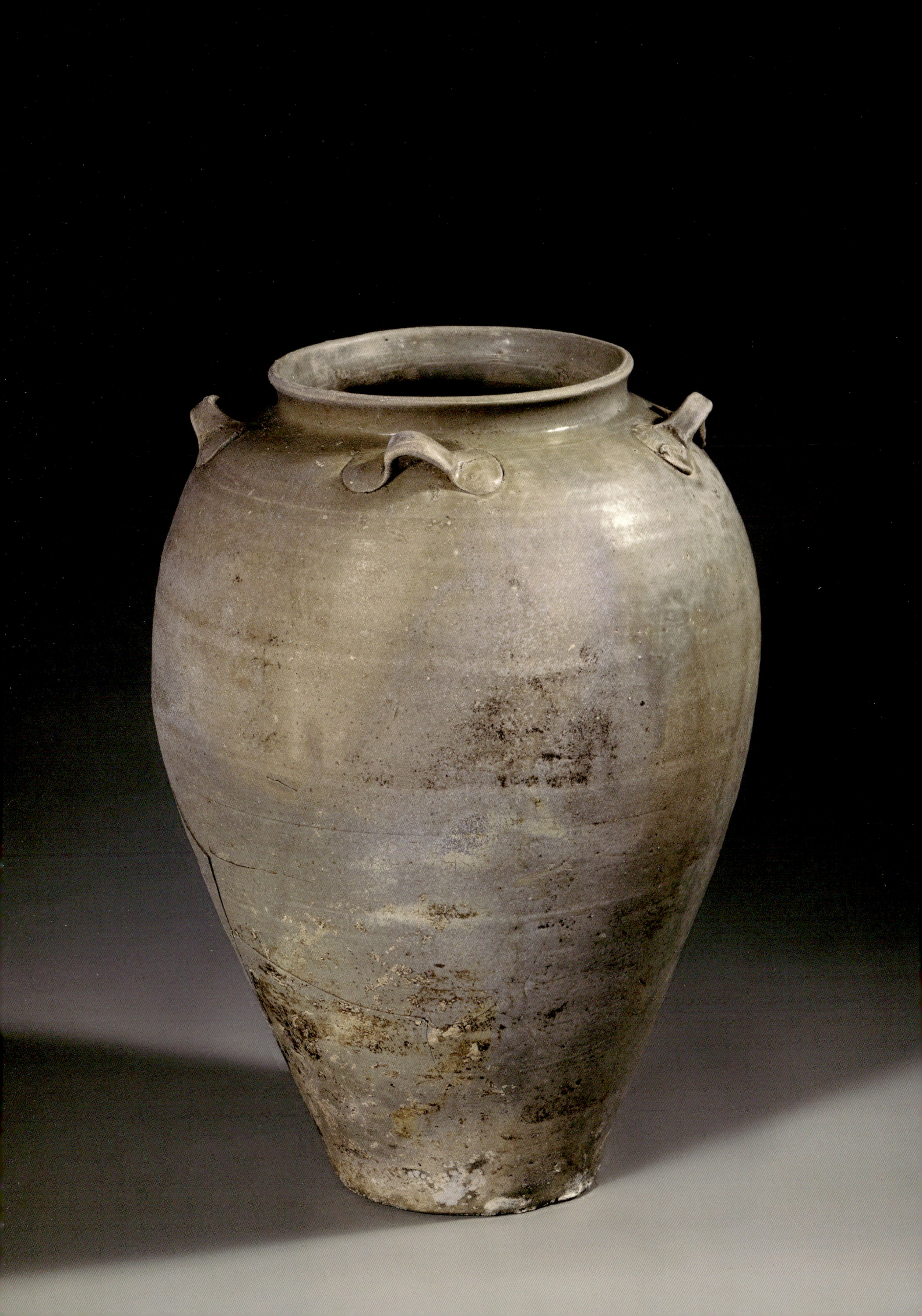

084

碗：10件（其中1件残）
根据口部特征，可分为圆口碗和花口碗两种。

碗

1

圆口碗 9件

基本形制为敞口，圆唇，弧腹，圈足。均浅灰胎，通体施釉，釉色湖绿，釉面莹润。该类型碗口径多在12—15厘米，其中6件垫烧位置在圈足足端，3件位于外底，一部分器物外底依然残留垫烧泥点，泥点数量通常在6枚左右。

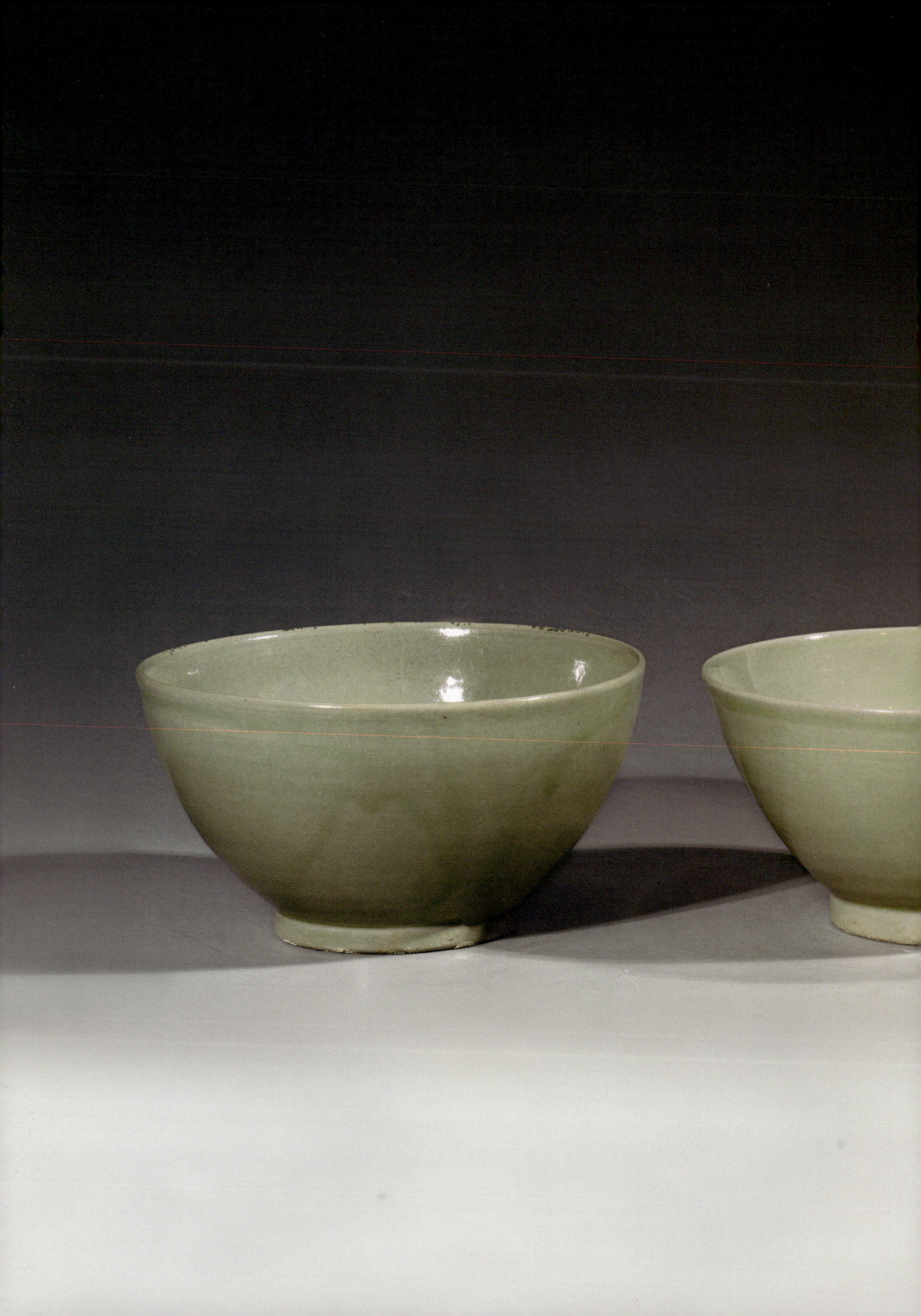

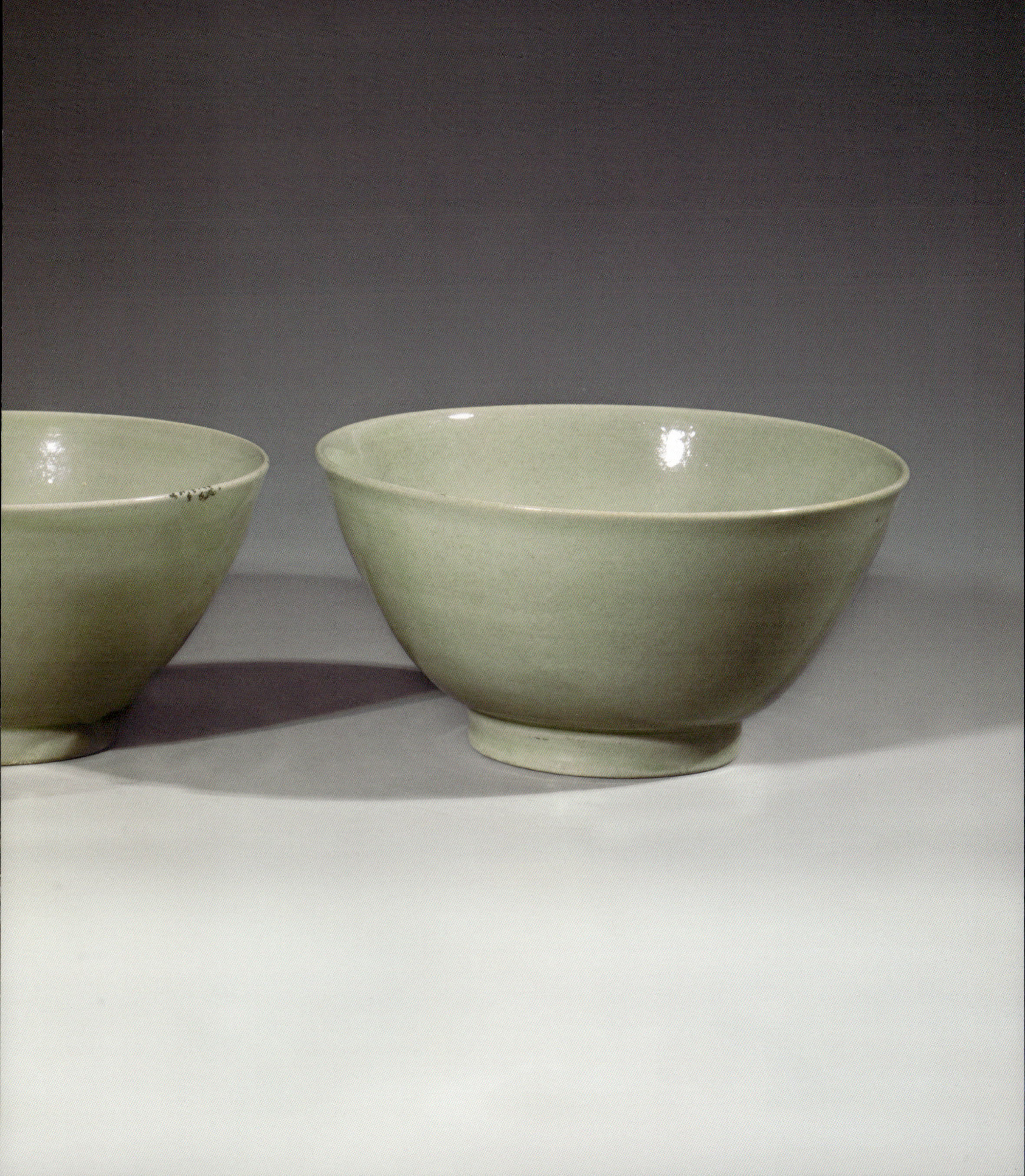

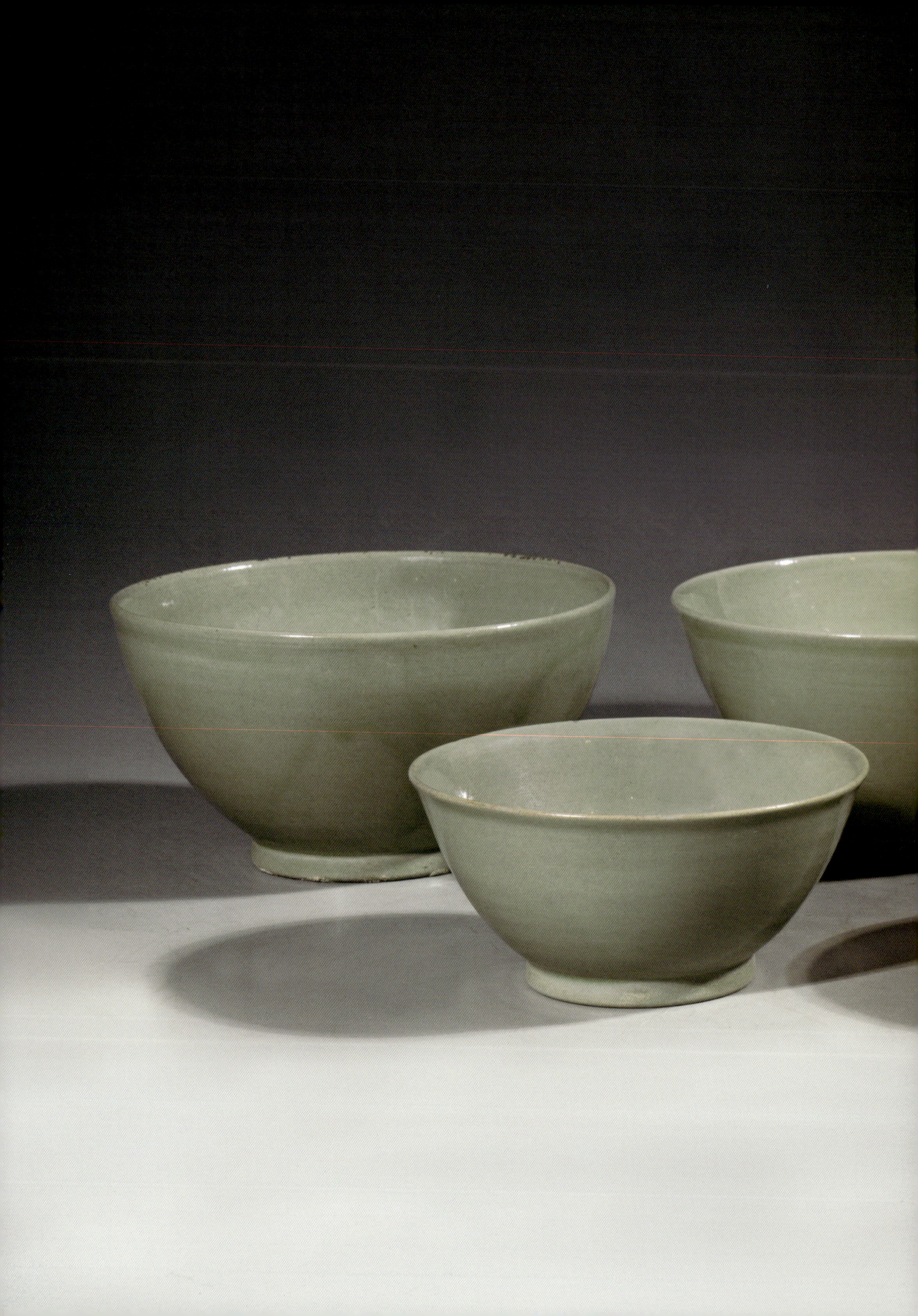

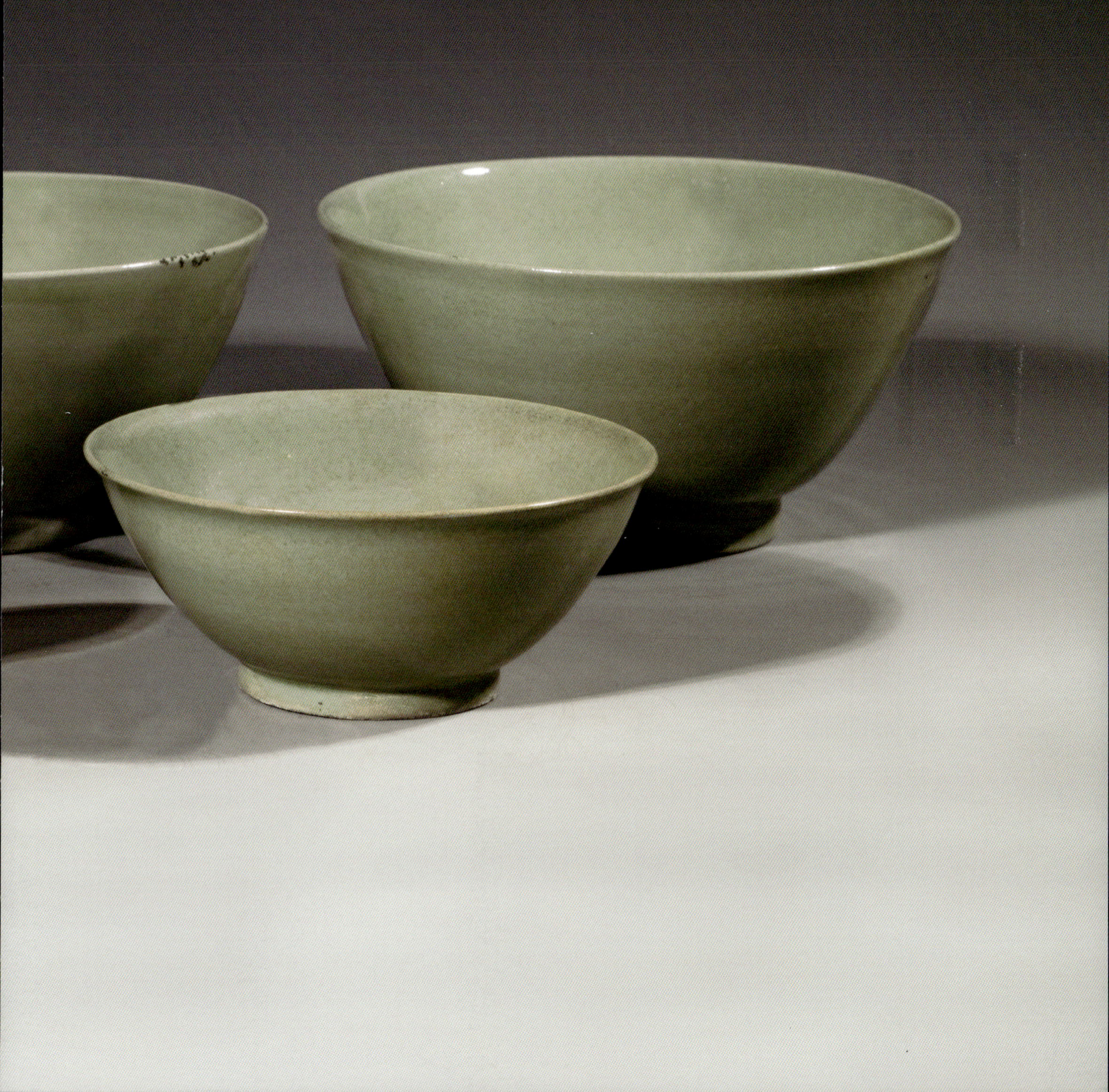

圆口碗

口径14.2厘米、足径6.8厘米，高7.2厘米

敞口，斜弧腹较深，平底，圈足较直。足端有一周垫烧泥点痕。

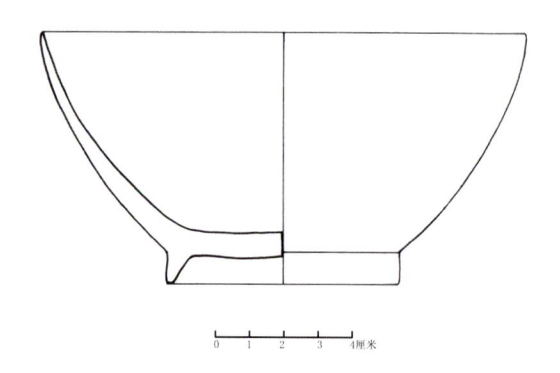

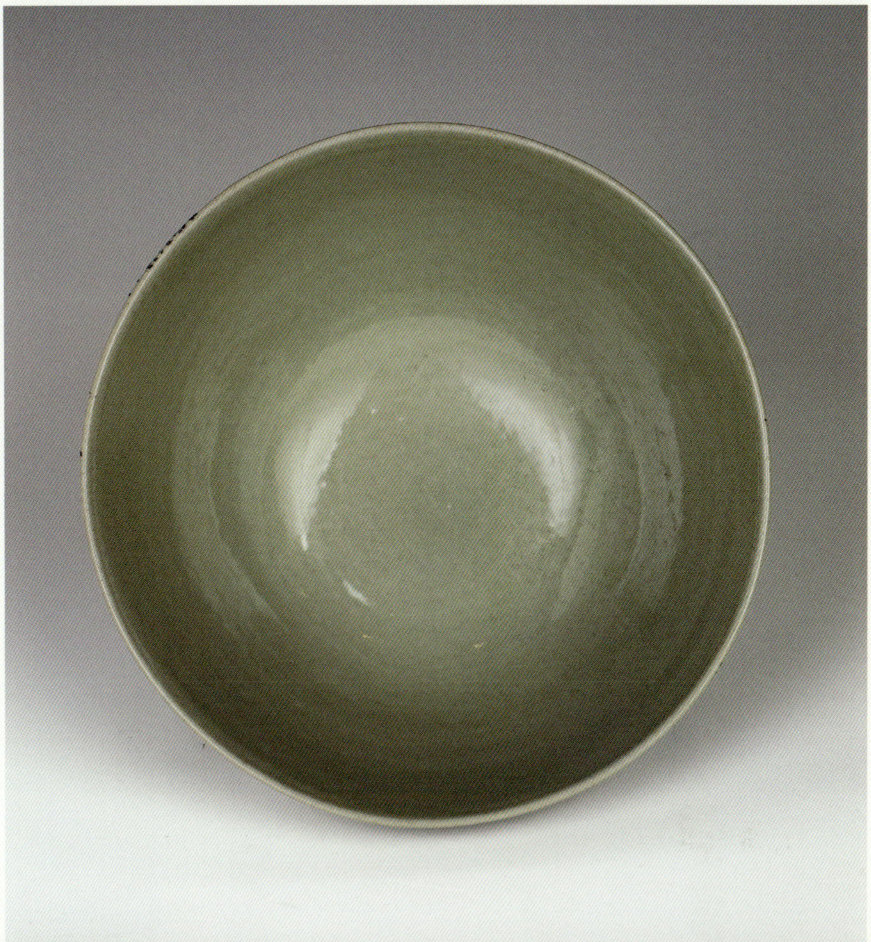

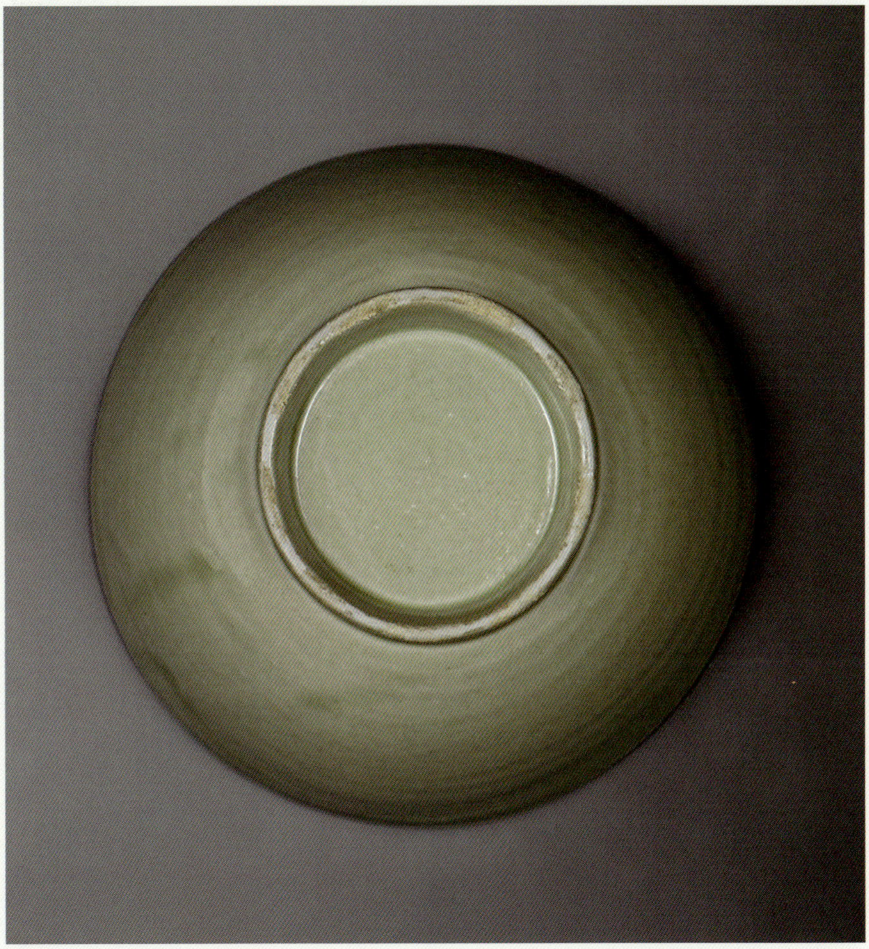

圆口碗

口径 15.1 厘米、足径 7 厘米，高 7.3 厘米

敞口微外撇，斜弧腹较深，平底，圈足微内收。内底有一周凹弦纹。外底残存一周垫烧泥点。

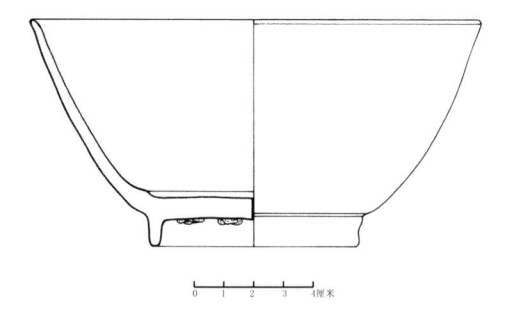

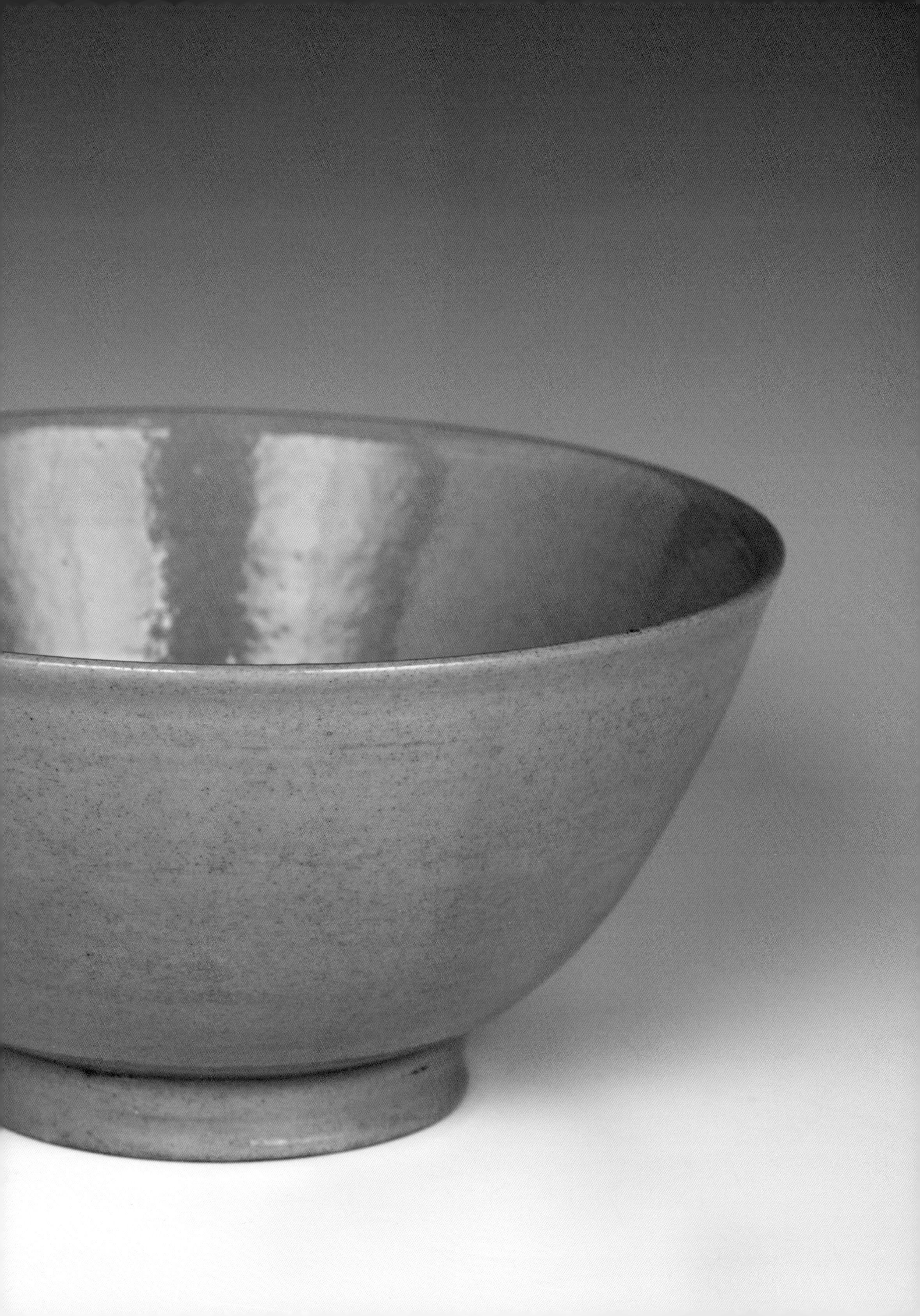

圆口碗

口径 11.8 厘米、足径 5.9 厘米，高 5.4 厘米

敞口微外撇，斜弧腹较深，平底，圈足外撇。外底残存一周垫烧泥点。

097

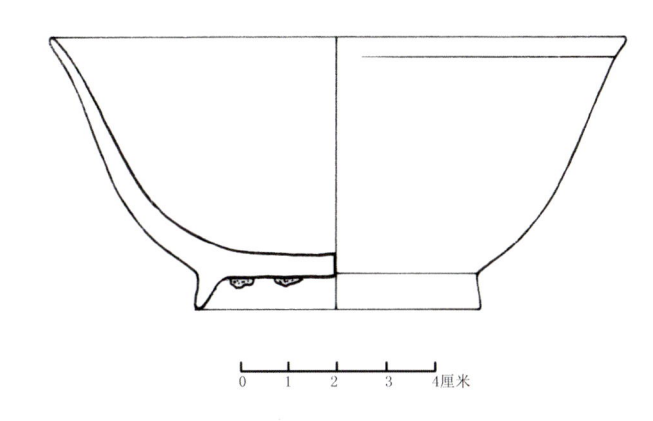

圆口碗

口径 12.8 厘米、足径 5.4 厘米，高 4.4 厘米

敞口，斜腹较浅，圜底，圈足微内收。外底残存一周垫烧泥点。

099

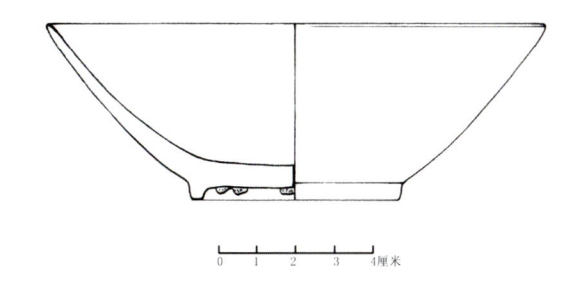

圆口碗

口径 14.4 厘米、足径 7 厘米，高 7.5 厘米

口近直，弧腹较深，圜底，圈足微外撇。足端有一周垫烧泥点痕。

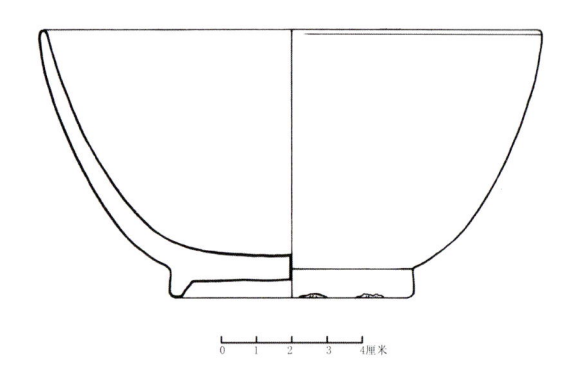

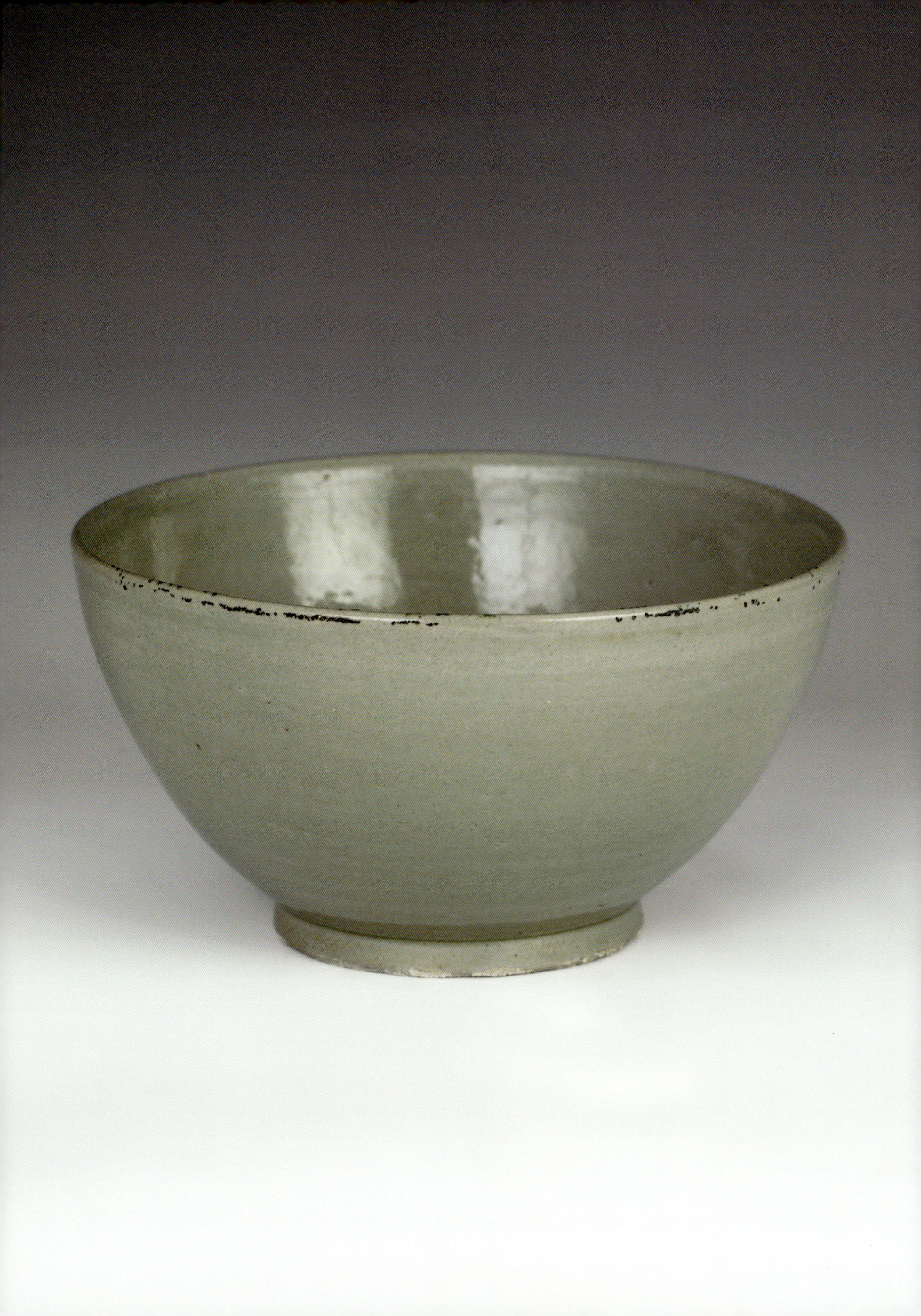

圆口碗

口径 14.1 厘米、足径 6.6 厘米，高 6.7 厘米

敞口微外撇，斜弧腹较深，圜底近平，圈足微外撇。足端有一周垫烧泥点痕。

103

圆口碗

口径 14.4 厘米、足径 7 厘米，高 6.3 厘米

敞口，斜弧腹较深，平底，圈足较直。足端有一周垫烧泥点痕。

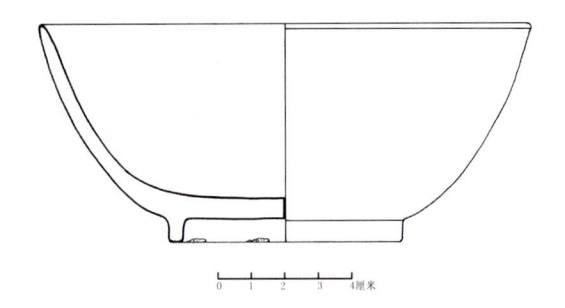

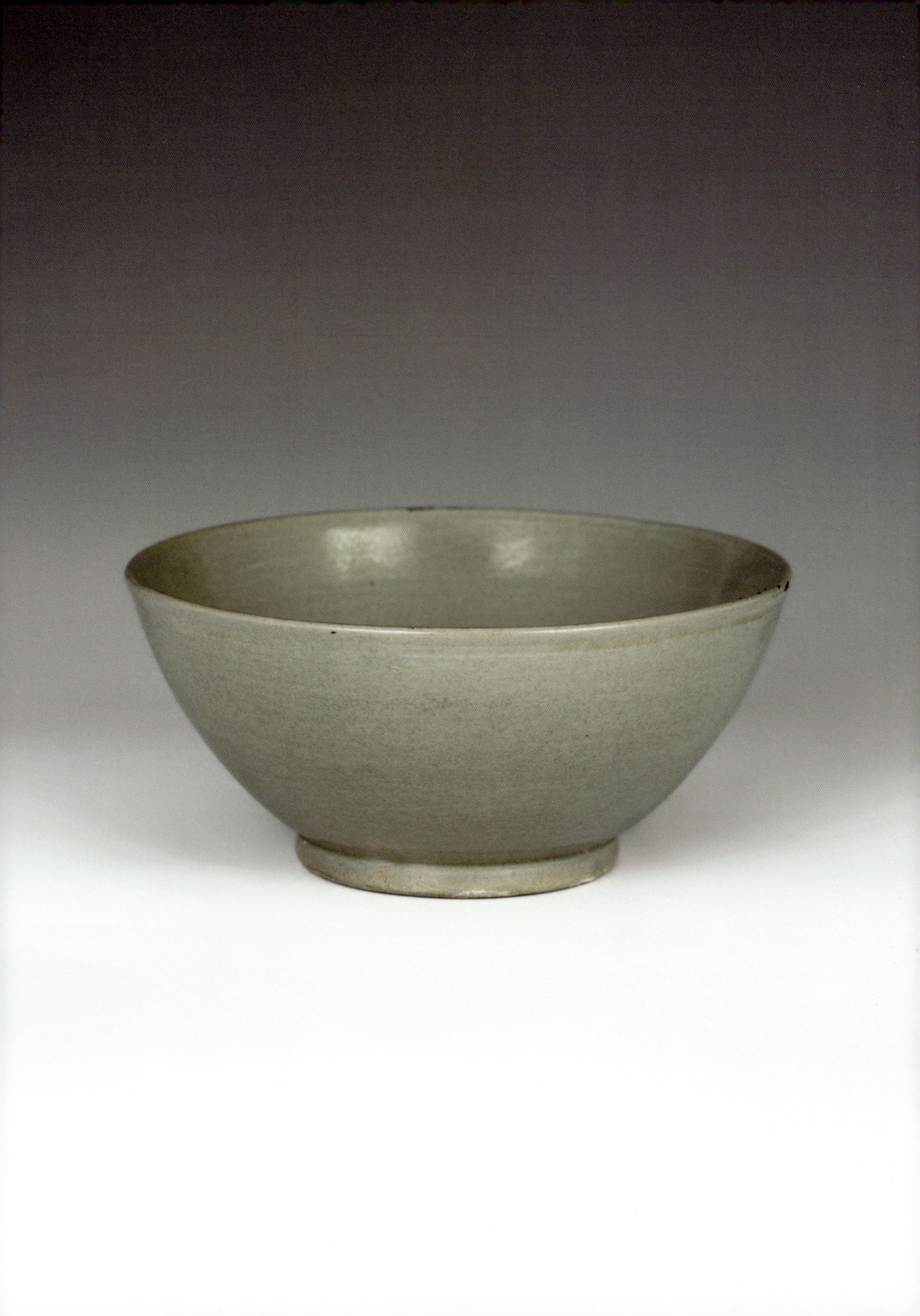

圆口碗

口径 12.2 厘米、足径 5.6 厘米，高 5 厘米

敞口外撇，斜弧腹，平底，圈足微内收。足端有一周垫烧泥点痕。

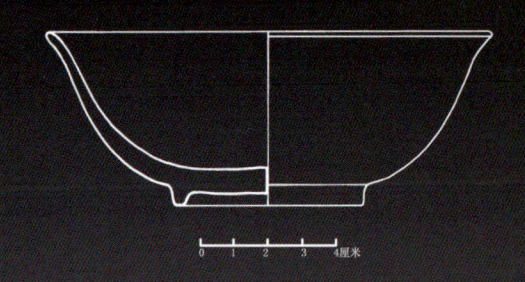

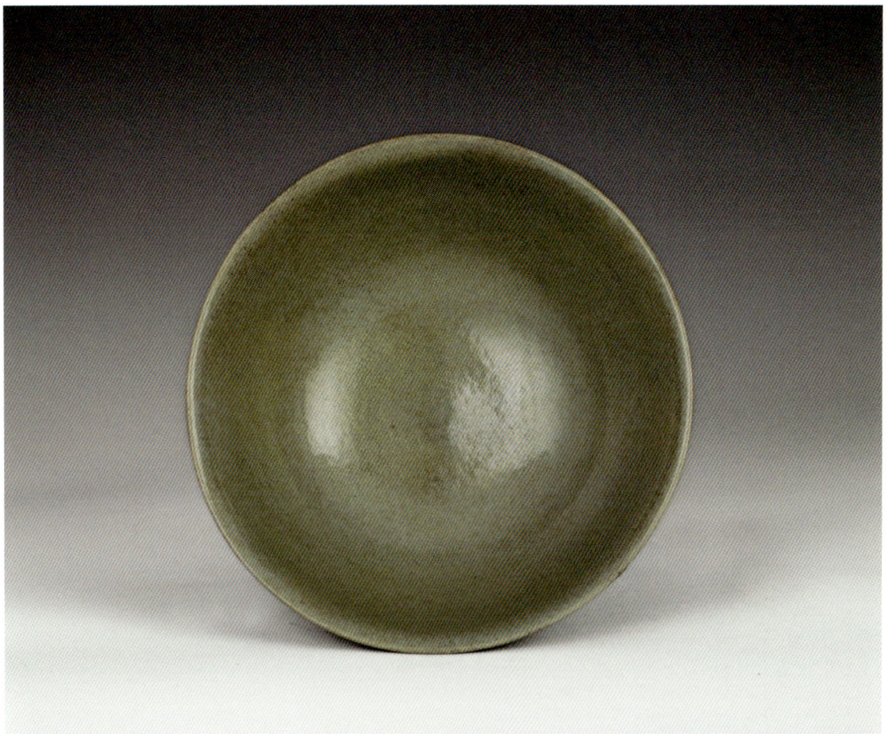

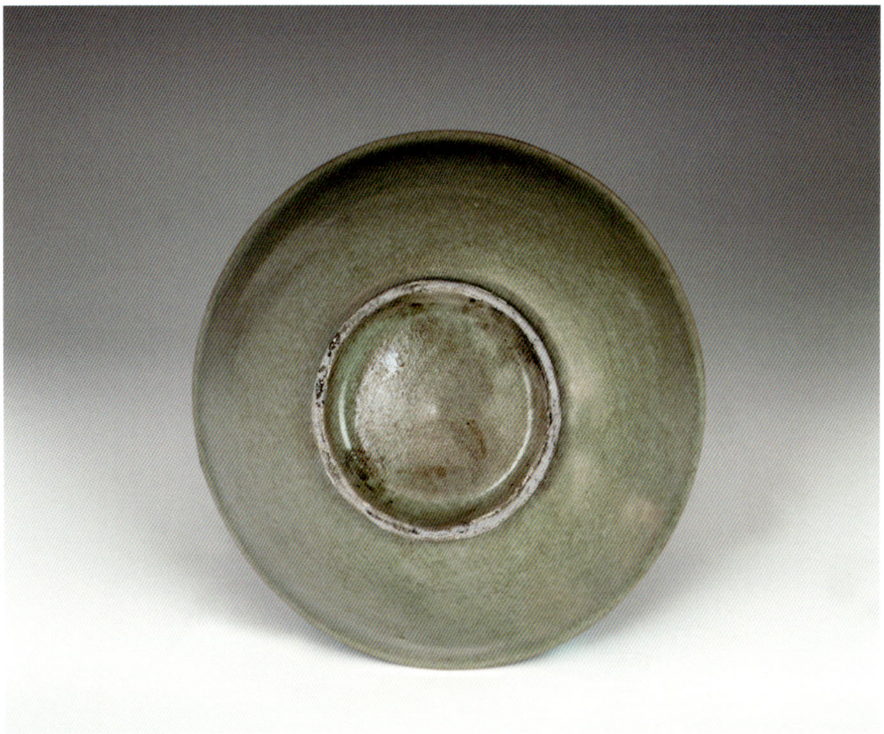

圆口碗

口径 12、足径 6.2、高 5.6 厘米

敞口外撇，斜弧腹较深，圜底，圈足外撇，局部圈足残缺。足端有一周垫烧泥点痕。

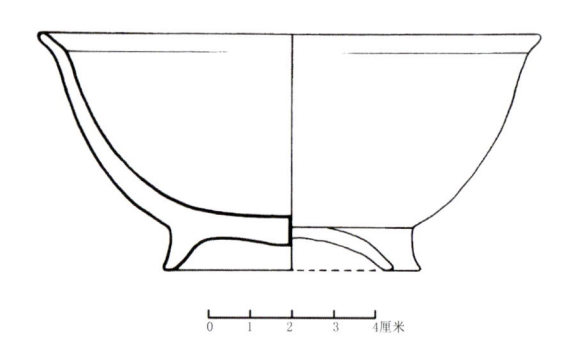

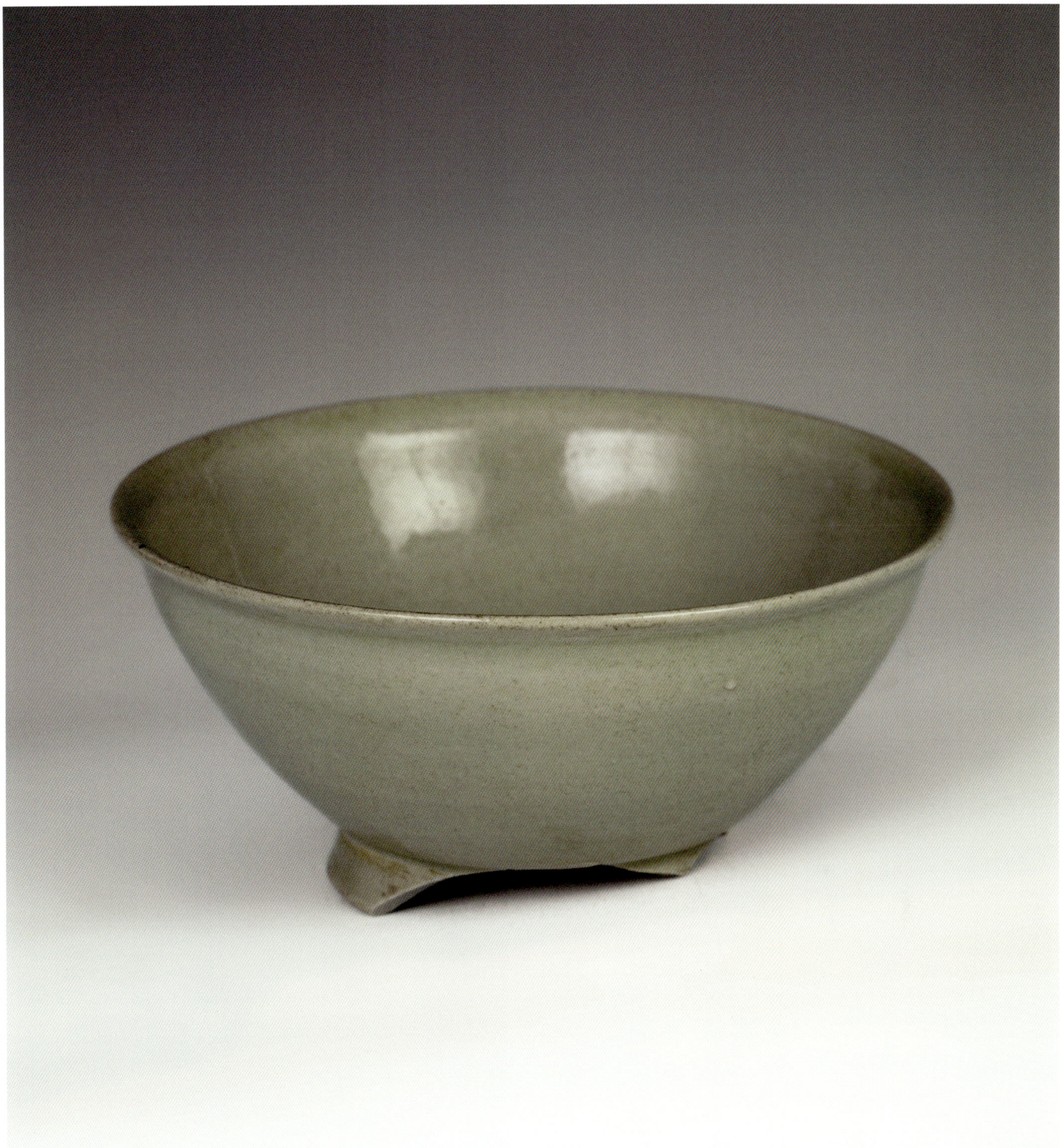

2

花口碗 1件

花口碗

口径 14.6 厘米、足径 7.7 厘米，高 9.8 厘米

撇口，圆唇，深弧腹，圈足外撇。五花口，与口沿凹缺相对应的腹部有长直凹弧。口沿内侧有一周凹弦纹。浅灰胎，通体青釉，釉色呈湖绿色，釉面莹润，外底缩釉。外底残存一周垫烧泥点。

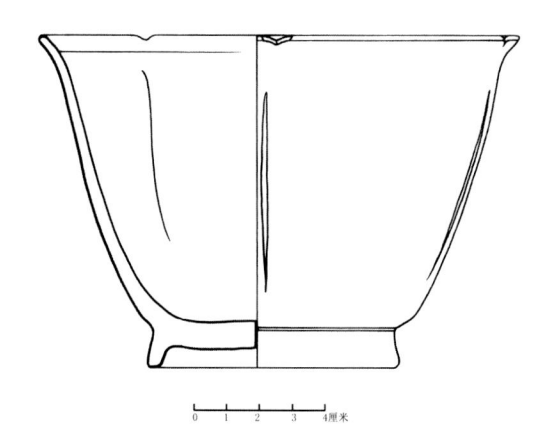

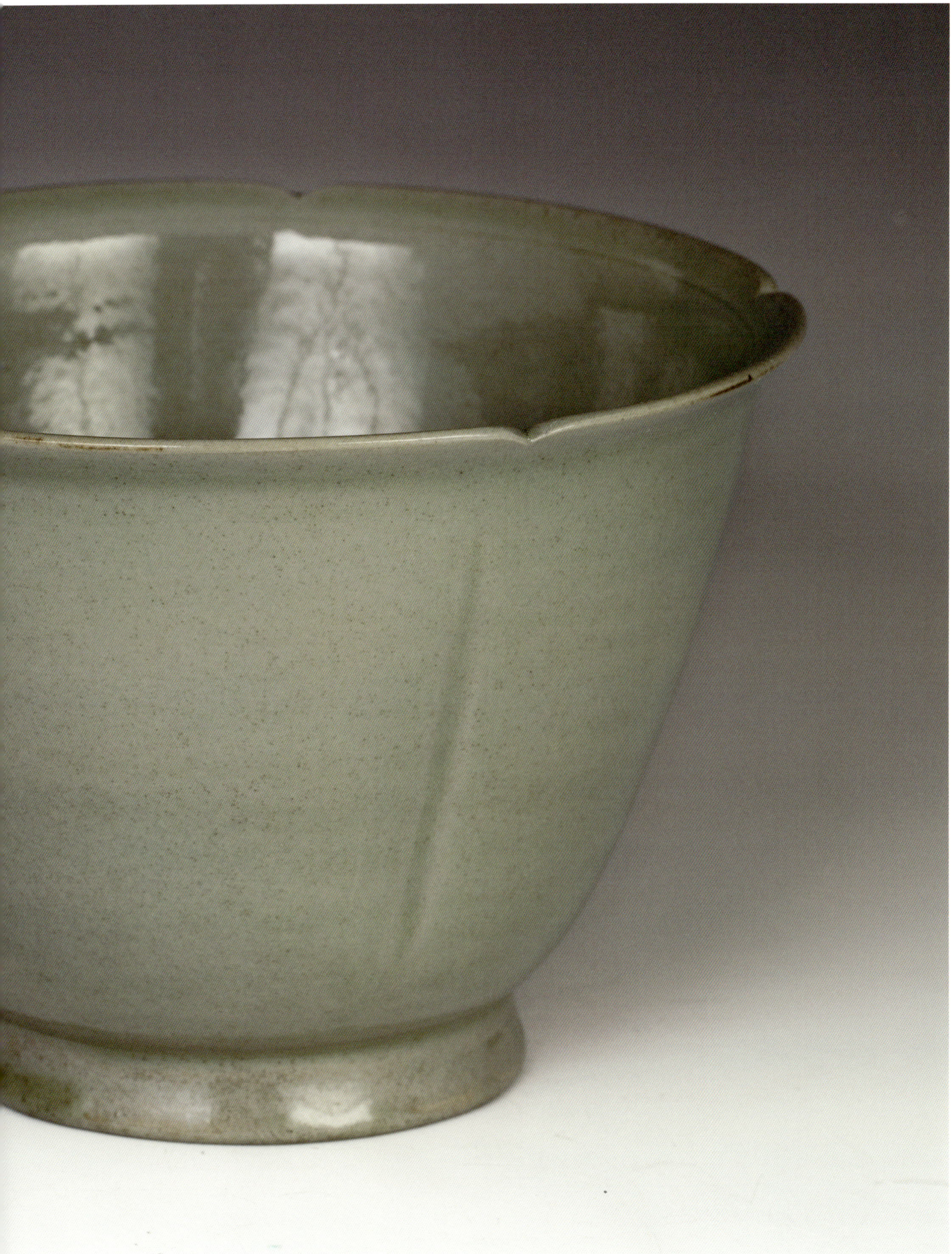

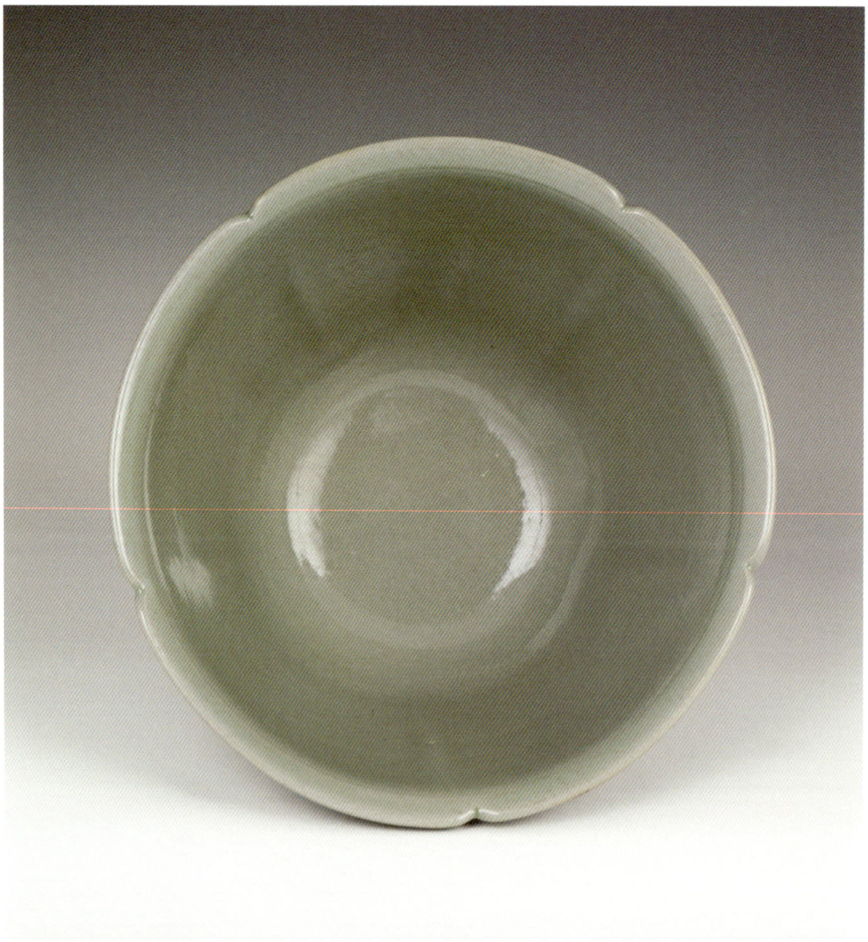

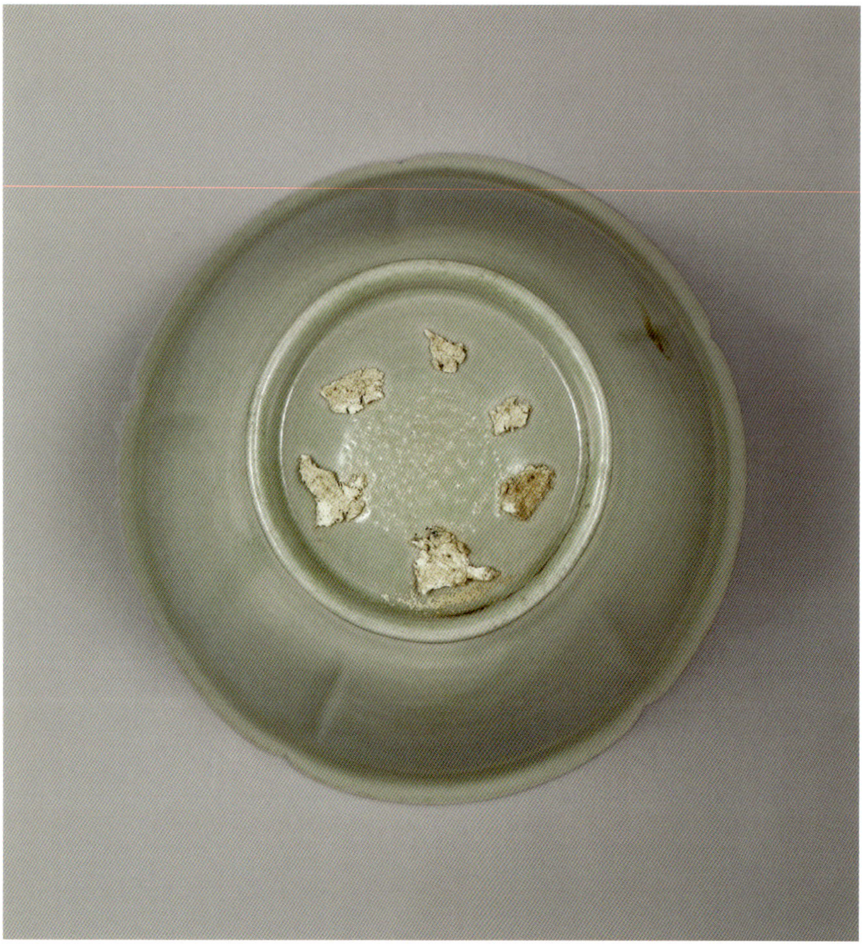

盏：3件

根据其口部形制特征，可分为圆口盏和花口盏两种。均为圆唇，弧腹，平底，圈足。浅灰胎，通体施釉，釉色湖绿，釉面莹润。口径9.2—9.7厘米，足径4.5—4.9厘米，高4.9—5.4厘米。

盏

1 圆口盏 1件

圆口盏

口径9.2厘米、足径4.5厘米,高5.4厘米

敞口,弧腹,平底微上凹,内底有一周凹弦纹。高圈足外撇。足端有一周垫烧泥点痕。

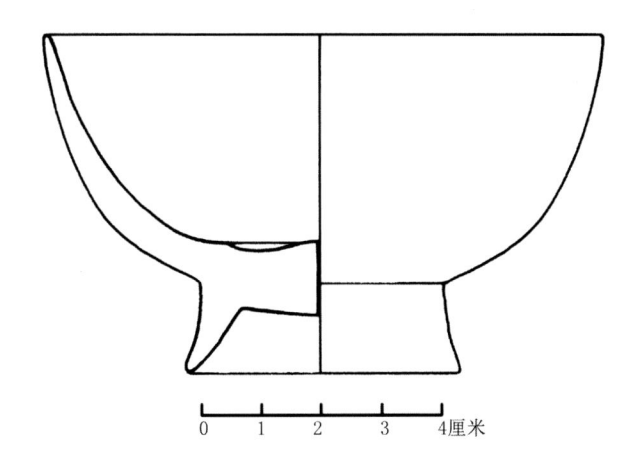

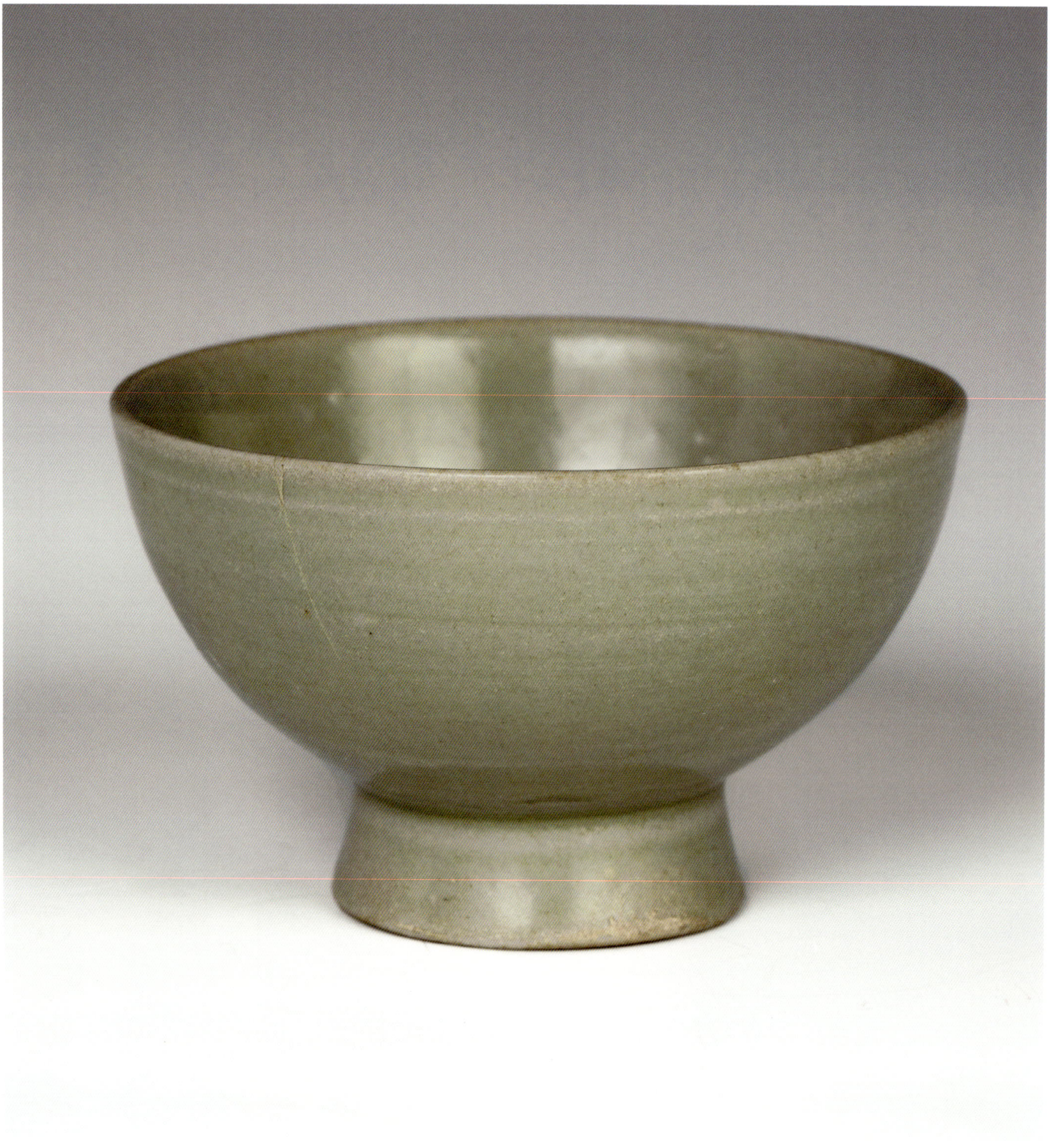

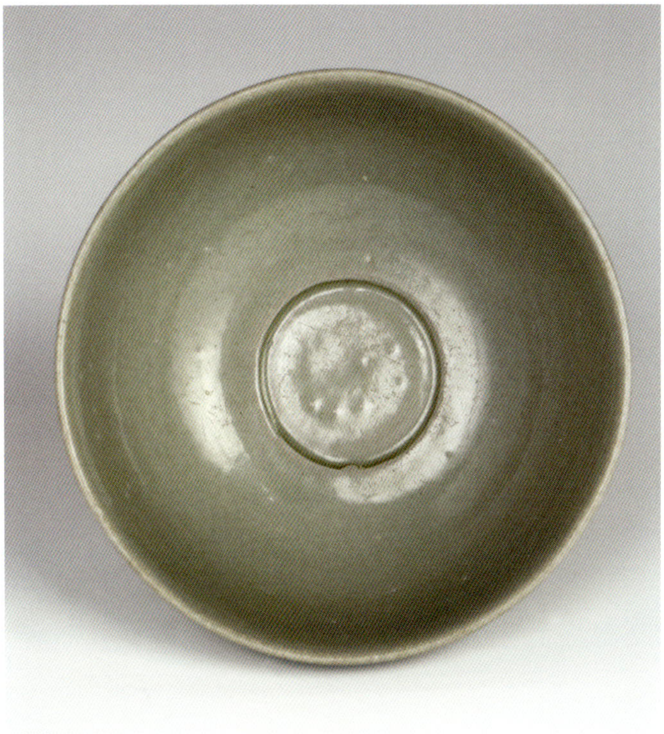

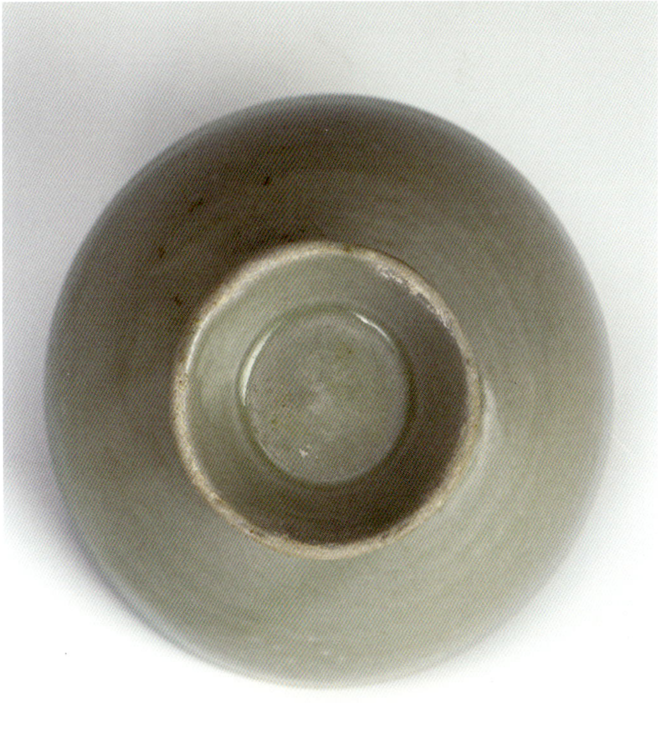

2

花口盏 2件

两件器物虽都为五花口，但平面形状略有不同。其中一件平面呈五瓣花形，与花口相对的外壁有五道内凹压痕，垫烧位置在外底；另一件平面形状呈圆形，与花口凹缺相对应的腹部有短直凹弧，垫烧位置在足端。

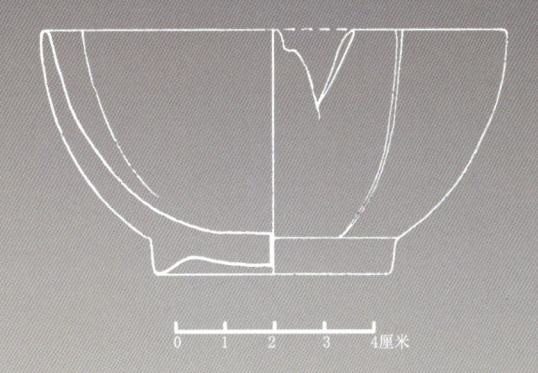

花口盏

口径 9.3 厘米、足径 4.8 厘米、高 4.9 厘米

平面呈五瓣花形,直口,局部口沿残,弧腹较深,圜底,圈足微内收。五花口,与花口相对的外壁有五道内凹压痕。外底残存一周垫烧泥点。

花口盏

口径 9.7 厘米、足径 4.9 厘米，高 5.1 厘米

敞口，斜弧腹较深，平底，圈足微外撇。五花口，与口沿凹缺相对应的腹部有五道短直凹弧，内底有一周凹弦纹。足端有一周垫烧泥点痕。

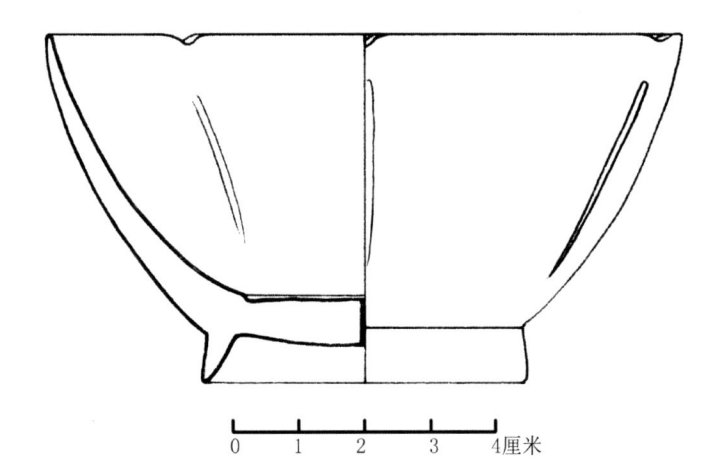

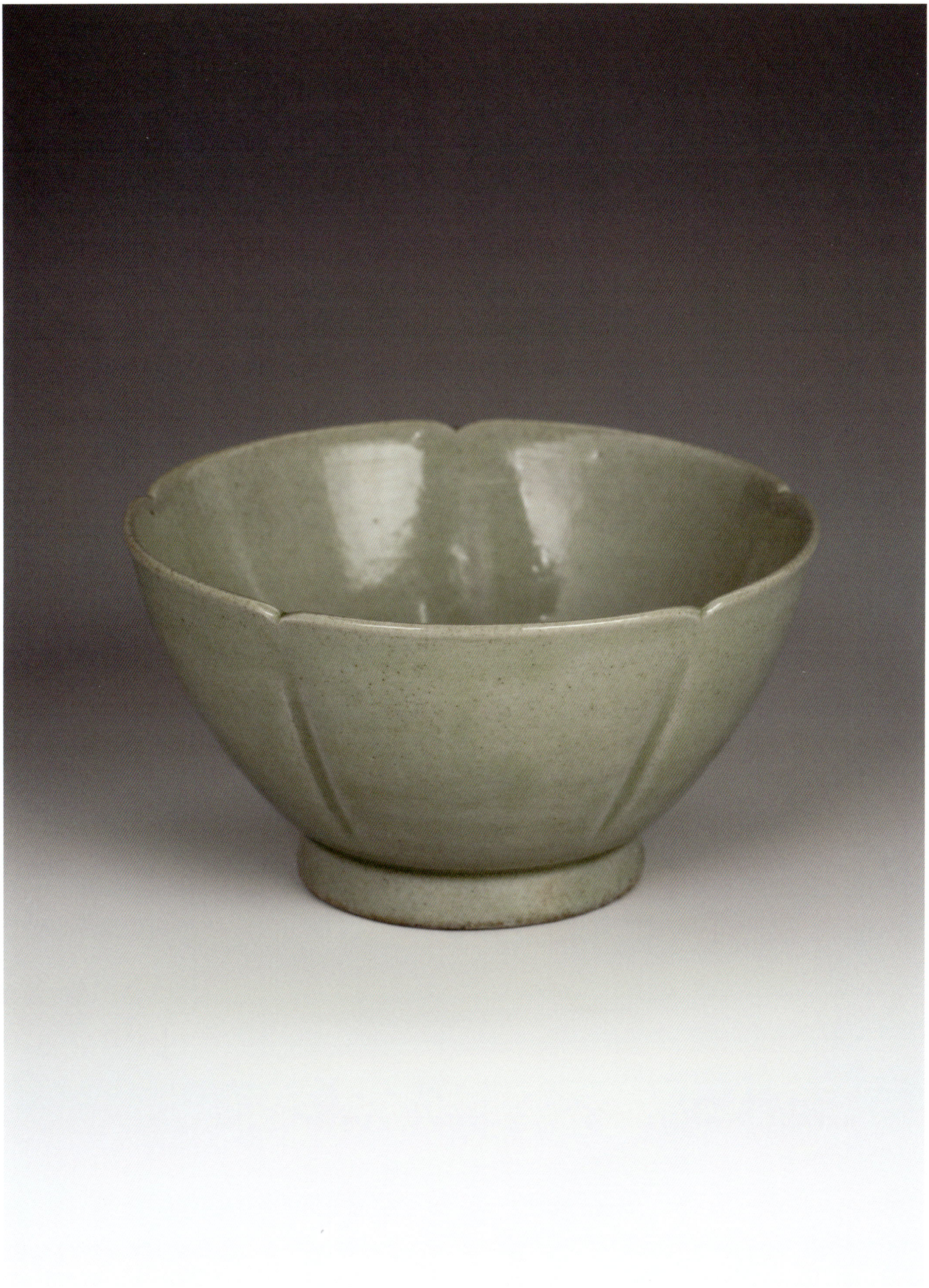

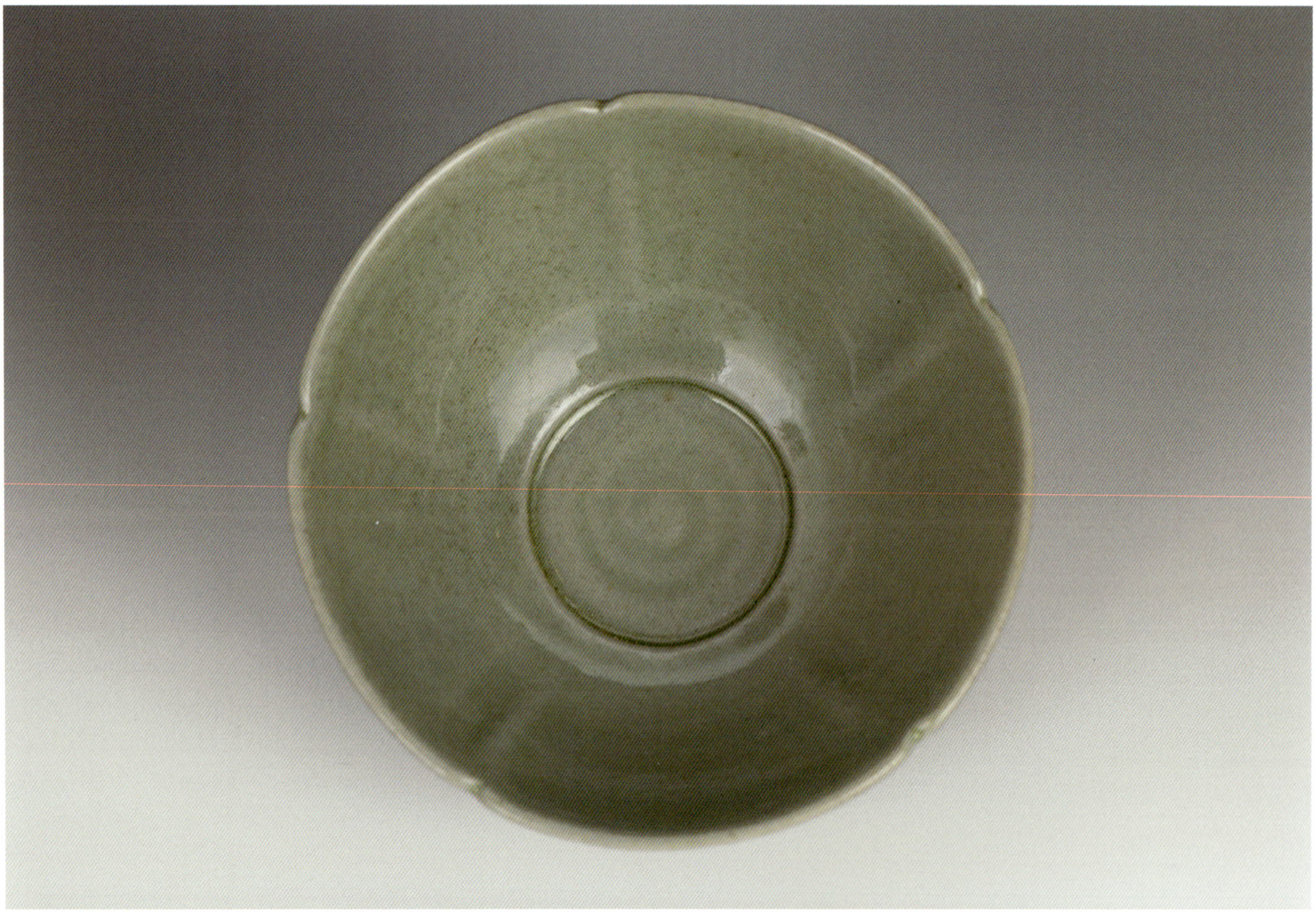

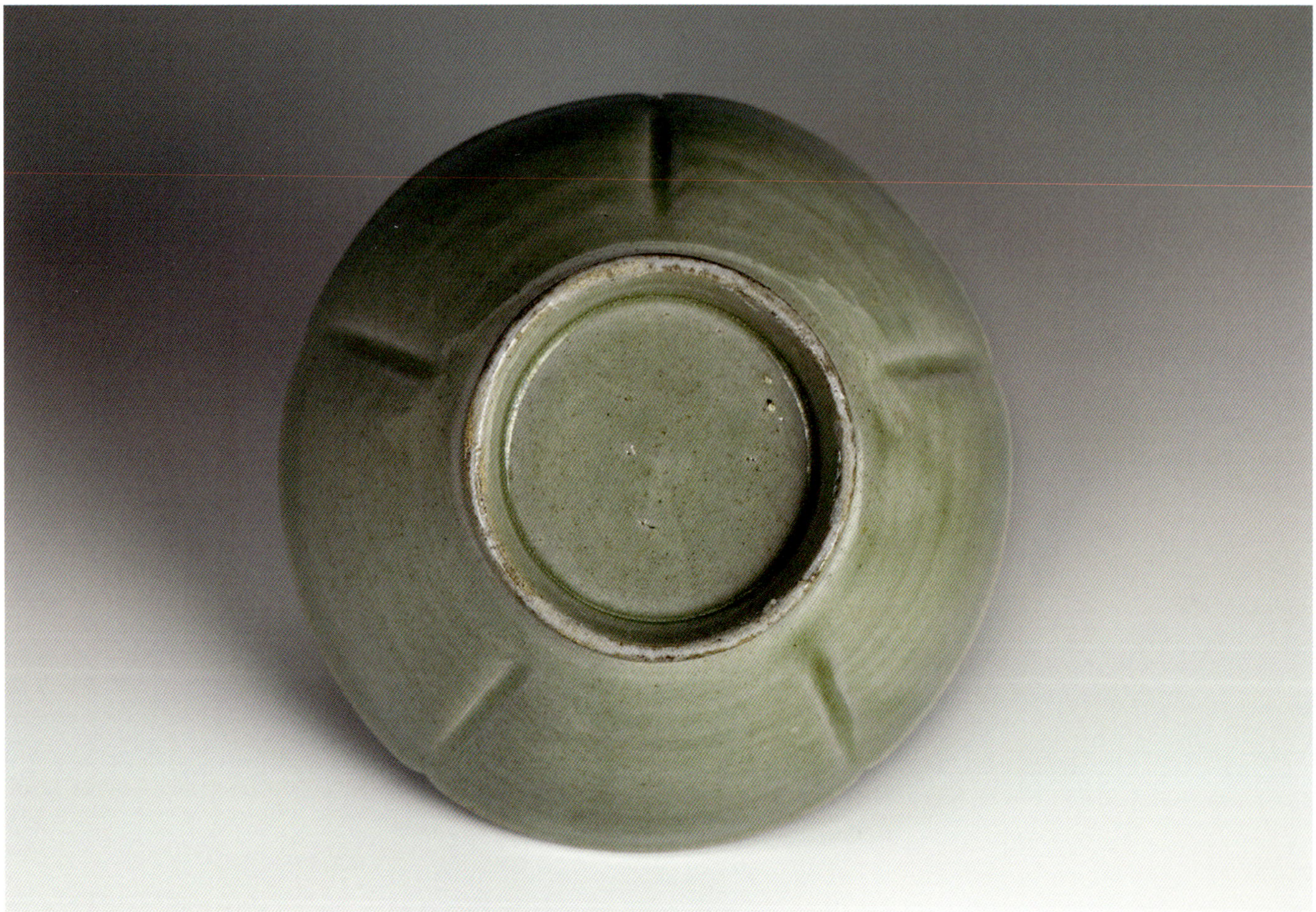

盏托：5 件

均浅灰胎，通体施釉，釉色湖绿，釉面莹润。根据口部特征，可分为圆口盏托、花口盏托、敛口盏托和葵口盏托四种。

盏托

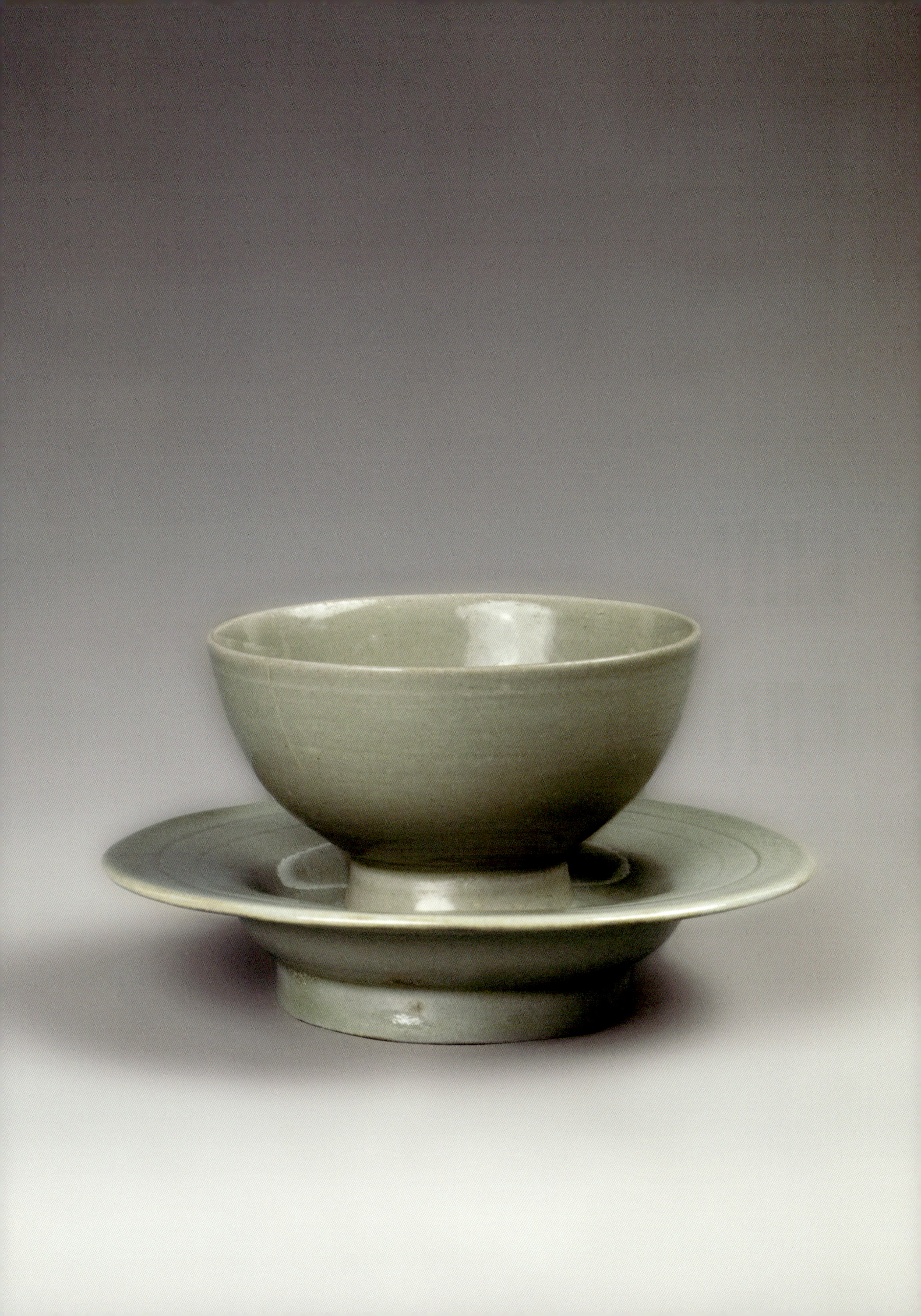

1 圆口盏托 1件

圆口盏托

口径 13.4 厘米、足径 6.6 厘米，高 2.8 厘米

敞口，圆唇，宽折沿，斜弧腹较浅，平底，高圈足较直。折沿上有两周凹弦纹，内底有一周凹弦纹。外底残存一周垫烧泥点，泥点数量为 6 枚。

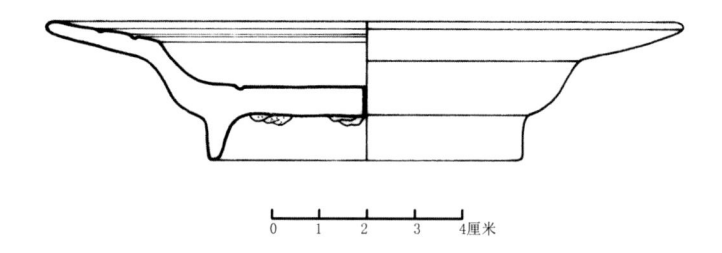

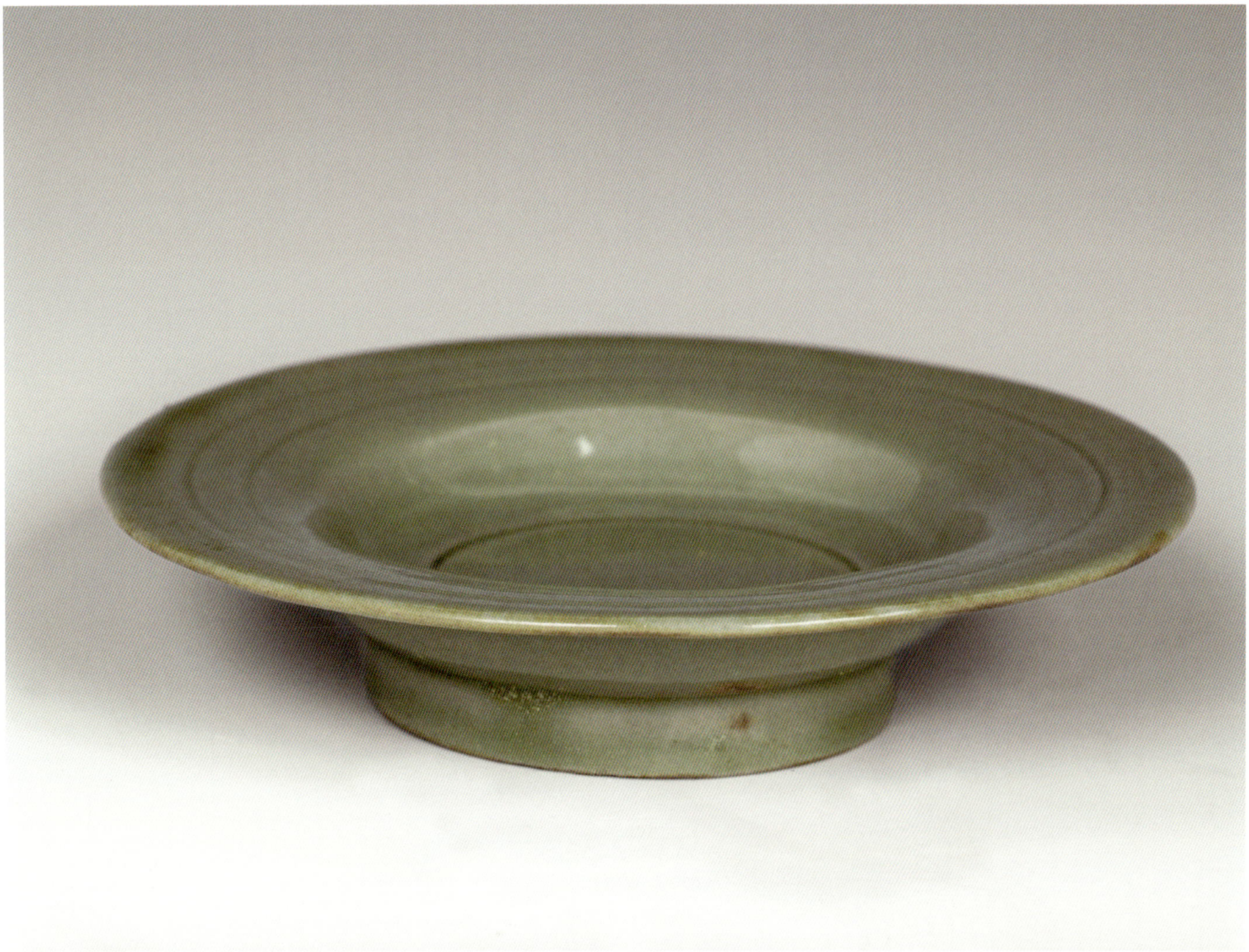

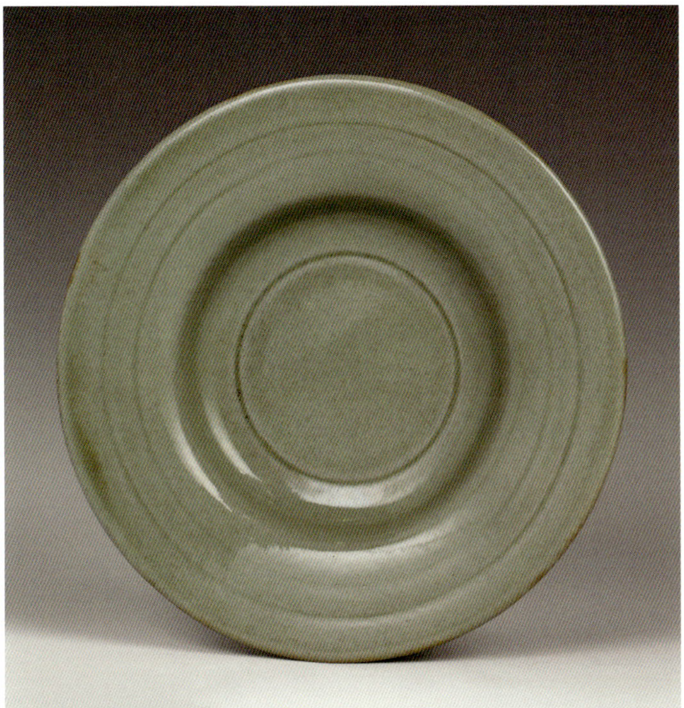

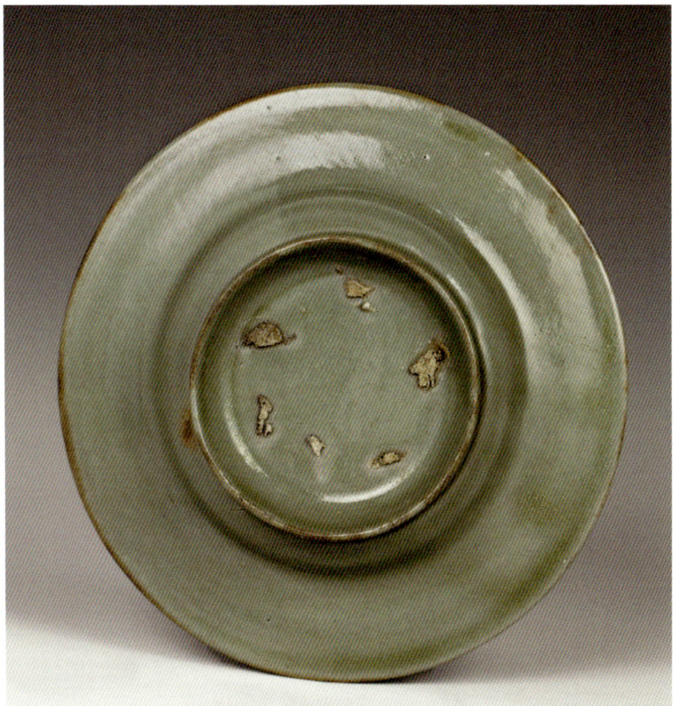

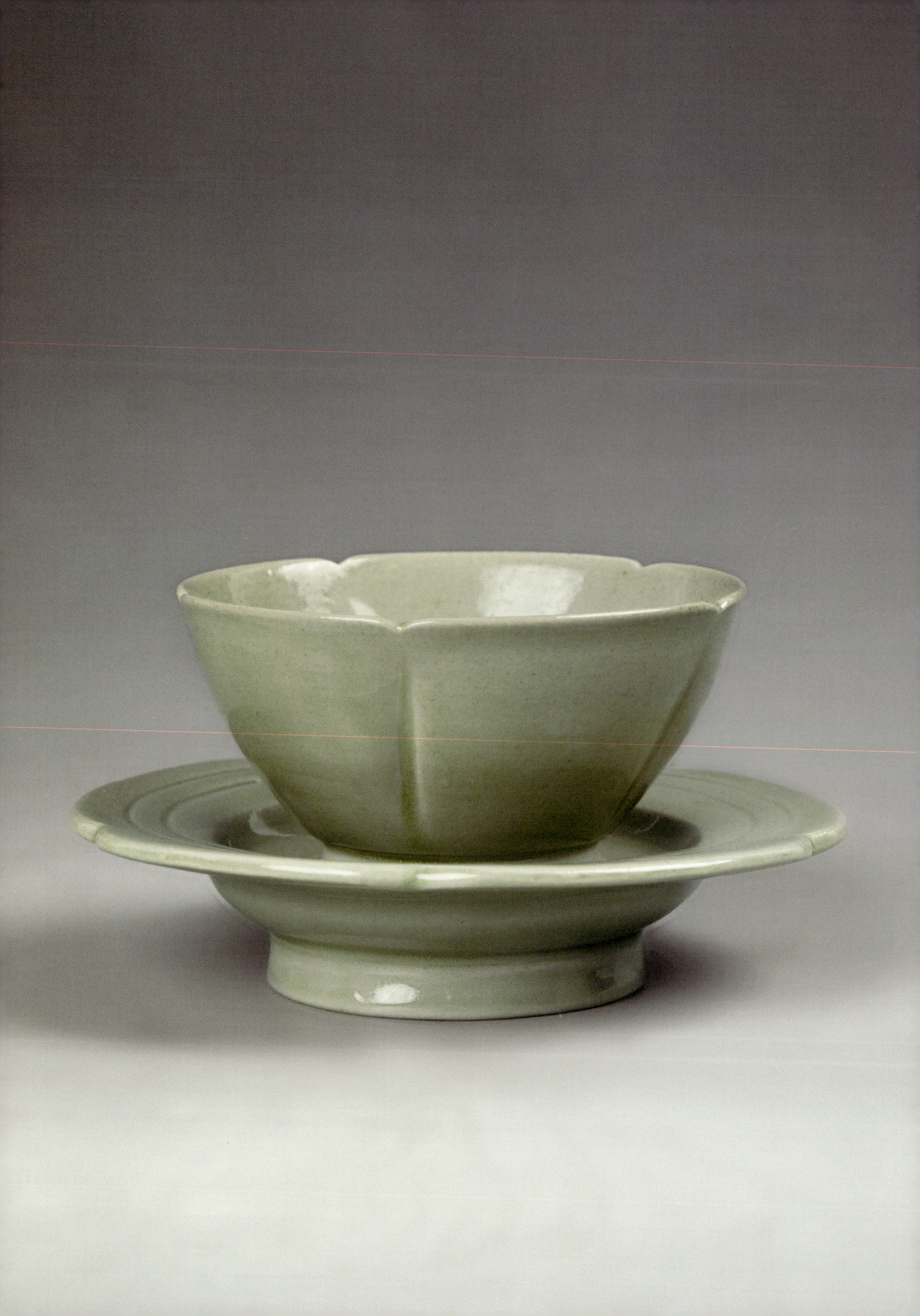

2 花口盏托 2件

花口盏托

口径 13.3 厘米、足径 6.6 厘米，高 2.9 厘米

敞口，圆唇，宽折沿，斜弧腹较浅，平底，高圈足。五花口，沿面有两周凹弦纹，内底有一周凹弦纹。外底垫烧泥点 5 枚。

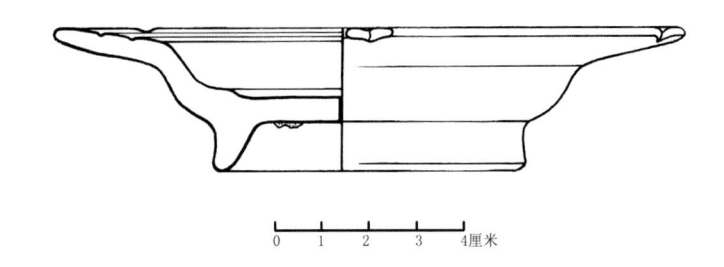

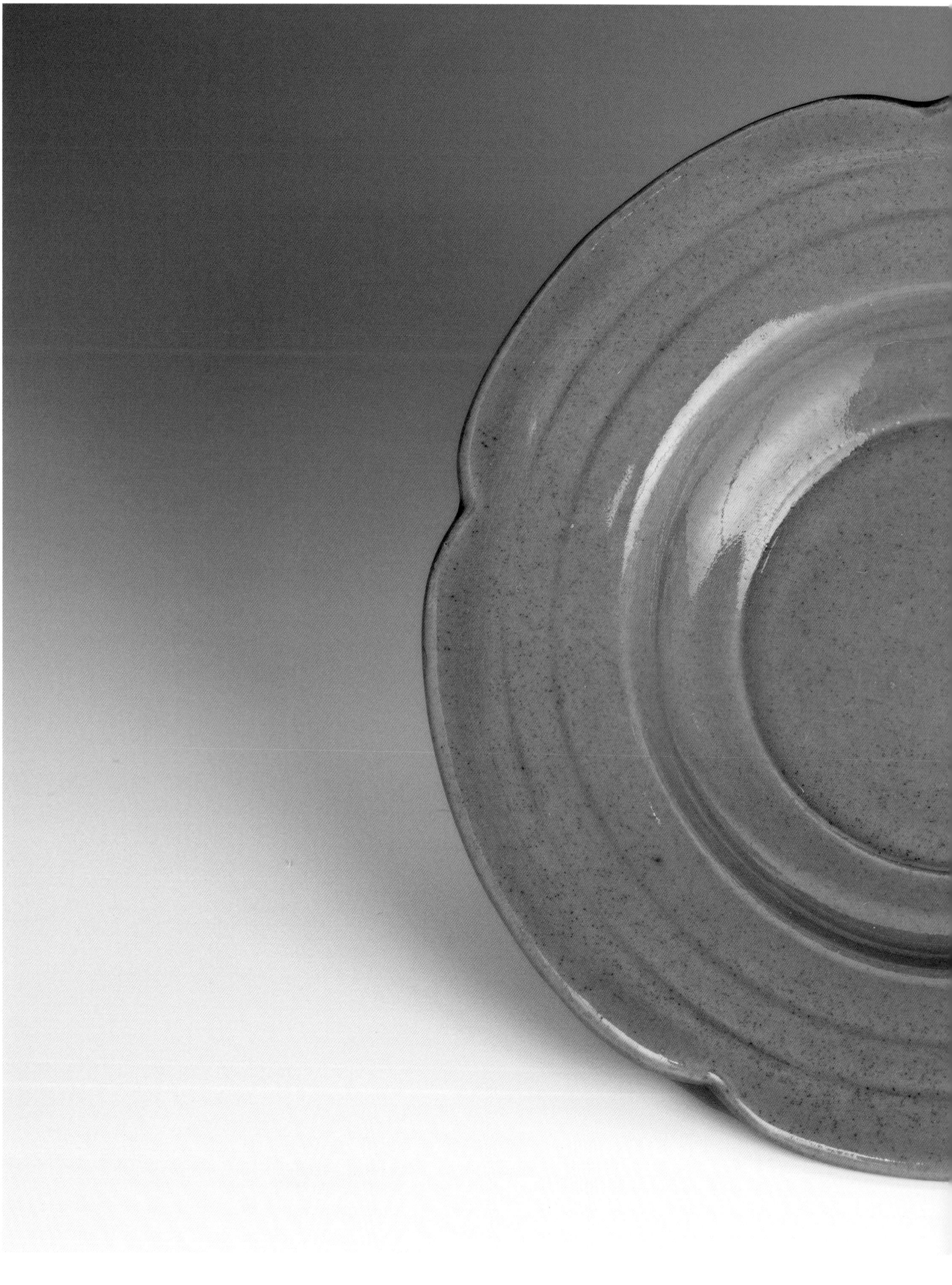

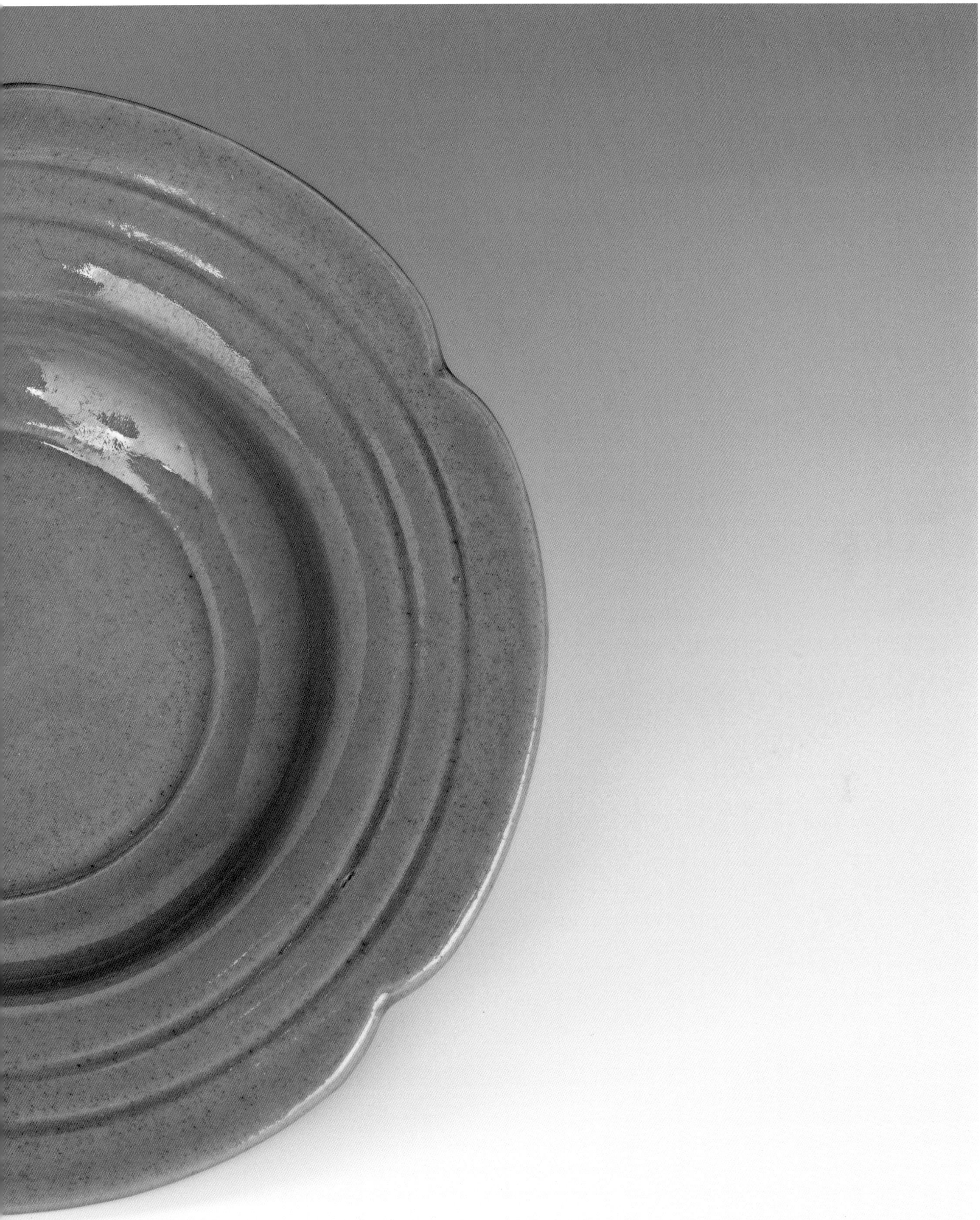

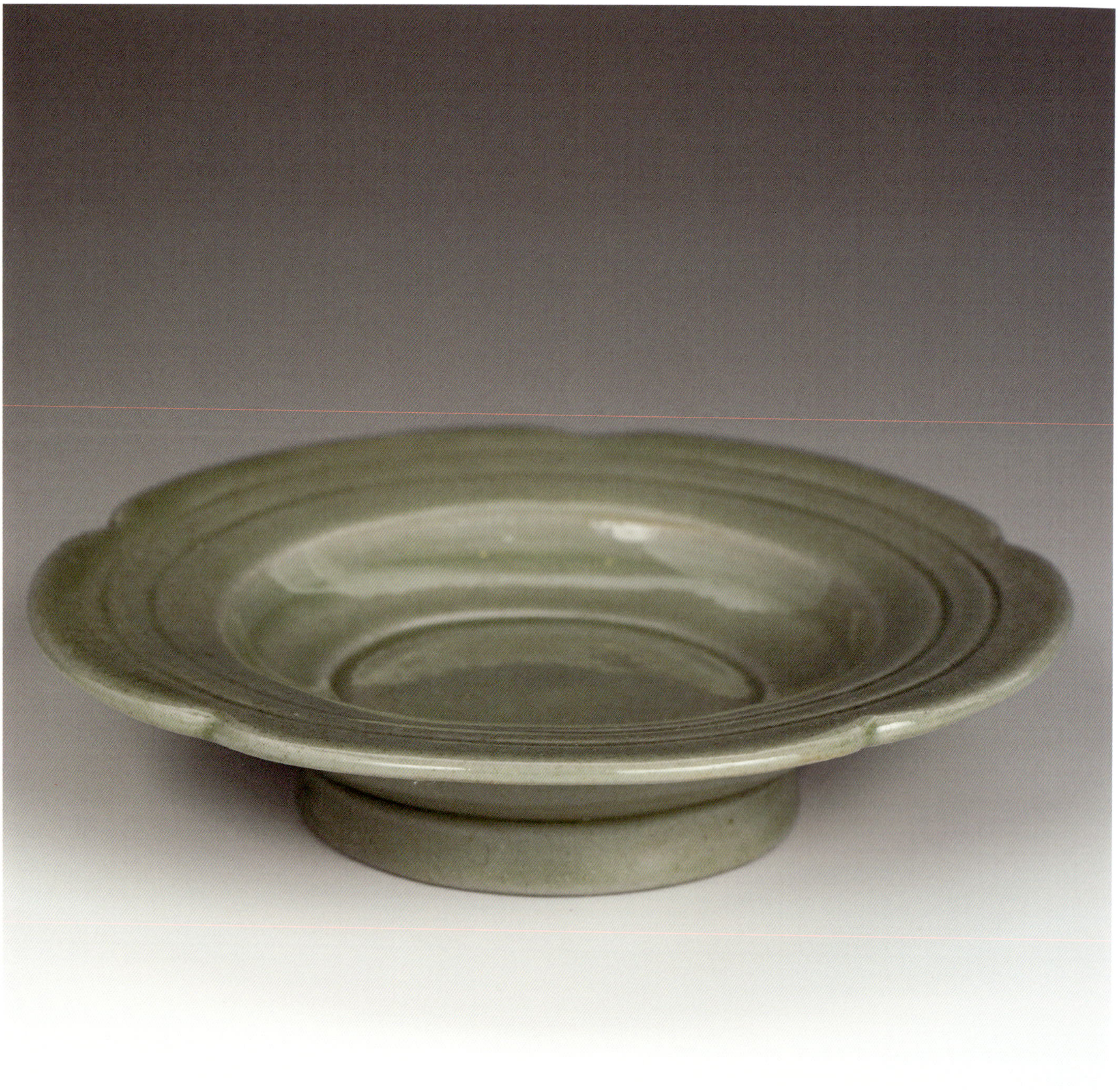

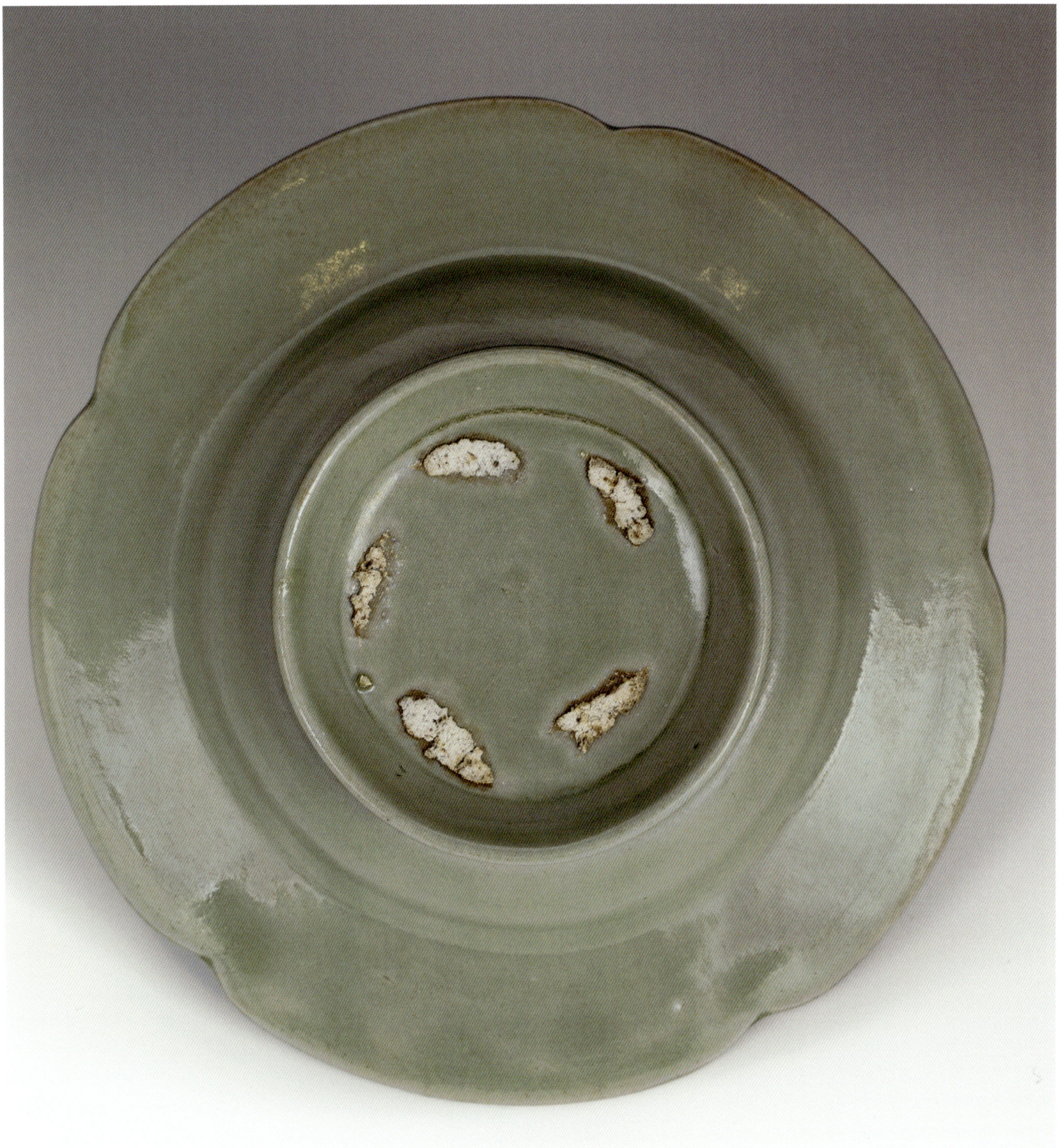

花口盏托

口径 13.4 厘米、足径 6.8 厘米，高 3.4 厘米

敞口，圆唇，宽折沿，斜弧腹较浅，平底，高圈足外撇。五花口，沿面边缘有及内底各有两周凹弦纹。外底垫烧泥点 6 枚。

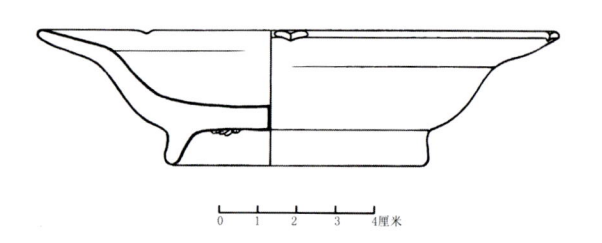

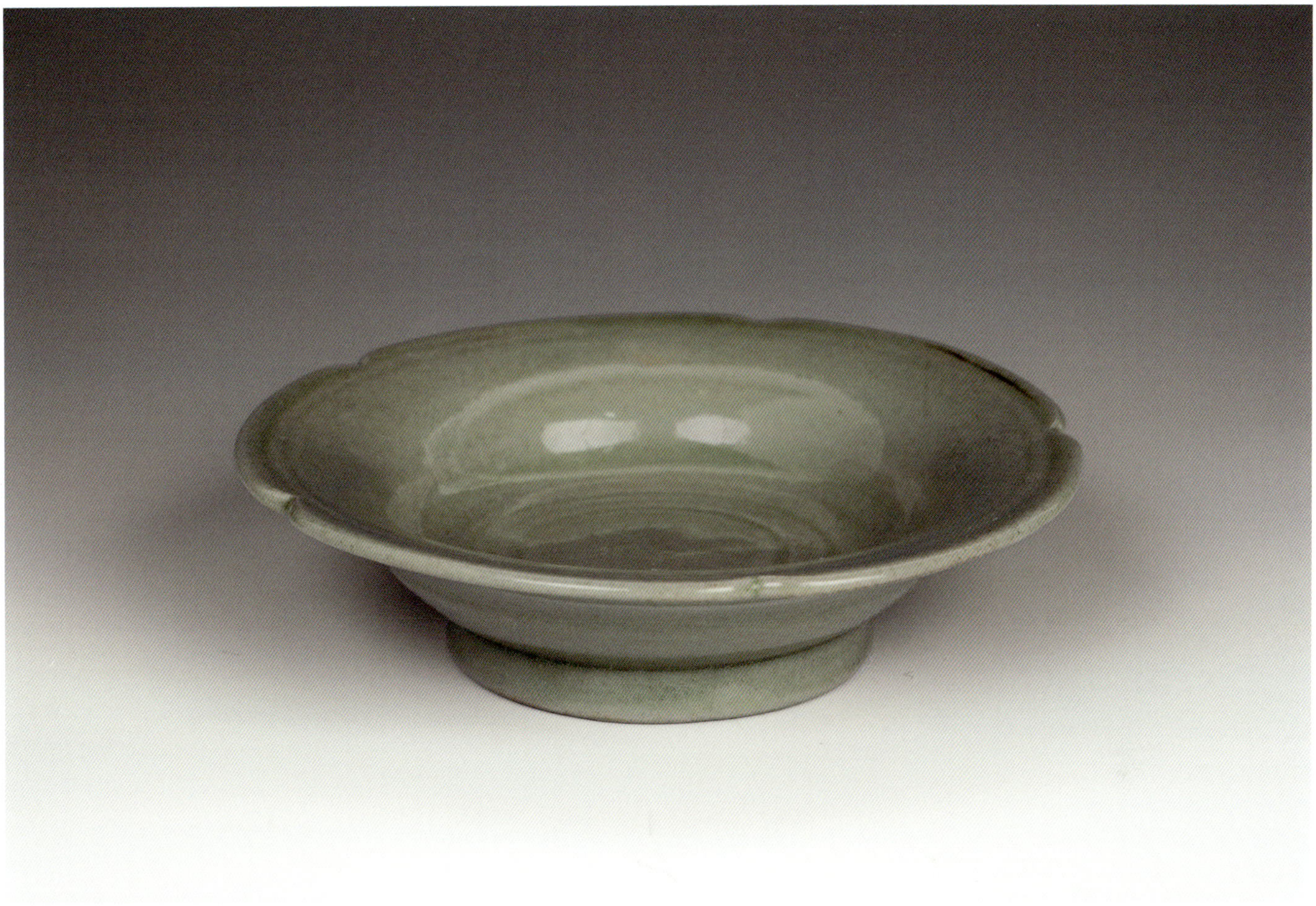

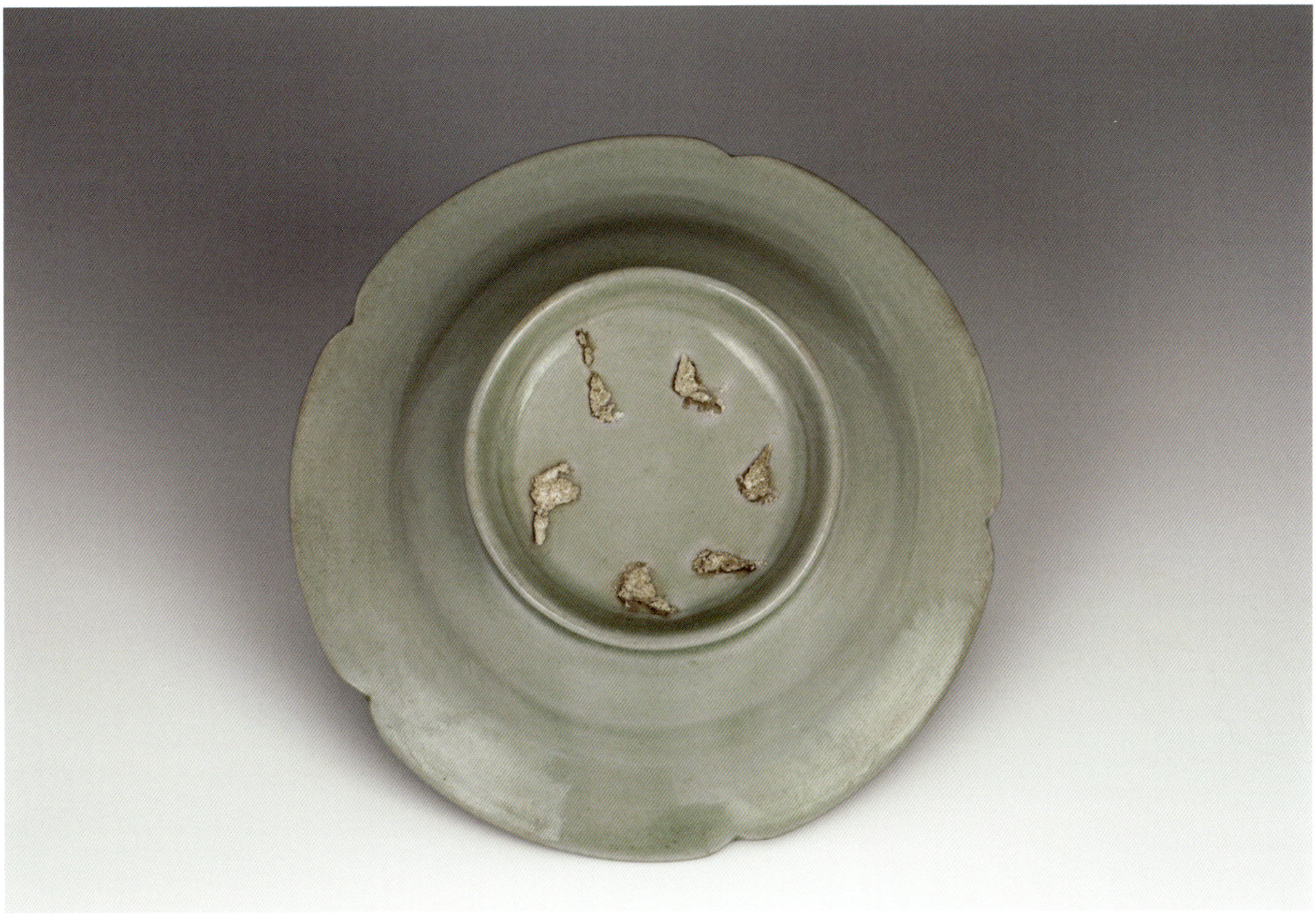

3 敛口盏托 1件

敛口盏托

口径 16 厘米、足径 7.3 厘米，高 4 厘米

口微敛，圆唇，宽折沿，斜弧腹较浅，平底微上凹，圈足外撇。口沿处原应有釦银，内底有一周凹弦纹，外壁下腹有两周凹弦纹。圈足裹釉，芒口，口沿有一周垫烧痕，应为覆烧。

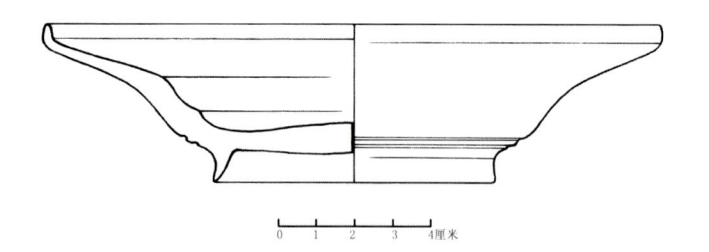

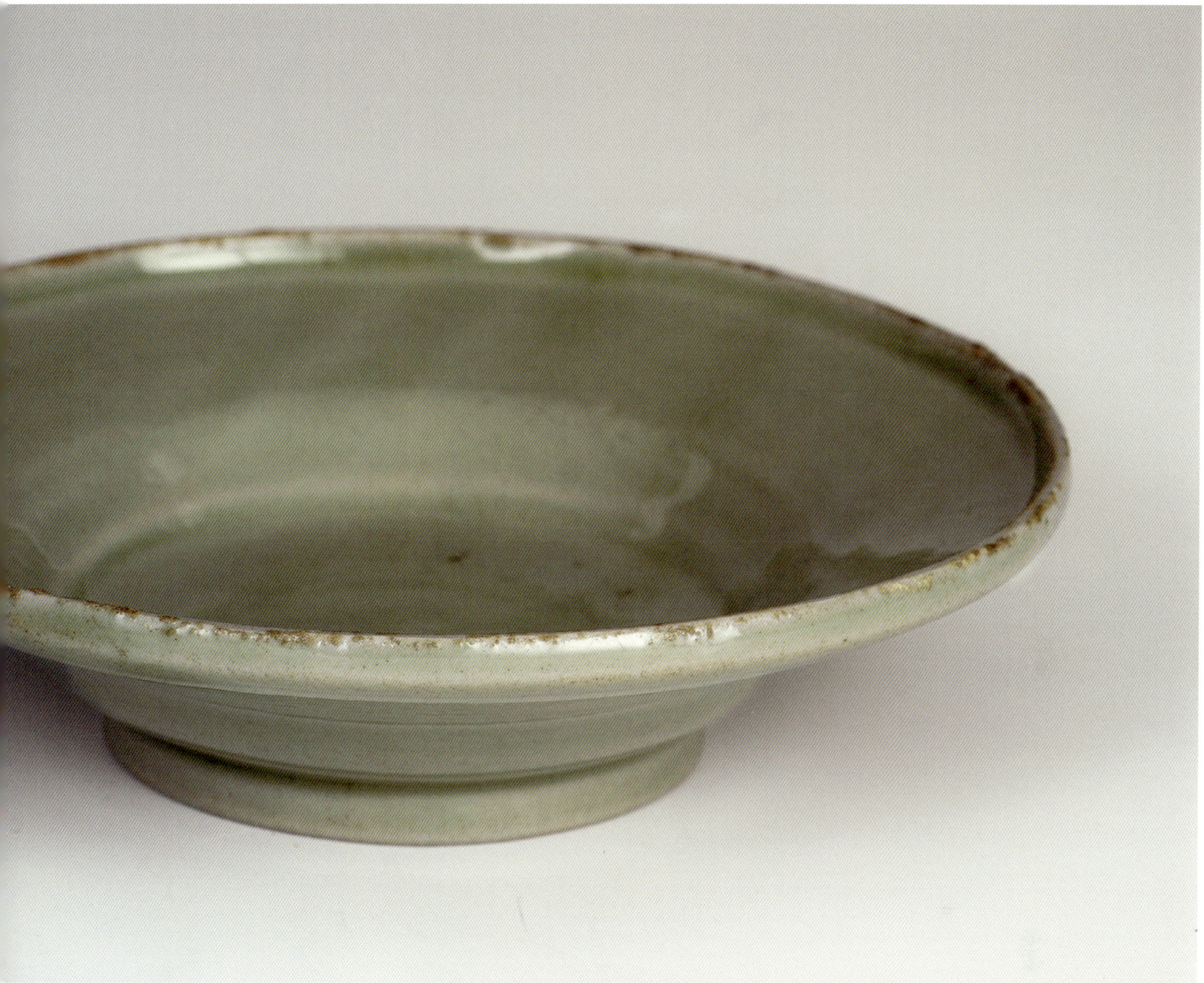

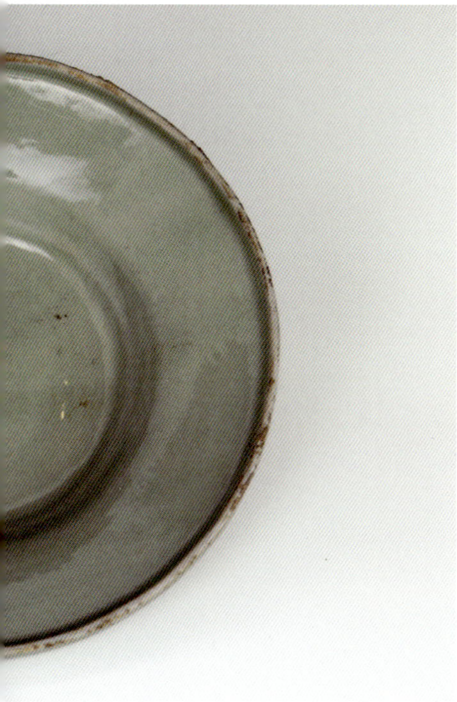

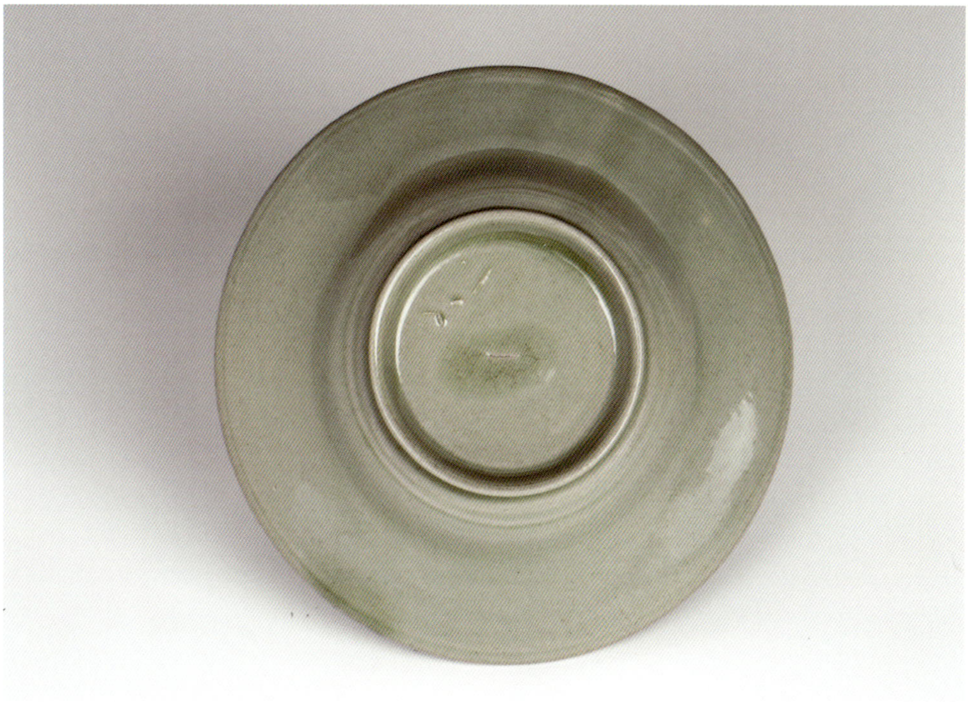

4 葵口盏托 1件

葵口盏托

托杯口径9厘米、托盘口径16.7厘米、足径6.6厘米，高6.7厘米

盏托内底有托杯，托杯口外敞，圆唇，深筒腹；托盘为五瓣葵口，敞口，圆唇，斜弧腹较浅，高圈足外撇。外底残存一周垫烧泥点，泥点数量为6枚。

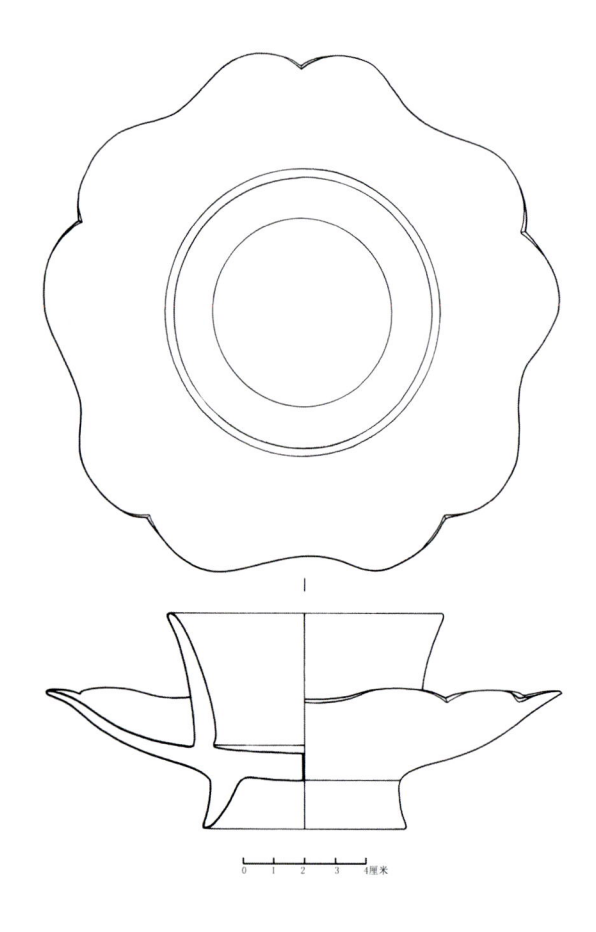

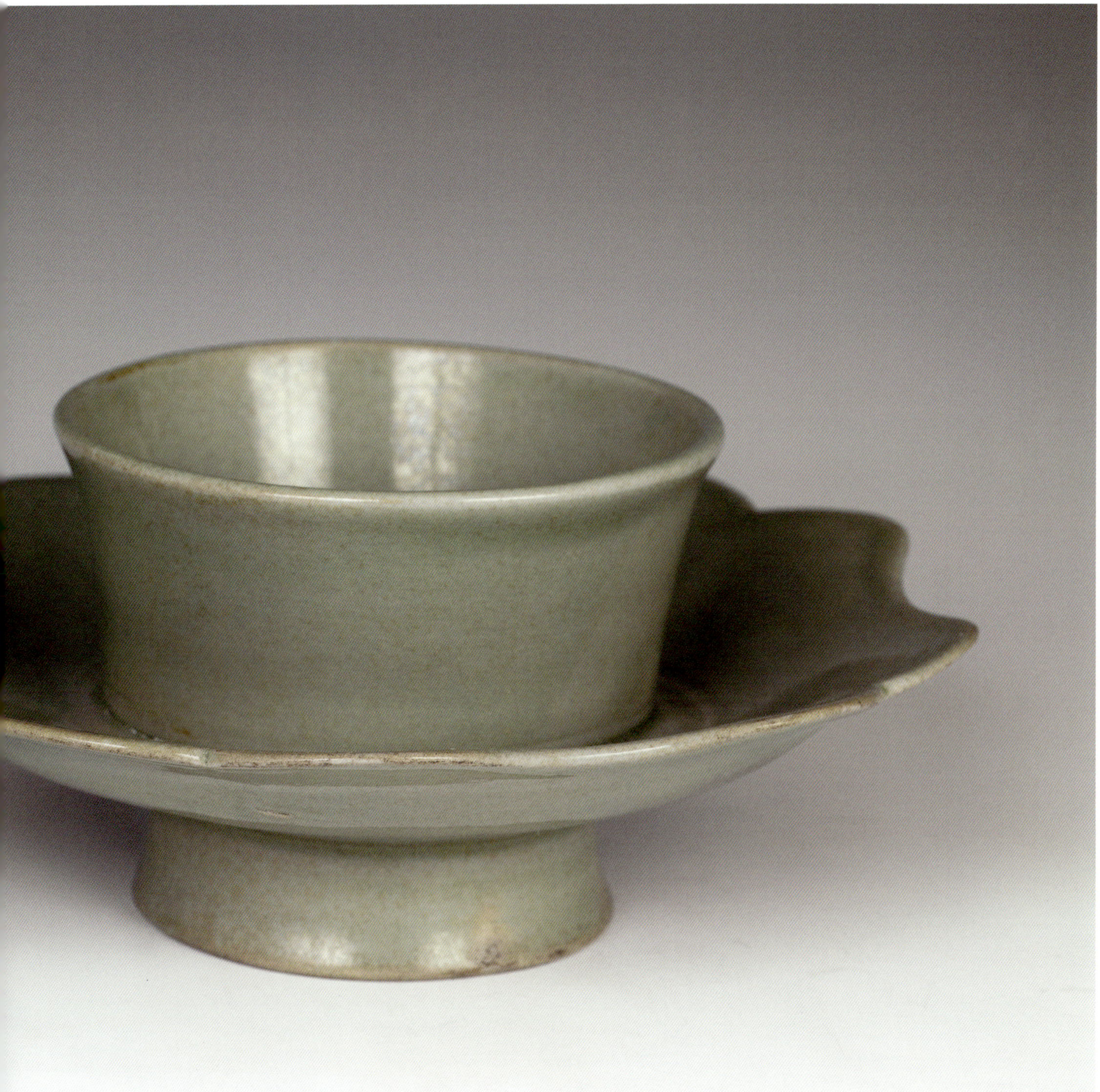

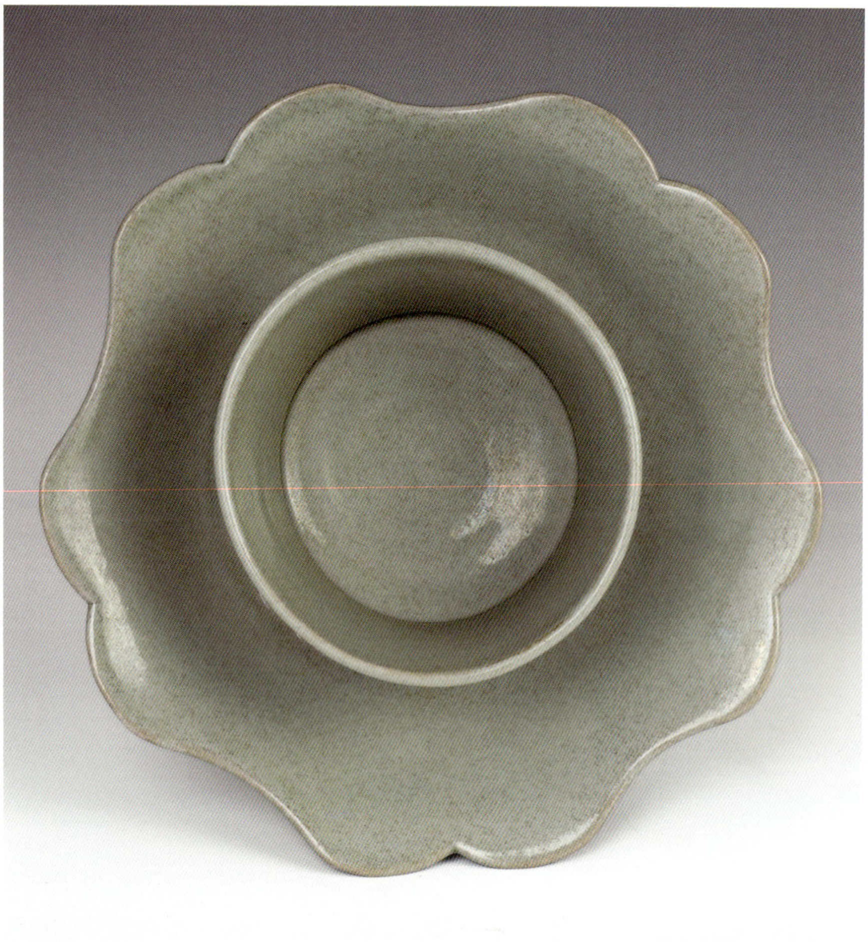

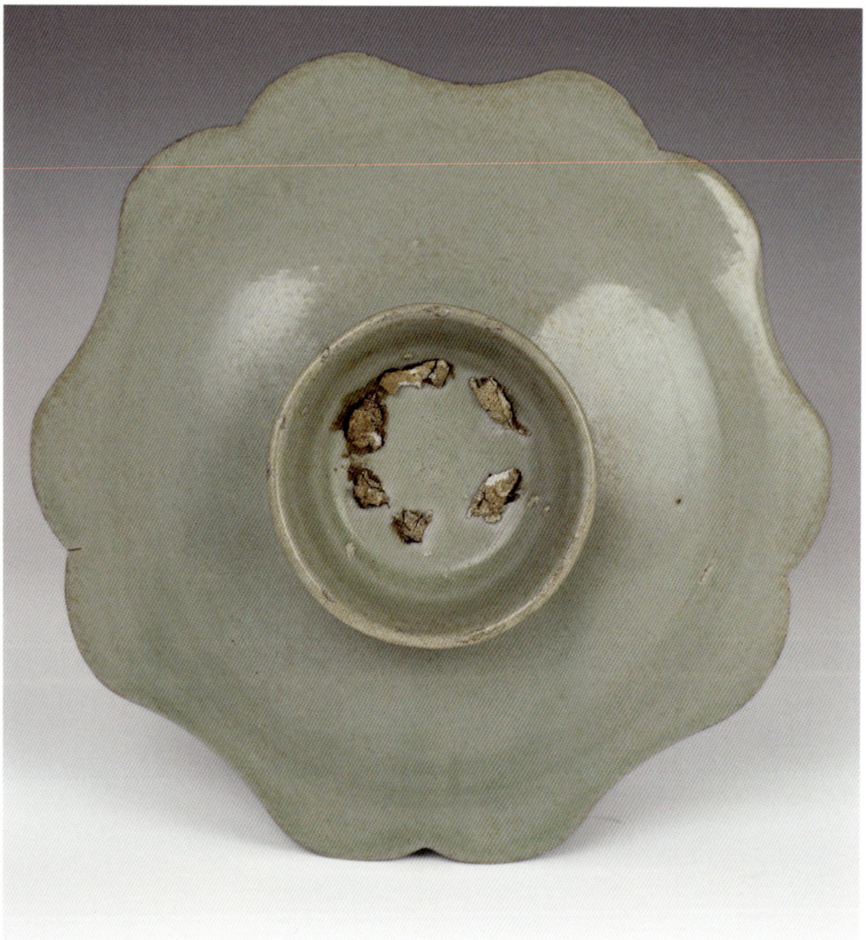

海棠杯:2件
造型较为一致,均杯口平面呈椭圆形,敞口,圆唇,斜弧腹,高圈足外撇。浅灰胎,通体施釉,釉色湖绿,釉面莹润。足端都有一周垫烧泥点痕。根据口部特征,可分为平口和花瓣口两种。

海棠杯

1 平口海棠杯 1件

平口海棠杯

口径长 12 厘米、宽 7.5 厘米、足径 4.7 厘米，高 5.9 厘米

敞口，斜弧腹，圜底近平，圆形高圈足外撇。足端有一周垫烧泥点痕。

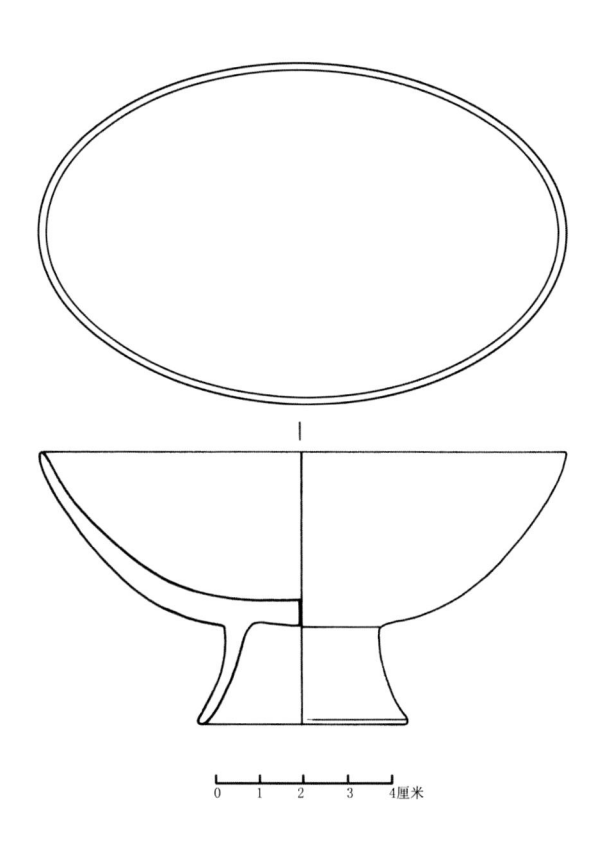

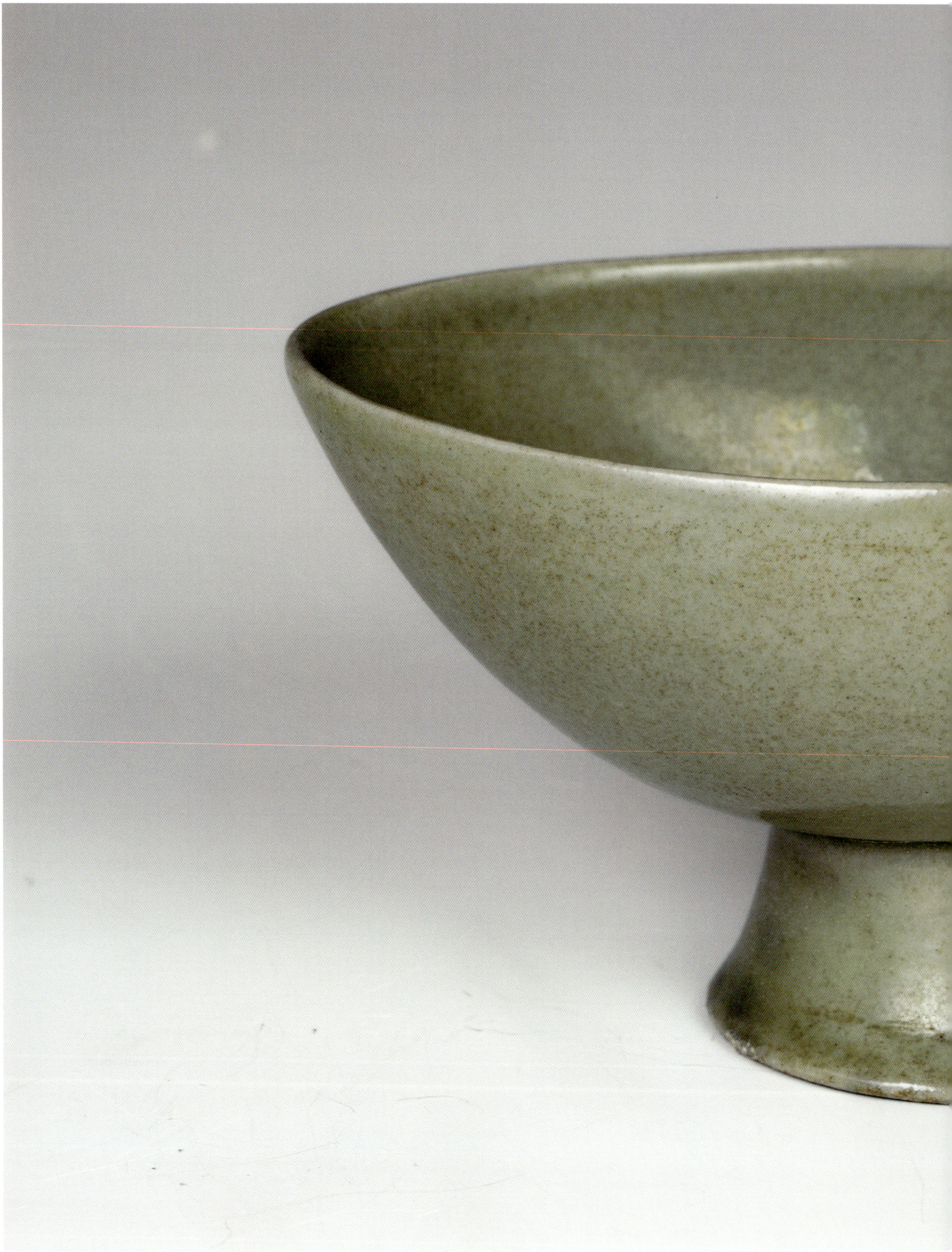

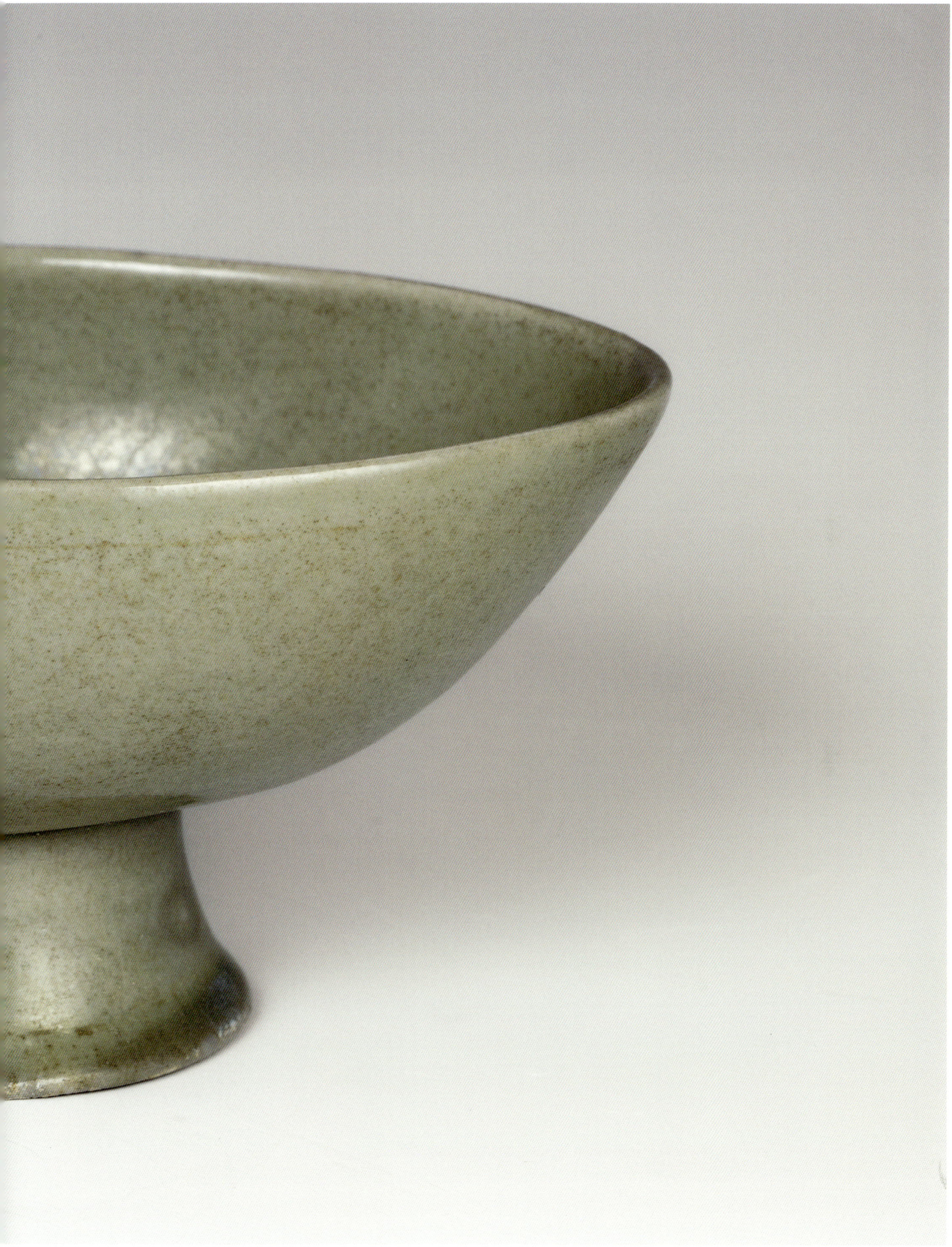

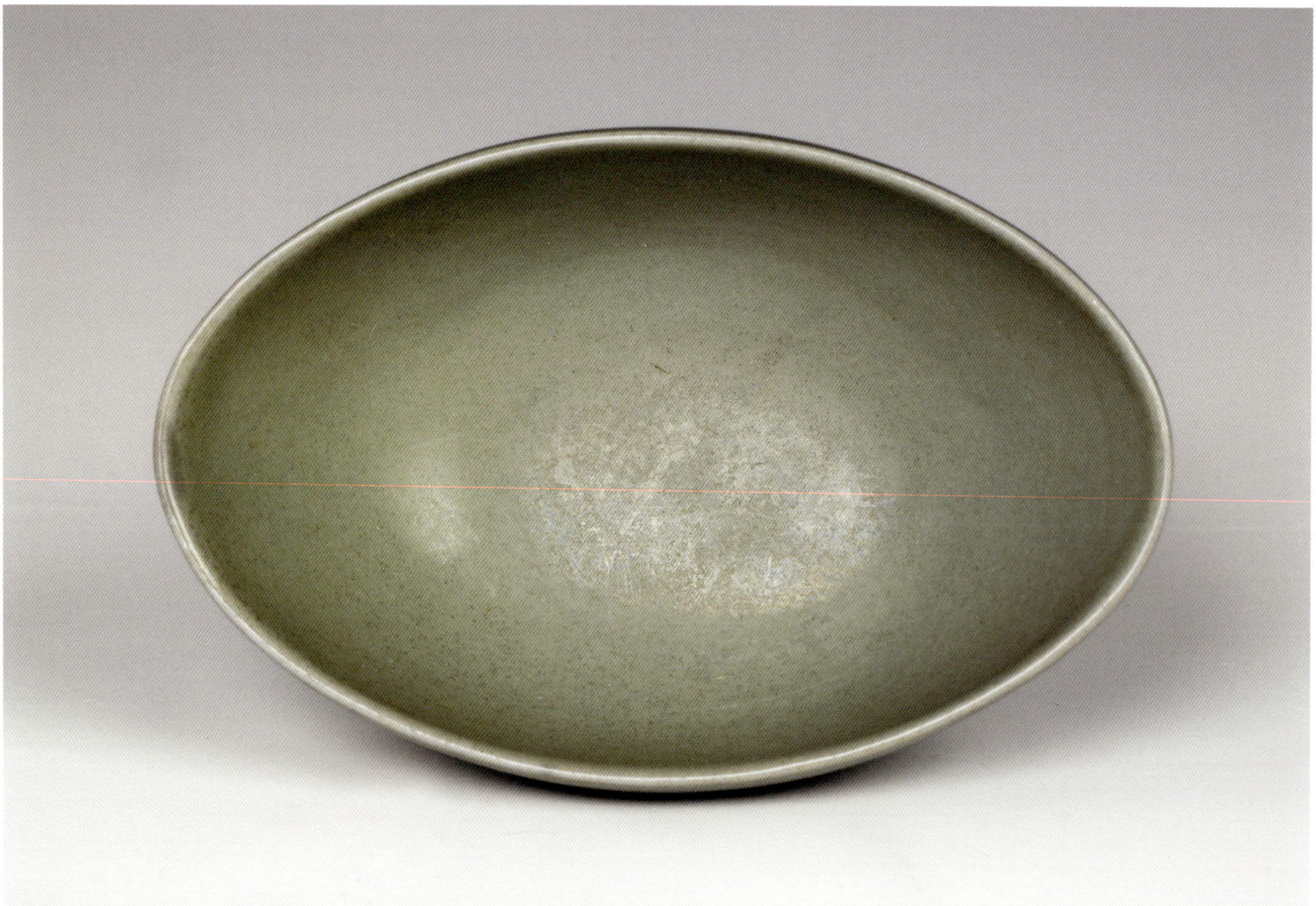

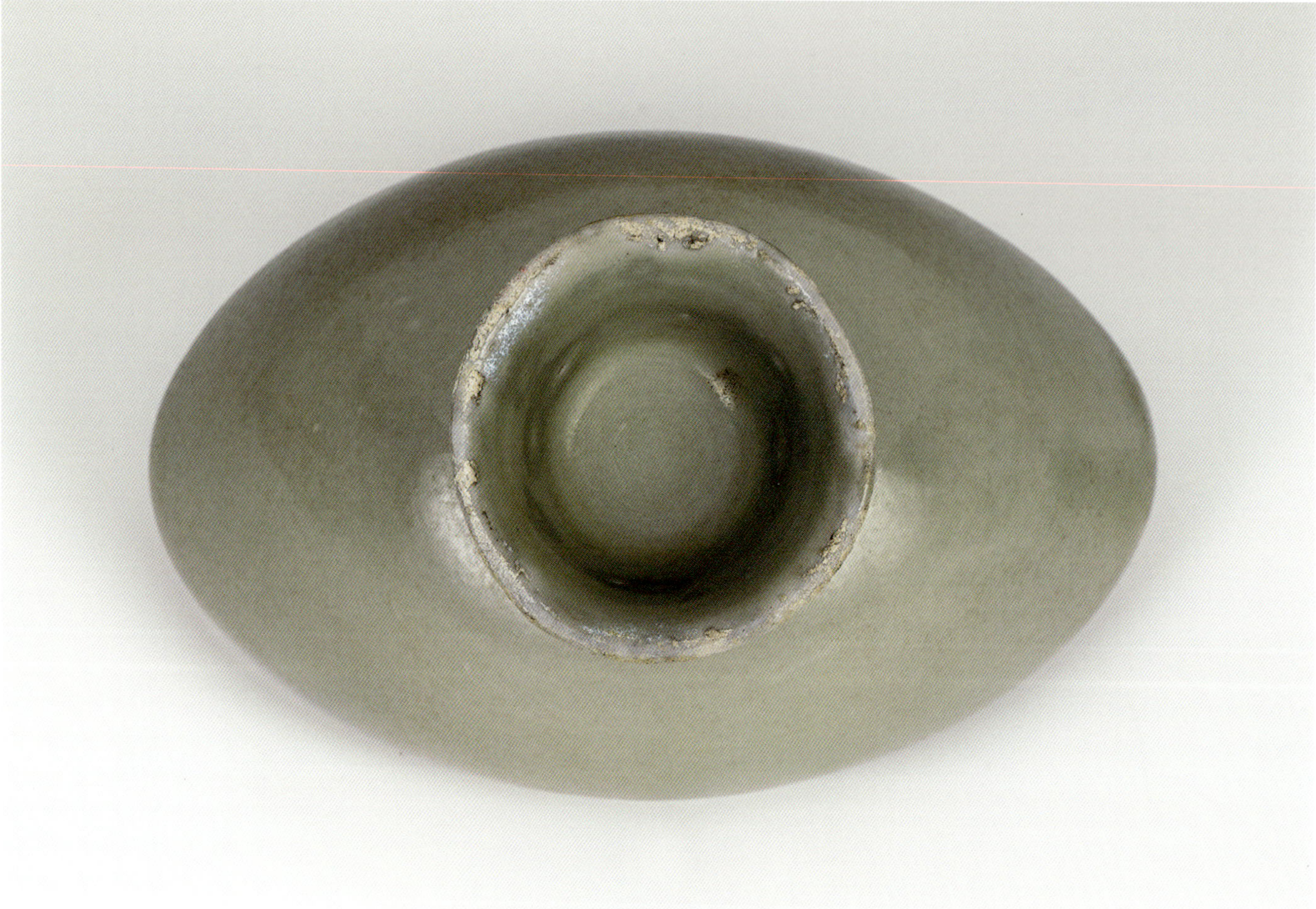

2 花瓣口海棠杯 1件

花瓣口海棠杯

口径长 17.2 厘米、宽 9.5 厘米，圈足长 9 厘米、宽 7.3 厘米，高 7.7—8 厘米

敞口，斜弧腹，平底上凹，椭圆形高圈足外撇。花口，与花口相对的内外壁饰菊瓣纹，与纹饰相对的外壁有内凹压痕，内底中心有一周凹弦纹，下腹与圈足交界处饰一周联珠纹，圈足外壁饰菊瓣纹。釉色随器表凹凸不平而深浅不一。足端有一周垫烧泥点痕。

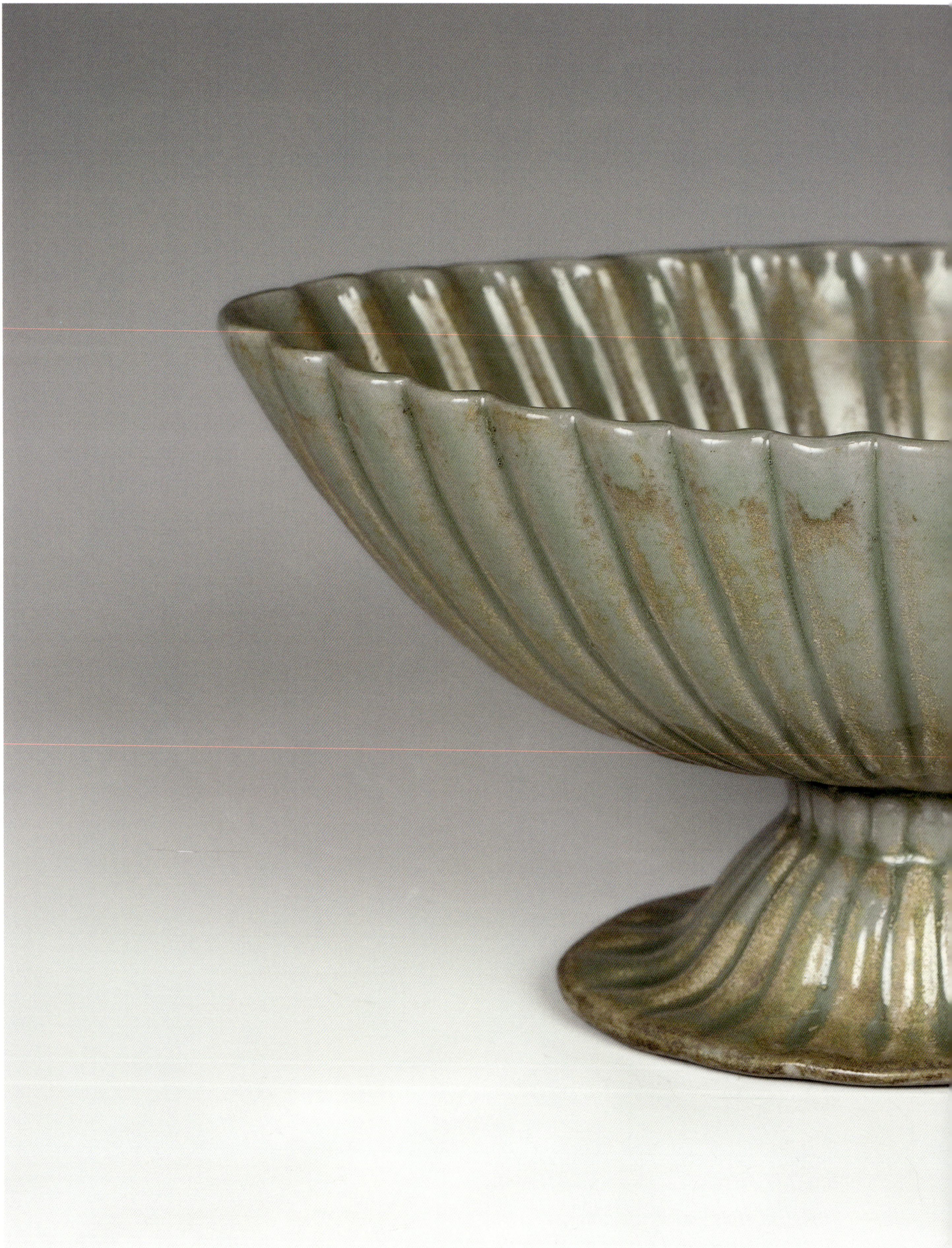

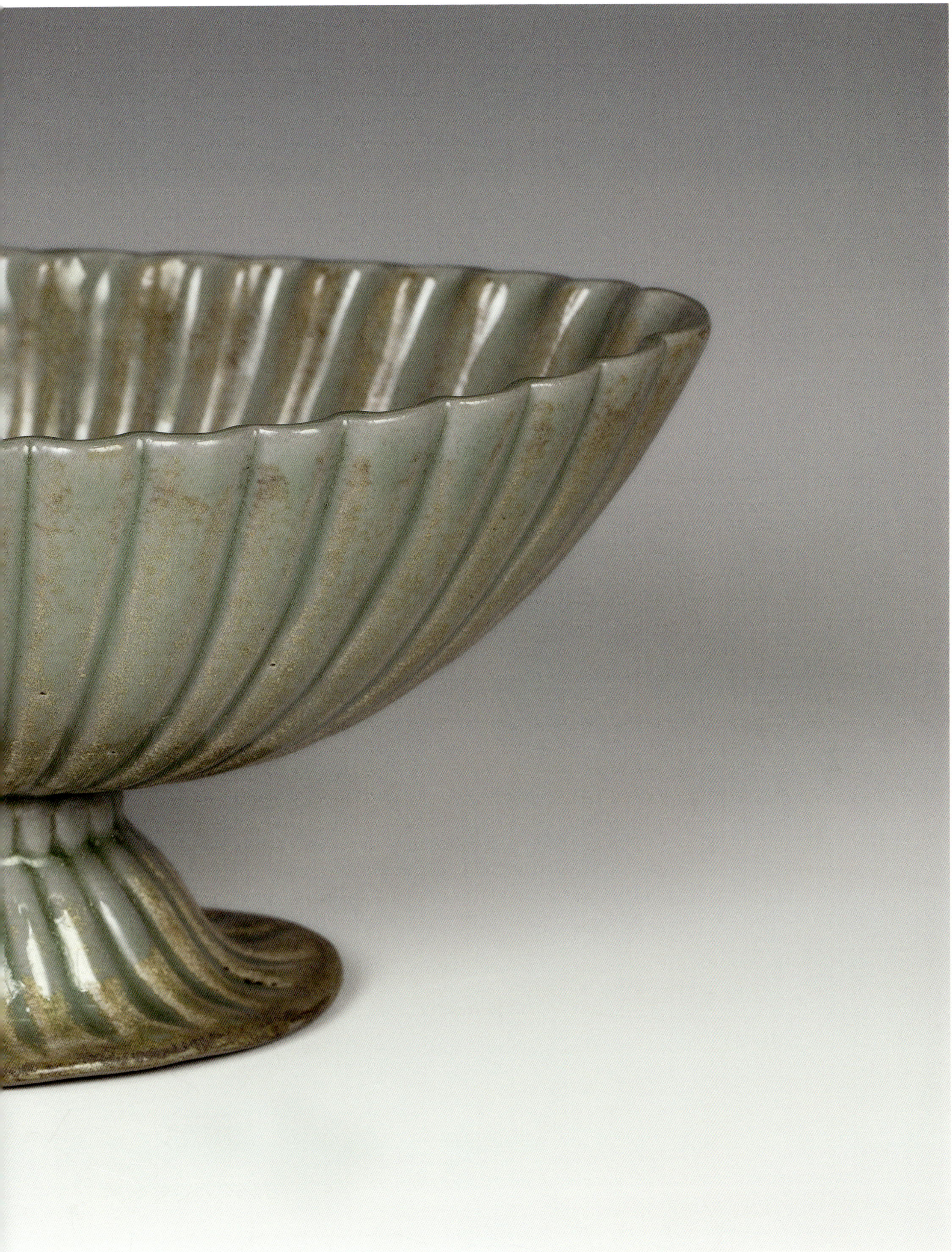

150

盘：12 件

根据底部特征，可分为平底盘和圈足盘两种。

盘

1

平底盘 7件

形制为敞口，圆唇，斜弧腹较浅，平底微上凹，内底有一周凹弦纹。均浅灰胎，通体施釉，釉色湖绿，釉面莹润。此类型盘口径多在14.6—15厘米，高度在3—3.4厘米，垫烧位置均在底面边缘，部分器物外底依然残留垫烧泥点，泥点数量为11—14个。

平底盘

口径 14.6 厘米、底径 7 厘米，高 3.2 厘米

敞口，浅弧腹下部微折，平底微上凹。底面边缘一周垫烧泥点 14 枚。

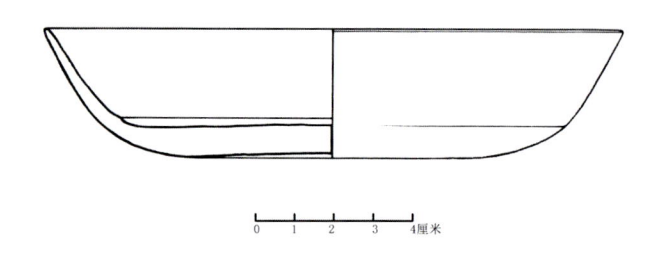

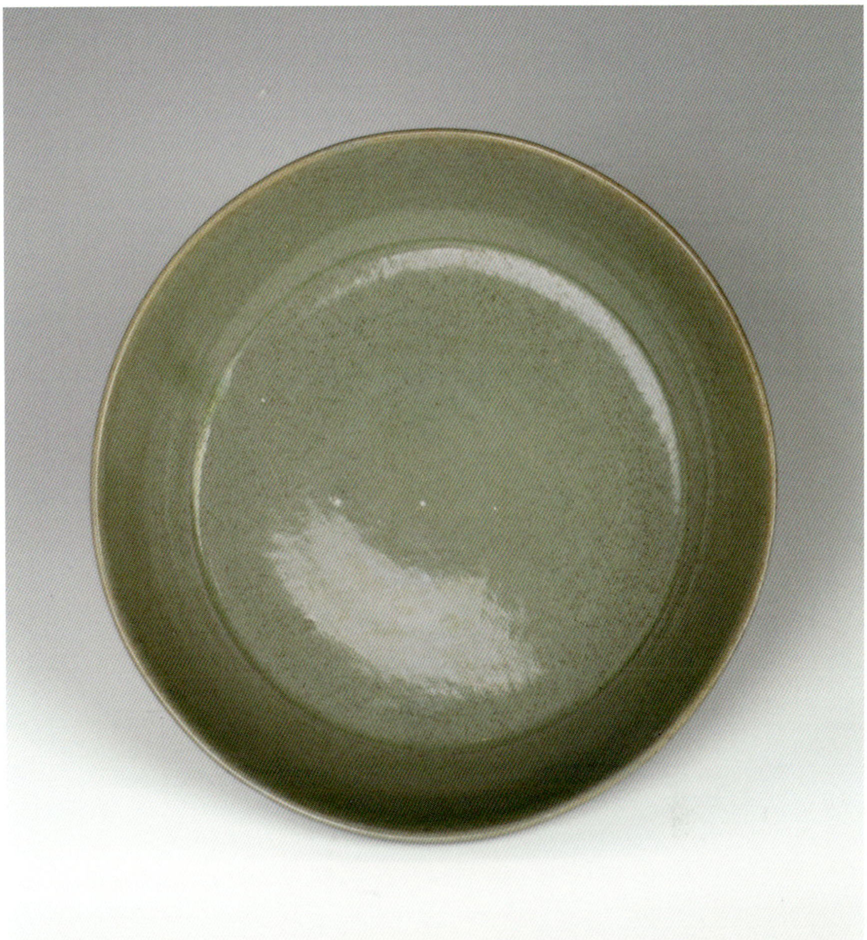

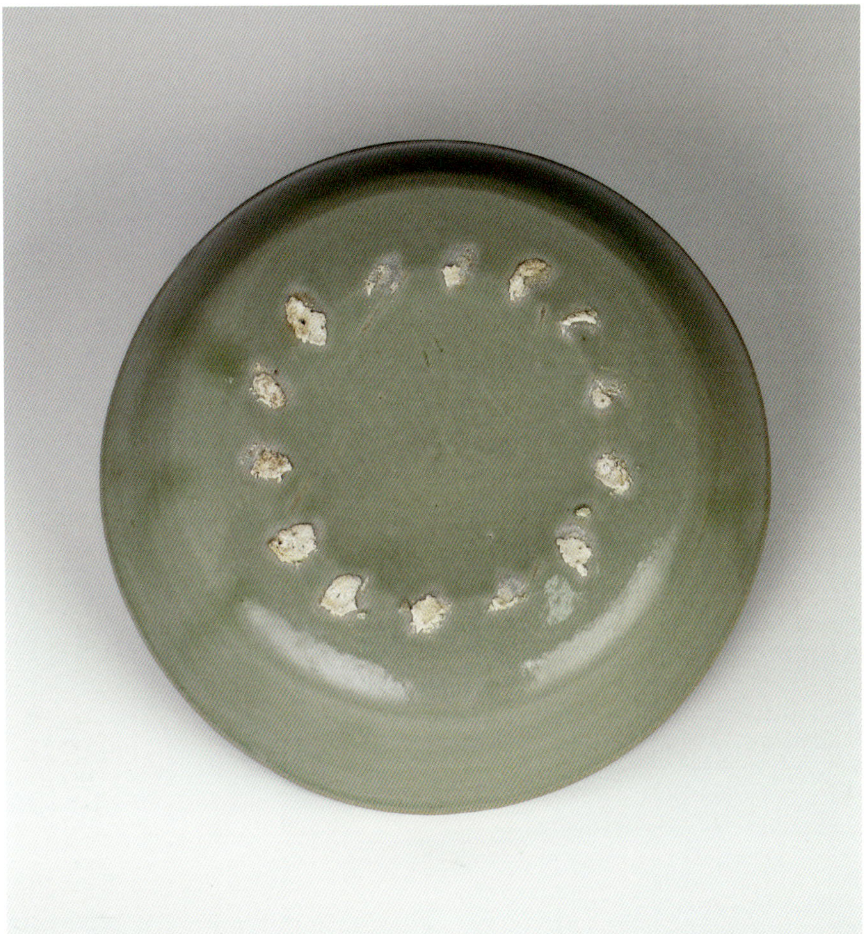

平底盘

口径 14.8 厘米、底径 8.1 厘米，高 3.3 厘米

敞口，斜弧腹内收，平底微上凹。底面边缘有一周垫烧泥点痕，且残存少量泥点。

0 1 2 3 4厘米

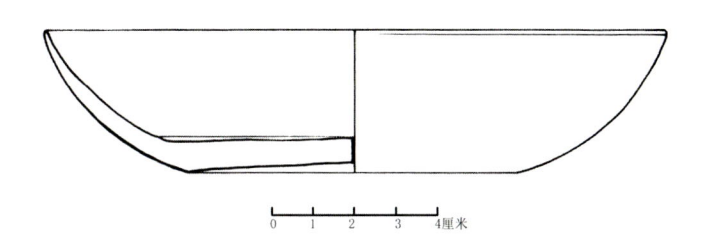

平底盘

口径 14.6 厘米、底径 8 厘米，高 3.3 厘米

敞口，斜弧腹内收，平底微上凹。底面边缘垫烧泥点 11 枚。

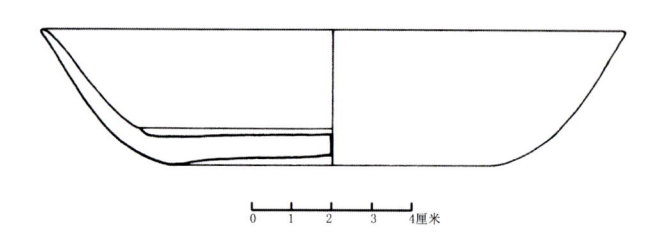

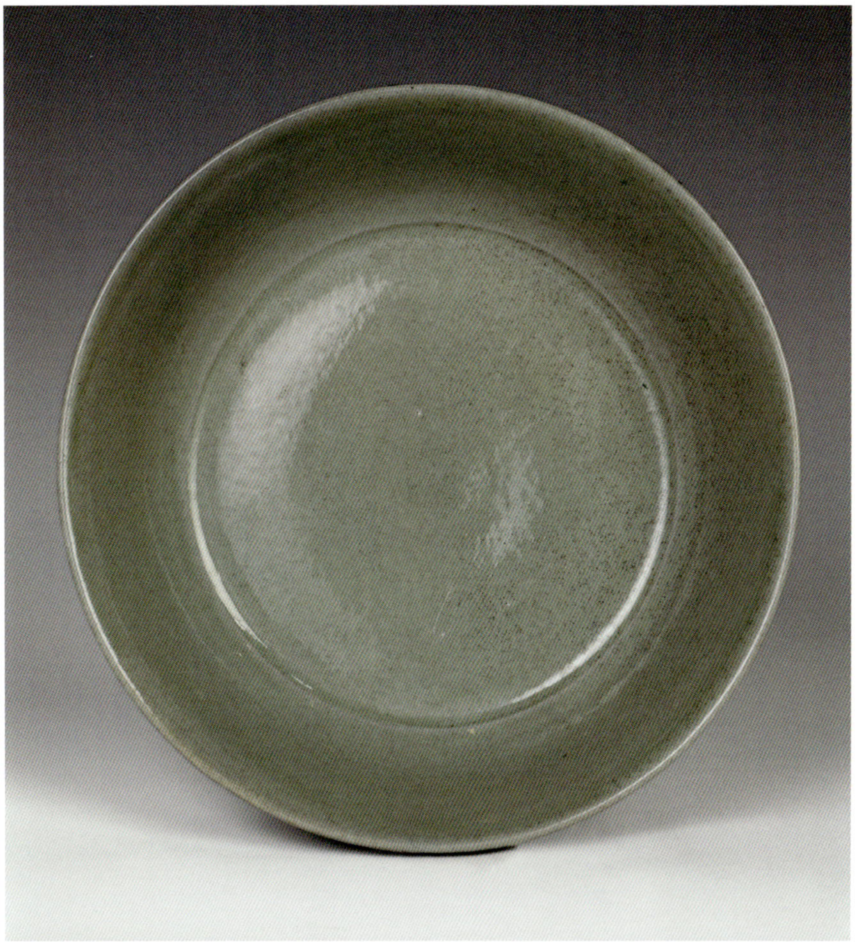

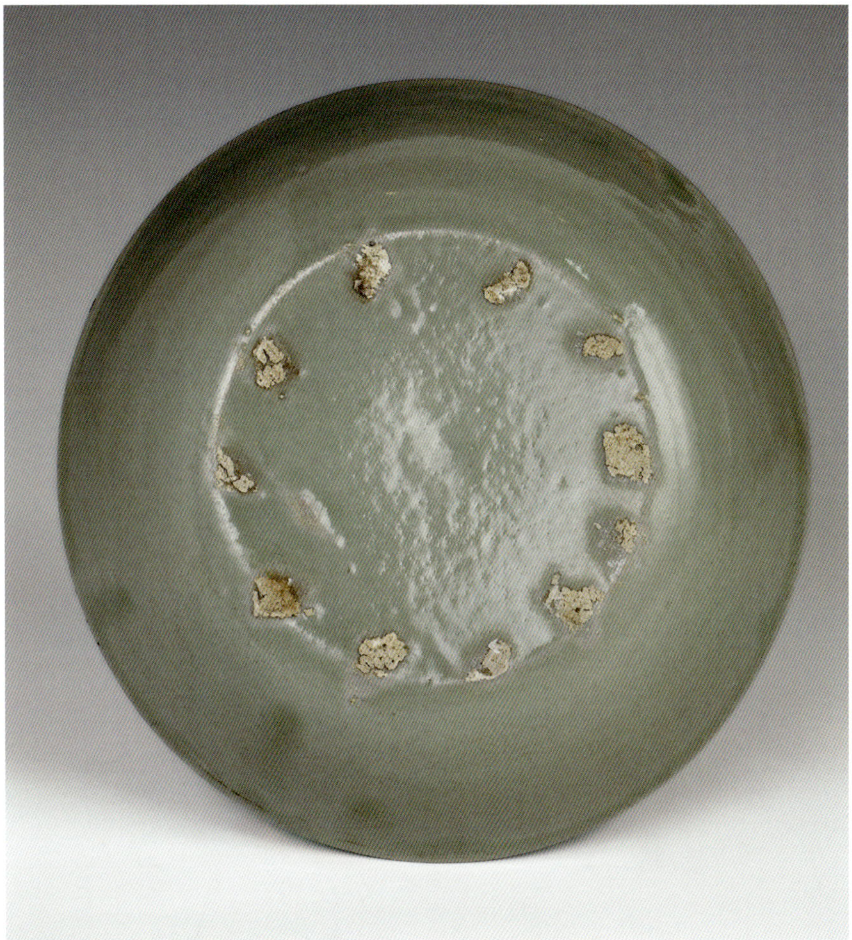

平底盘

口径 14.7 厘米、底径 7.7 厘米，高 3 厘米

敞口，弧腹内收，平底上凹。口沿外侧和内底均有一周凹弦纹。底面边缘有一周垫烧泥点痕，且残存少量泥点。

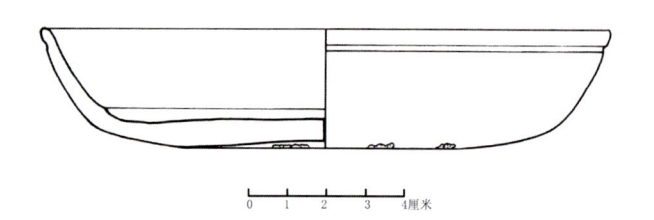

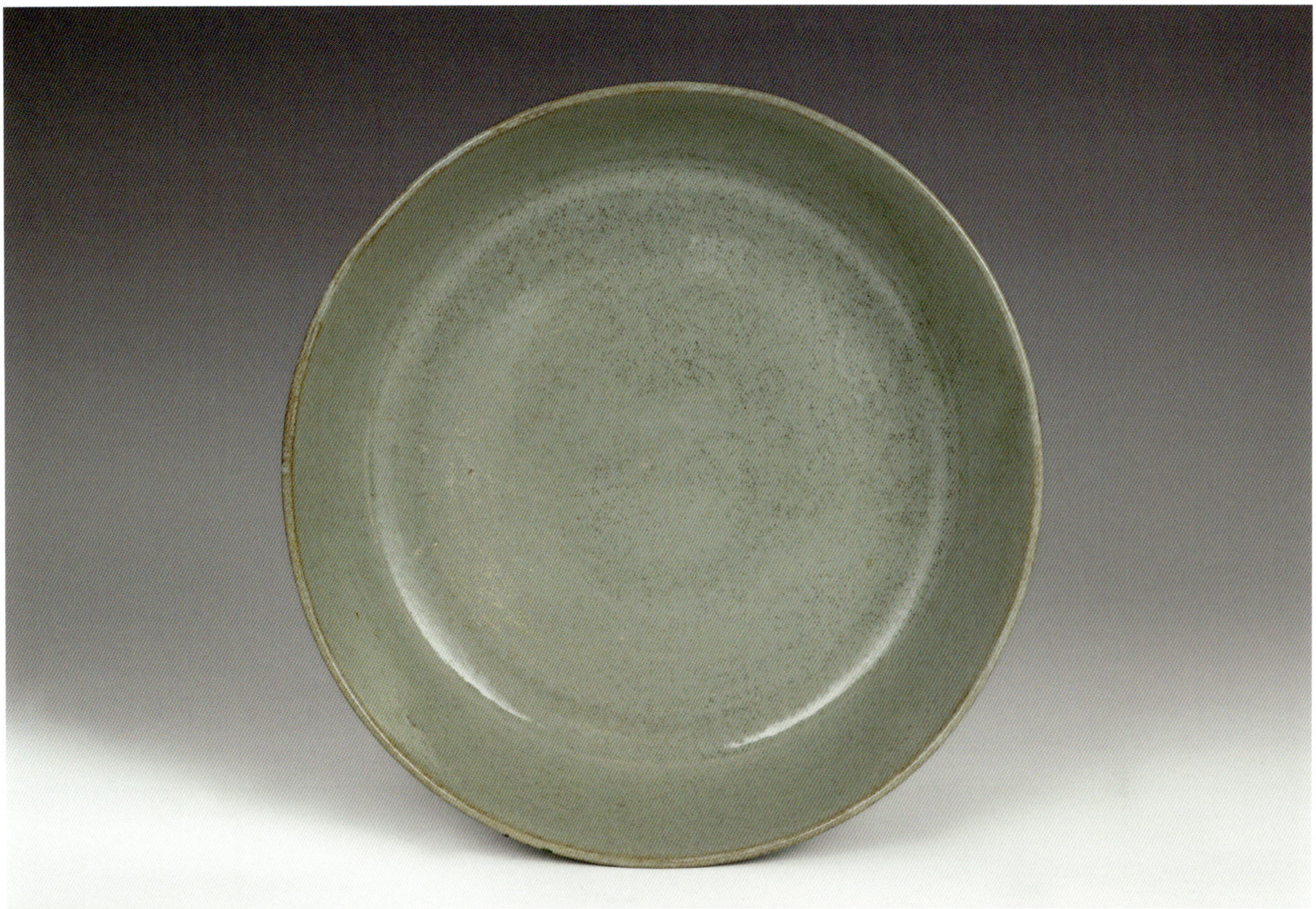

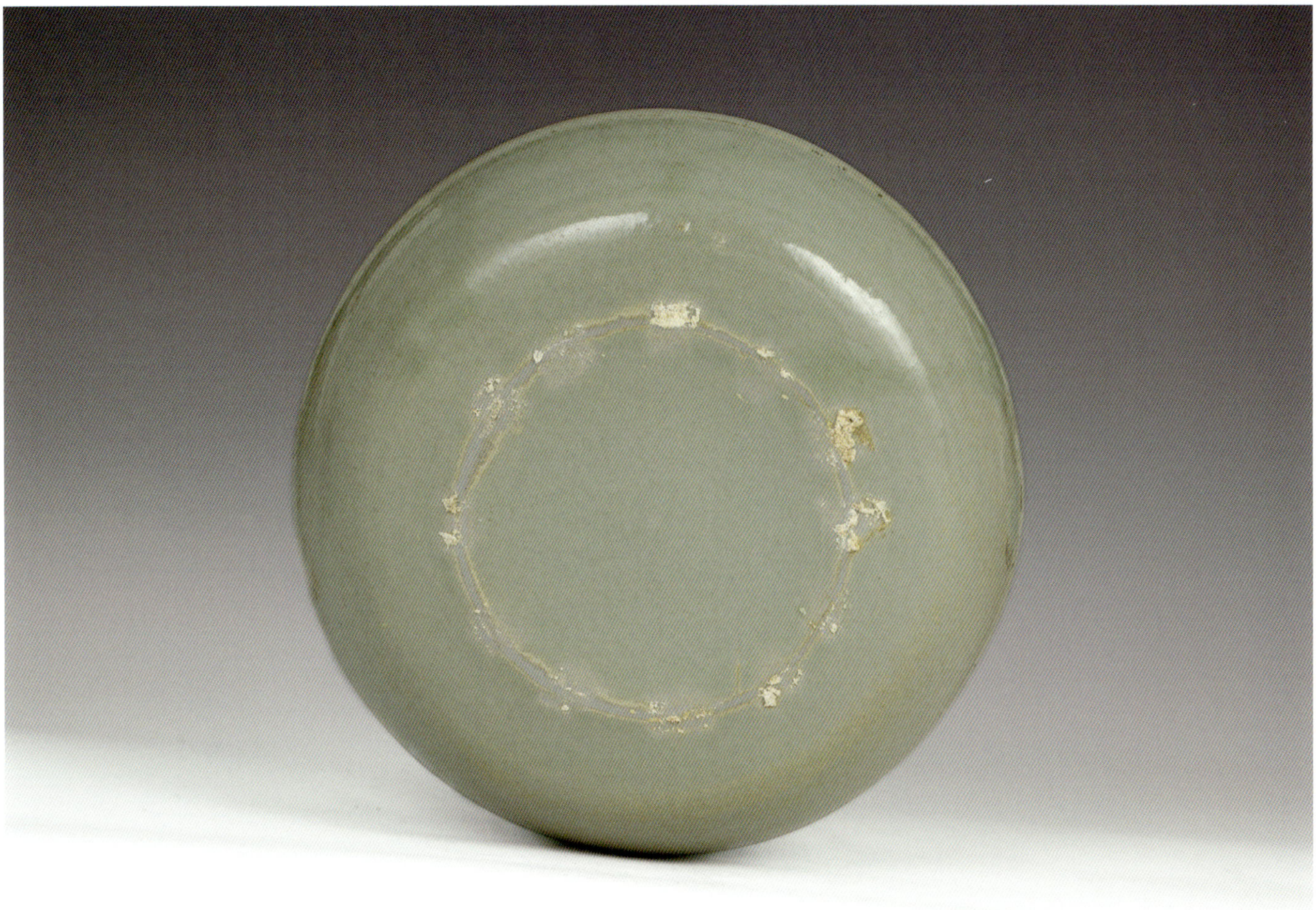

平底盘

口径 15.1 厘米、底径 7 厘米，高 3.4 厘米

敞口，折弧腹，平底上凹。底面边缘有垫烧泥点 12 枚。

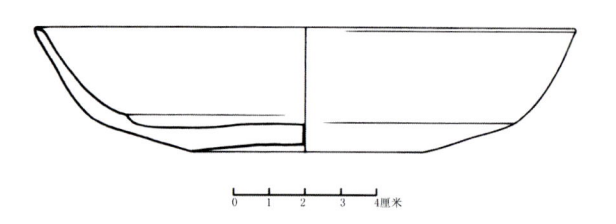

163

平底盘

口径 14.8 厘米、底径 8.2 厘米，高 3.2 厘米

敞口，斜弧腹内收，平底上凹。底面边缘有一周垫烧泥点痕。

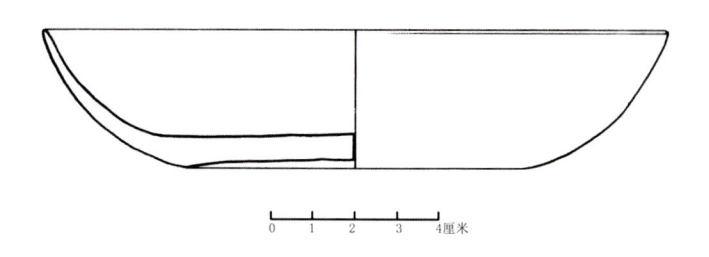

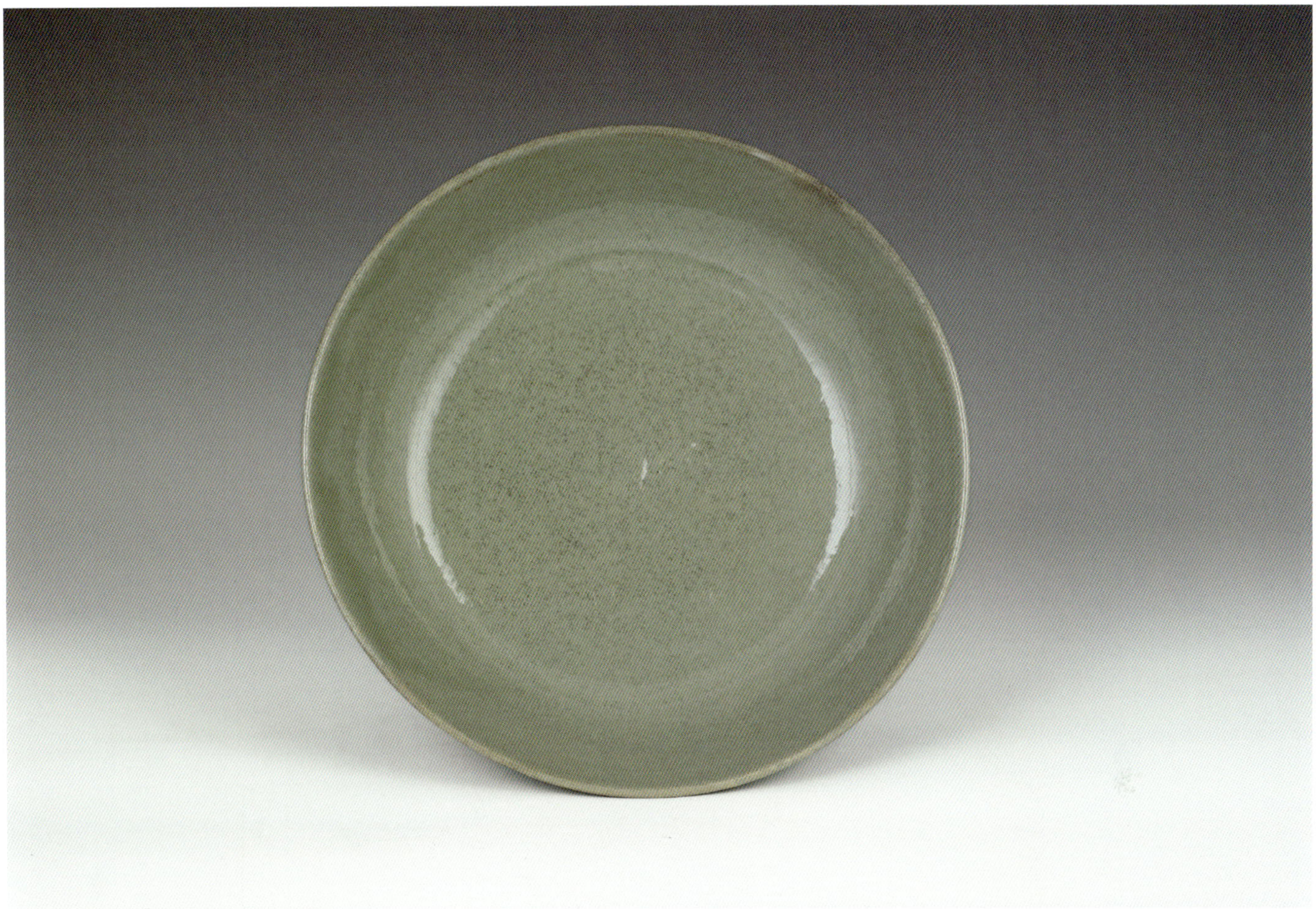

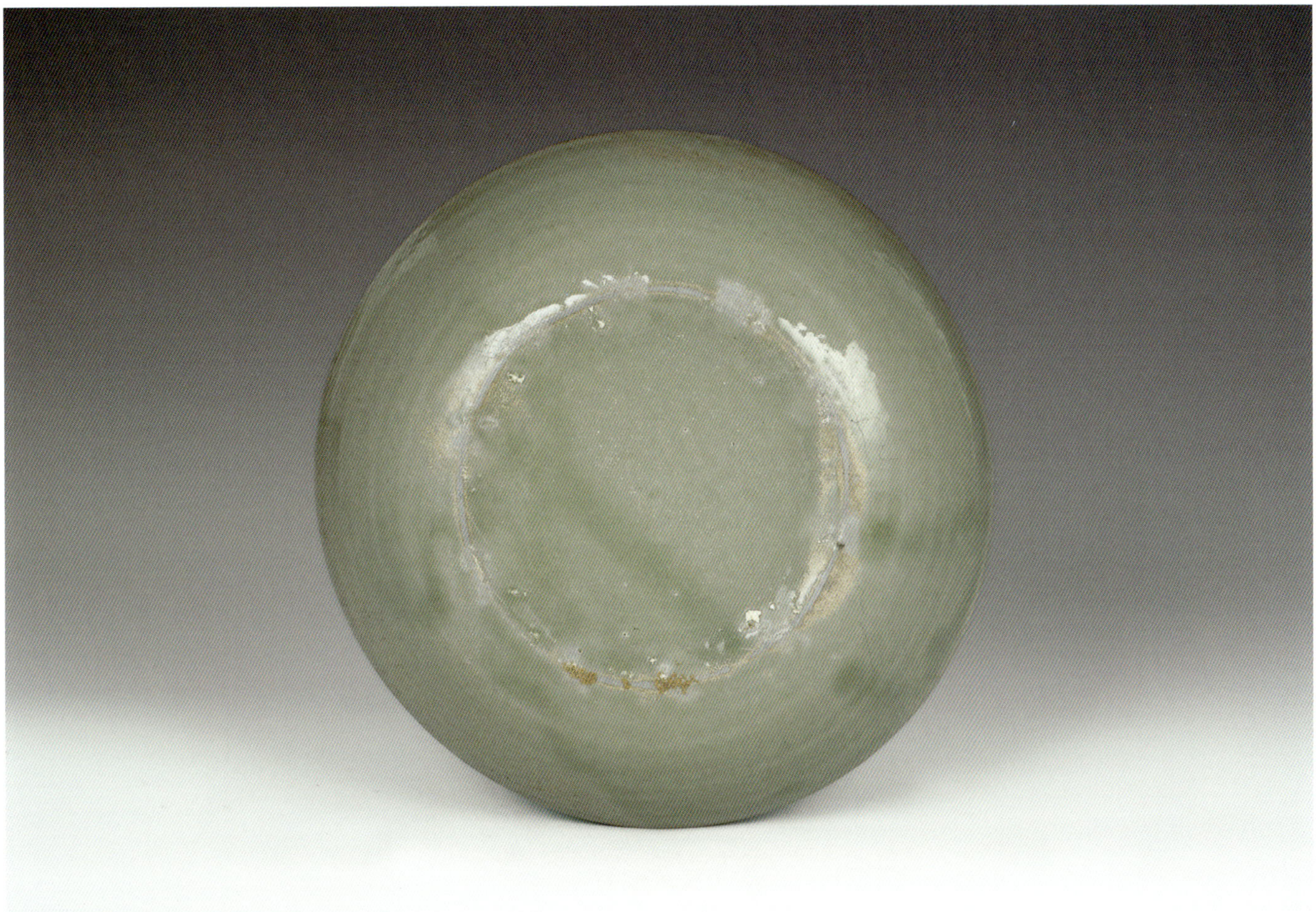

平底盘

口径 14.8 厘米、底径 7.8 厘米，高 3.2 厘米

敞口，弧腹内收，平底上凹。底面边缘有一周垫烧泥点痕。

0 1 2 3 4厘米

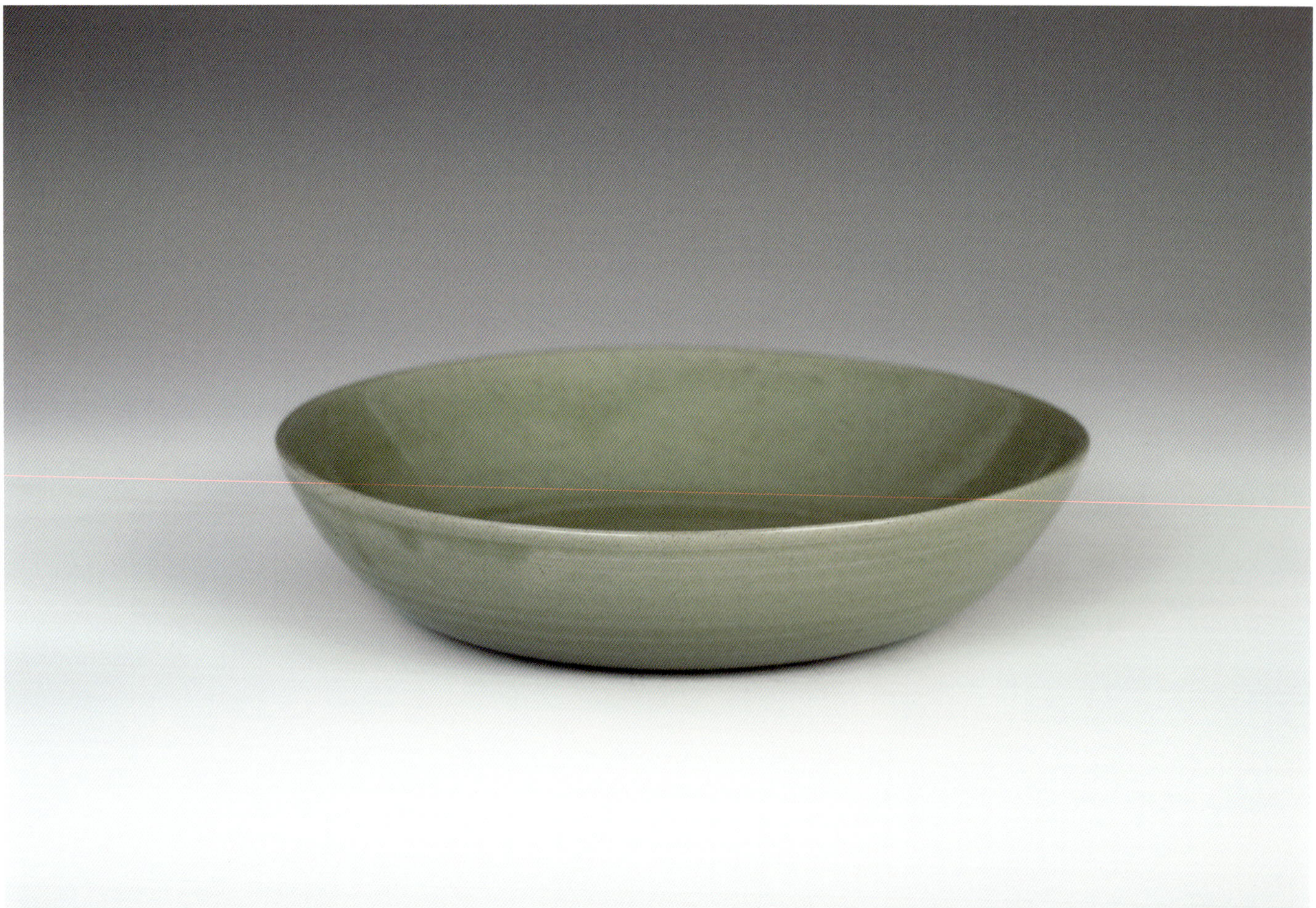

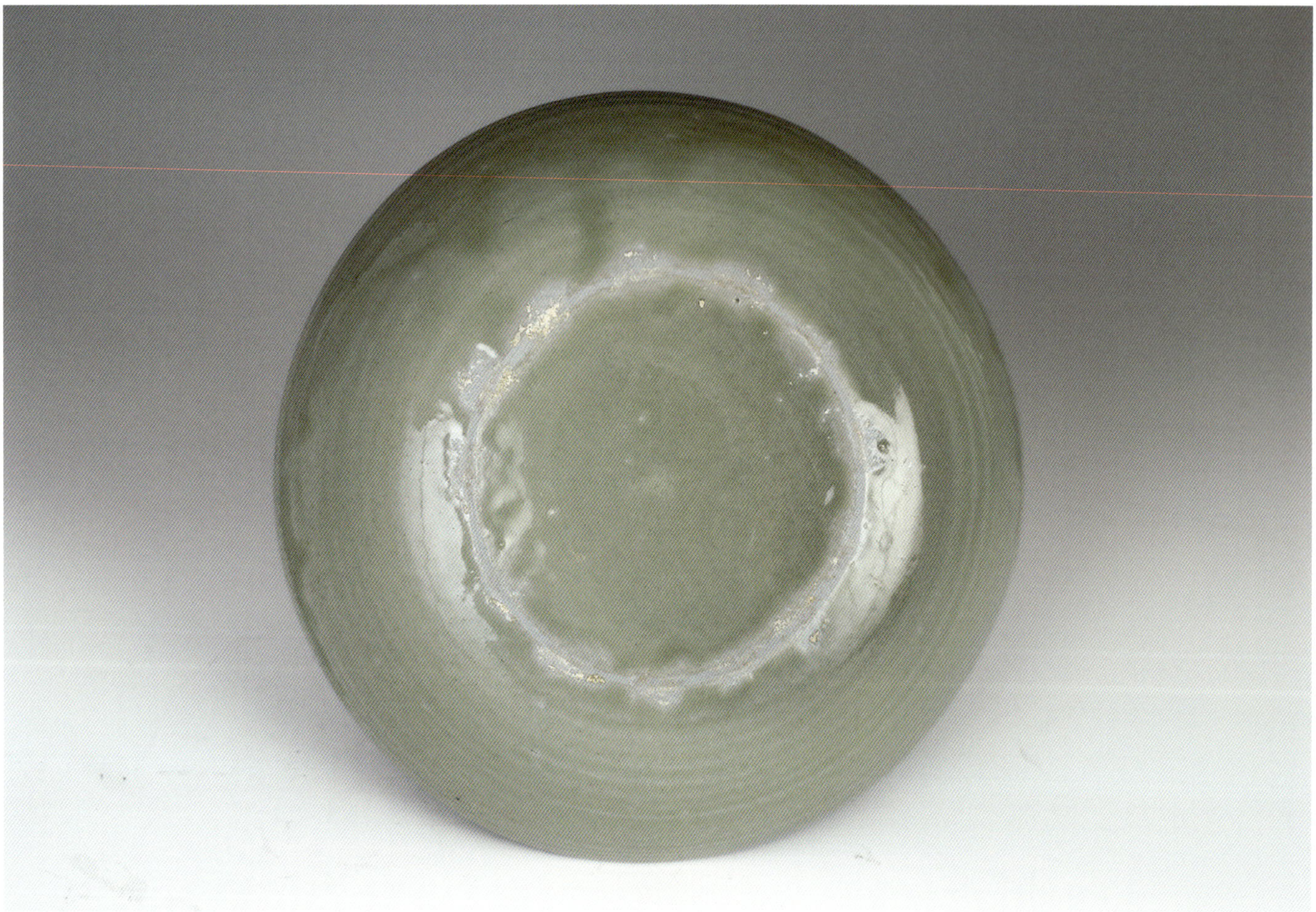

2 圈足盘 5件

可分为圆形和海棠形两种。

圆形盘

4件。撇口，圆唇，浅斜弧腹，平底，圈足。均浅灰胎，通体施釉，釉色湖绿，釉面莹润。此类型盘口径在14.4—14.8厘米，足径在6.2—6.5厘米，高度3.9—4.5厘米，垫烧位置均在足端。

圆形盘

口径14.8厘米、足径6.4厘米，高4.1厘米

撇口，斜弧腹，平底微上凹，圈足微外撇。内底有一周凹弦纹。足端有一周垫烧泥点痕。

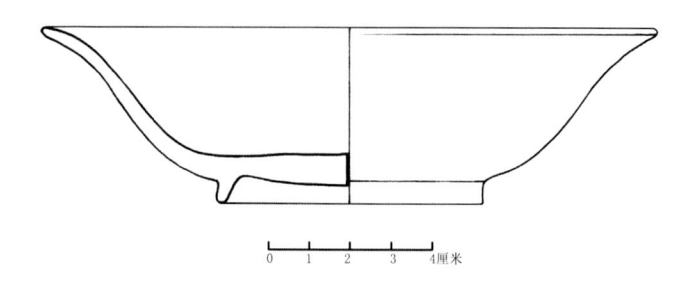

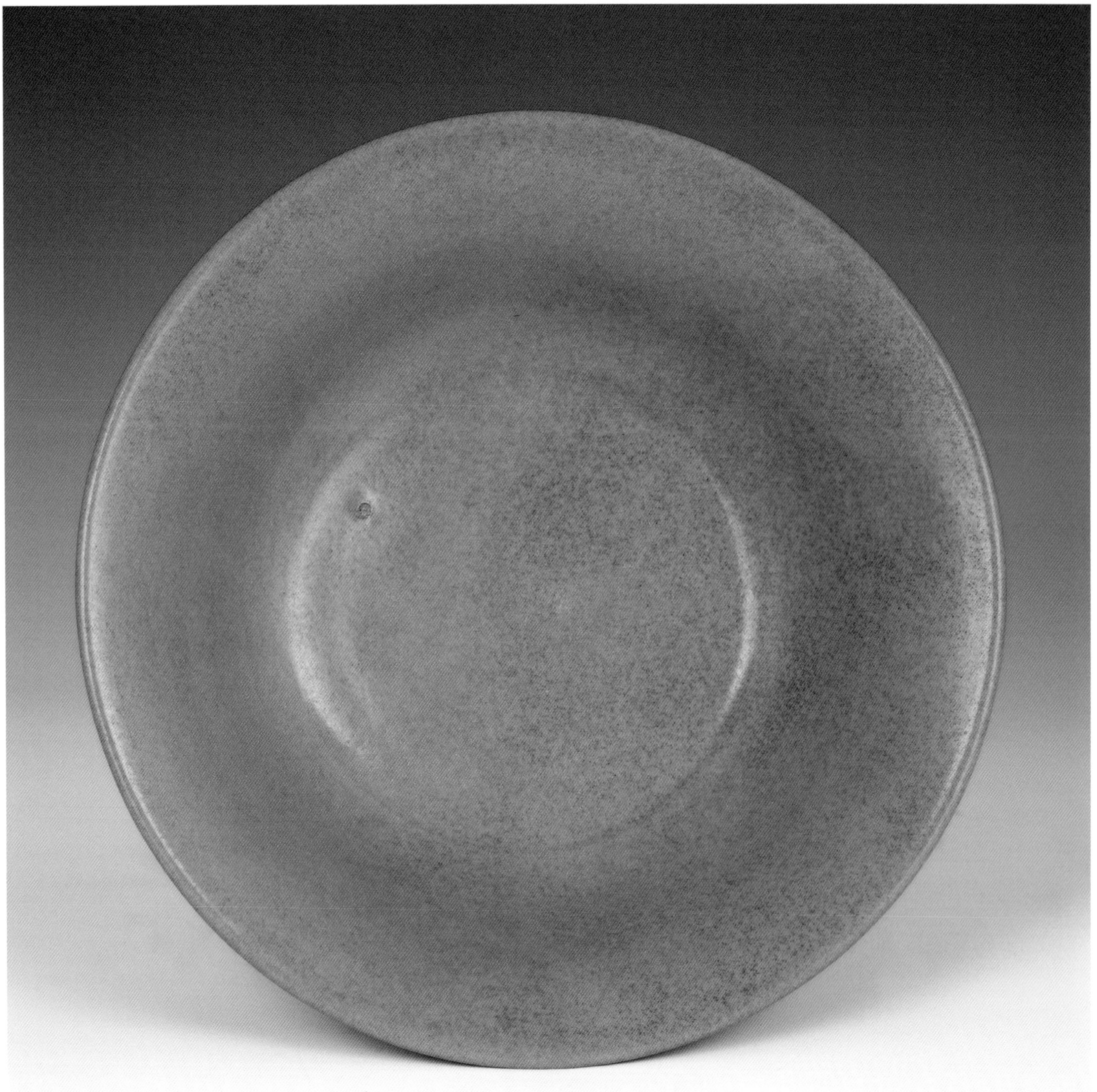

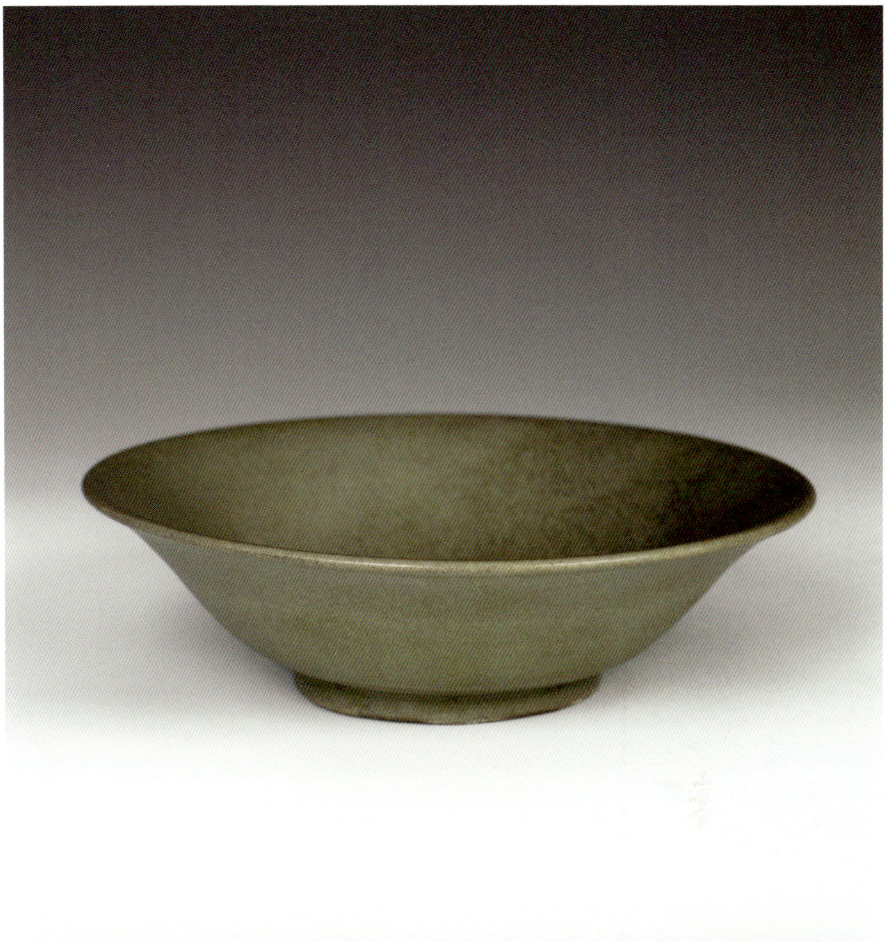

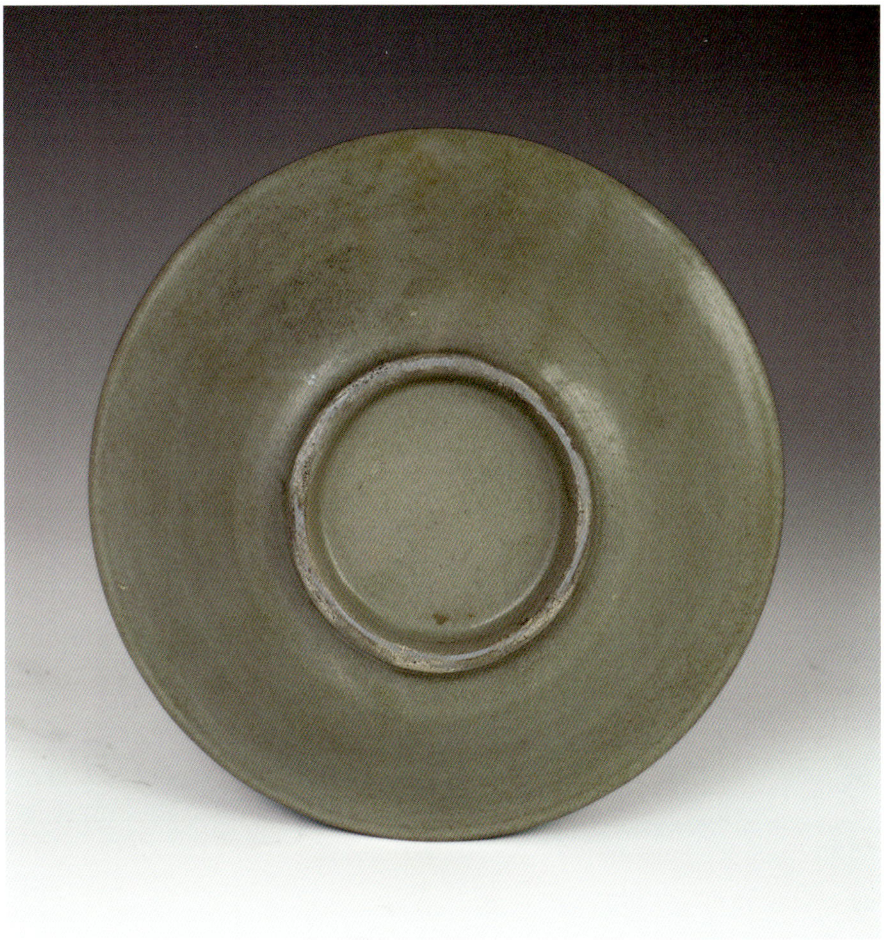

圆形盘

口径 14.4 厘米、足径 6.4 厘米，高 3.9 厘米

撇口，斜弧腹较浅，平底微上凹，圈足微外撇。内底有一周凹弦纹。足端有一周垫烧泥点痕。

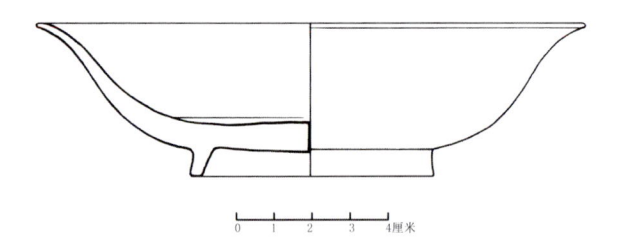

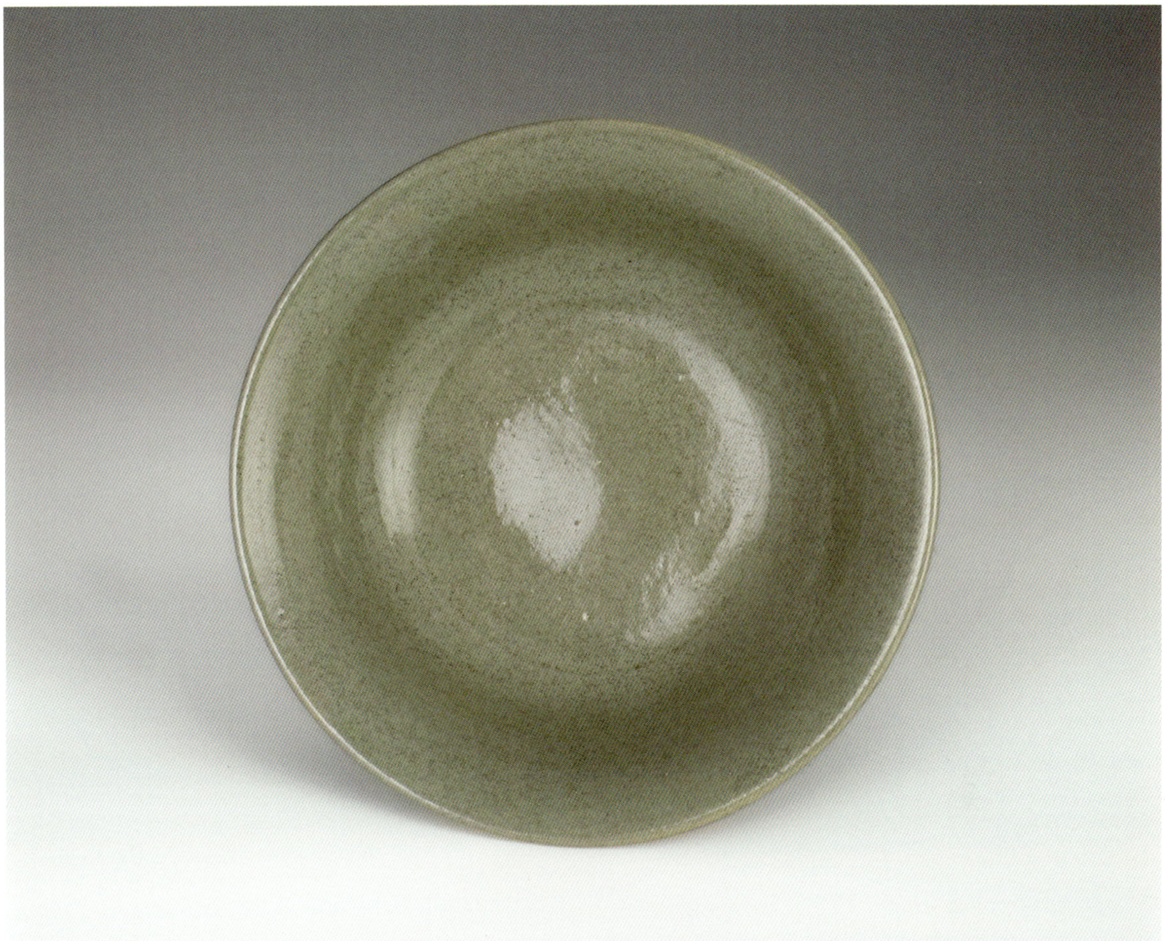

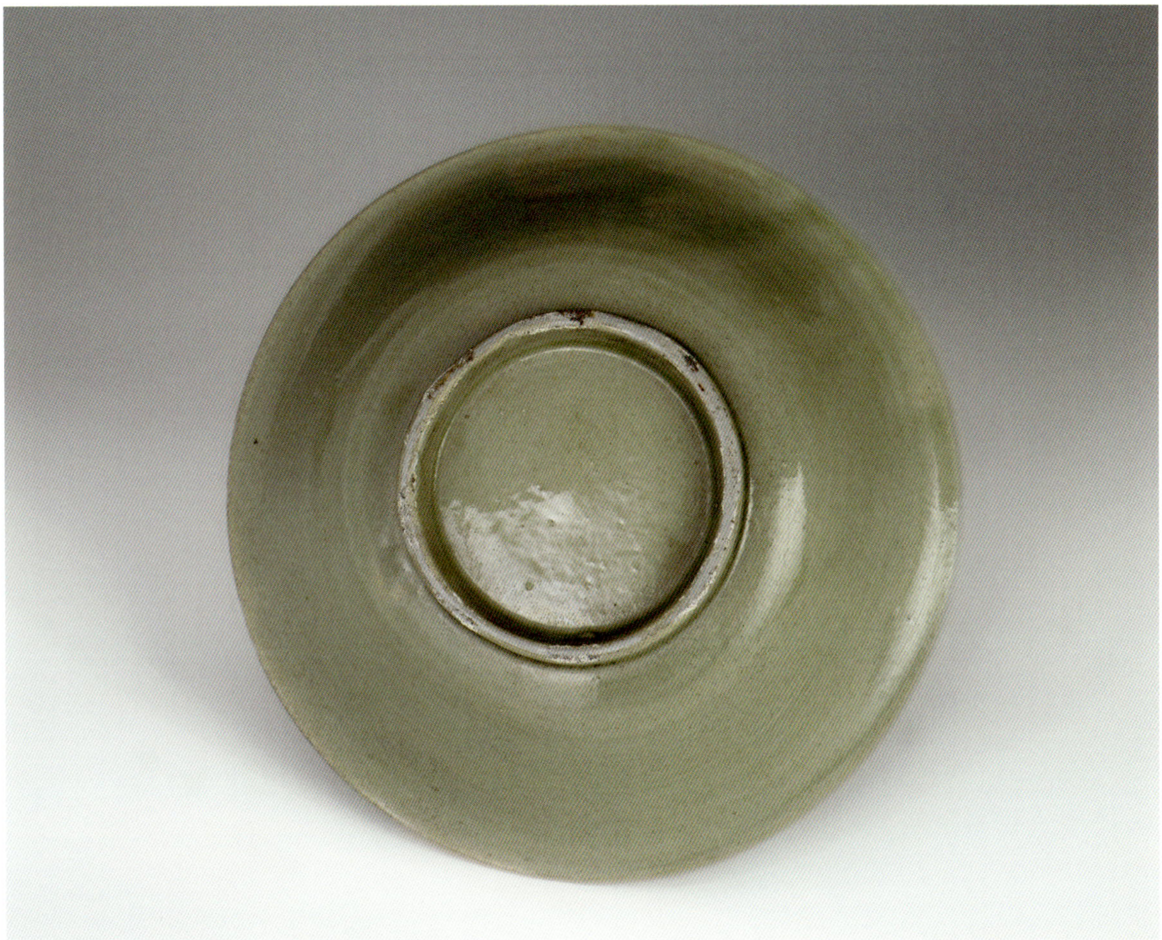

圆形盘

口径 14.8 厘米、足径 6.2 厘米，高 4.5 厘米

撇口，斜弧腹较浅，平底微圜，圈足外撇。内底有一周凹弦纹。足端有一周垫烧泥点痕。

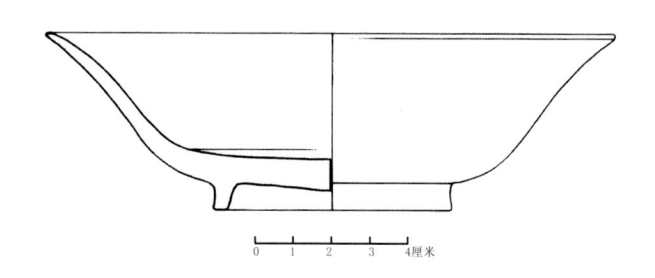

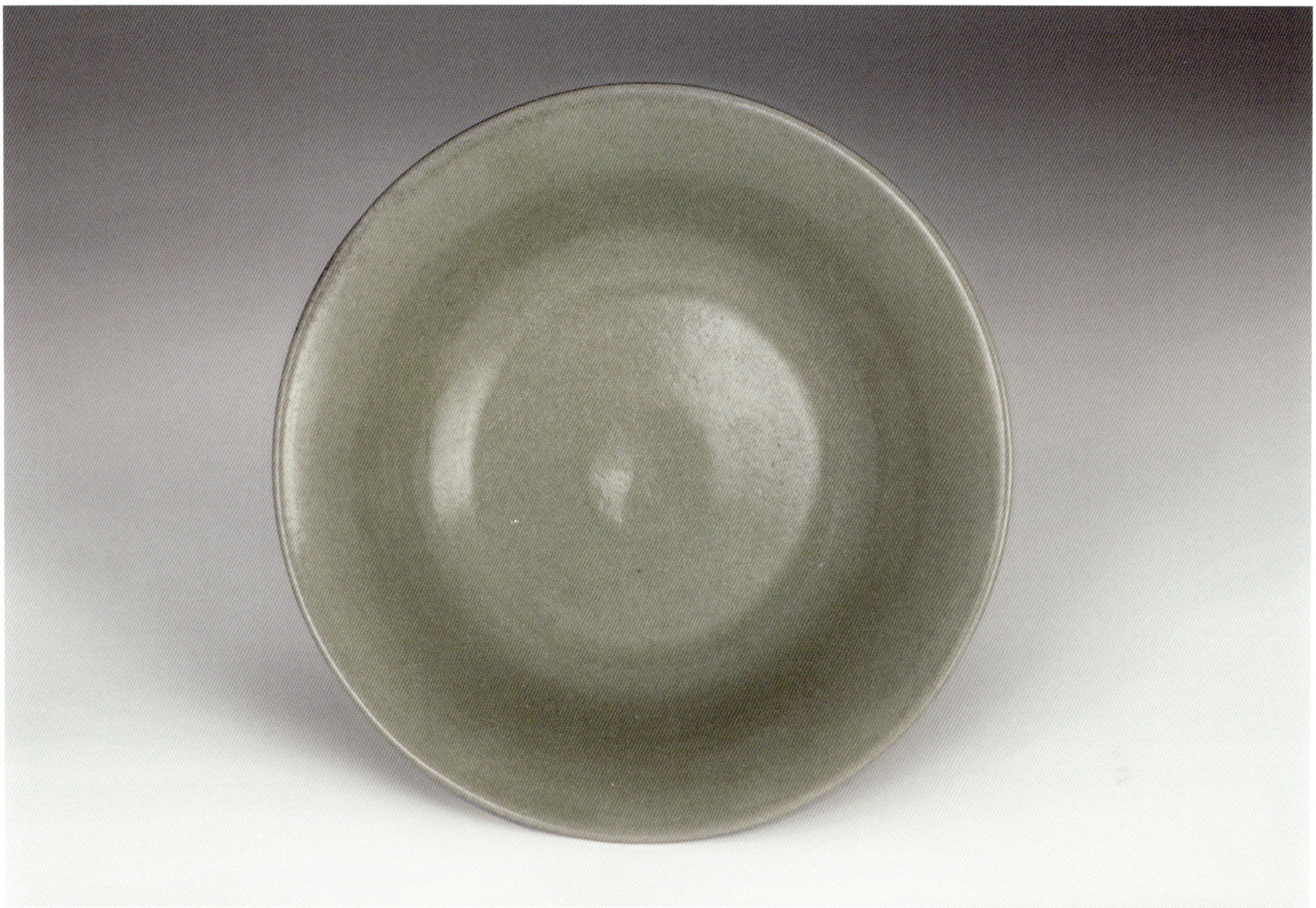

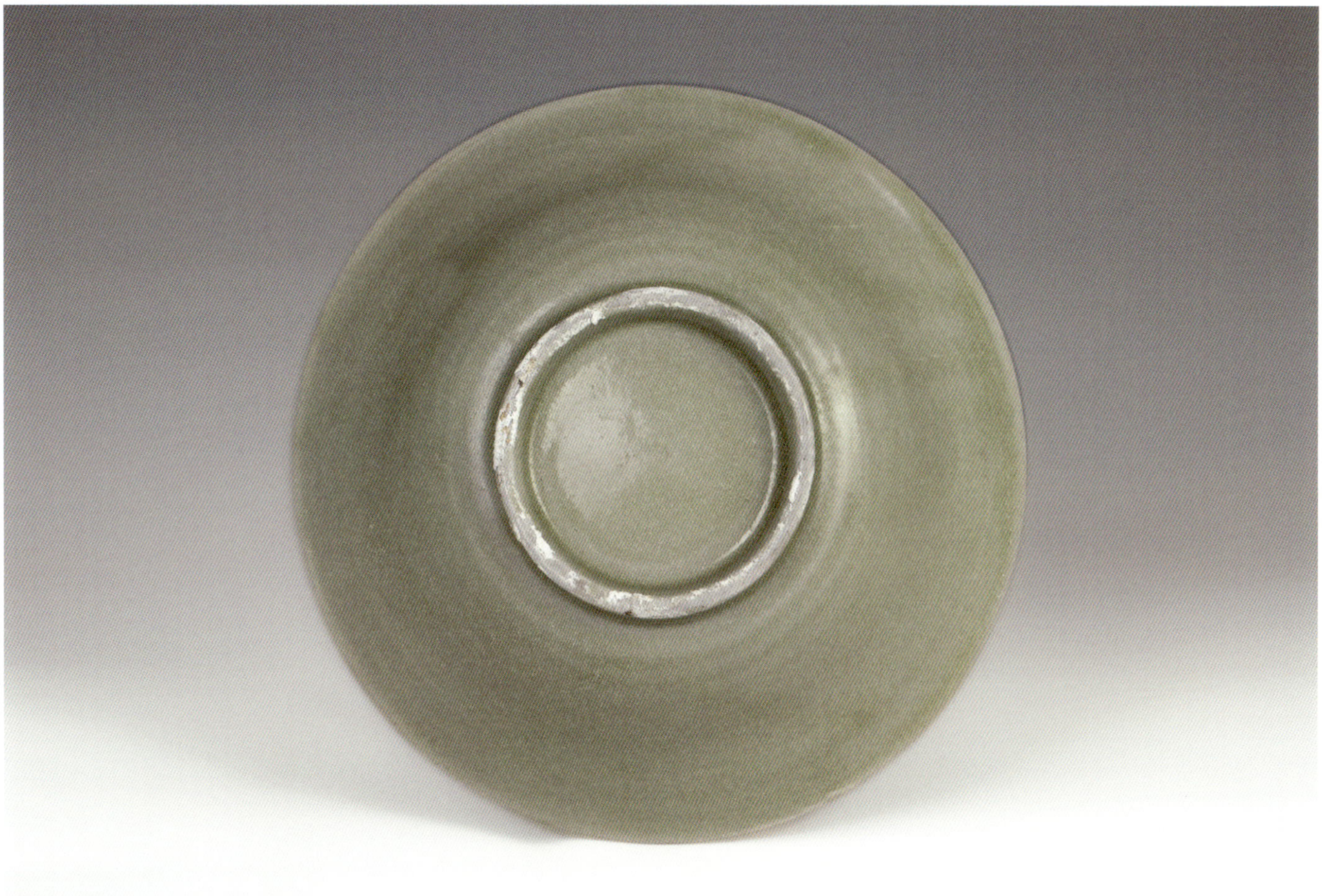

圆形盘

口径 14.7 厘米、足径 6.5 厘米，高 4 厘米

撇口，斜弧腹较浅，平底，圈足内收。内底有一周凹弦纹。足端有一周垫烧泥点痕。

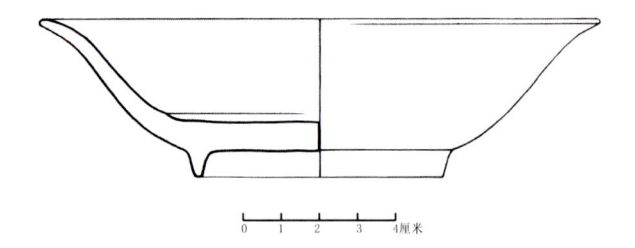

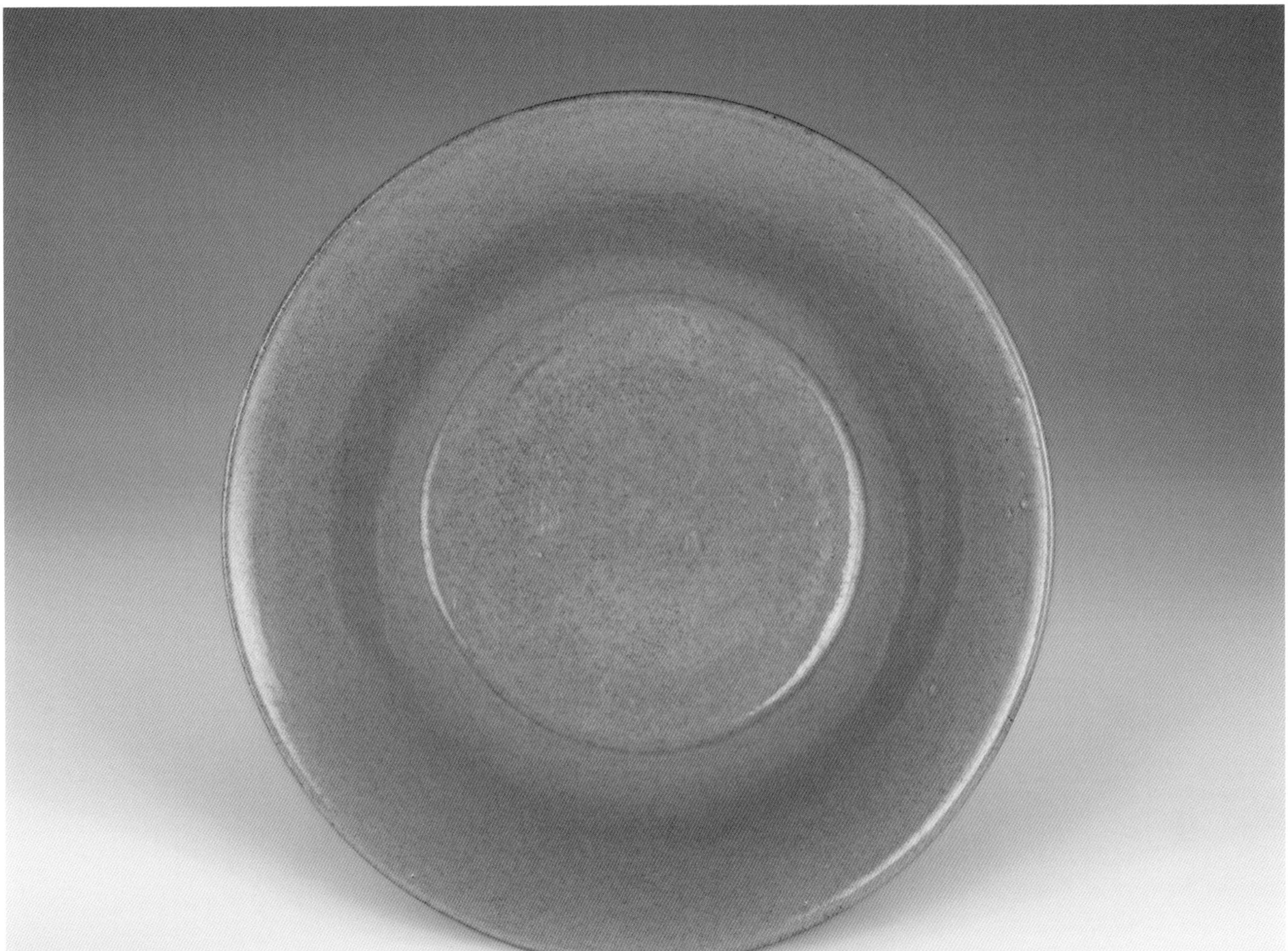

海棠形盘

海棠形盘

口长 24.9 厘米、宽 17.5 厘米、圈足长 14.7 厘米、宽 8.9 厘米，高 5.2 厘米

整体略呈椭圆形，宽折沿，浅折腹，平底，椭圆形高圈足外撇。八瓣菱花口，口沿边缘有一周凸棱；口沿及内壁由八条凸棱形成八瓣花口，菱形长的两端两瓣花口置三条凸棱、其余六瓣花口置四条凸棱呈出茎状，菱形四端出茎不及内壁。外壁对应内壁出筋呈竖直短凹。圈足外壁等距内压一周直线，共 40 条。浅灰胎，通体青釉，釉色呈湖绿色，釉面莹润。釉色随器表凹凸而深浅不一。足端有一周垫烧泥点痕。

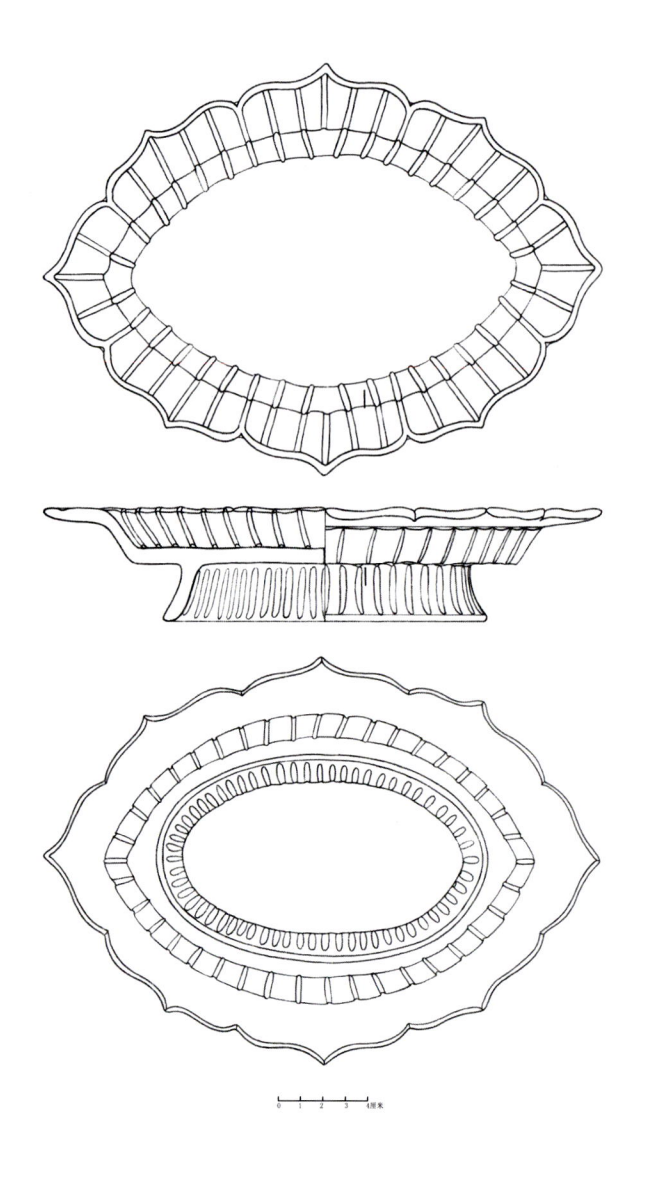

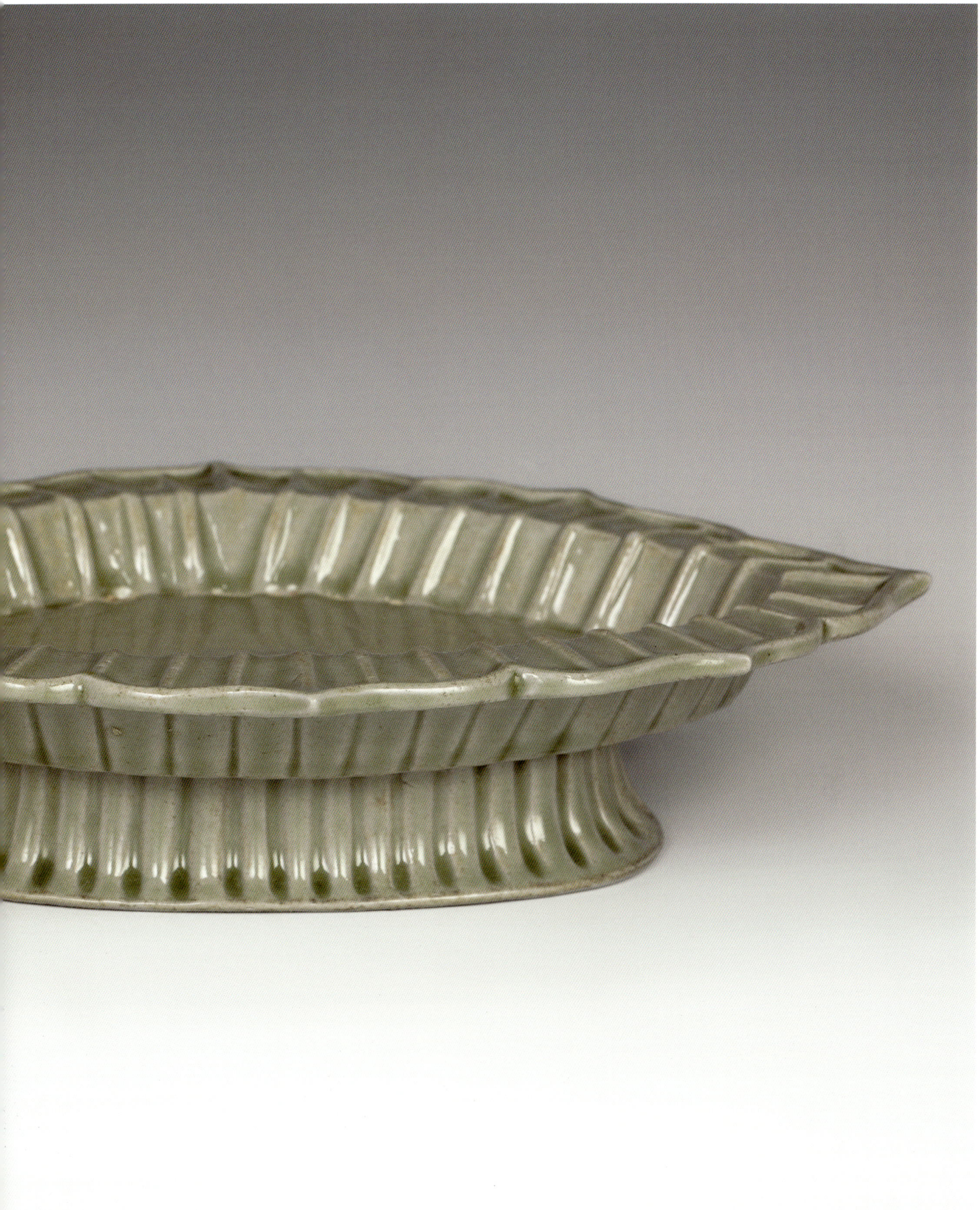

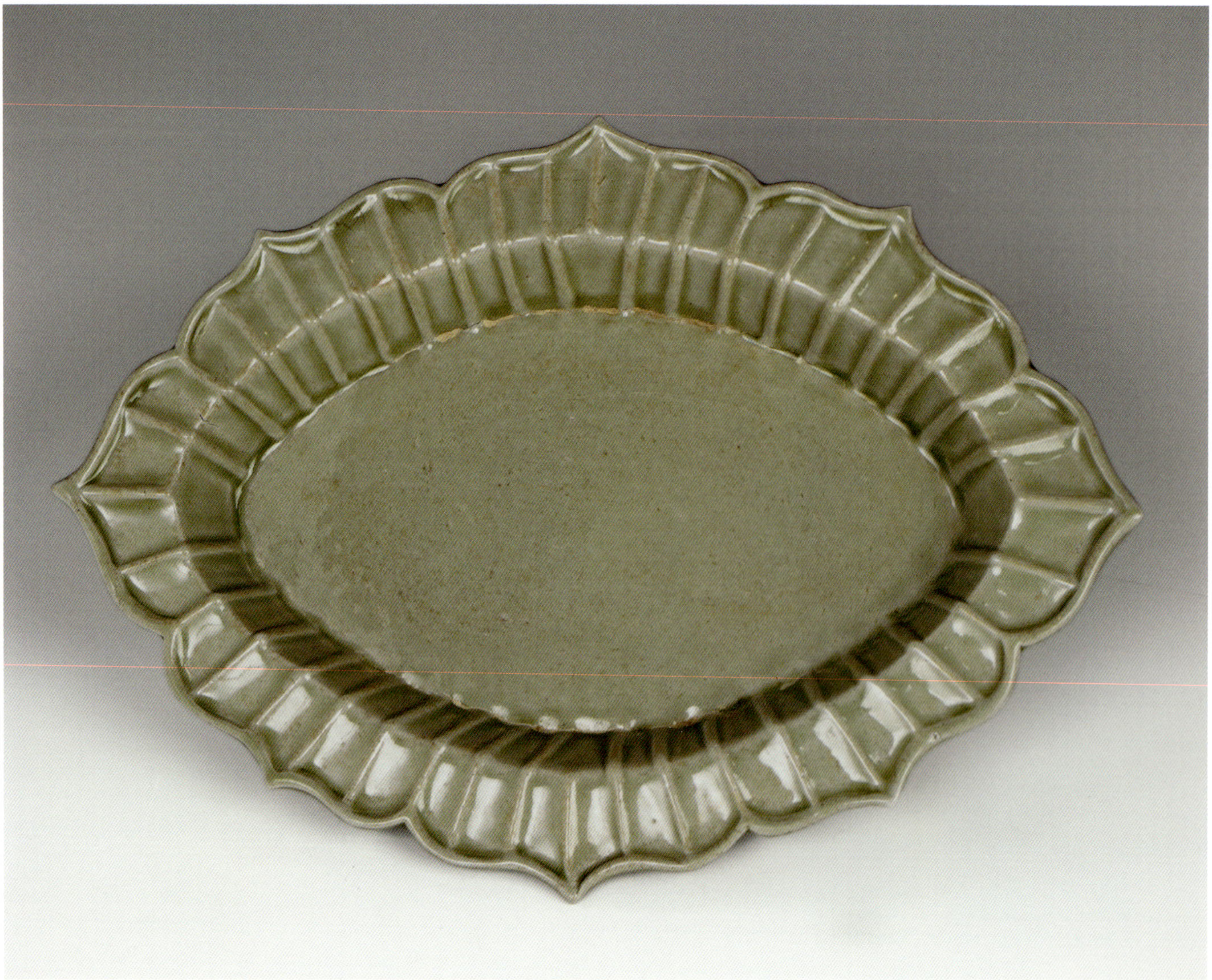

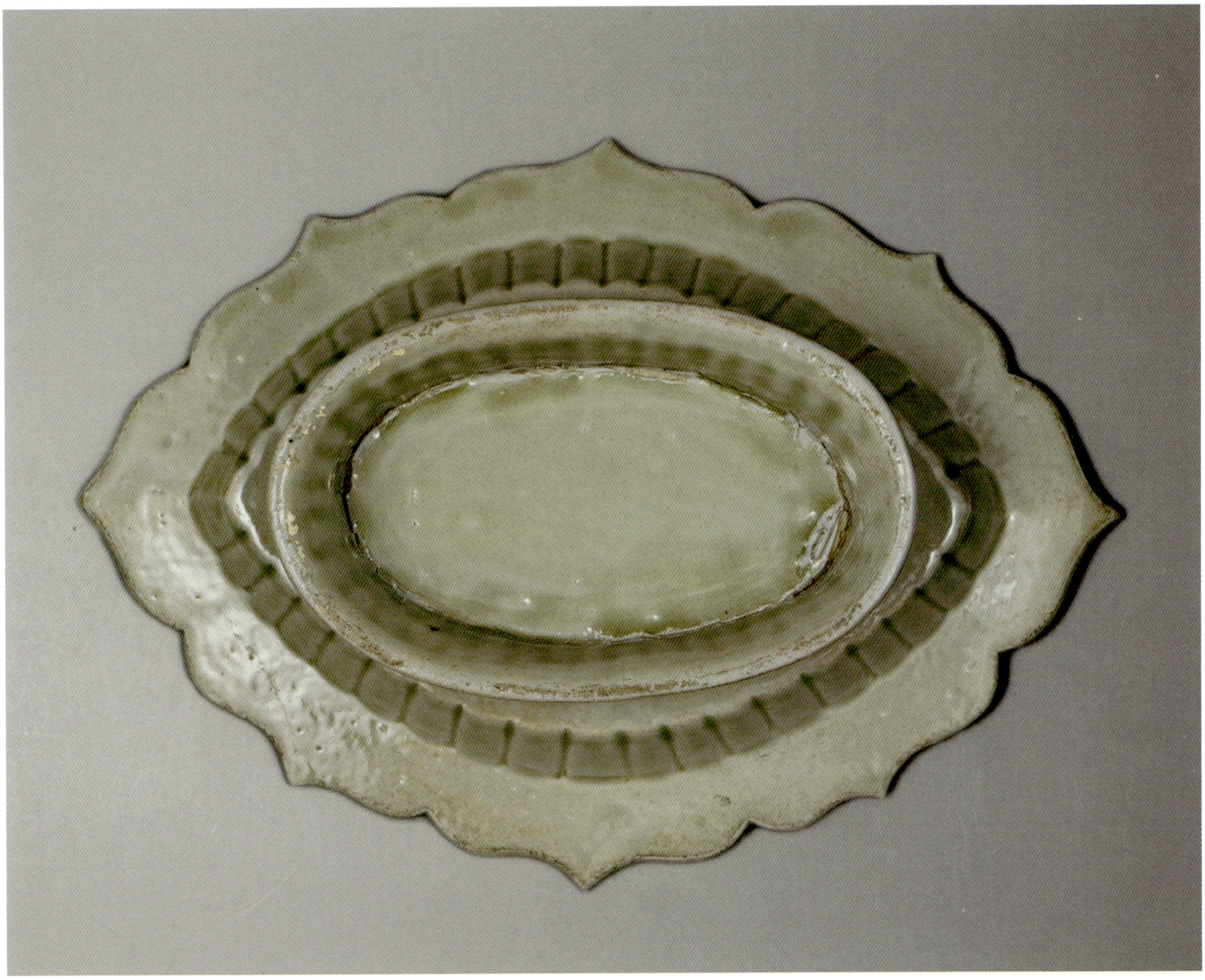

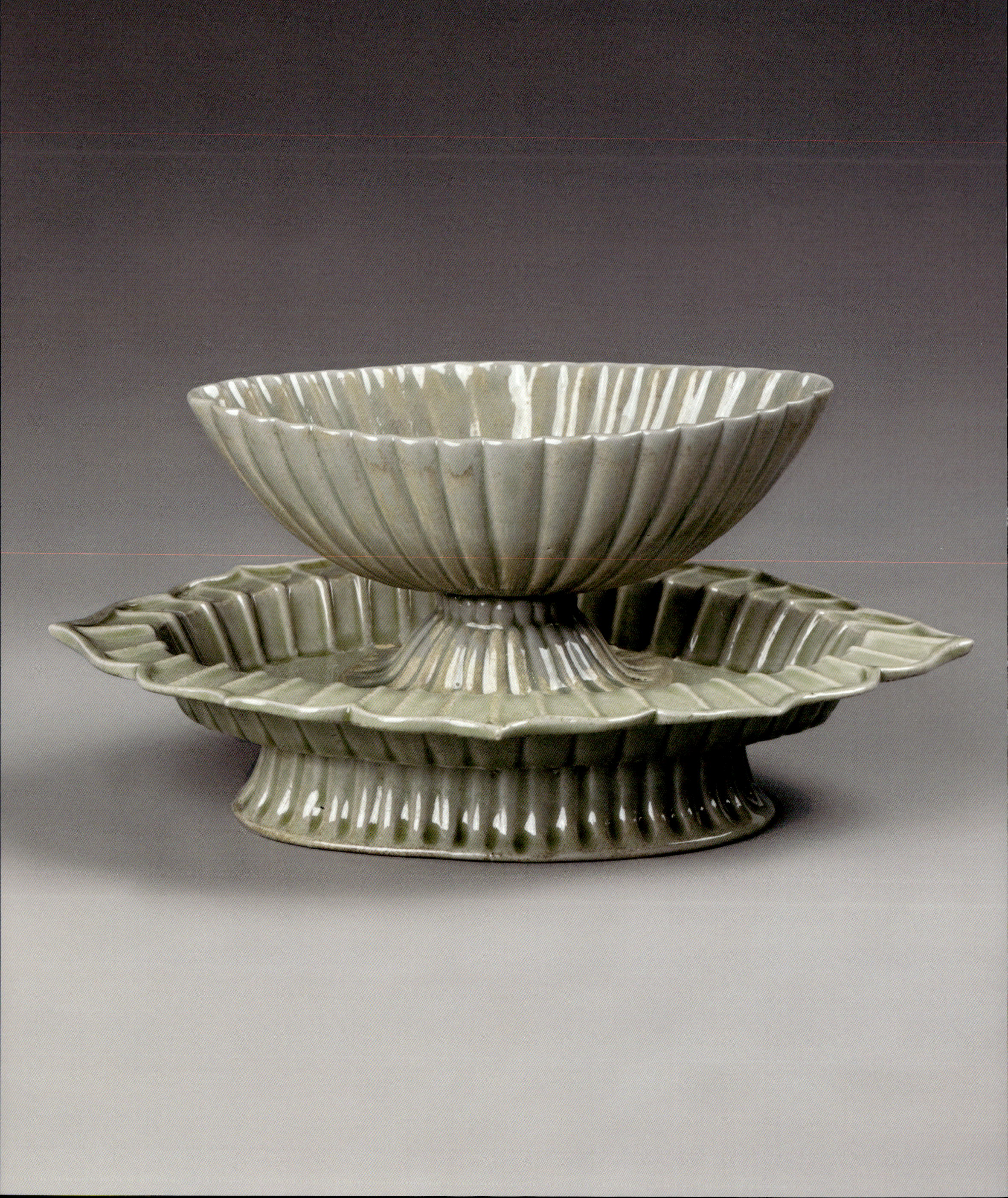

碟：25 件
根据其口部特征，可分为圆口碟和花口碟两种。

碟

1

圆口碟 10件

形制为敞口或敞口微外撇，圆唇，少数器物口沿残存釦银装饰，斜弧腹较浅，圜底或圜底近平，矮圈足外撇。均浅灰胎，通体施釉，釉色湖绿，釉面莹润。此类型碟口径11.3—12厘米、足径6—6.6厘米，高3.2—3.9厘米。垫烧位置均在外底，且大部分器物的外底依然残存泥点，泥点数量多为6—8枚。

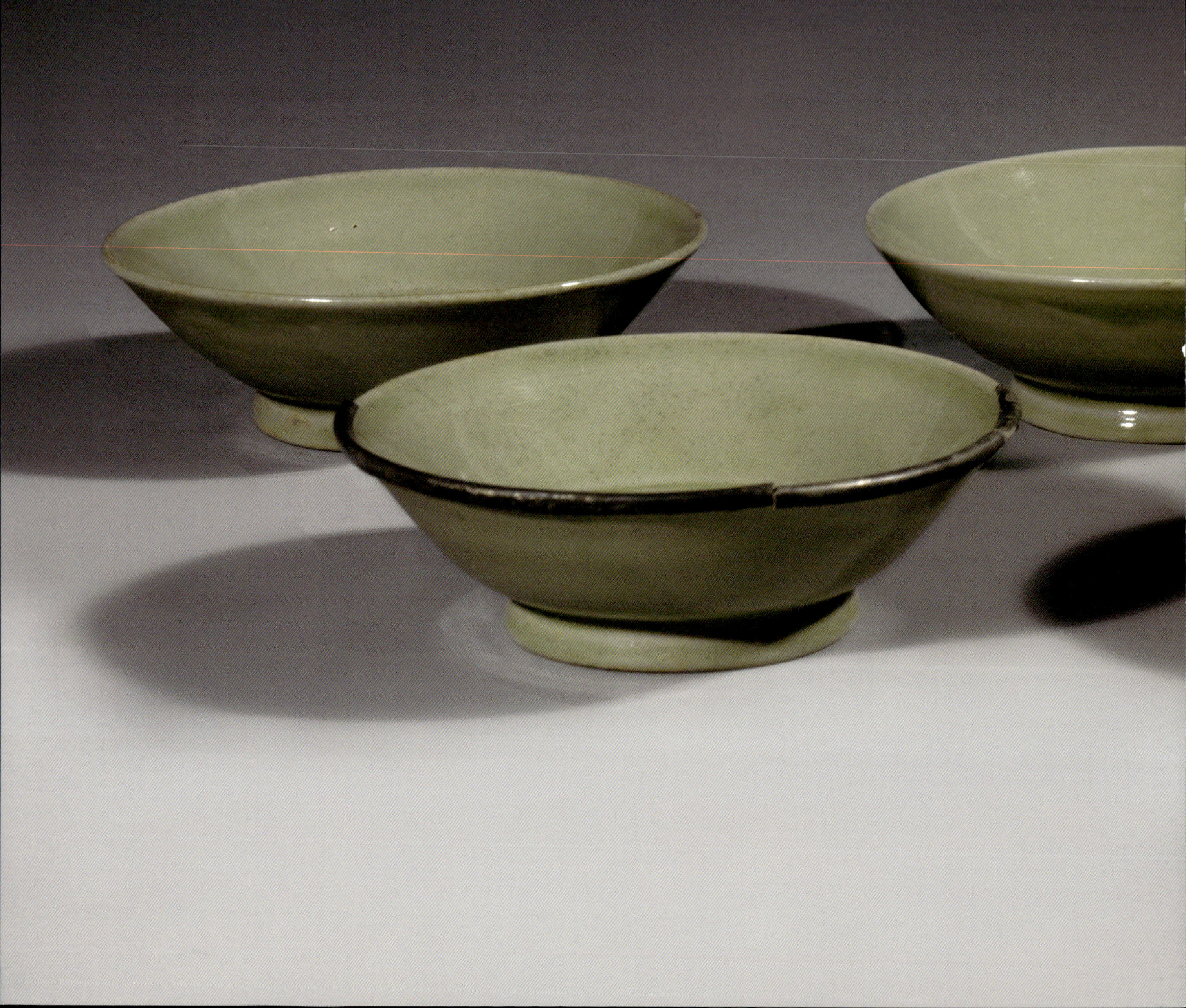

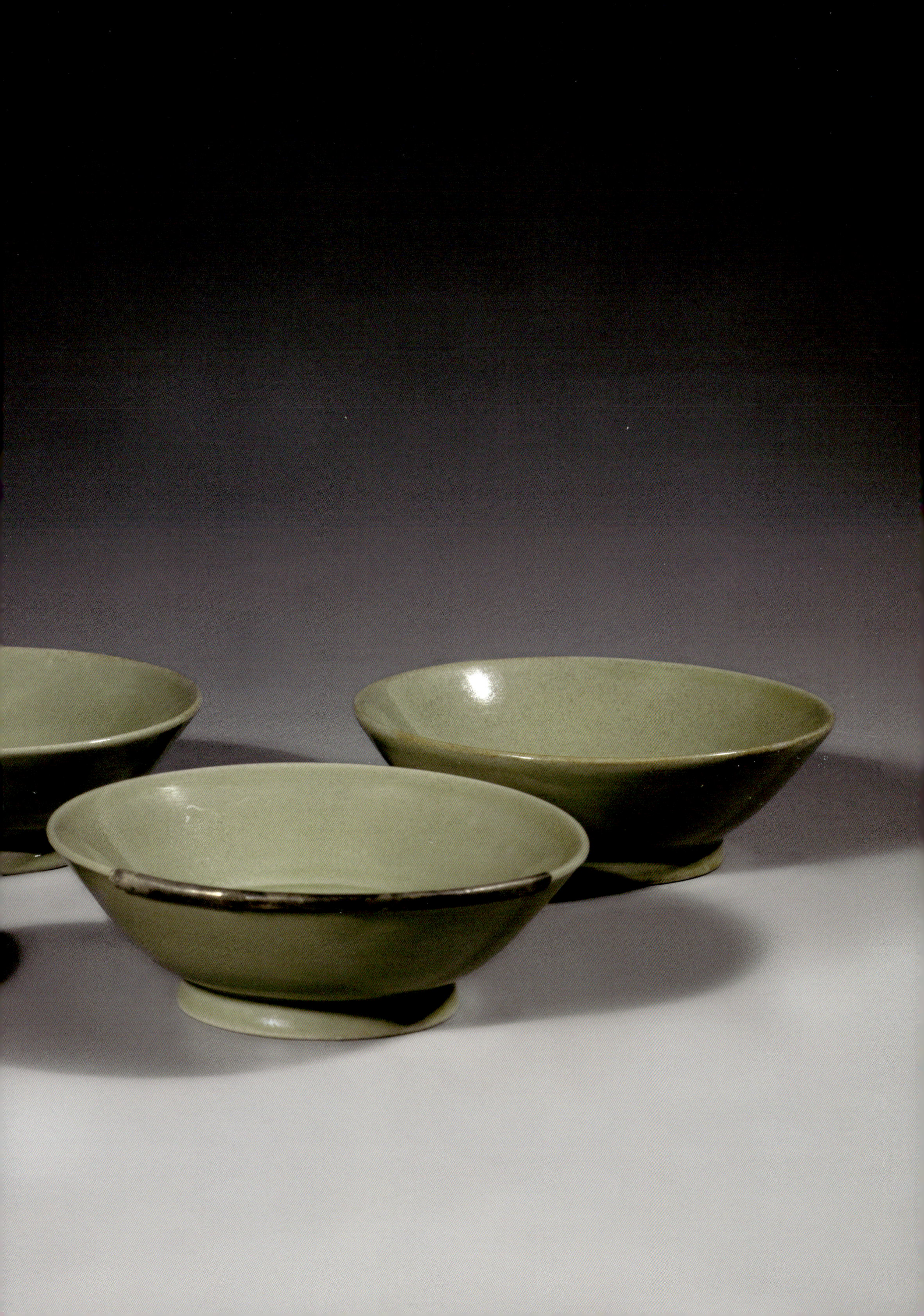

圆口碟

口径 11.7 厘米、足径 6.3 厘米，高 3.6 厘米

敞口，圜底近平，圈足外撇。外底残存一周垫烧泥点。

0 1 2 3 4厘米

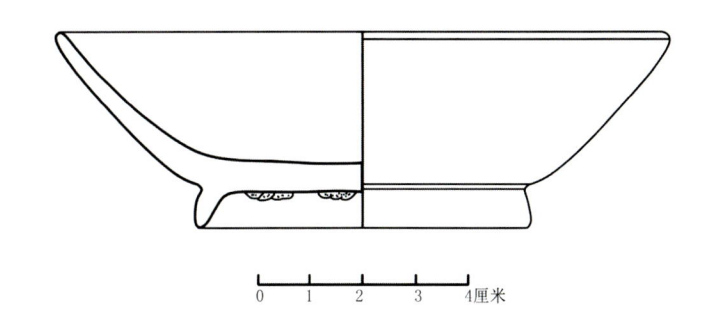

圆口碟

口径 12 厘米、足径 6.6 厘米，高 3.7 厘米

敞口，圜底，圈足外撇。外底有一周垫烧泥点痕，且残存 2 枚泥点。

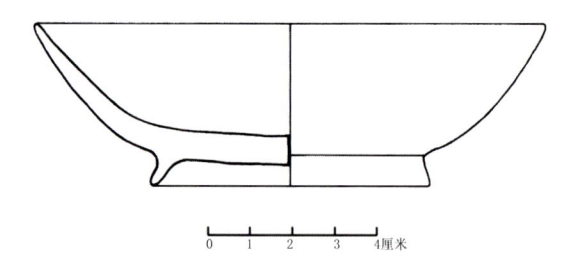

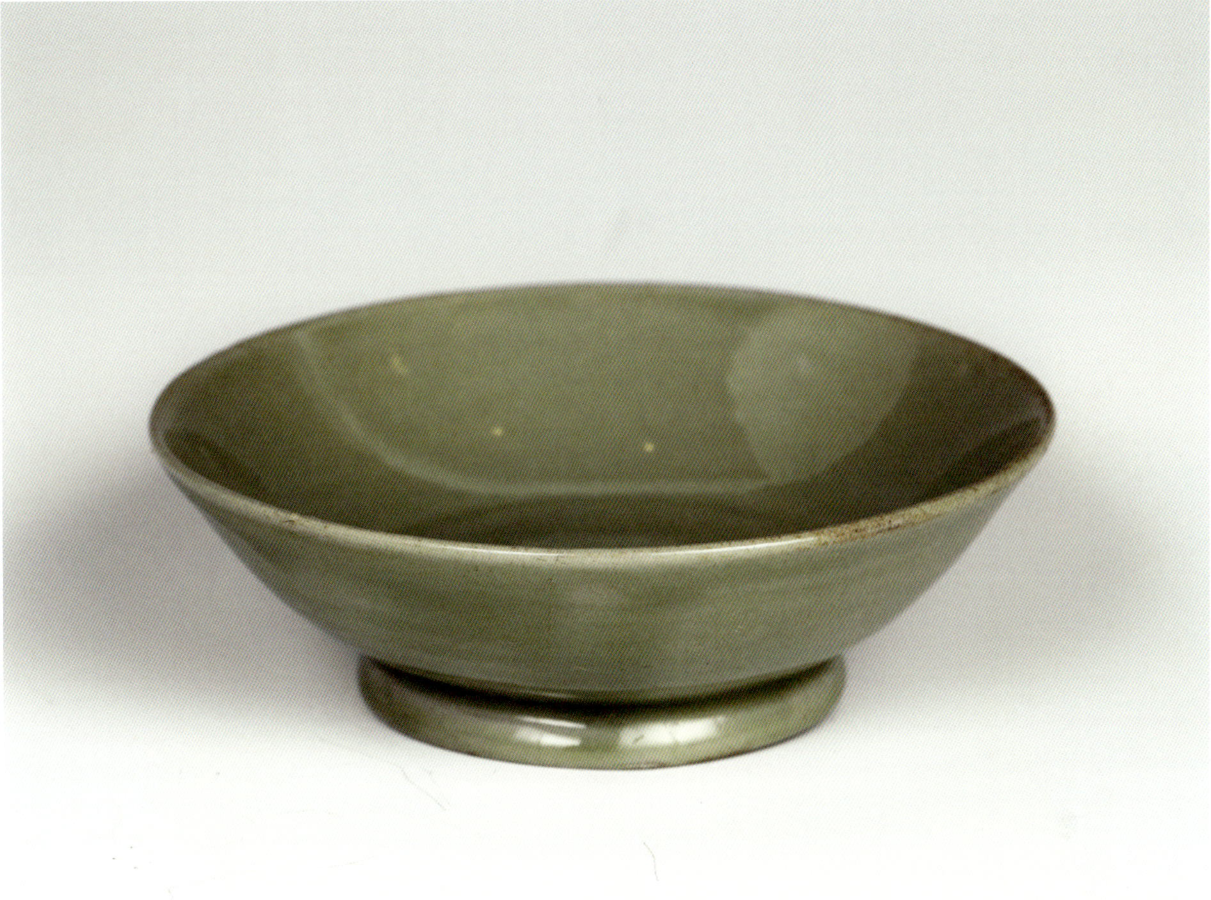

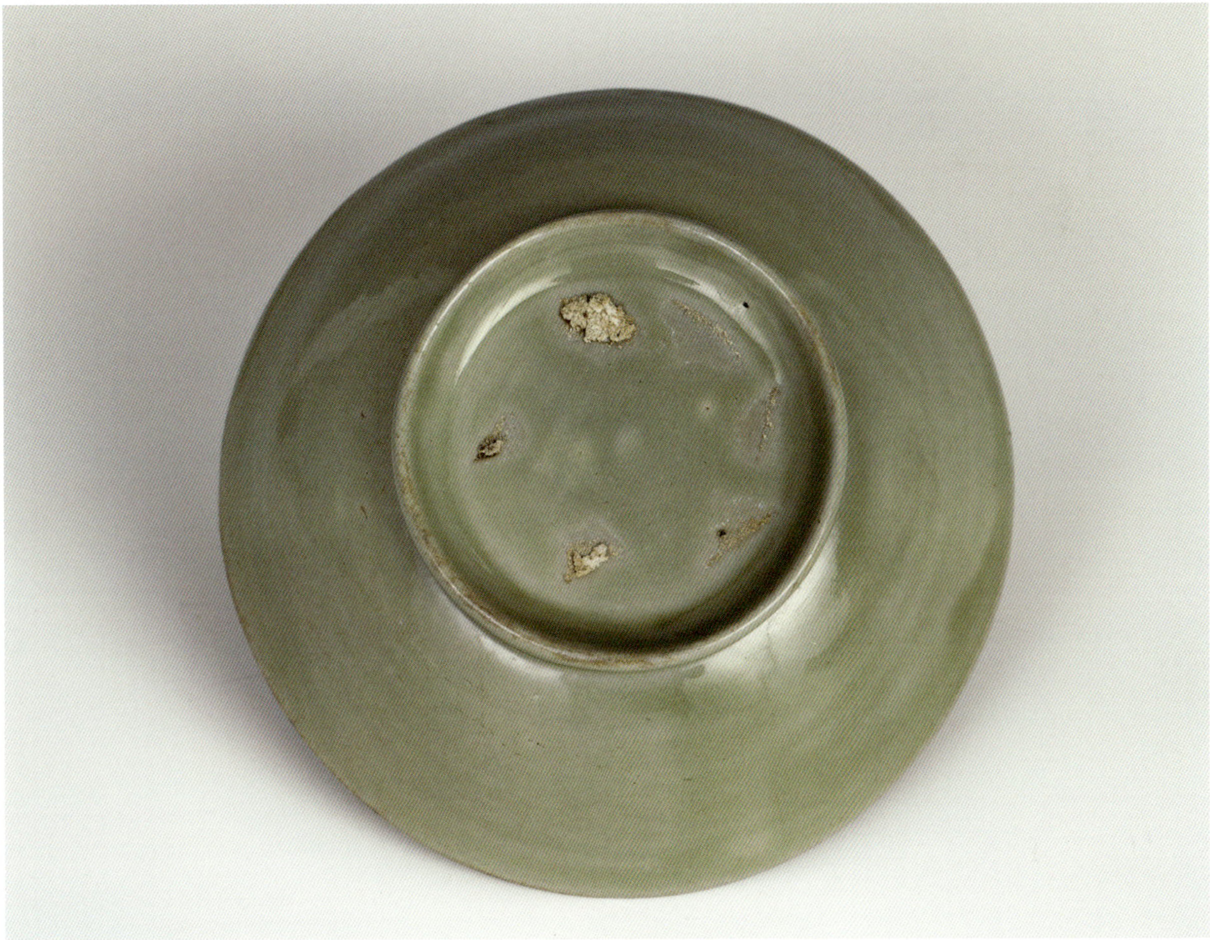

圆口碟

口径 11.8 厘米、足径 6.6 厘米，高 3.6 厘米

敞口，圜底近平，圈足外撇。外底有一周垫烧泥点痕。

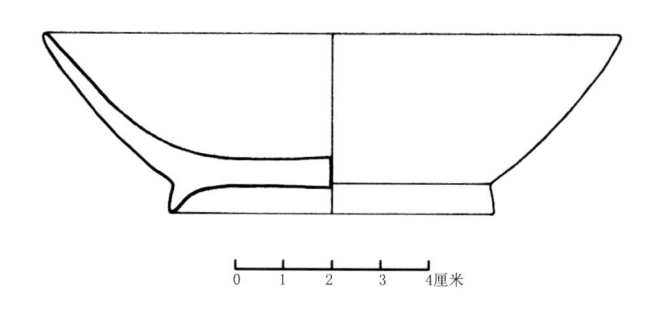

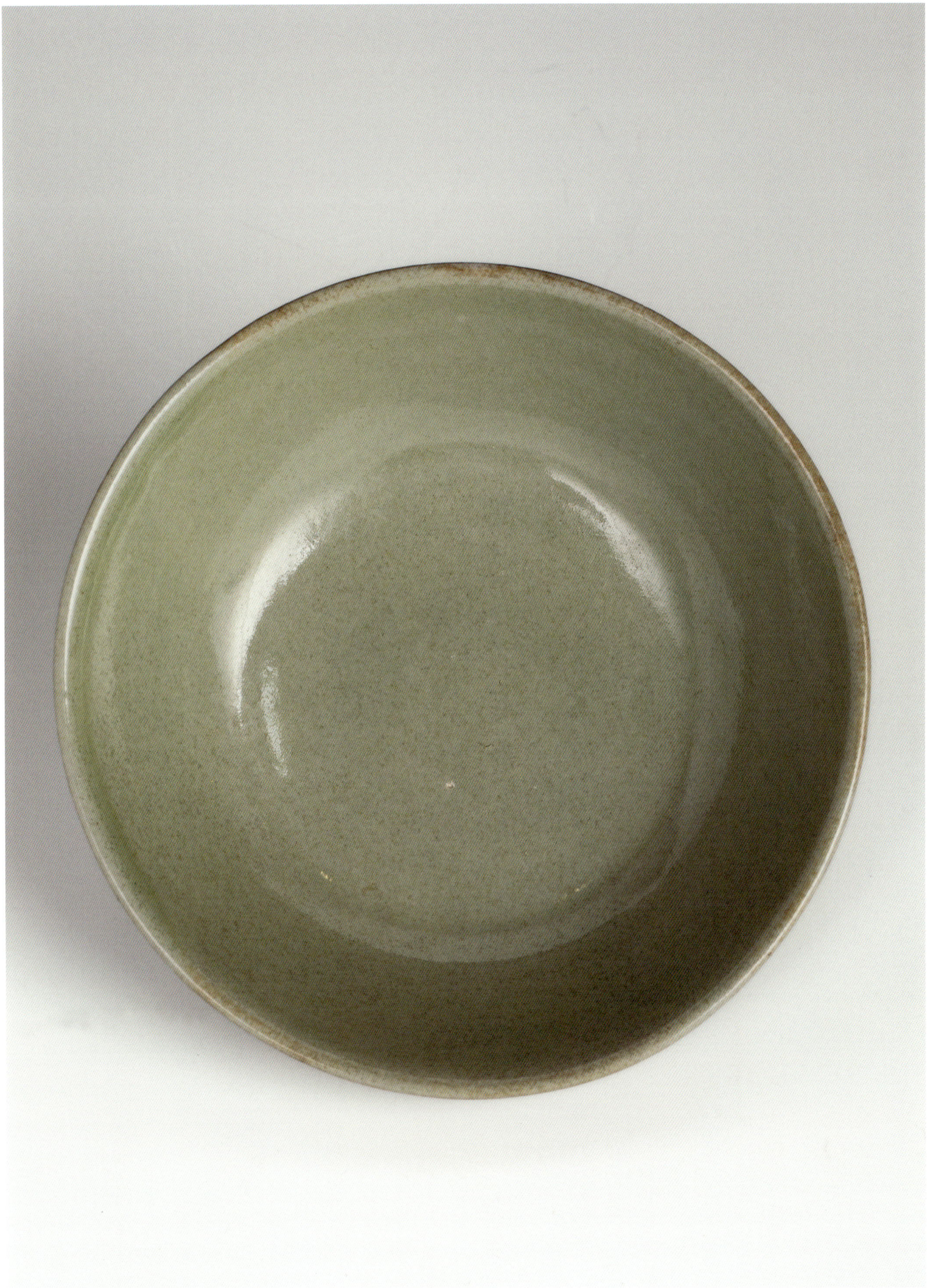

圆口碟

口径 11.7 厘米、足径 6 厘米，高 3.6 厘米

敞口微外撇，圜底近平，圈足外撇。口沿一周釦银，内底有一周凹弦纹。外底有一周垫烧泥点痕，且残存 1 枚泥点。

0　1　2　3　4厘米

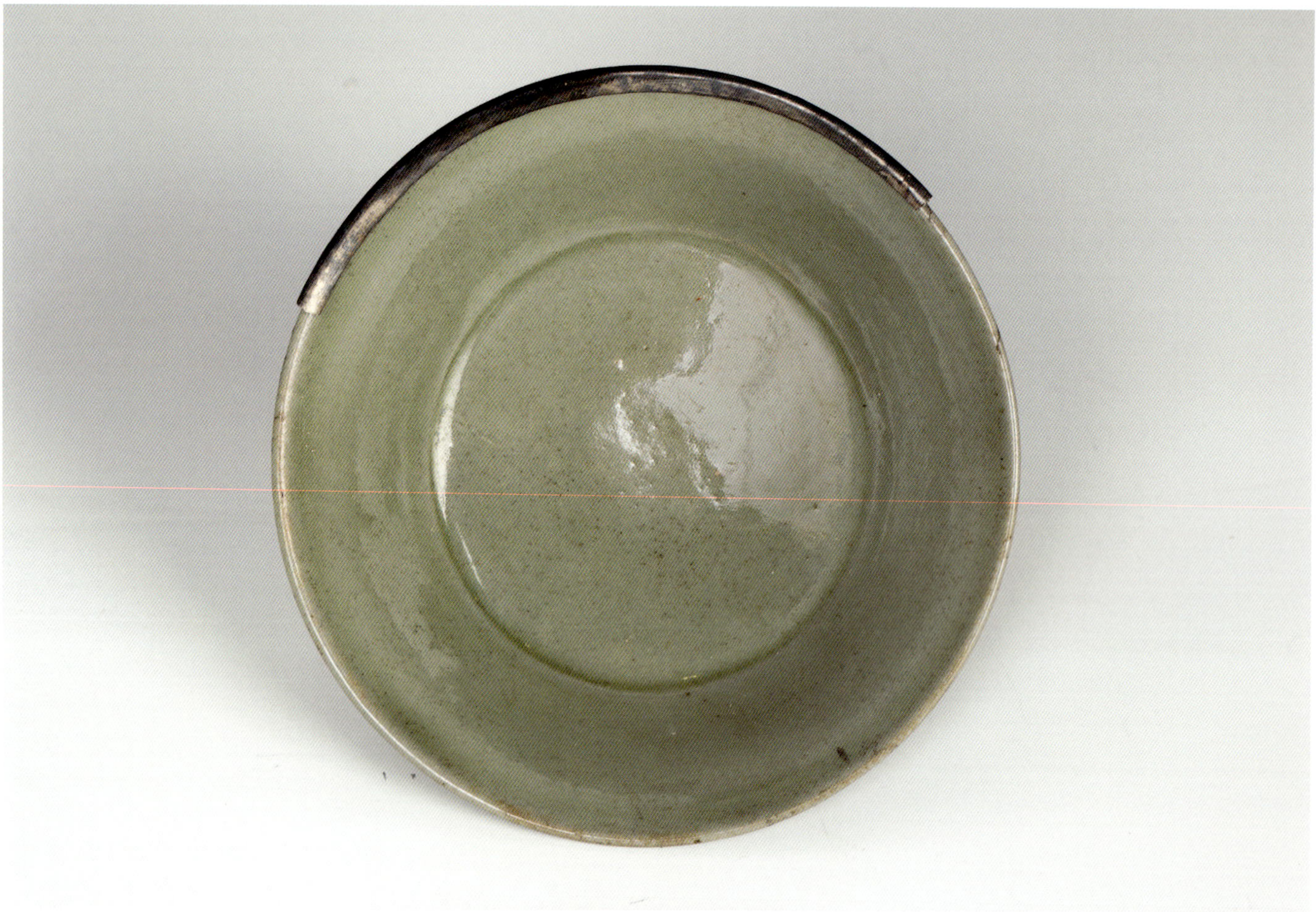

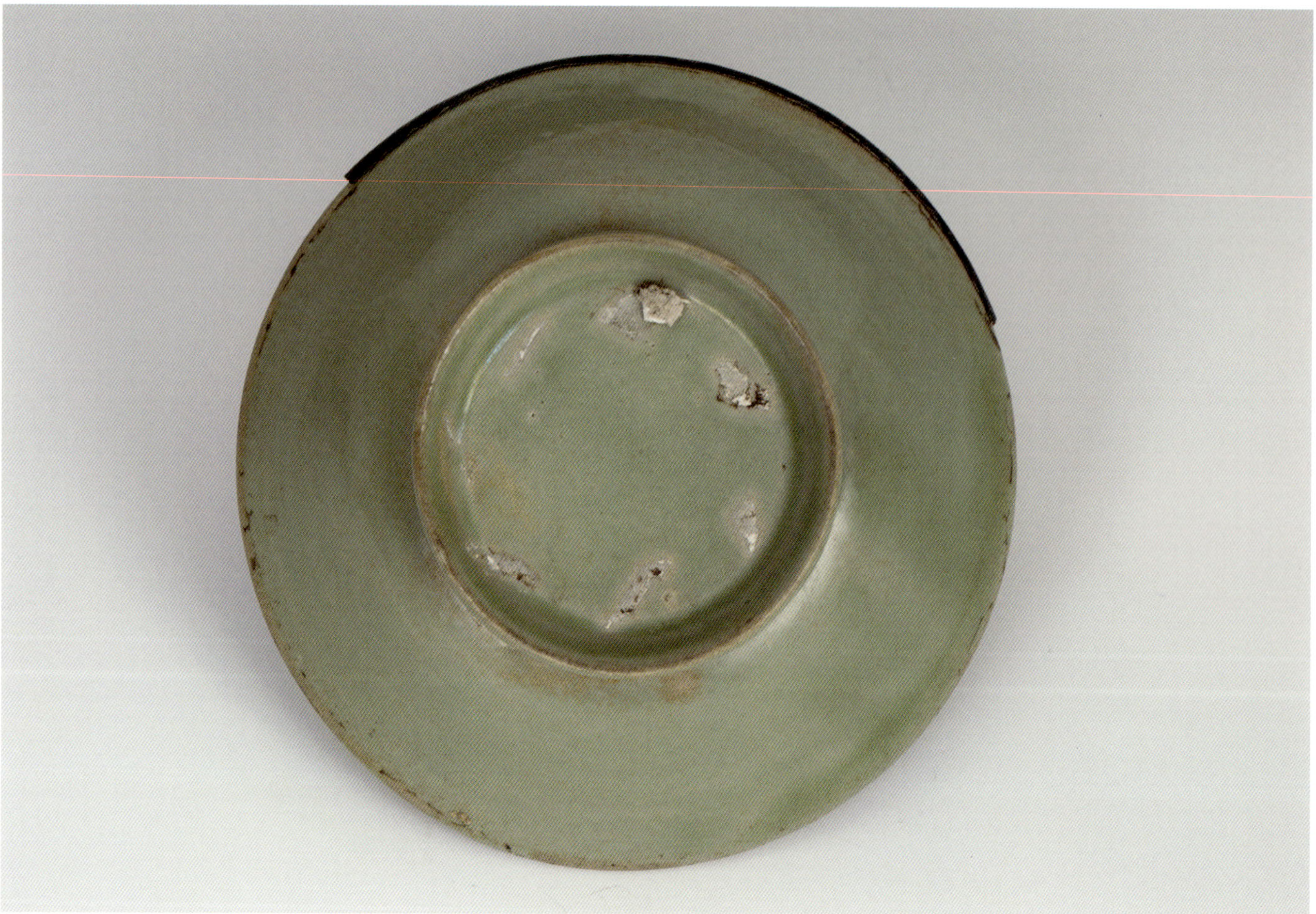

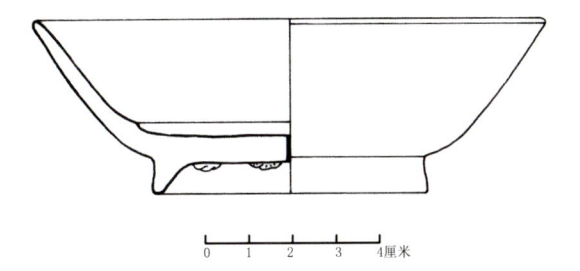

圆口碟

口径 11.9 厘米、足径 6.3 厘米，高 3.9 厘米

敞口，圜底近平，圈足外撇。内底有一周凹弦纹。外底残存一周垫烧泥点。

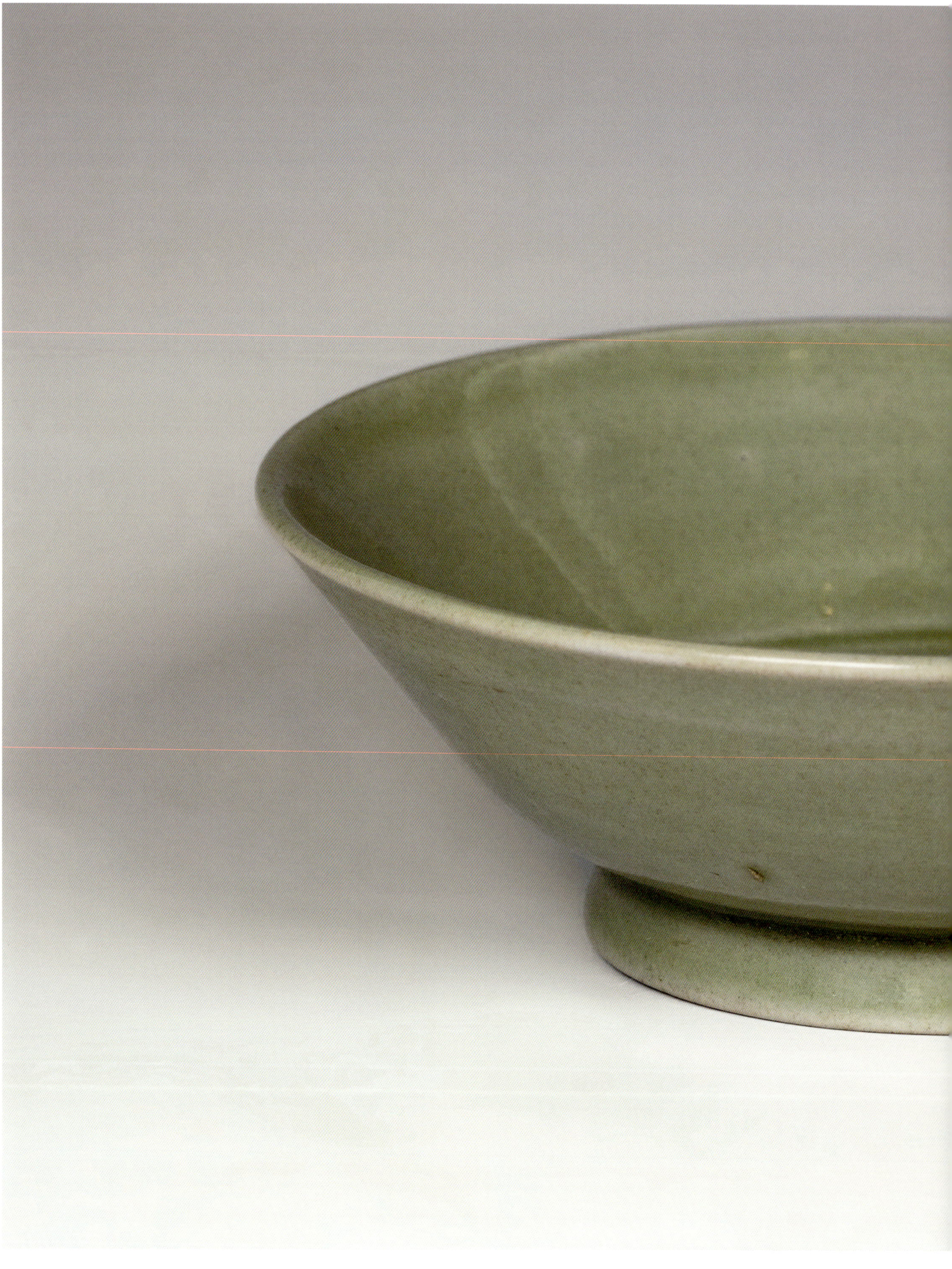

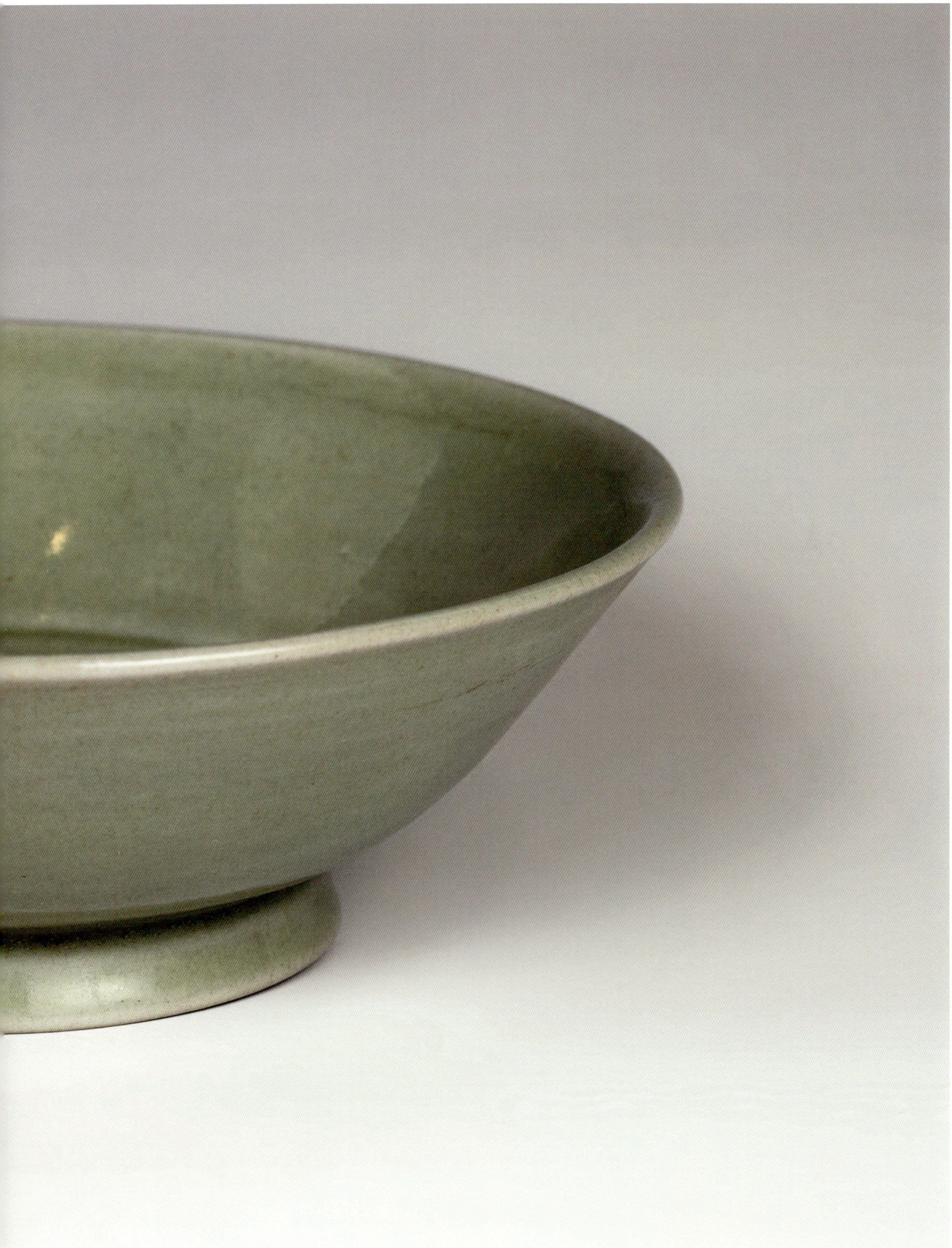

圆口碟

口径 11.6 厘米、足径 6.2 厘米，高 3.6 厘米

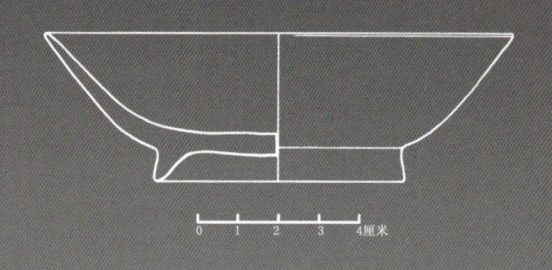

敞口，圜底近平，圈足微外撇。内底有一周凹弦纹。外底有一周垫烧泥点痕。

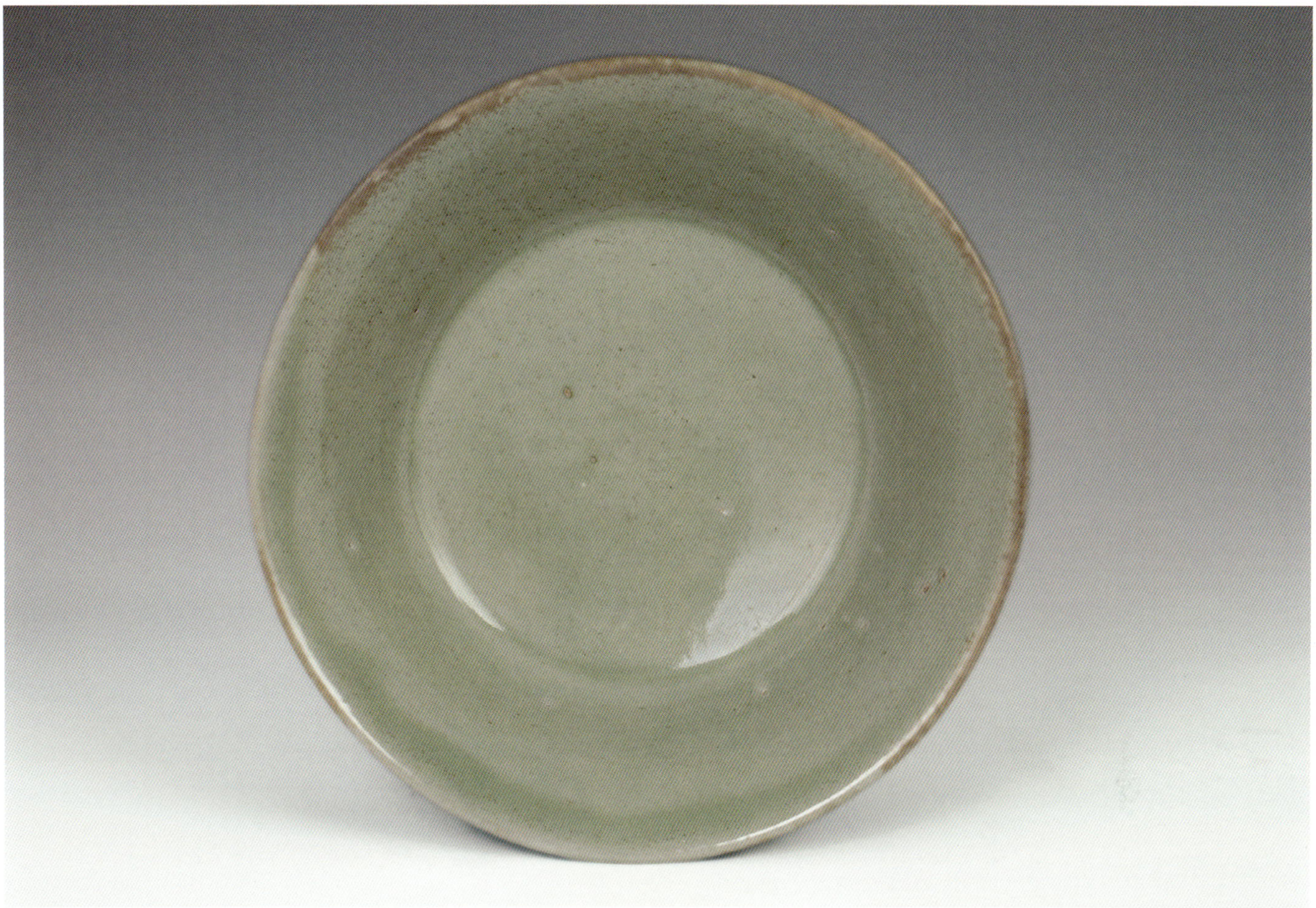

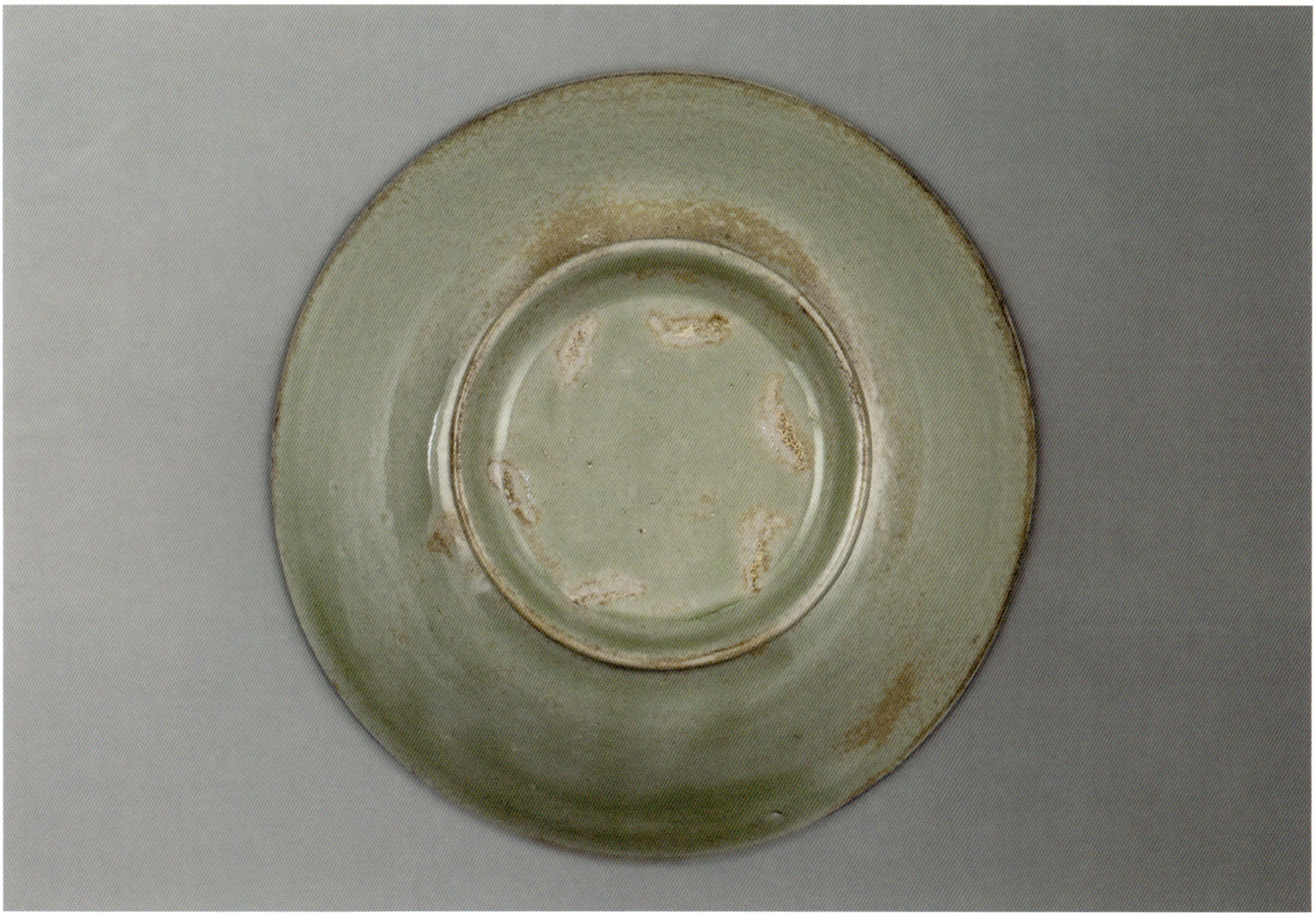

圆口碟

口径 11.6 厘米、足径 6.3 厘米，高 3.5 厘米

敞口外撇，圜底，圈足微外撇。内底有一周凹弦纹。外底有一周垫烧泥点痕，且残存 3 枚泥点。

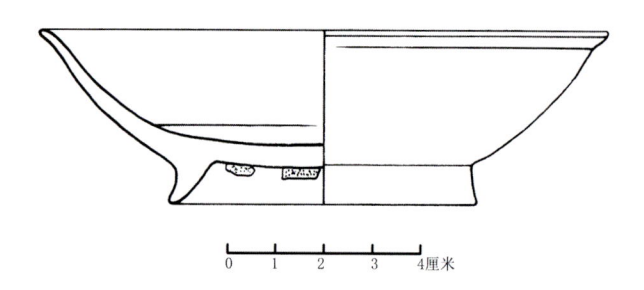

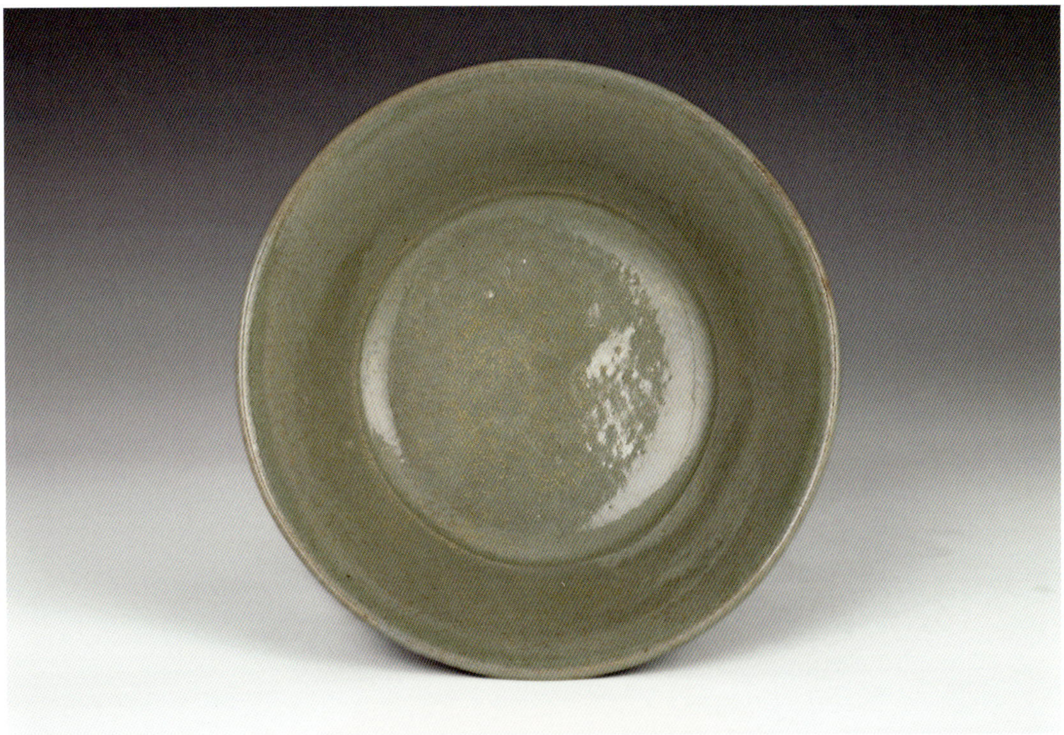

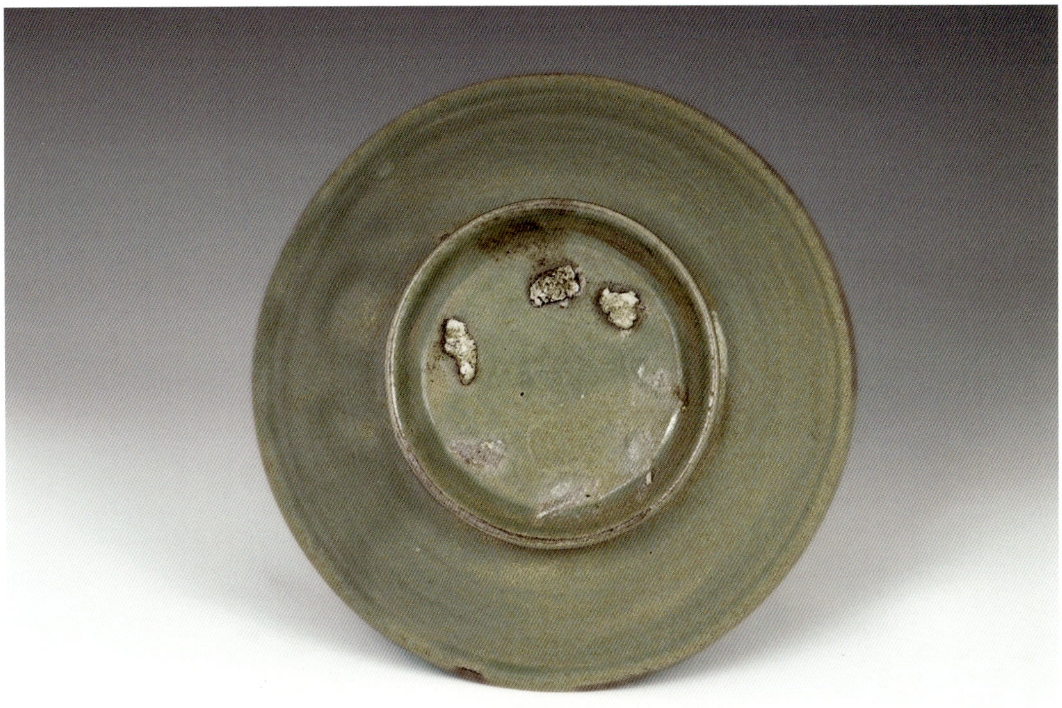

圆口碟

口径 11.3 厘米，足径 6.2 厘米，高 3.2 厘米

敞口外撇，平底微上凹，圈足微外撇。外底残存一周垫烧泥点。

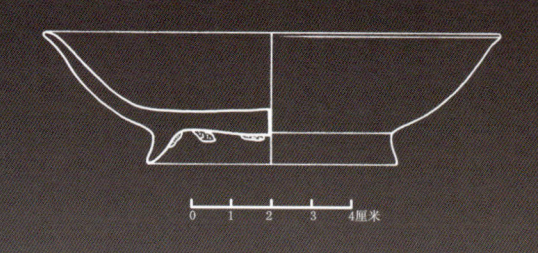

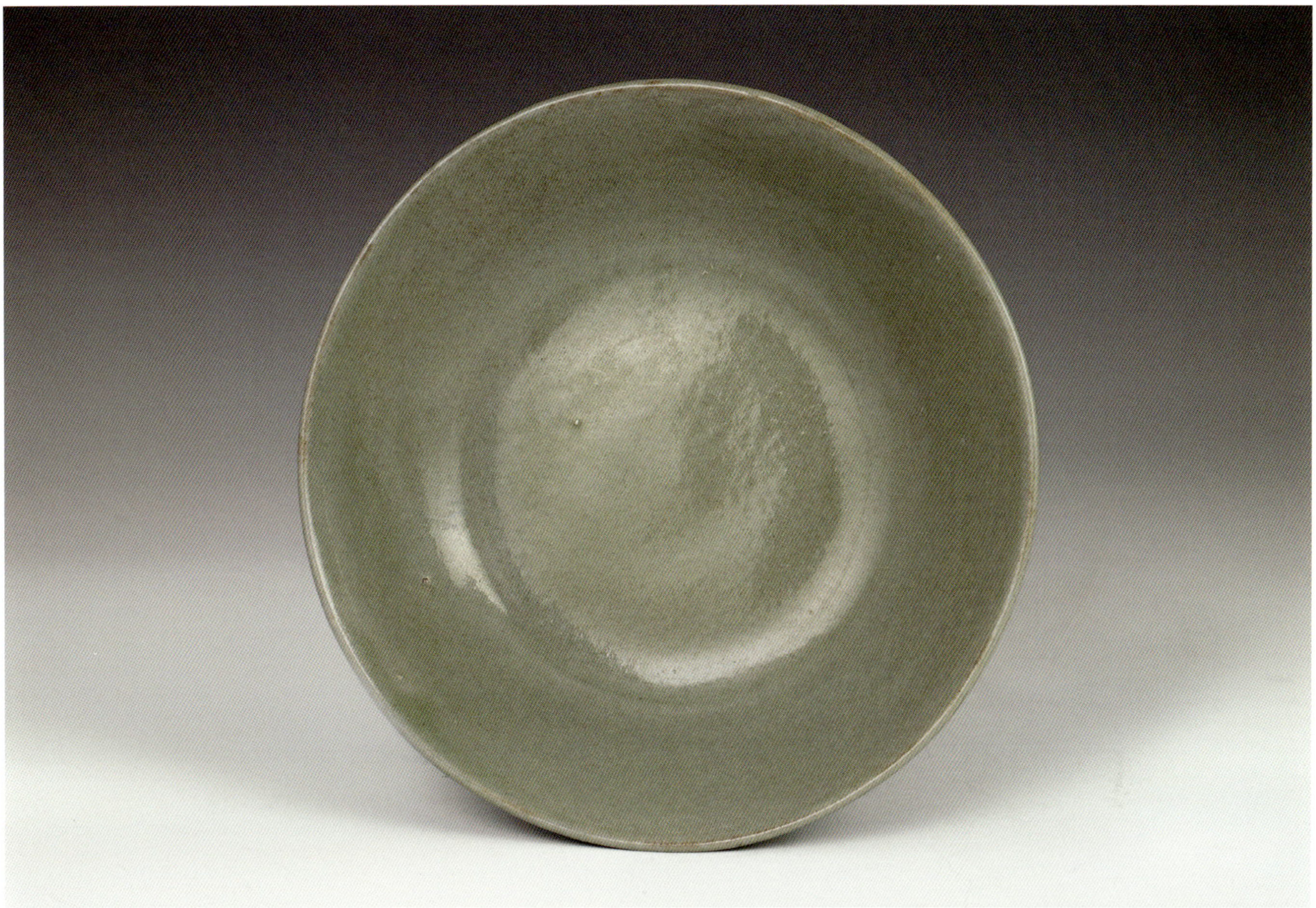

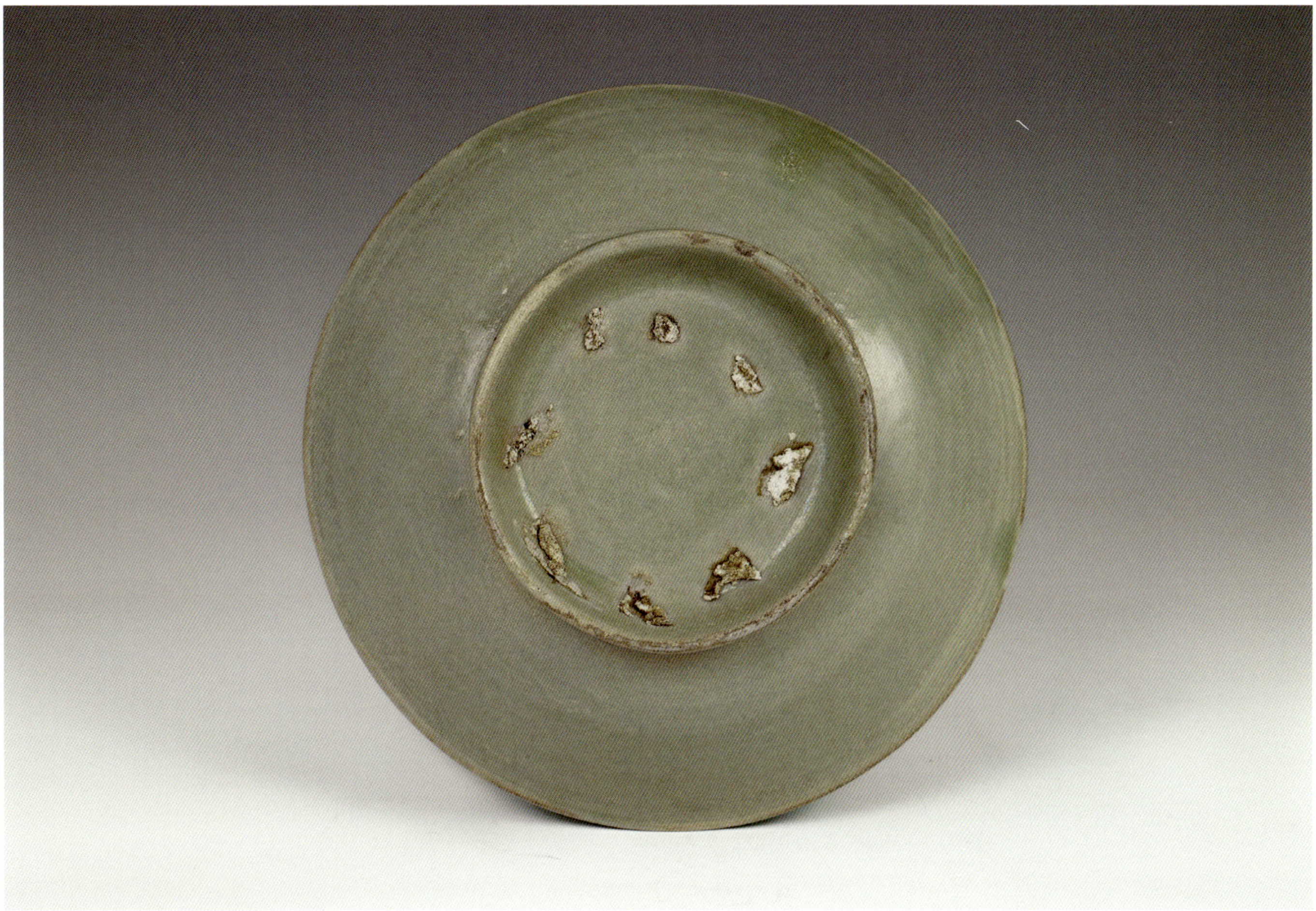

圆口碟

口径 11.4 厘米、足径 6.3 厘米，高 3.5 厘米

敞口，平底，圈足外撇。内底有一周凹弦纹。外底有一周垫烧泥点痕，且残存 2 枚泥点。

0 1 2 3 4厘米

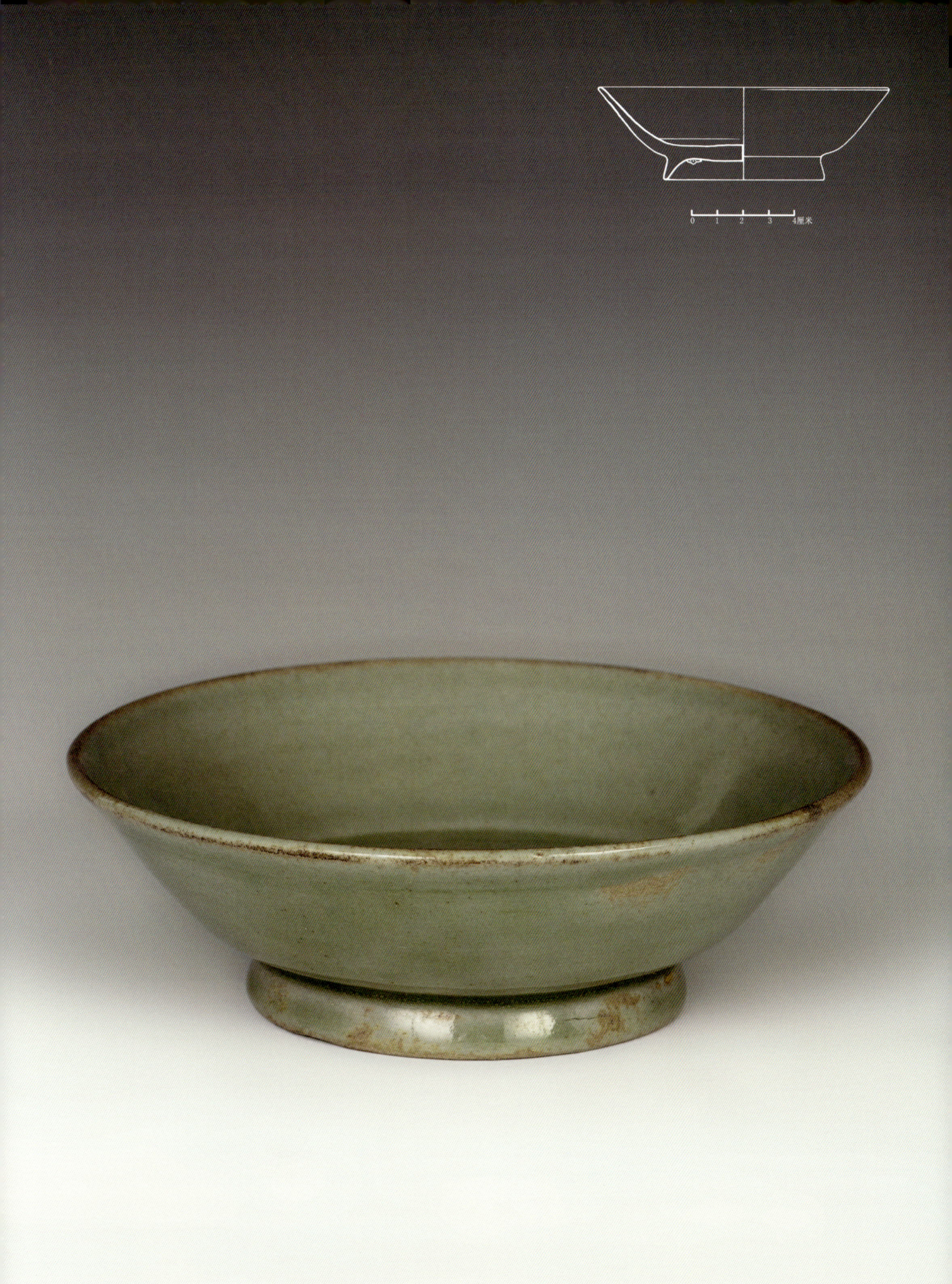

圆口碟

口径 11.8 厘米、足径 6.4 厘米，高 3.7 厘米

敞口微外撇，平底，圈足外撇。内底有一周凹弦纹。外底残存一周垫烧泥点。

209

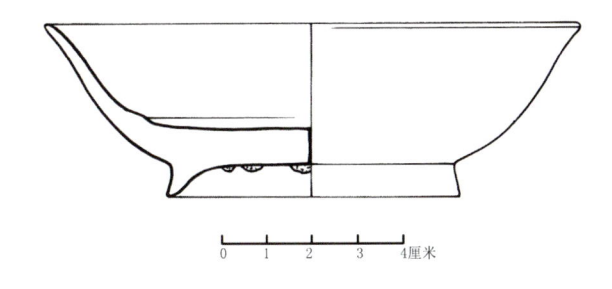

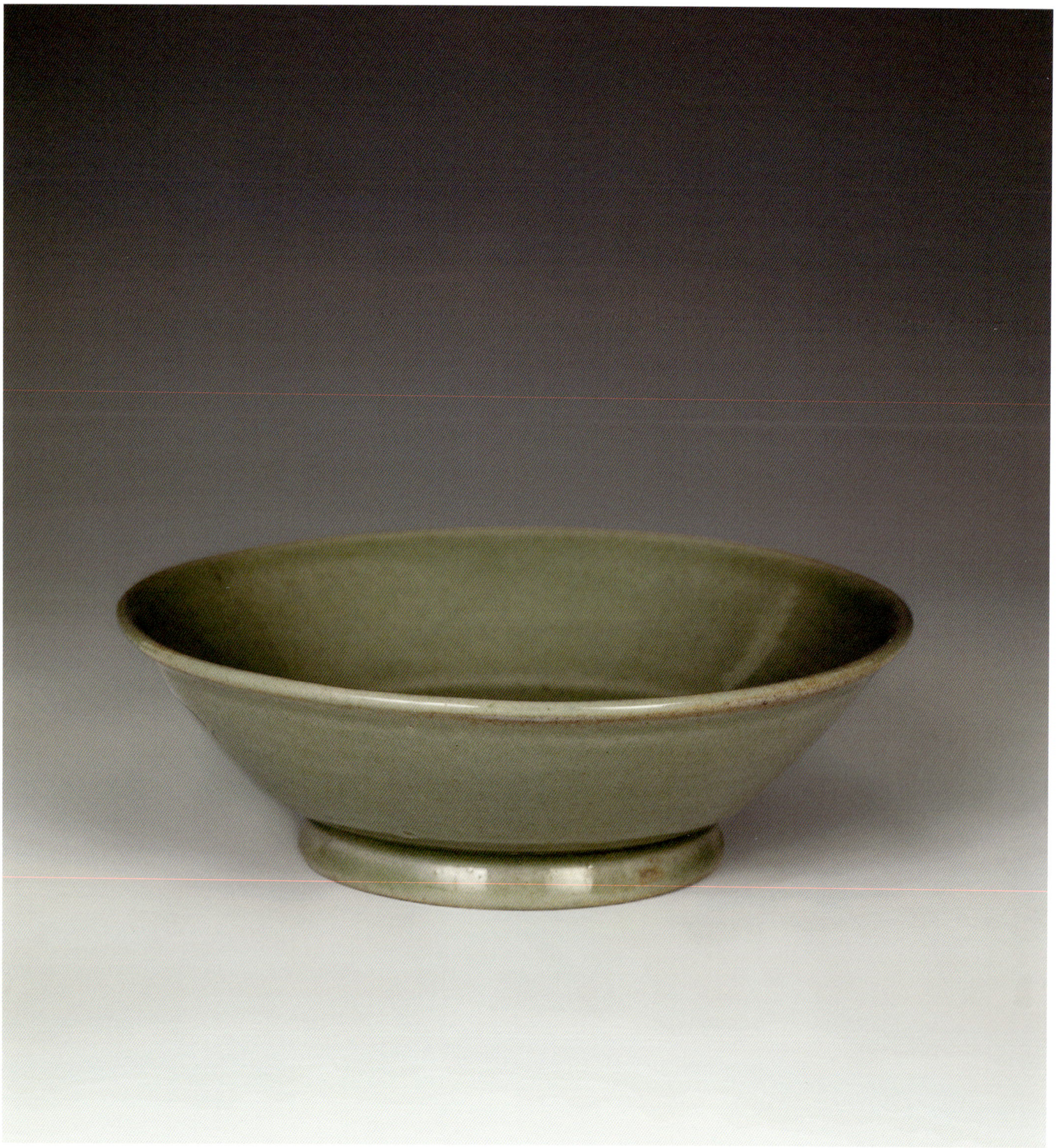

2

花口碟 15件

形制为五花口，撇口，圆唇，斜弧腹较浅，平底，圈足微外撇。与花口口沿凹缺相对应的腹壁有短直凹弧，内底有一周凹弦纹。均浅灰胎，通体施釉，釉色湖绿，釉面莹润。此类型碟口径13—13.7厘米，足径6.4—8厘米，高3.4—4.2厘米。垫烧位置也均在外底，且大部分器物的外底依然残存泥点，泥点数量多为5—9枚。

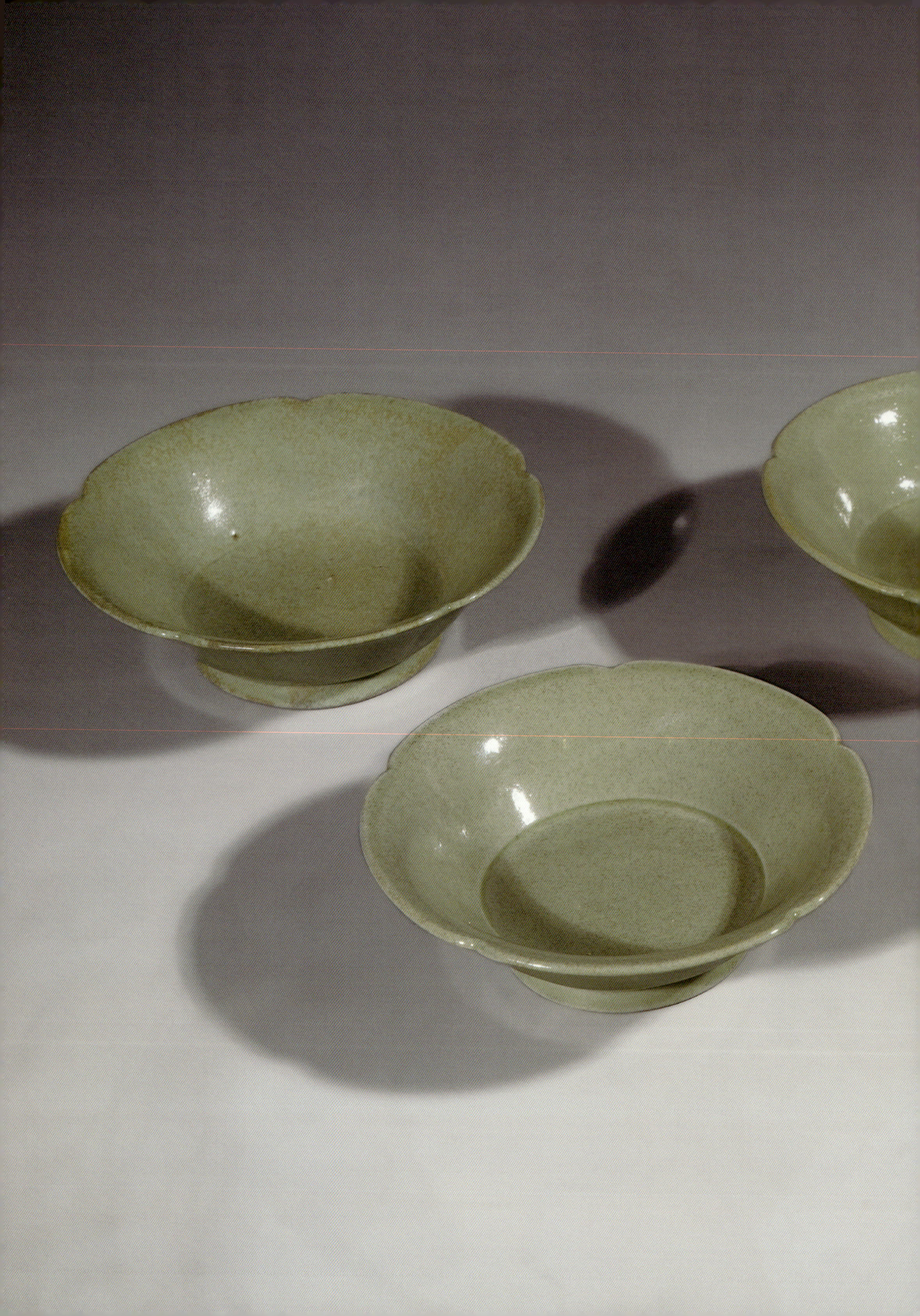

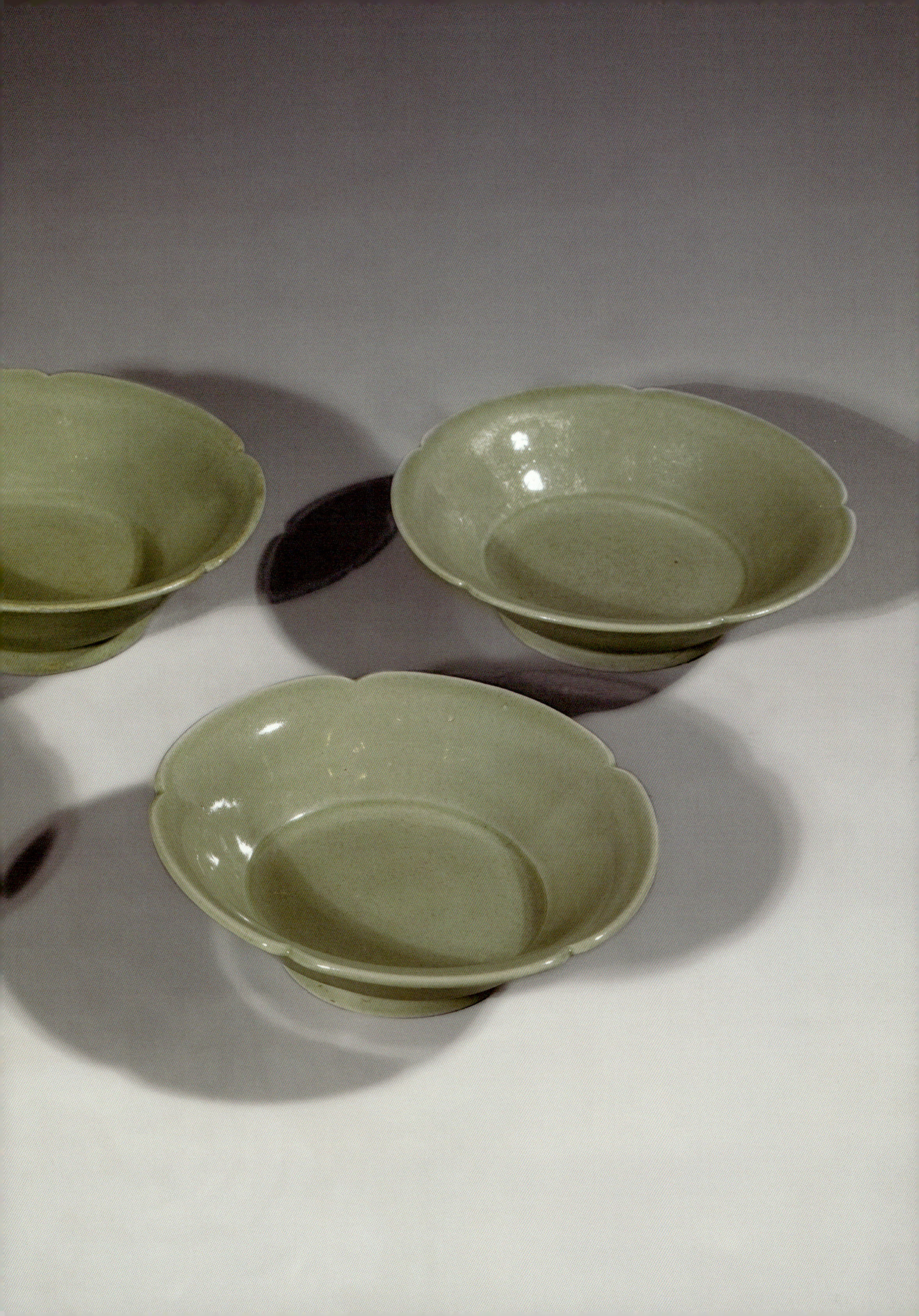

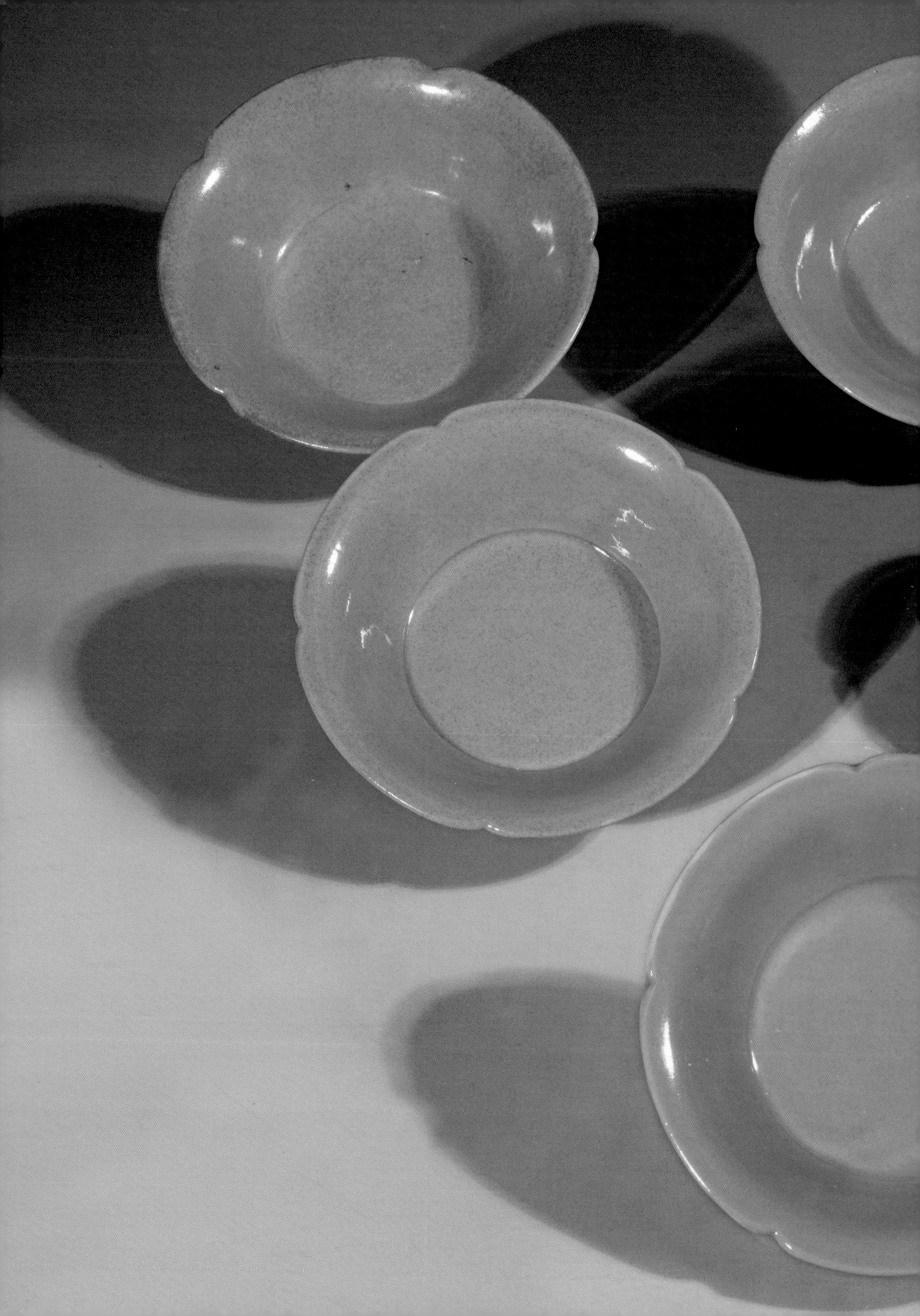

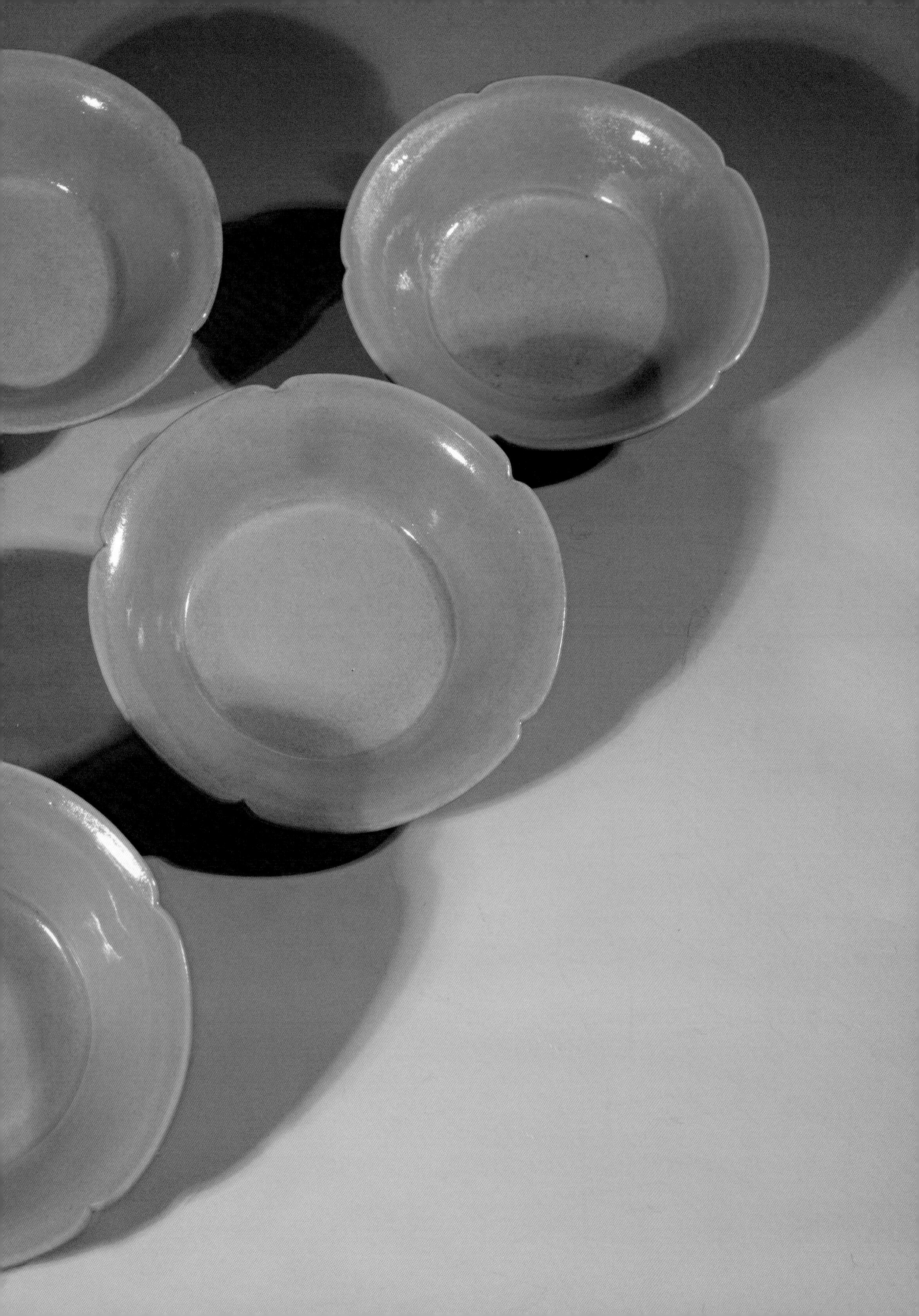

花口碟

口径 13.2 厘米、足径 6.6 厘米，高 4 厘米

撇口，斜弧腹较浅，平底，圈足微外撇。外底有一周垫烧泥点痕，且残存 2 枚泥点。

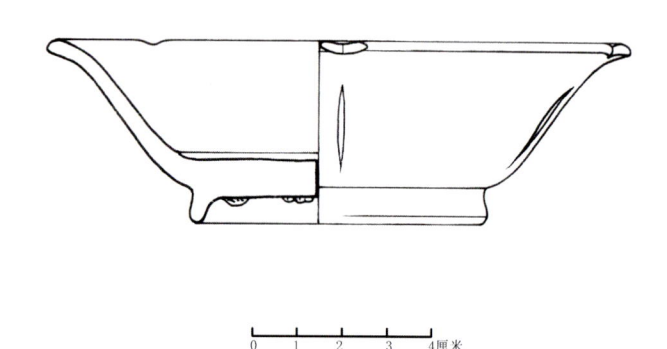

217

花口碟

口径 13 厘米、足径 6.4 厘米，高 3.9 厘米

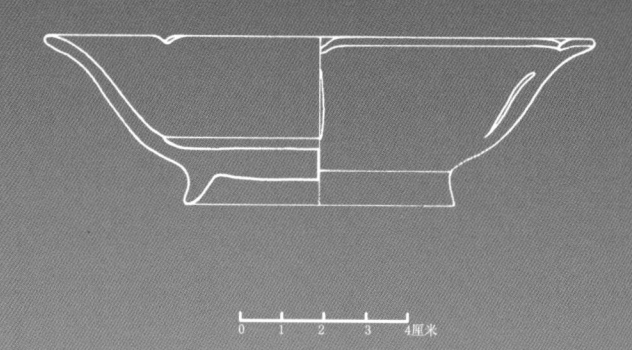

撇口，斜弧腹较浅，平底，圈足微外撇。外底残存一周垫烧泥点。

219

花口碟

口径 13.6 厘米、足径 7.3 厘米，高 4.1 厘米

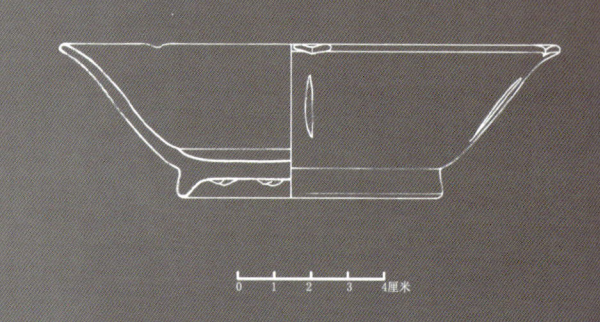

撇口，斜弧腹较浅，平底，圈足外撇。外底有一周垫烧泥点痕。

221

花口碟

口径 13.2 厘米、足径 7 厘米，高 4.1 厘米

撇口，斜弧腹较浅，圜底近平，圈足外撇。外底有一周垫烧泥点痕，且残存 2 枚泥点。

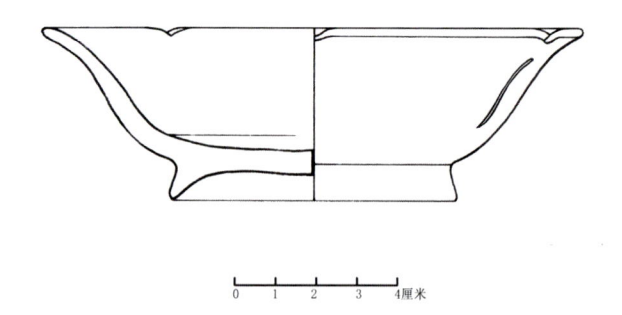

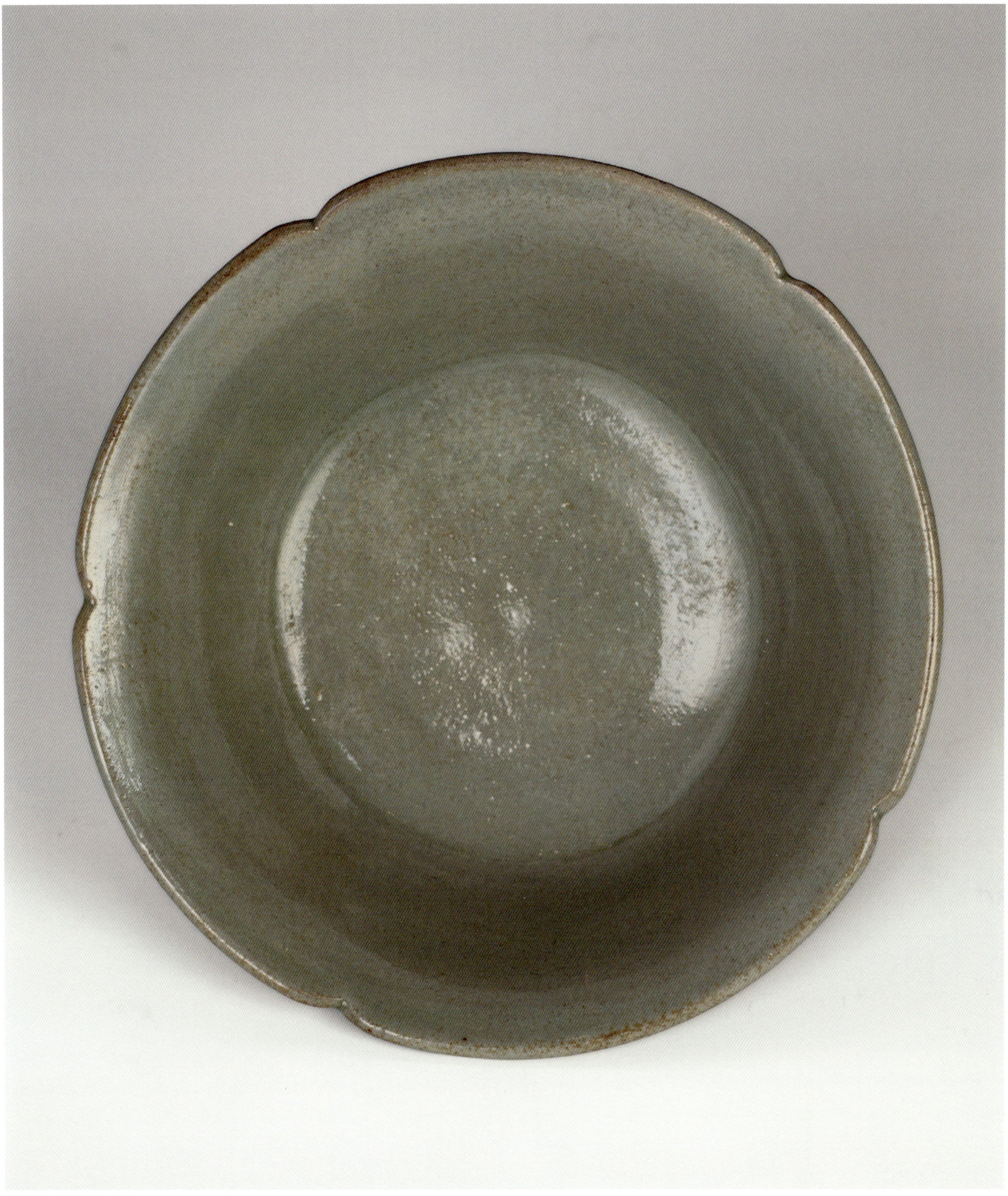

花口碟

口径 13.2 厘米、足径 6.8 厘米，高 4.2 厘米

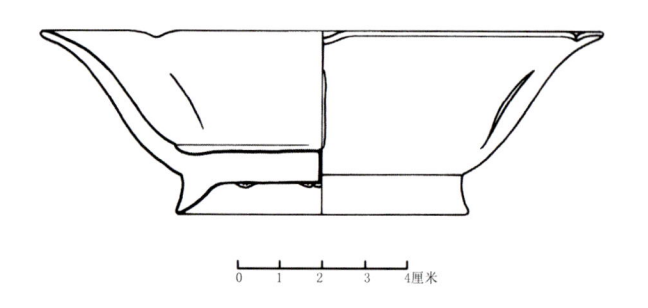

撇口，斜弧腹较浅，平底，圈足微外撇。外底残存一周垫烧泥点。

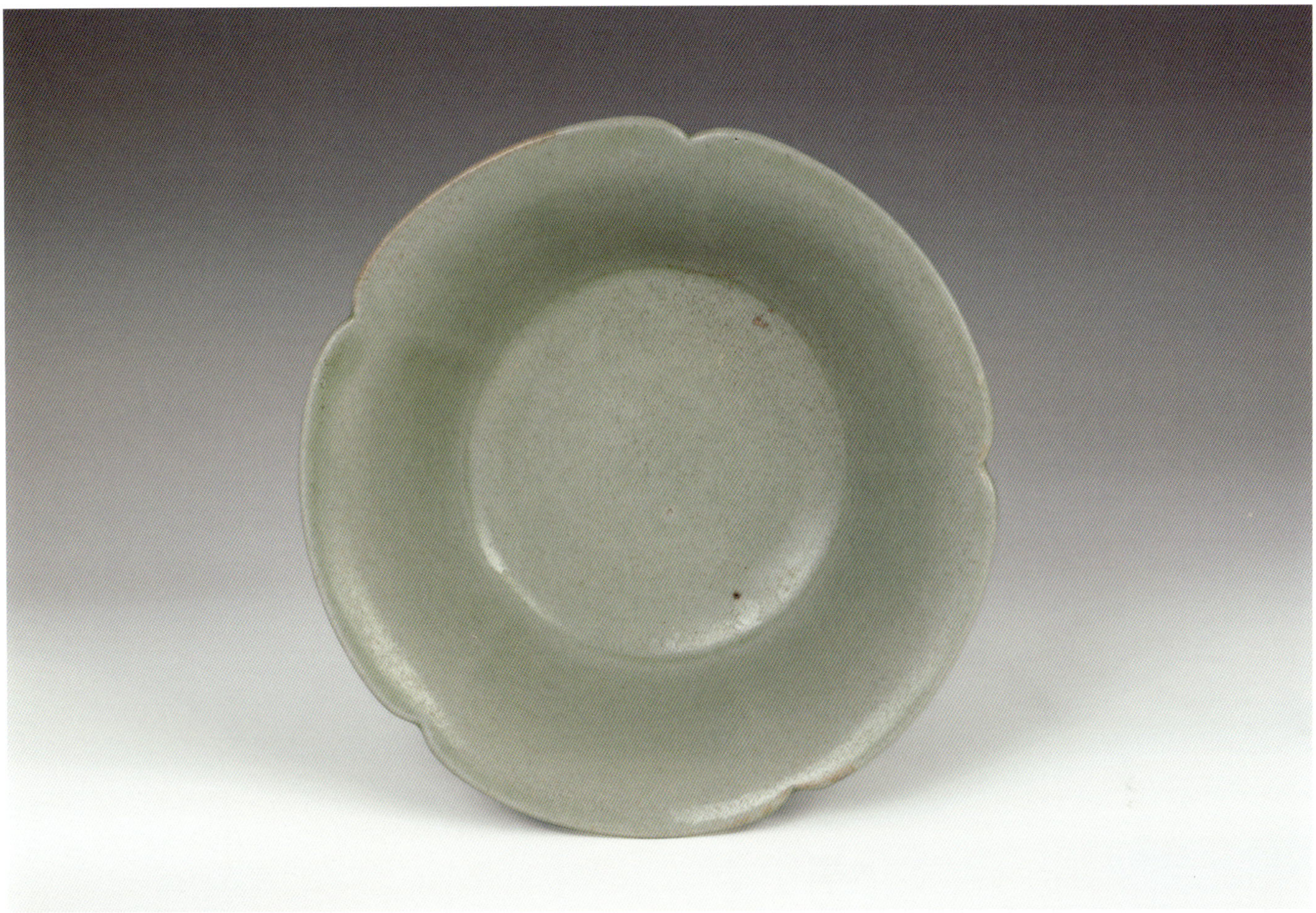

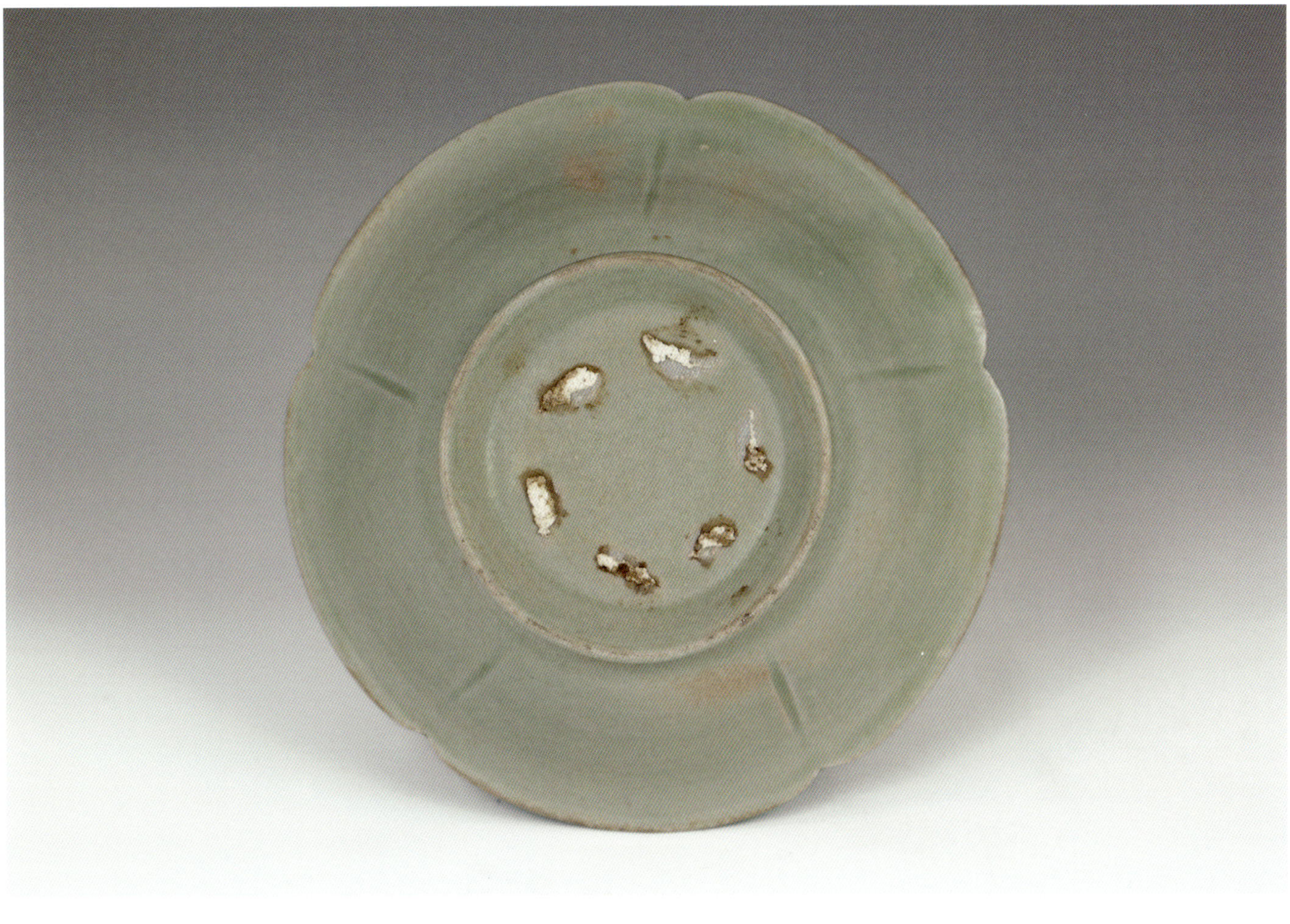

花口碟

口径 13.4 厘米、足径 7.4 厘米，高 3.8 厘米

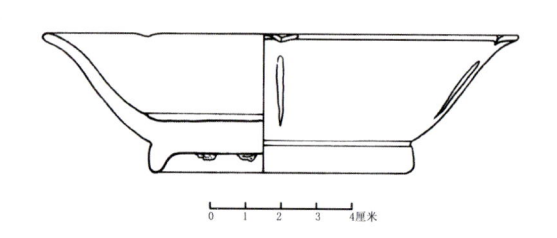

撇口，斜弧腹较浅，平底，圈足微外撇。外底残存一周垫烧泥点。

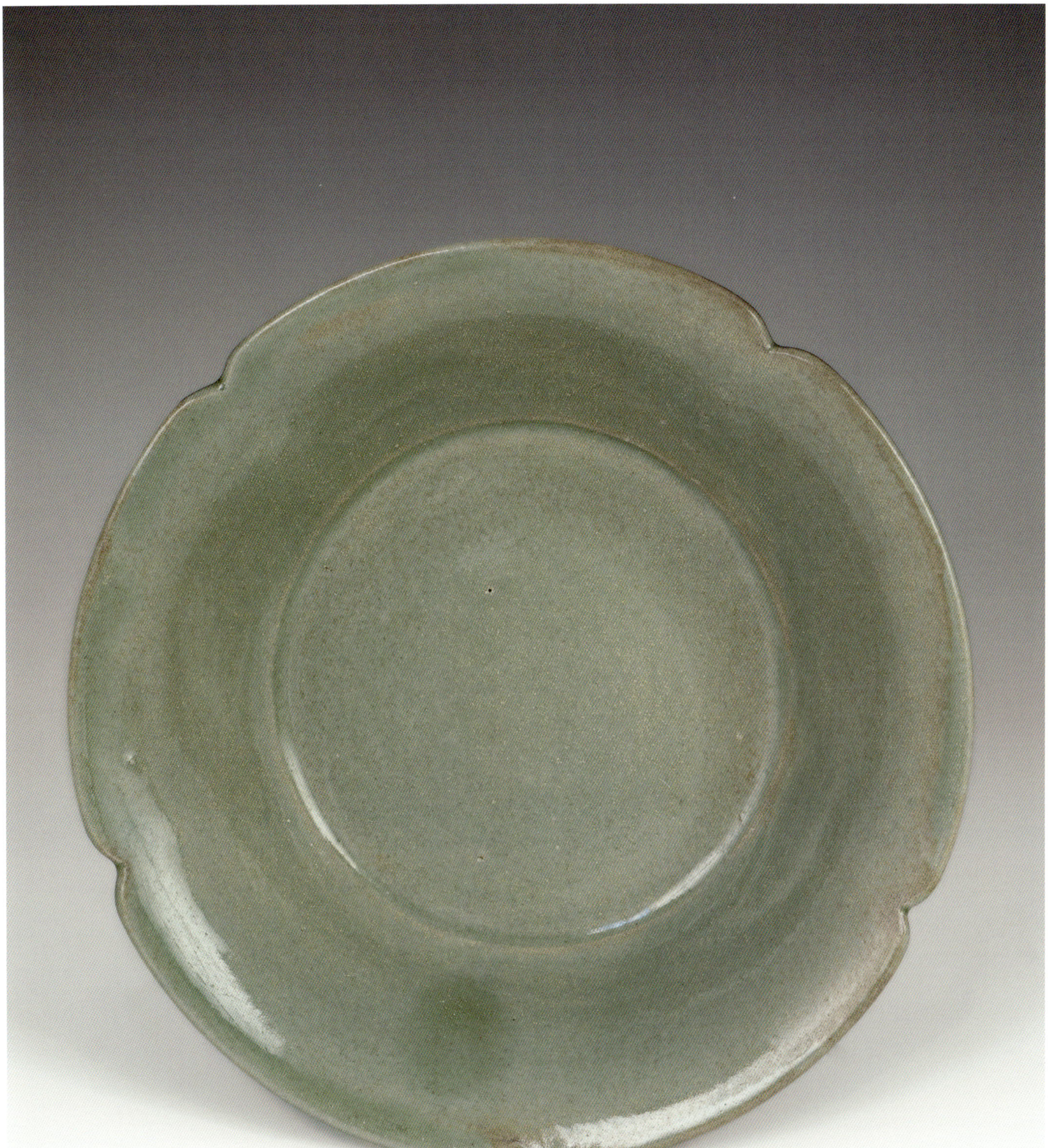

花口碟

口径 13 厘米、足径 6.8 厘米、高 3.6 厘米

撇口，斜弧腹较浅，平底，圈足微外撇。外底残存一周垫烧泥点。

0 1 2 3 4厘米

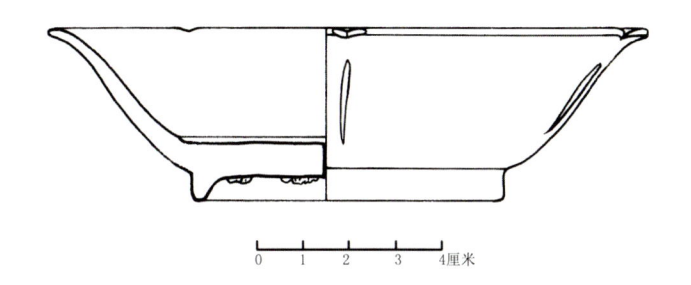

花口碟

口径 13.7 厘米、足径 7.3 厘米、高 4 厘米

撇口，斜弧腹较浅，平底，圈足微外撇。外底有一周垫烧泥点痕，且残存 2 枚泥点。

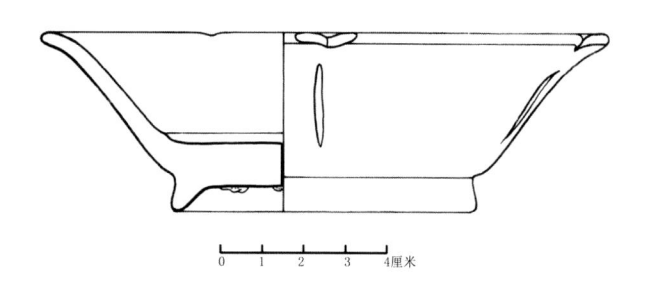

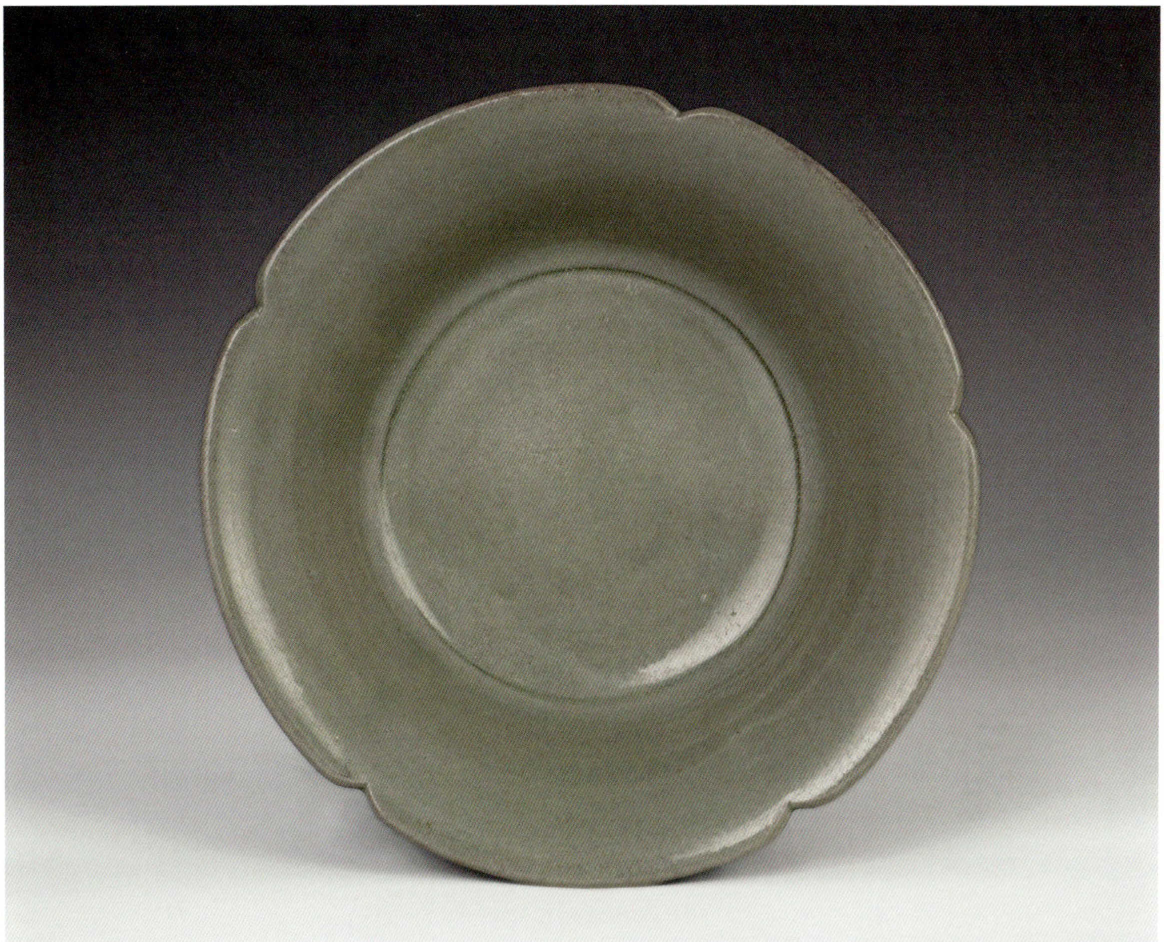

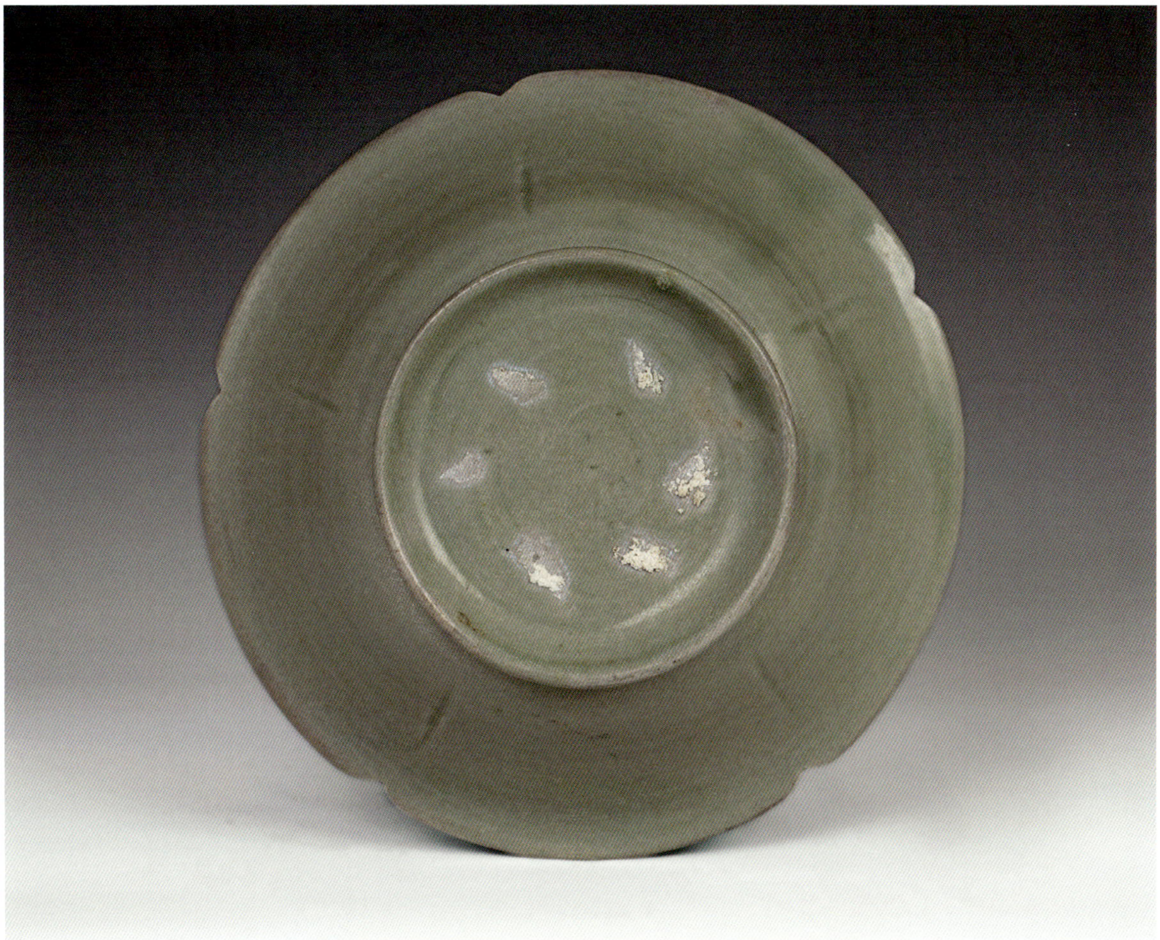

花口碟

口径 13.5 厘米、足径 7.7 厘米，高 3.5 厘米

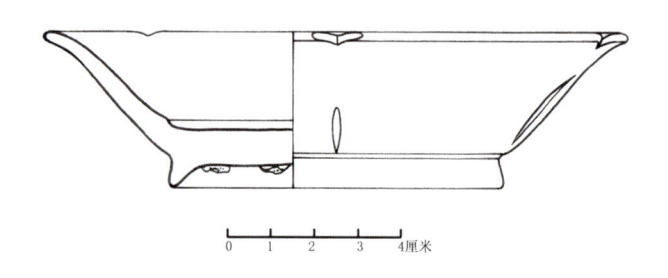

撇口，斜弧腹较浅，平底，圈足微外撇。外底残存一周垫烧泥点。

233

花口碟

口径 13.2 厘米、足径 7.9 厘米，高 3.4 厘米

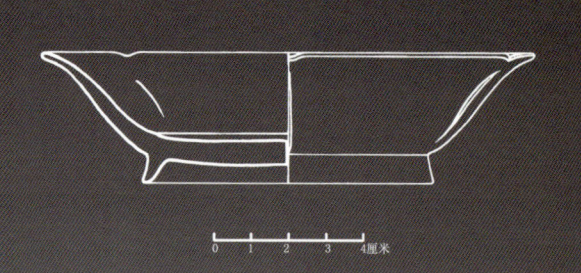

撇口，斜弧腹较浅，圜底近平，圈足外撇。外底残存一周垫烧泥点。

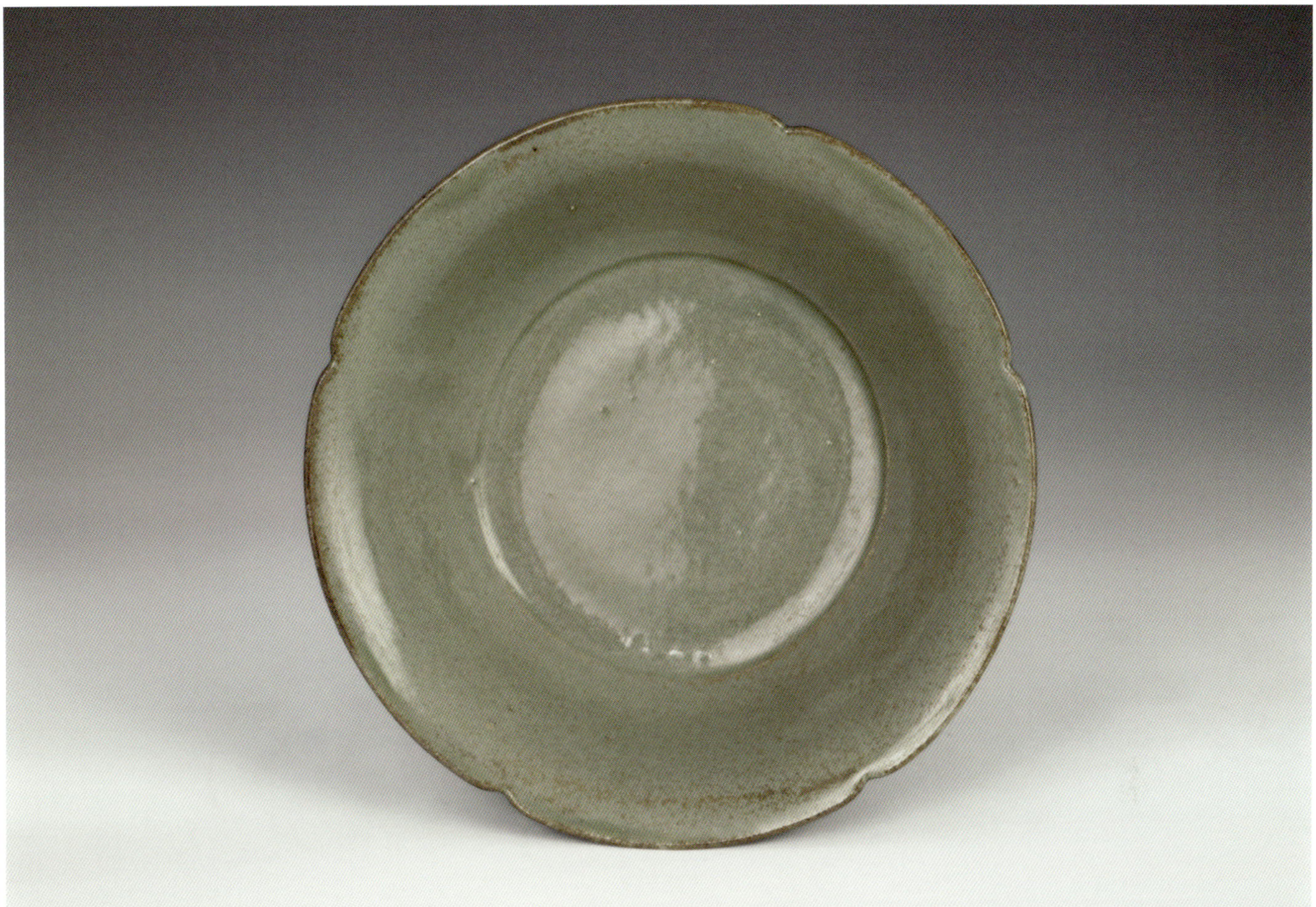

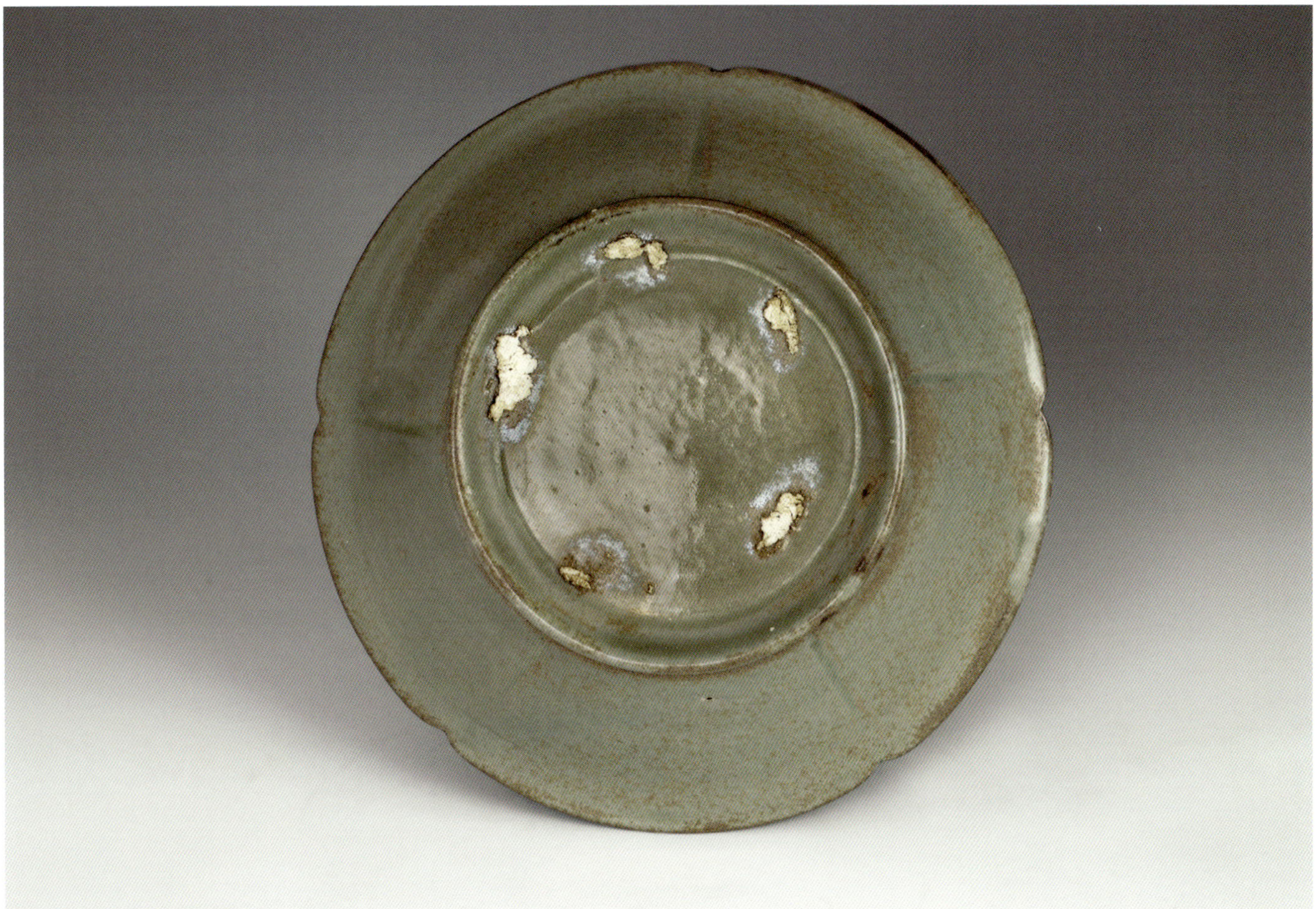

花口碟

口径 13 厘米、足径 7.6 厘米，高 3.5 厘米

撇口，斜弧瓜腹较浅，圜底近平，圈足外撇。外底残存一周垫烧泥点。

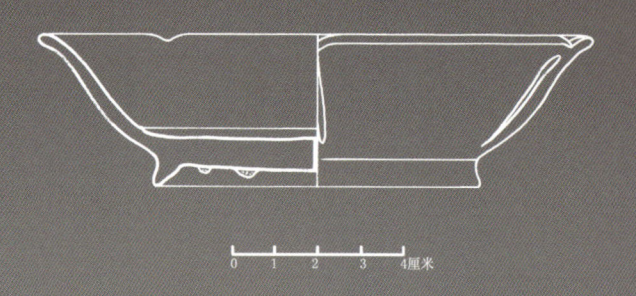

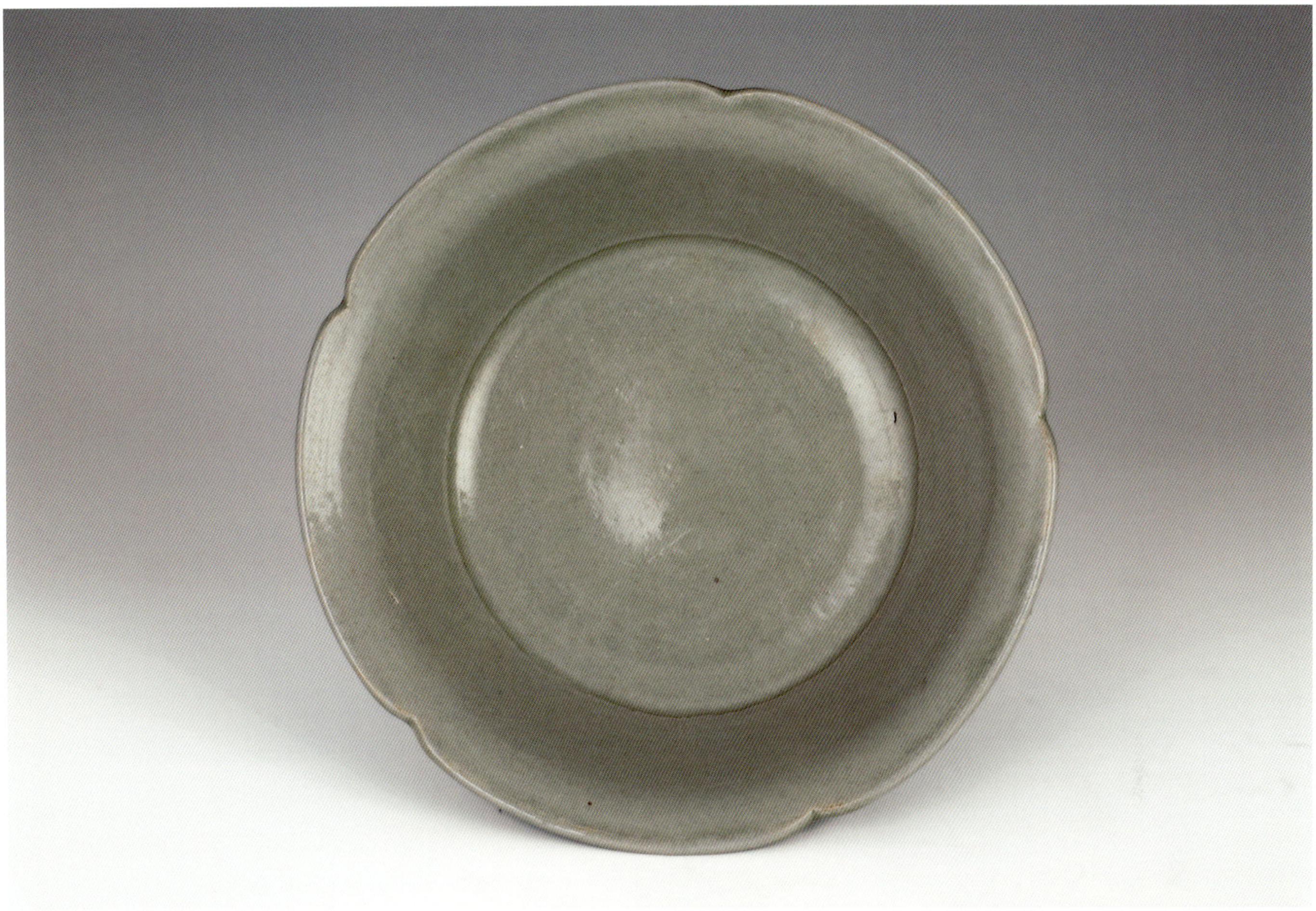

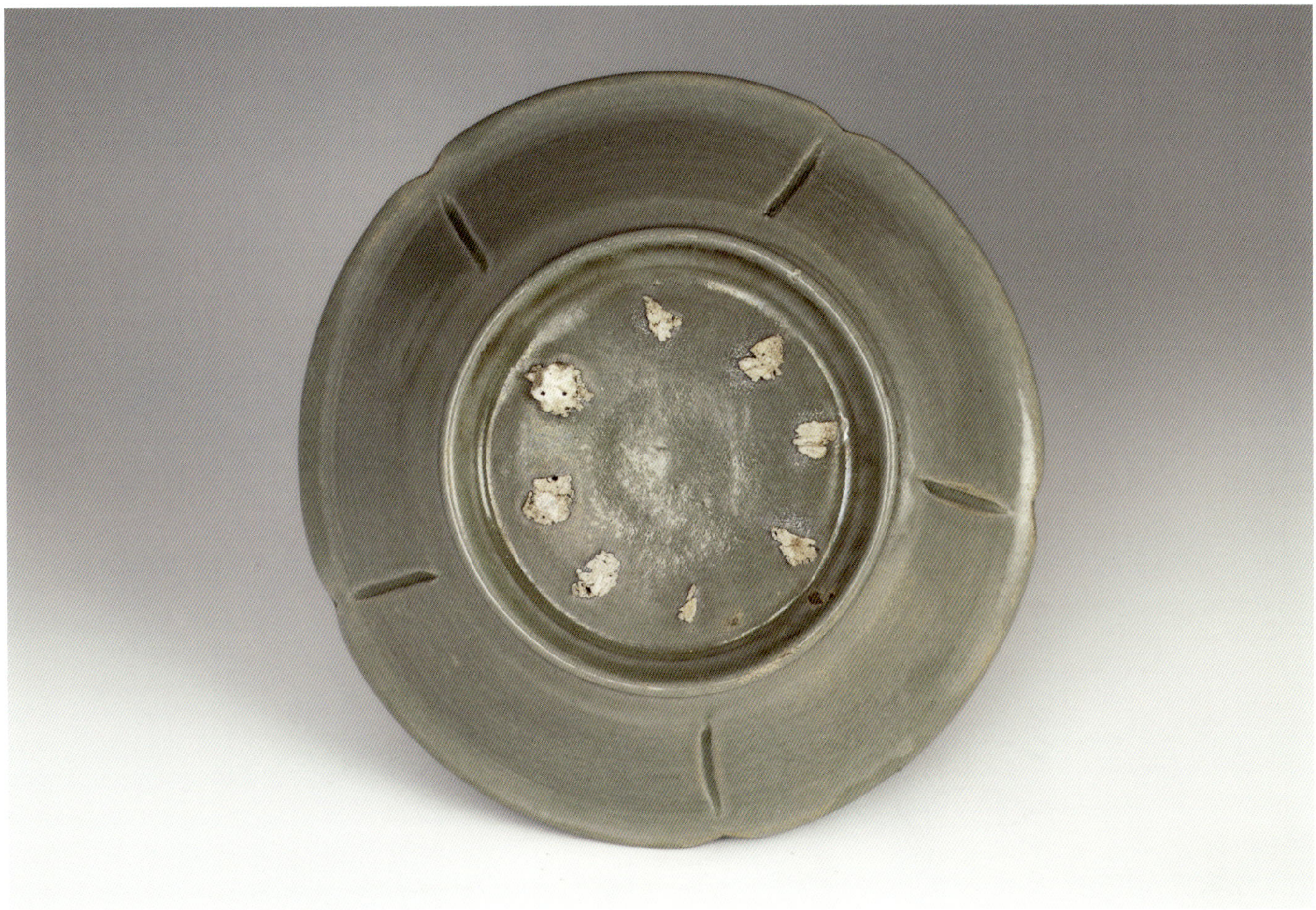

花口碟

口径 13 厘米、足径 8 厘米，高 3.5 厘米

撇口，斜弧腹较浅，圜底近平，圈足外撇。外底残存一周垫烧泥点。

0 1 2 3 4厘米

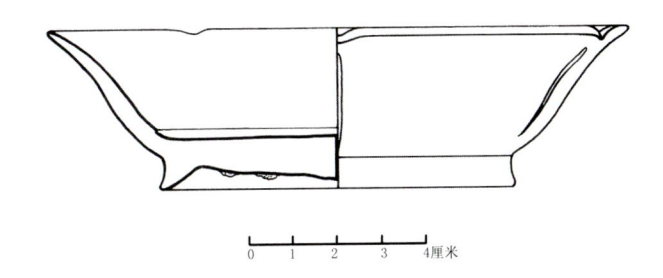

花口碟

口径 13.4 厘米、足径 7.2 厘米，高 3.7 厘米

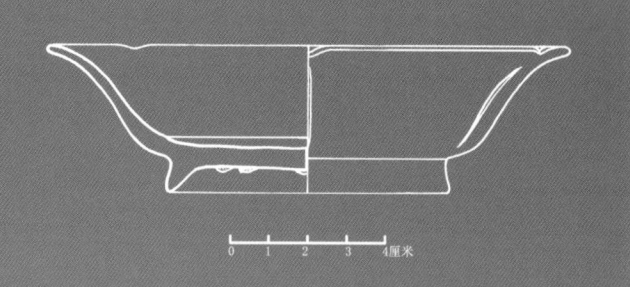

撇口，斜弧腹较浅，圜底近平，圈足外撇。外底残存一周垫烧泥点。

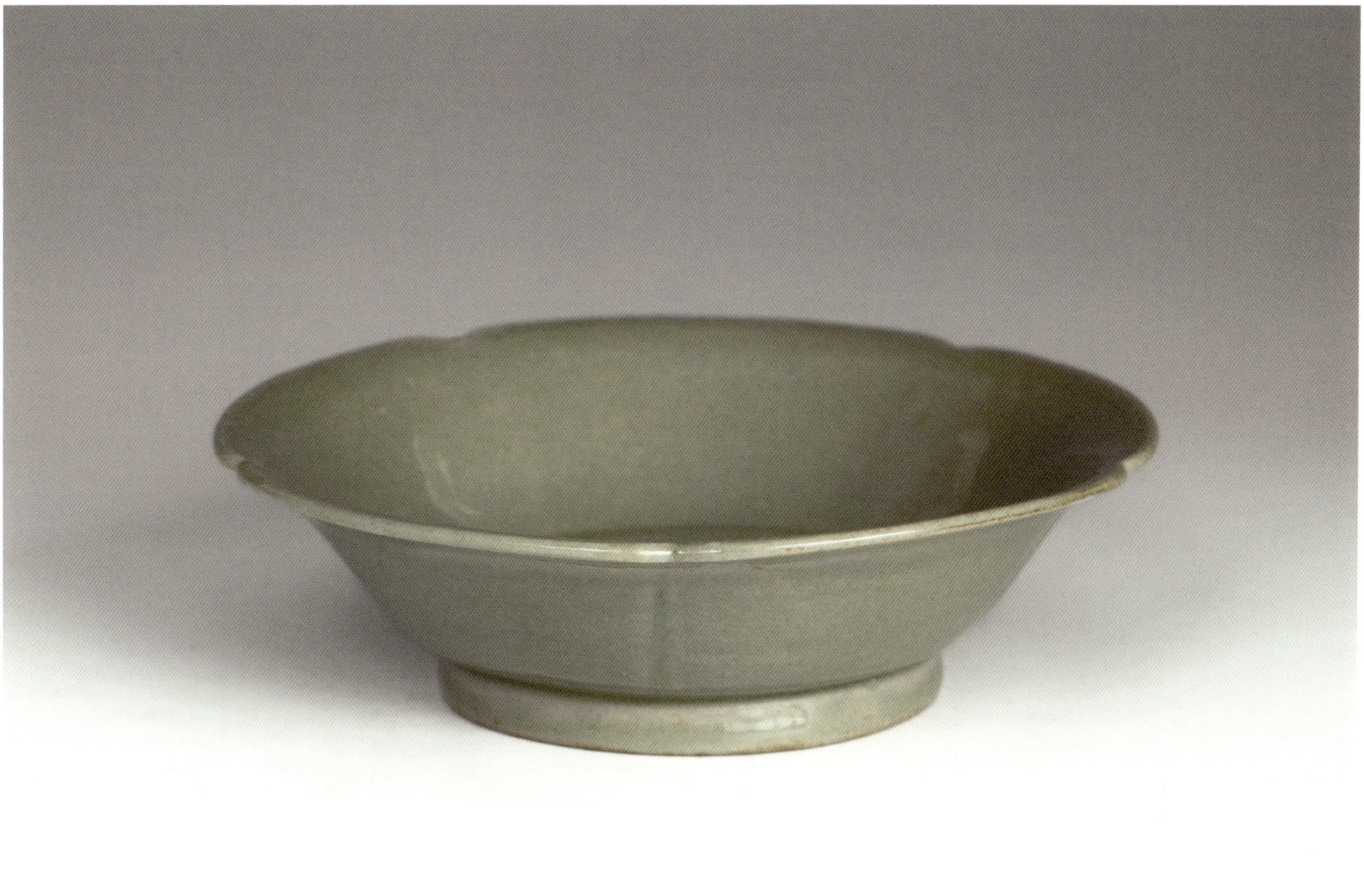

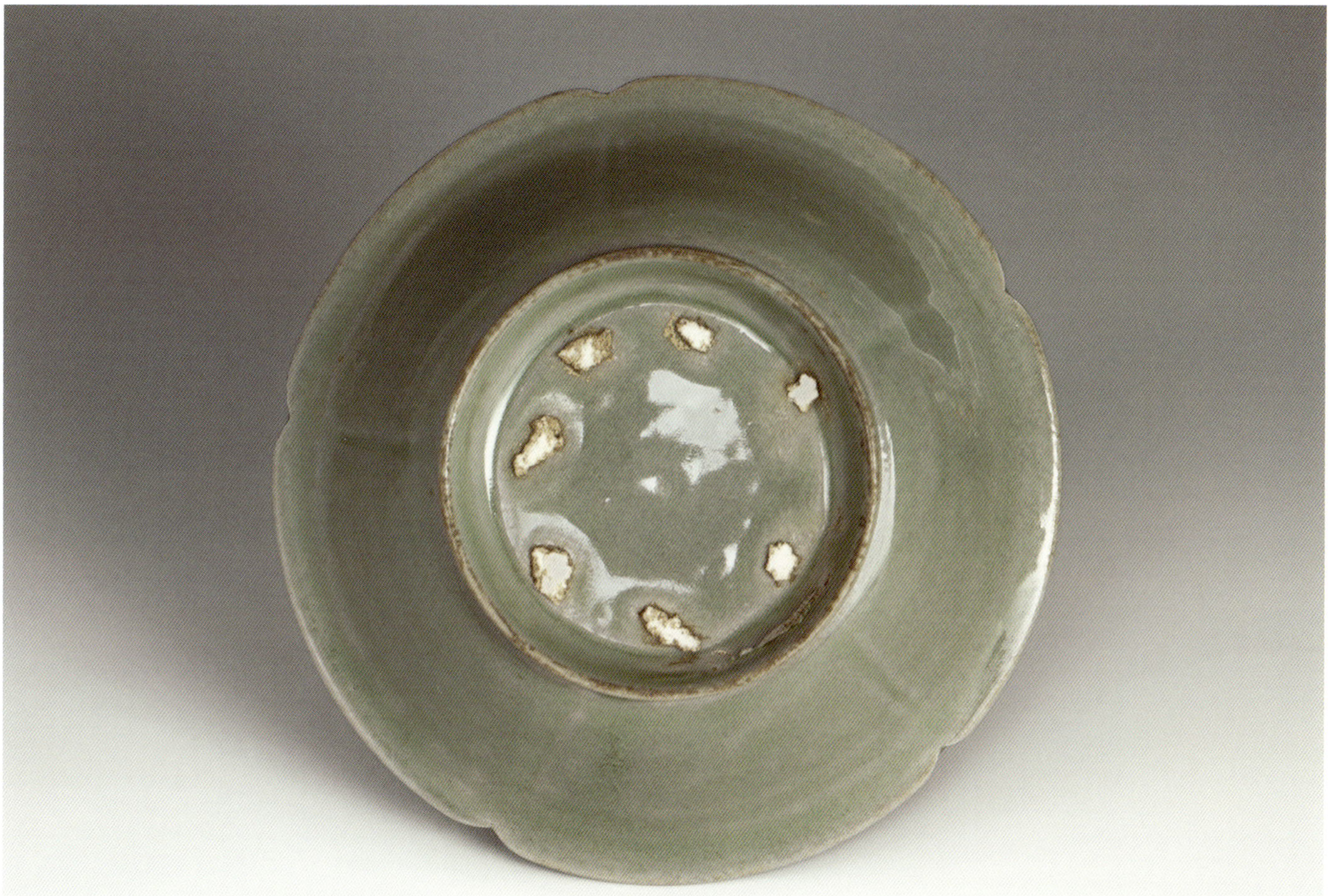

花口碟

口径 13.3 厘米、足径 6.8 厘米，高 3.8 厘米

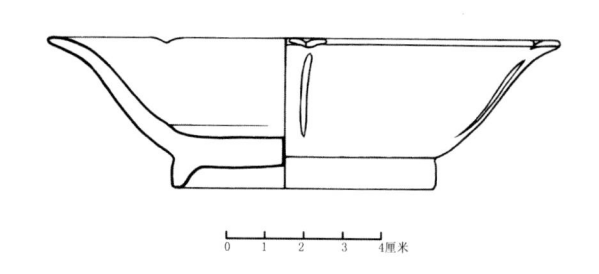

撇口，斜弧腹较浅，平底，圈足外撇。外底残存一周垫烧泥点。

243

花口碟

口径 13 厘米、足径 7.6 厘米，高 3.4 厘米

撇口，斜弧腹较浅，平底微上凹，圈足外撇。外底残存一周垫烧泥点。

0 1 2 3 4厘米

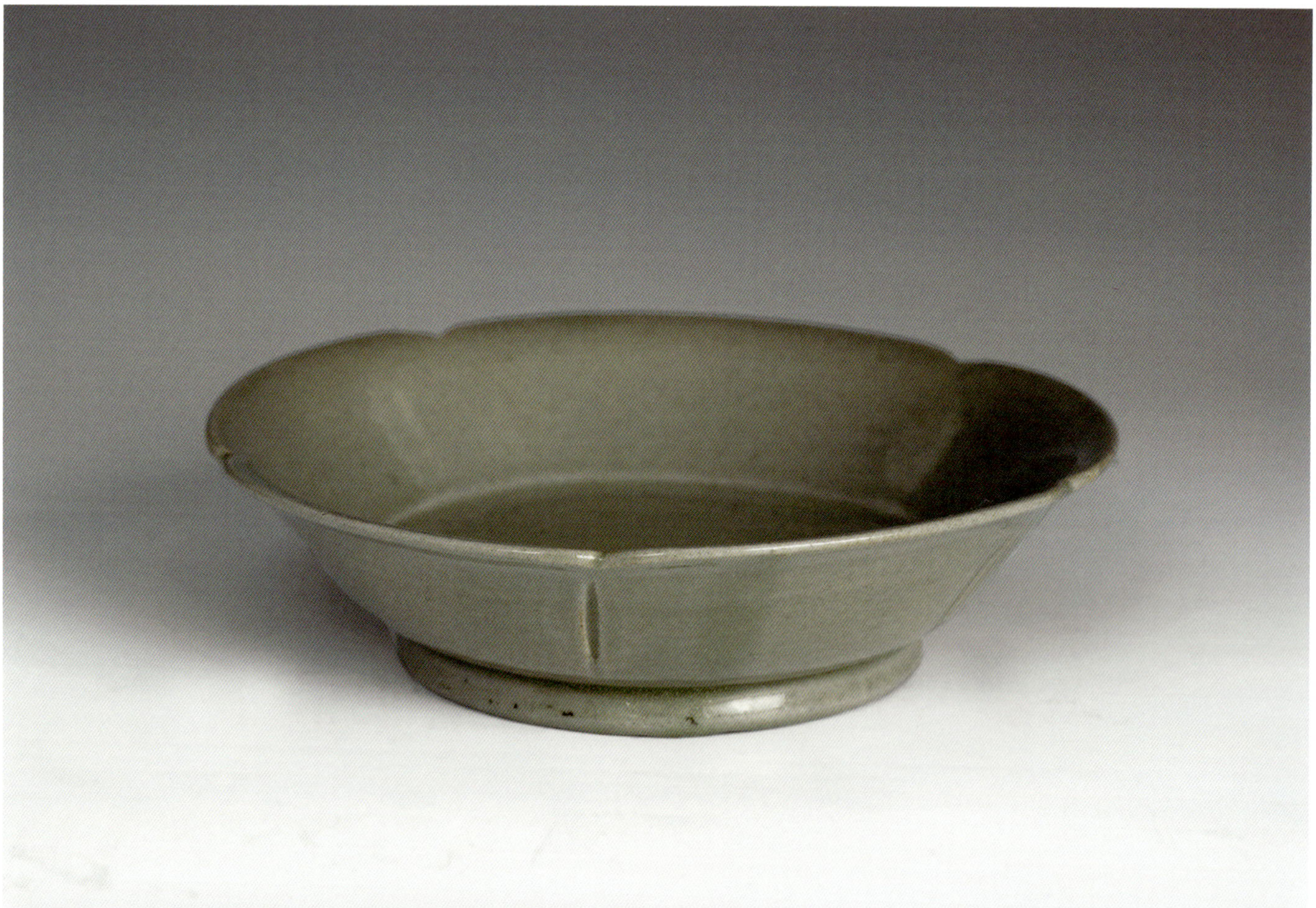

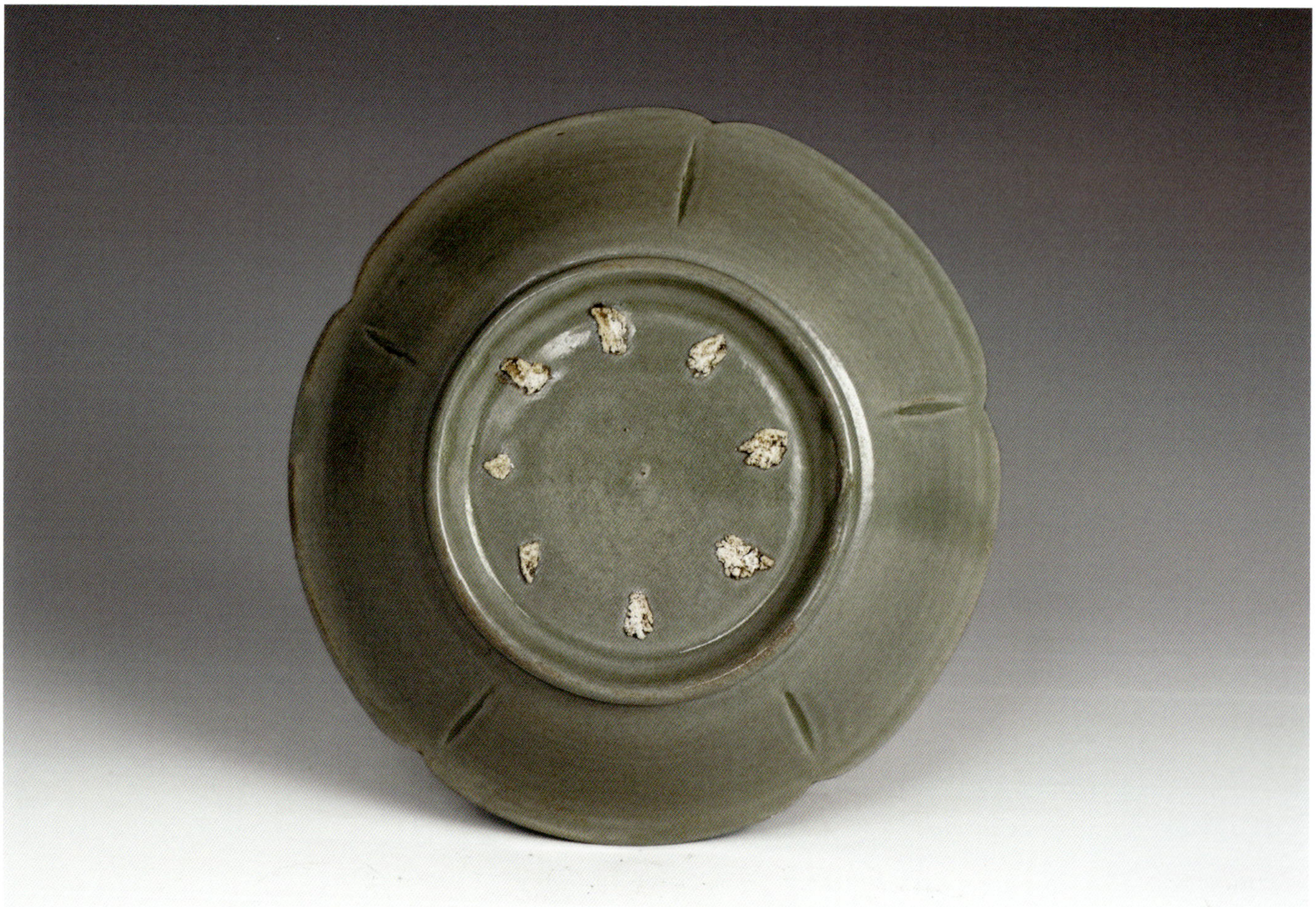

盆：2件

根据口部特征，可分为折沿盆和撇口盆两种。

盆

1 折沿盆 1件

折沿盆

口径23厘米、底径8.3厘米，高8.1厘米

敞口，圆唇，折沿，斜弧腹较深，平底微上凹。浅灰胎，通体青釉，釉色呈湖绿色，釉面莹润。底面边缘残存一周垫烧泥点，泥点数量为11枚。

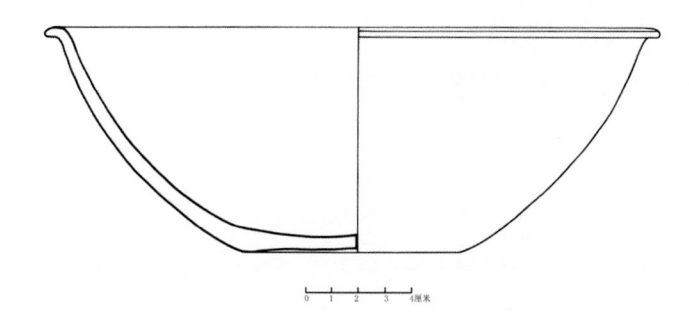

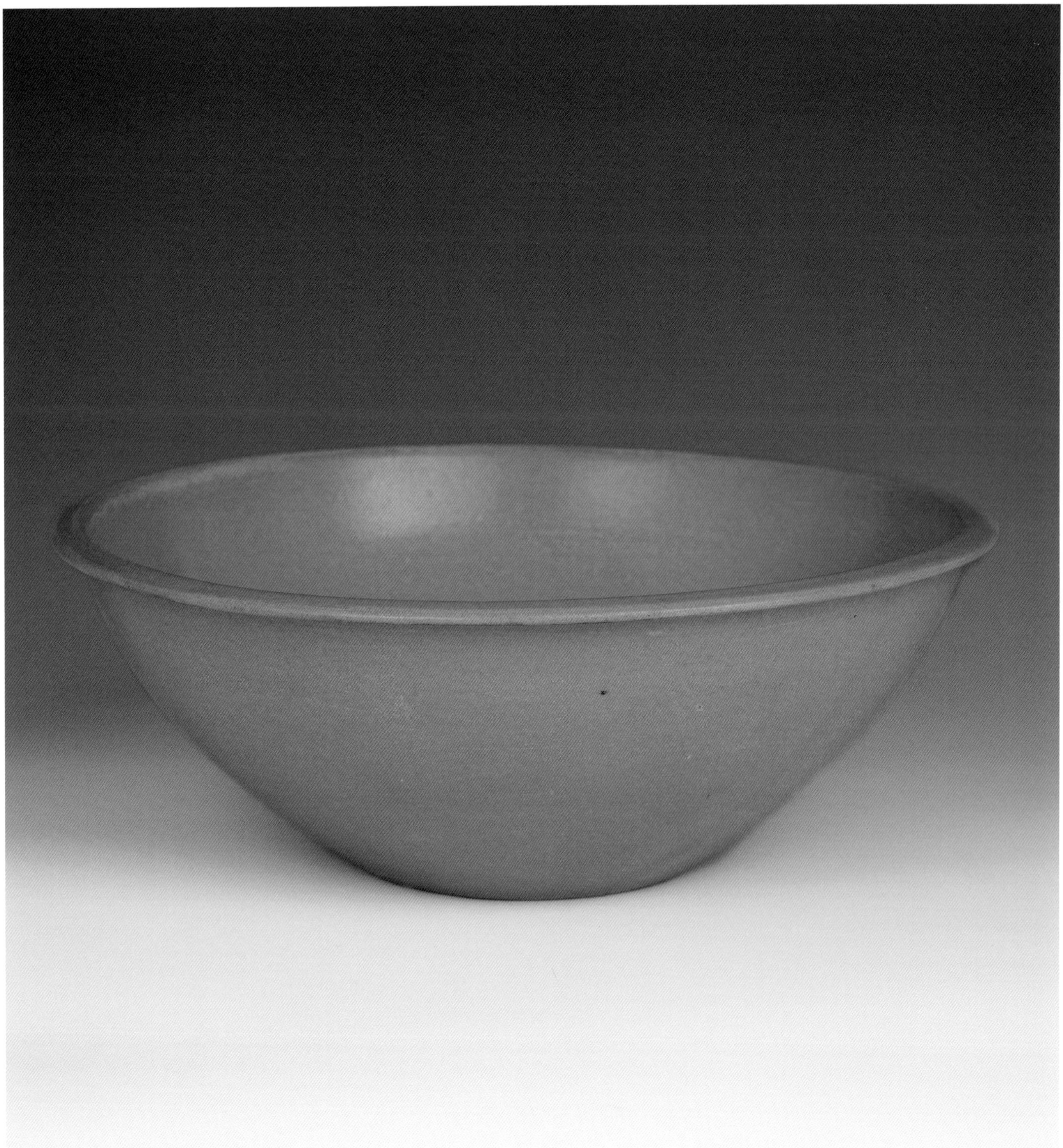

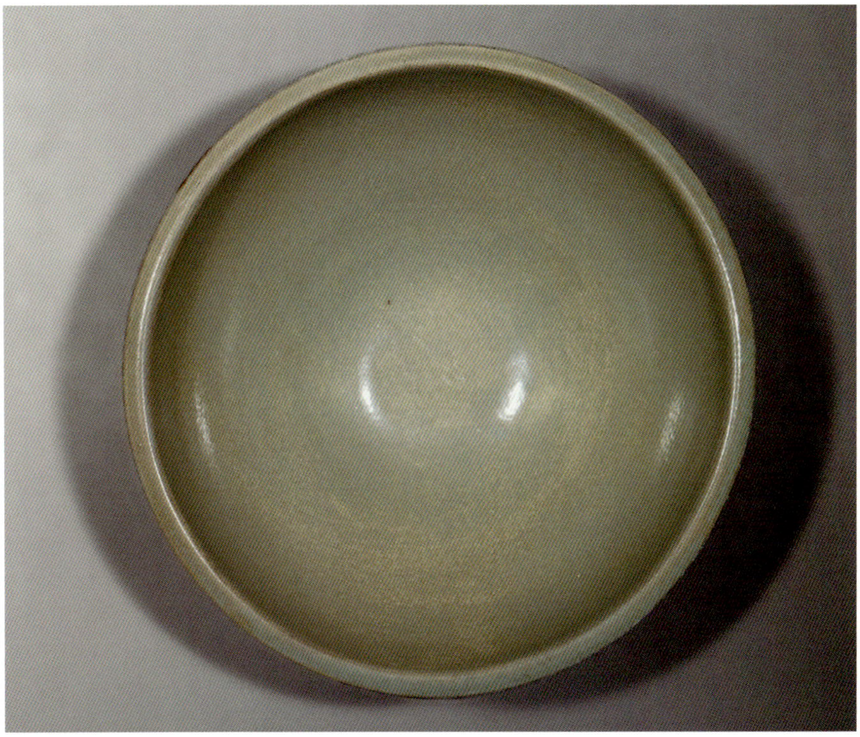

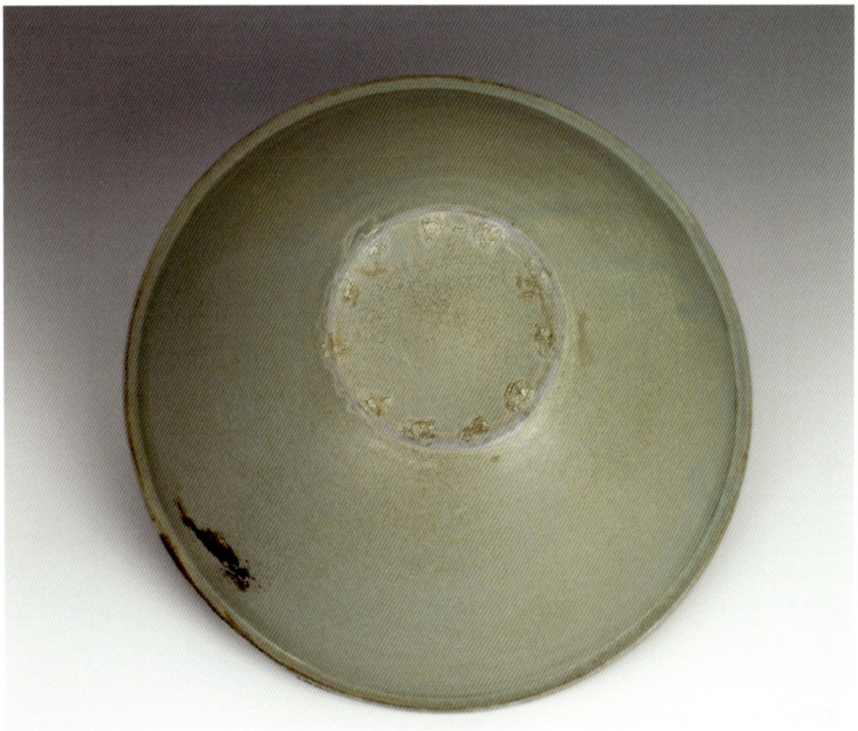

2 撇口盆 1件

撇口盆

口径 36 厘米、底径 15.6 厘米，高 9.6 厘米

撇口，圆唇，斜弧腹内收，平底上凹。内底有一周凹弦纹。浅灰胎，通体青釉，釉色呈湖绿色，釉面莹润。器底有一周垫烧泥点痕。

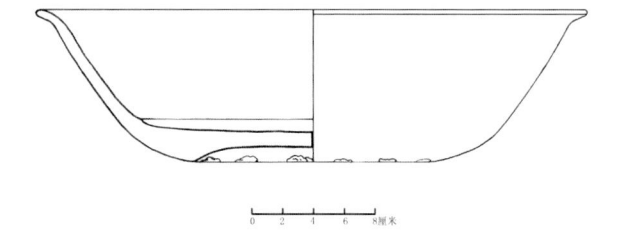

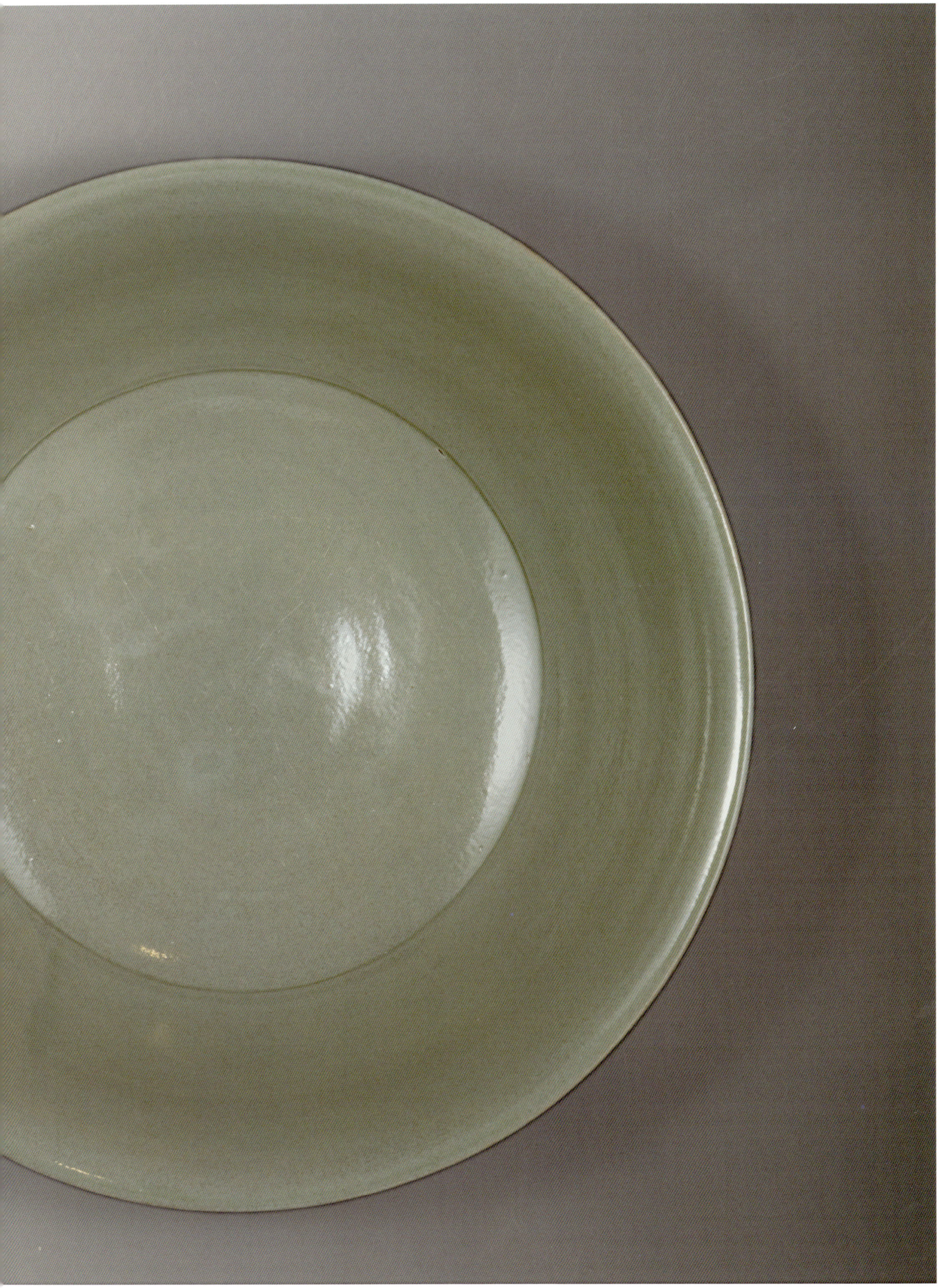

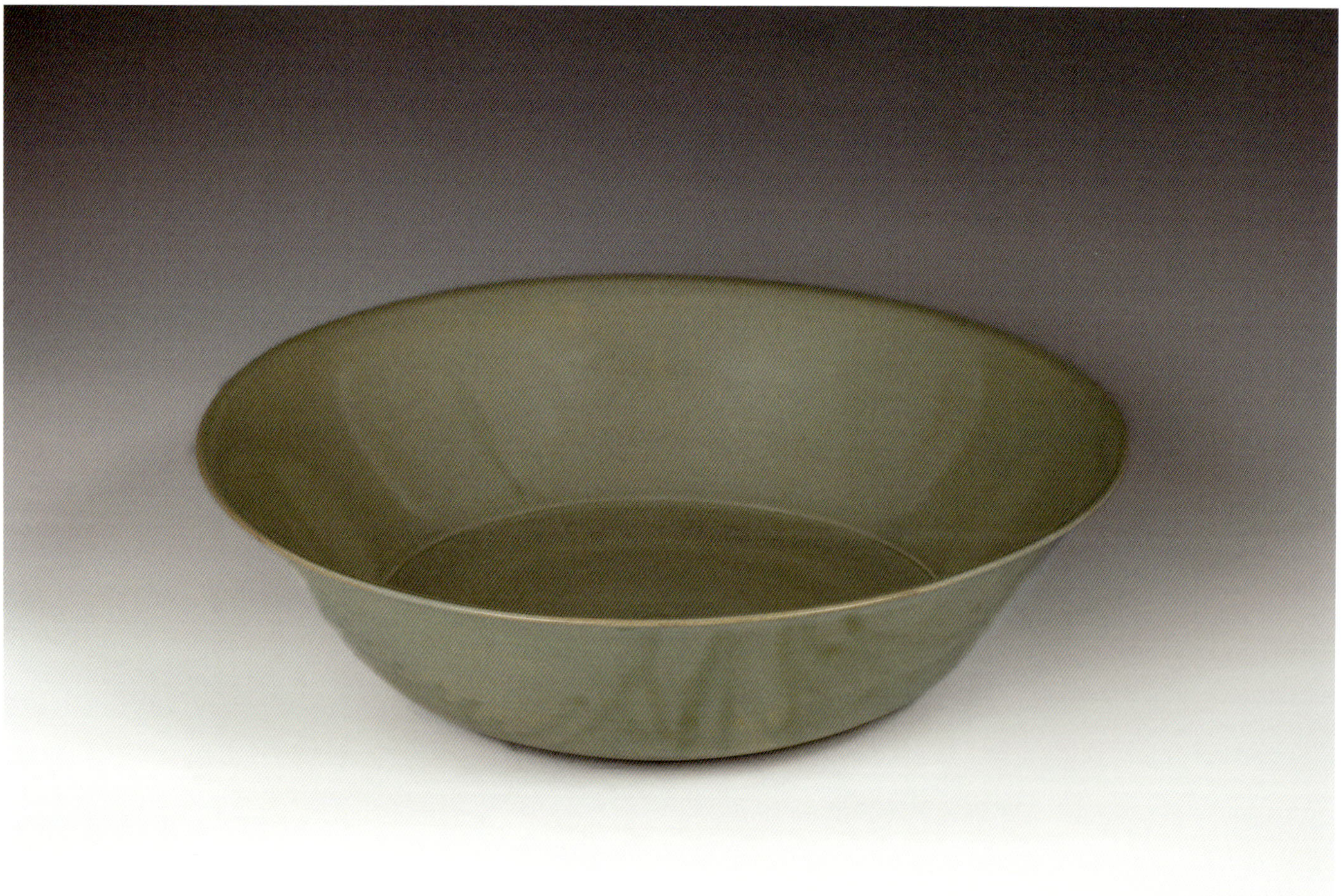

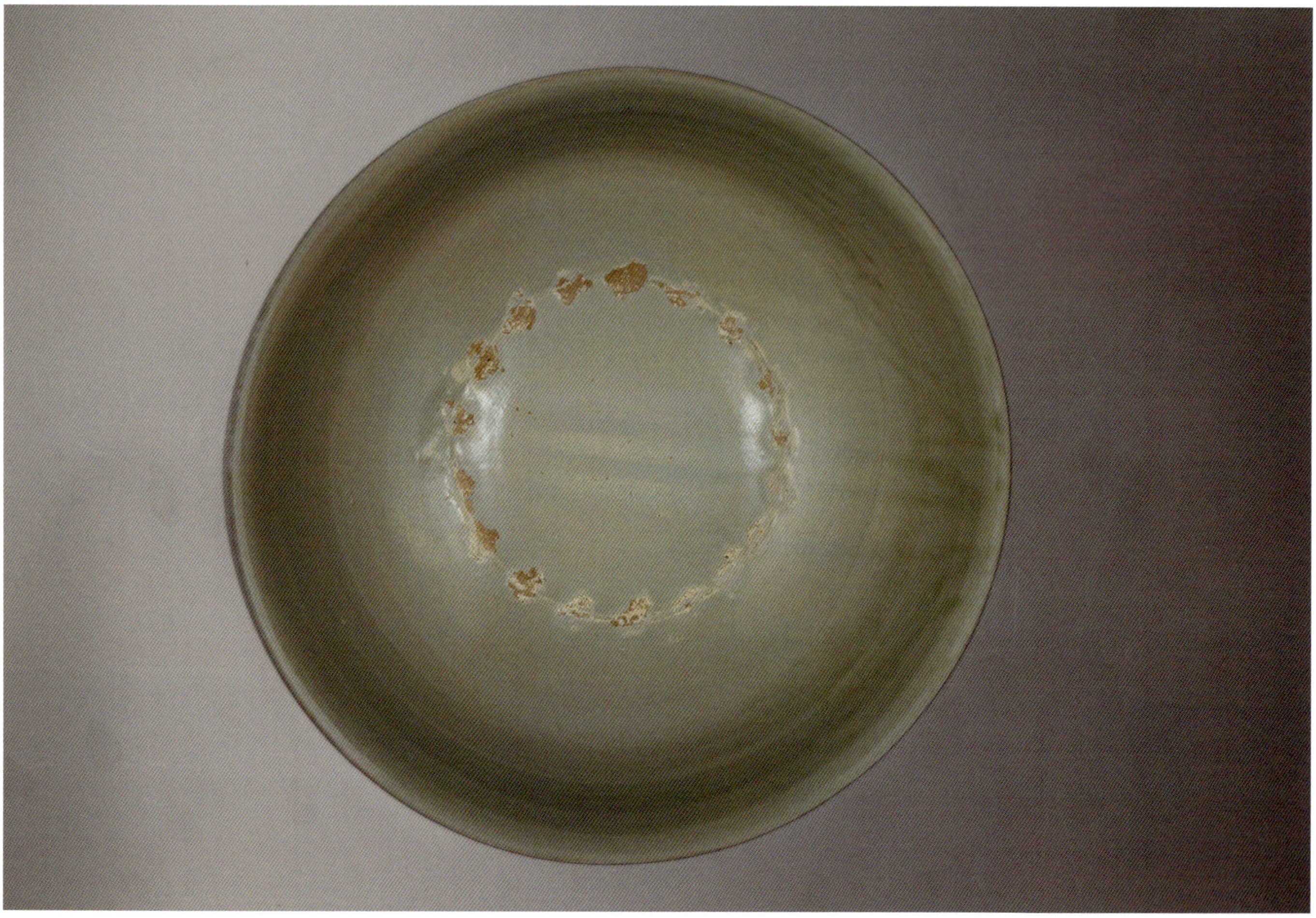

钵：4 件
根据底部特征，可分为平底钵和圈足钵两种。

钵

1

平底钵 3件

根据口部特征，又可分成卷沿钵、敛口钵和束口钵。

卷沿钵

口径 18.5 厘米、最大腹径 20.3 厘米、底径 8.6 厘米，高 9 厘米

口略敞，圆唇卷沿，鼓腹，下腹斜收，平底。浅灰胎，通体青釉，釉色呈湖绿色，釉面莹润。底面边缘刮釉，且残存一周垫烧泥点。

259

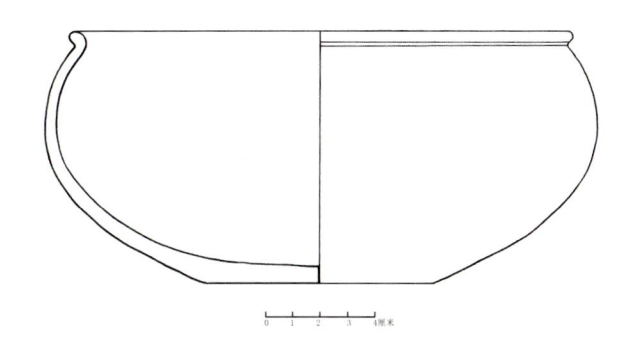

敛口钵

口径 17.6 厘米、底径 5.8 厘米，高 6.3 厘米

直口微敛，圆唇，斜腹内收，平底微上凹。浅灰胎，通体青釉，釉色呈湖绿色，釉面莹润。底面边缘残存一周垫烧泥点痕。

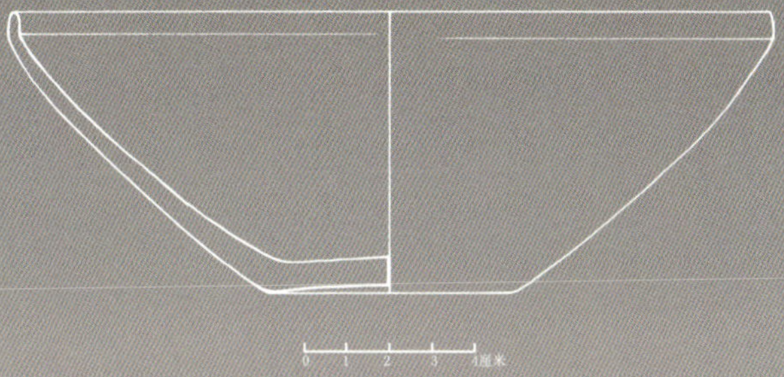
0 1 2 3 4厘米

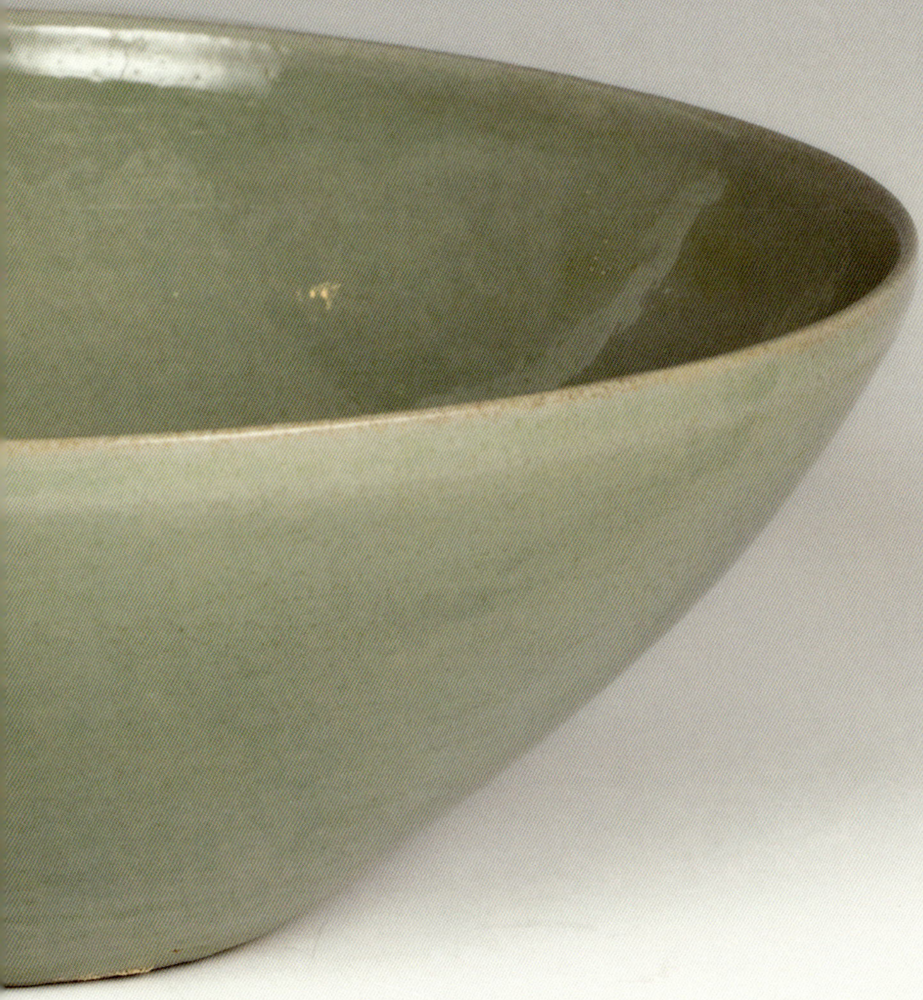

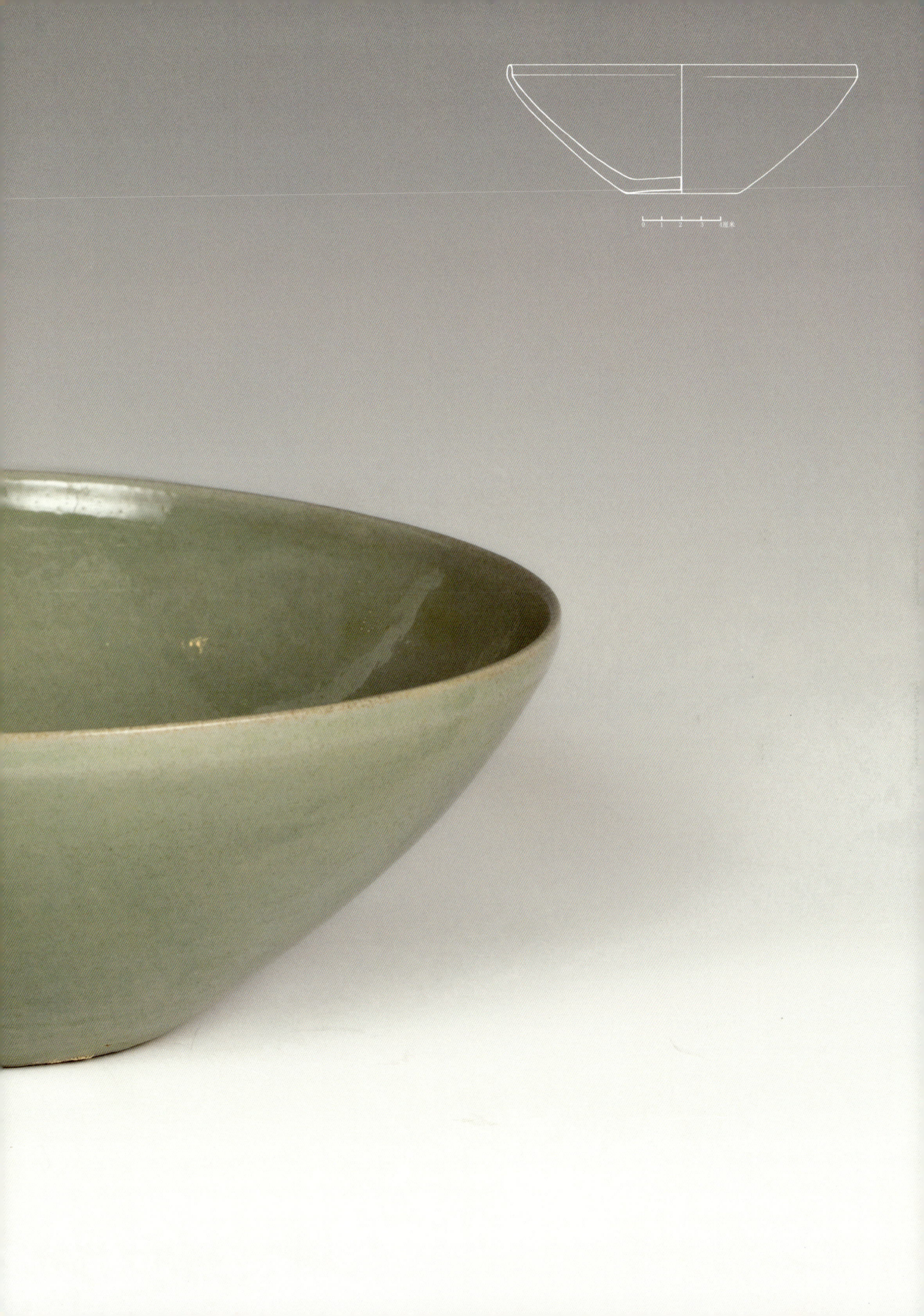

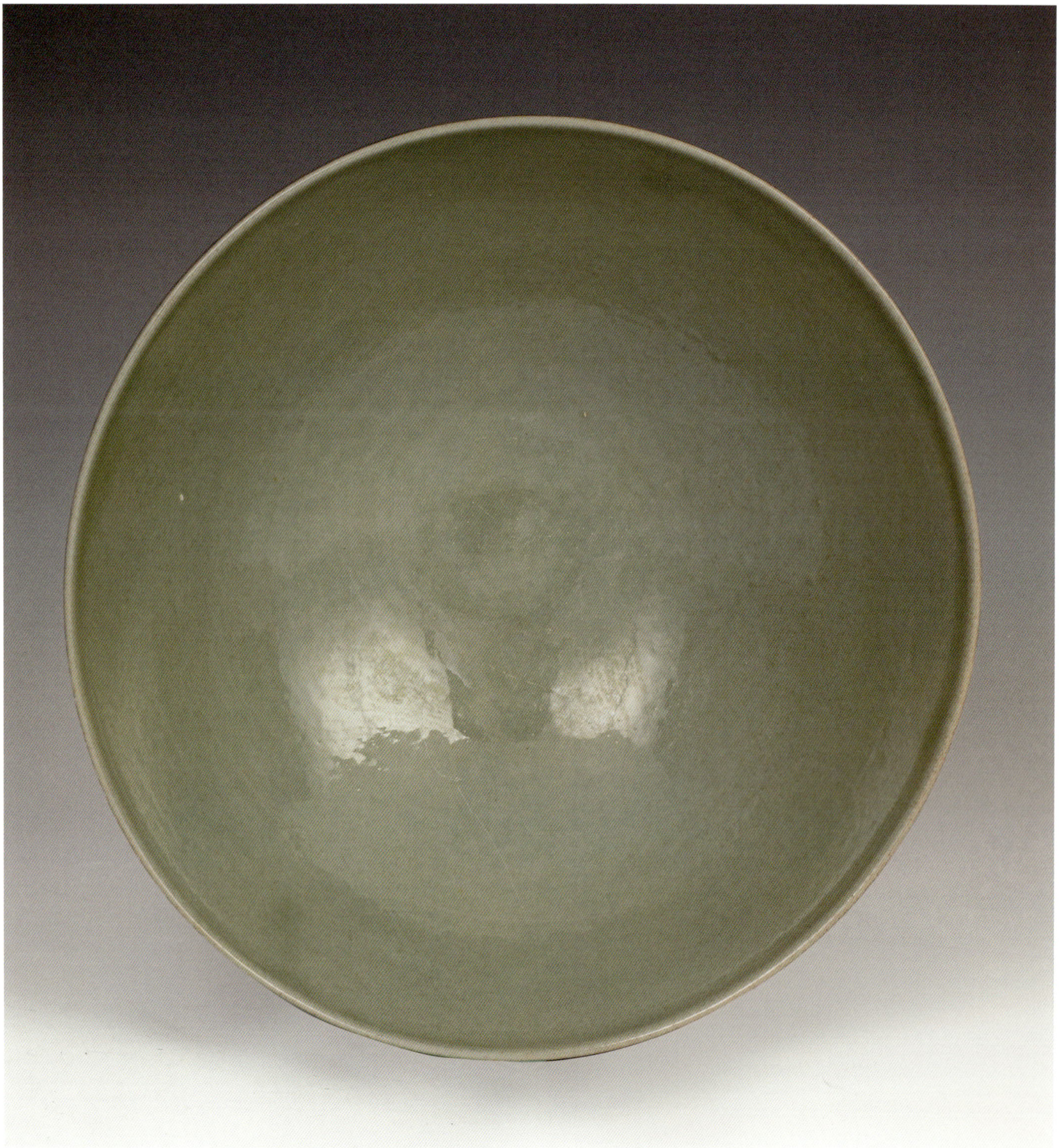

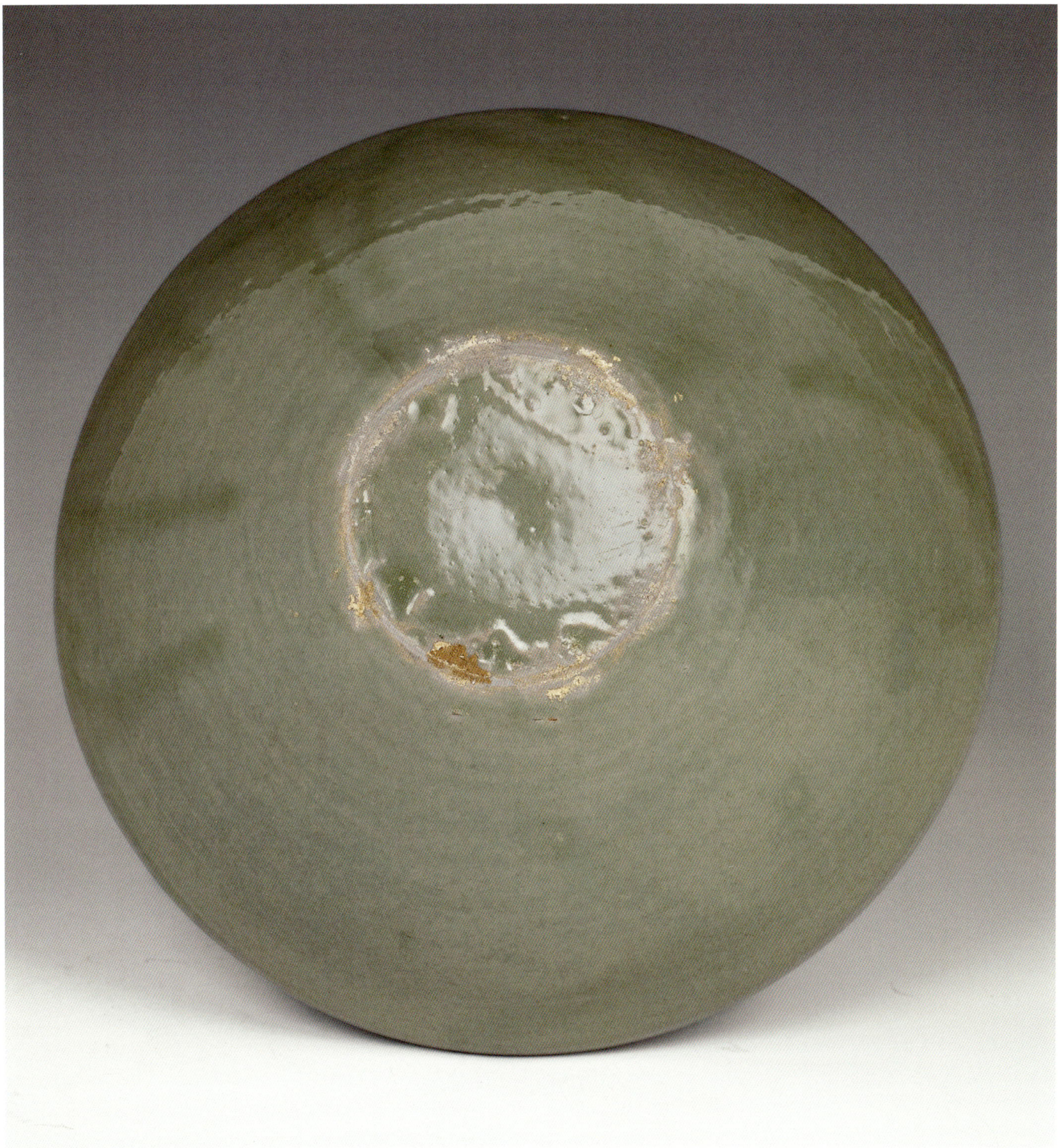

束口钵

口径 12.2 厘米、底径 4.5 厘米，高 4.8 厘米

束口，圆唇，斜腹较深，平底微上凹。浅灰胎，通体青釉，釉色呈湖绿色，釉面莹润。底面边缘有一周垫烧泥点痕。

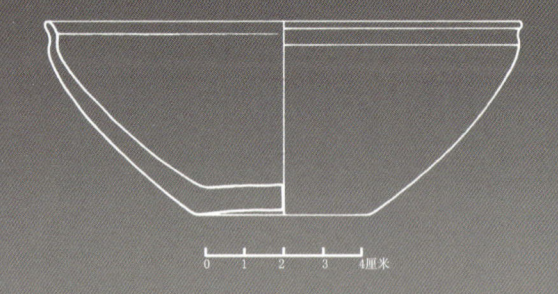

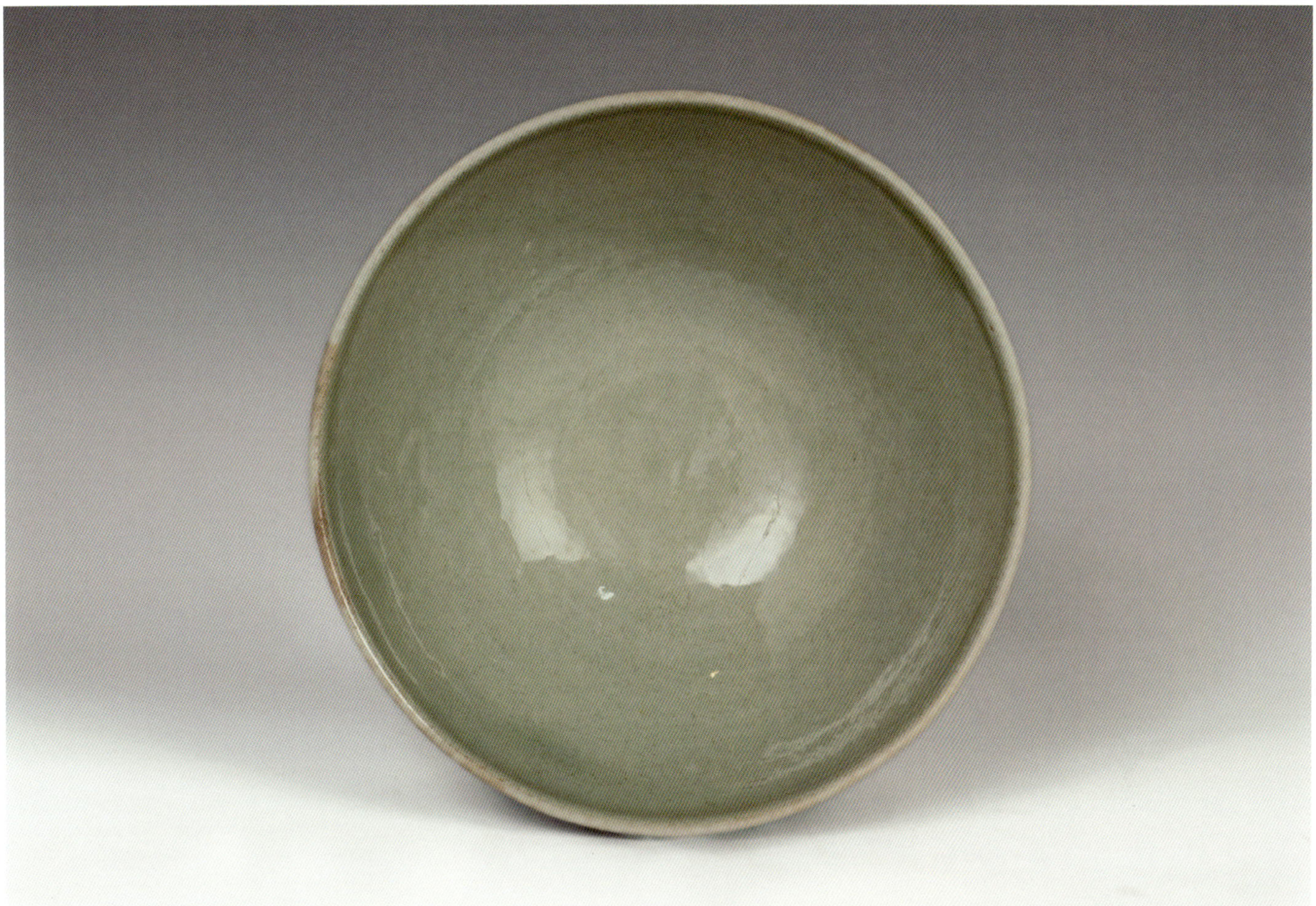

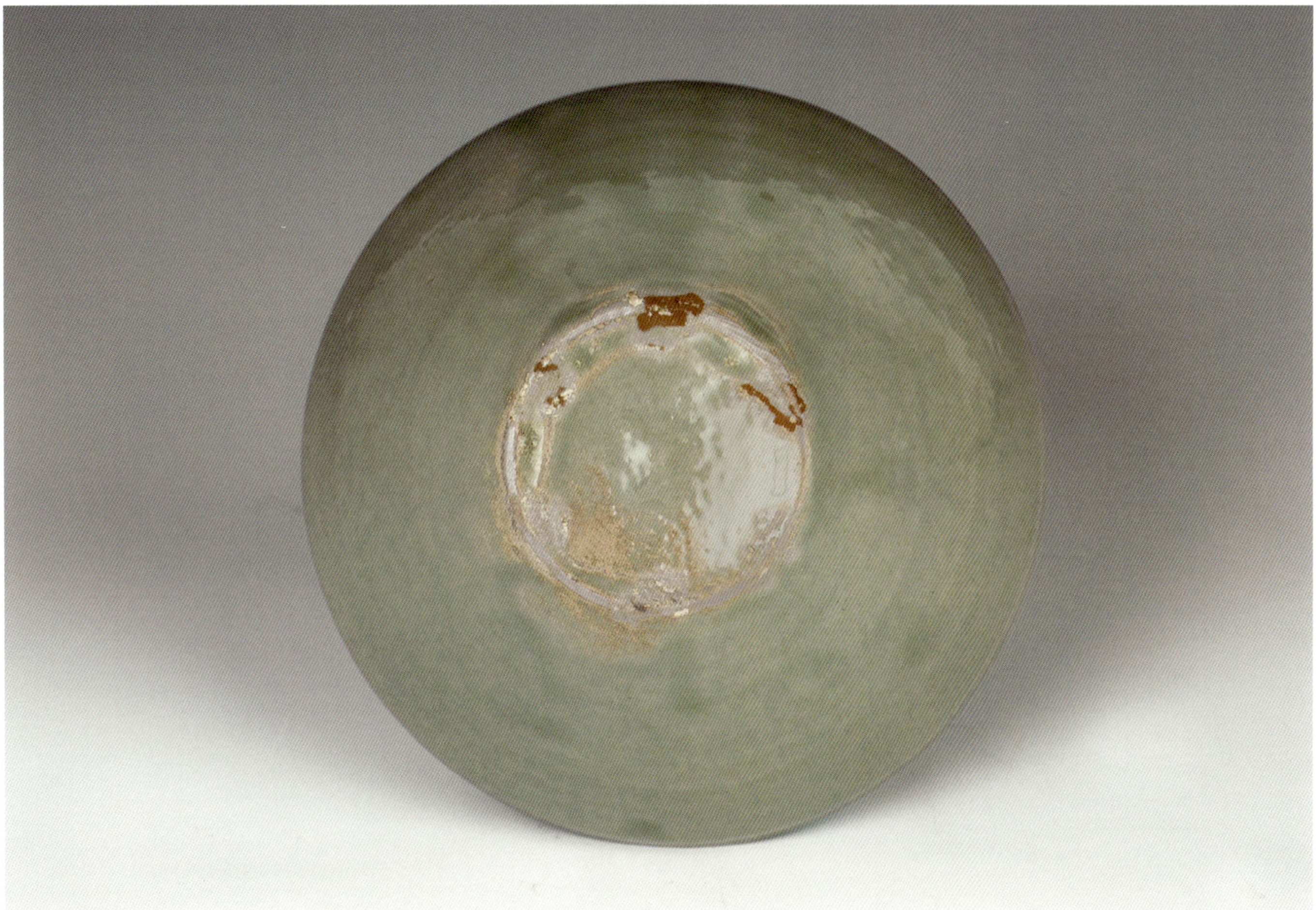

2 圈足钵 1件

圈足钵

口径 24.2 厘米、足径 16.6 厘米，高 11.5 厘米

直口，圆唇，翻沿，斜弧腹较深，高圈足外撇。浅灰胎，通体青釉，釉色呈湖绿色，釉面莹润，外底釉面起泡发黑。外底残存一周垫烧泥点。

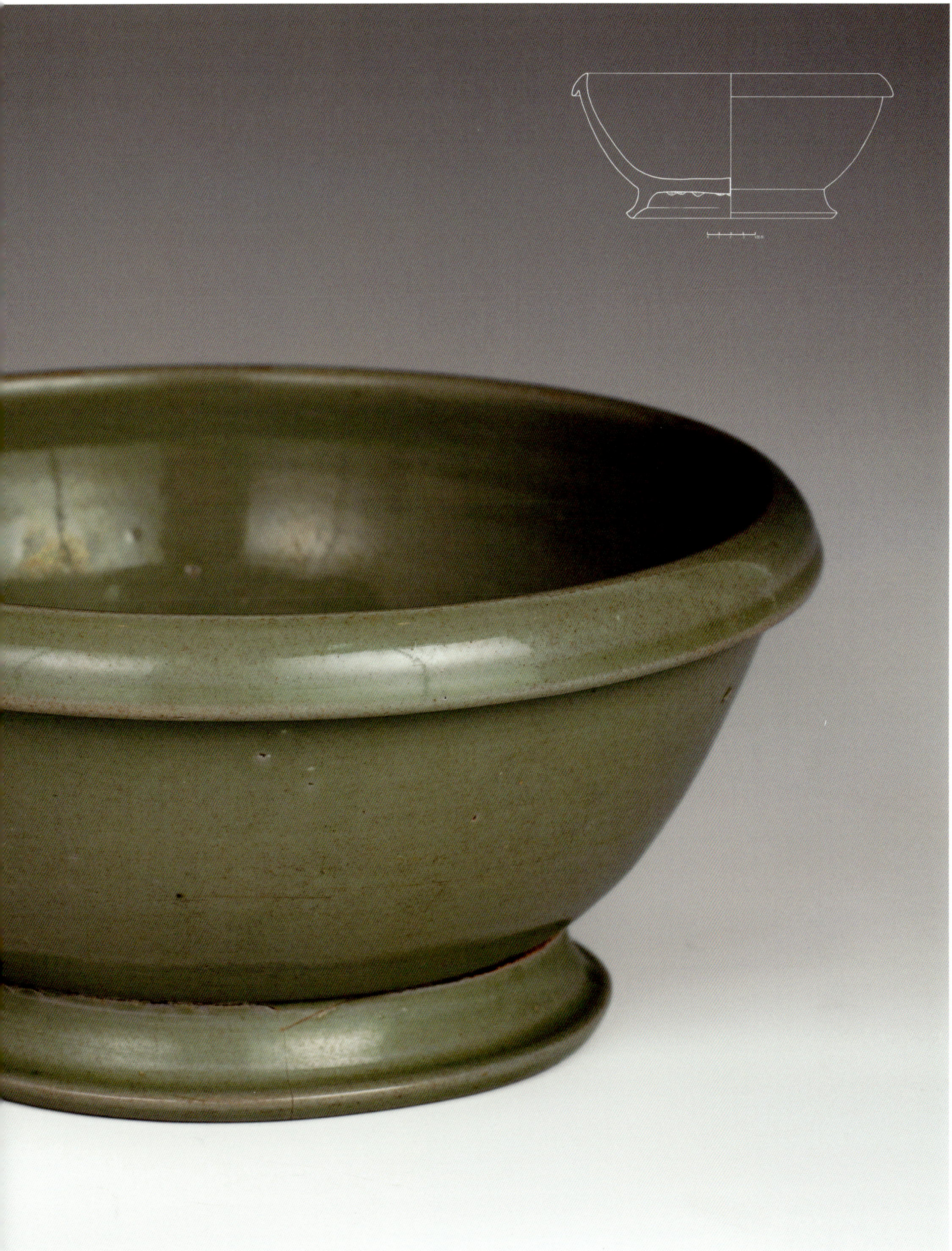

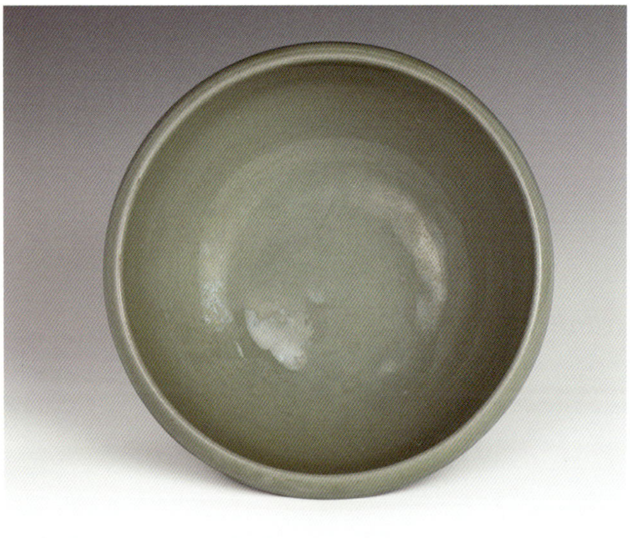

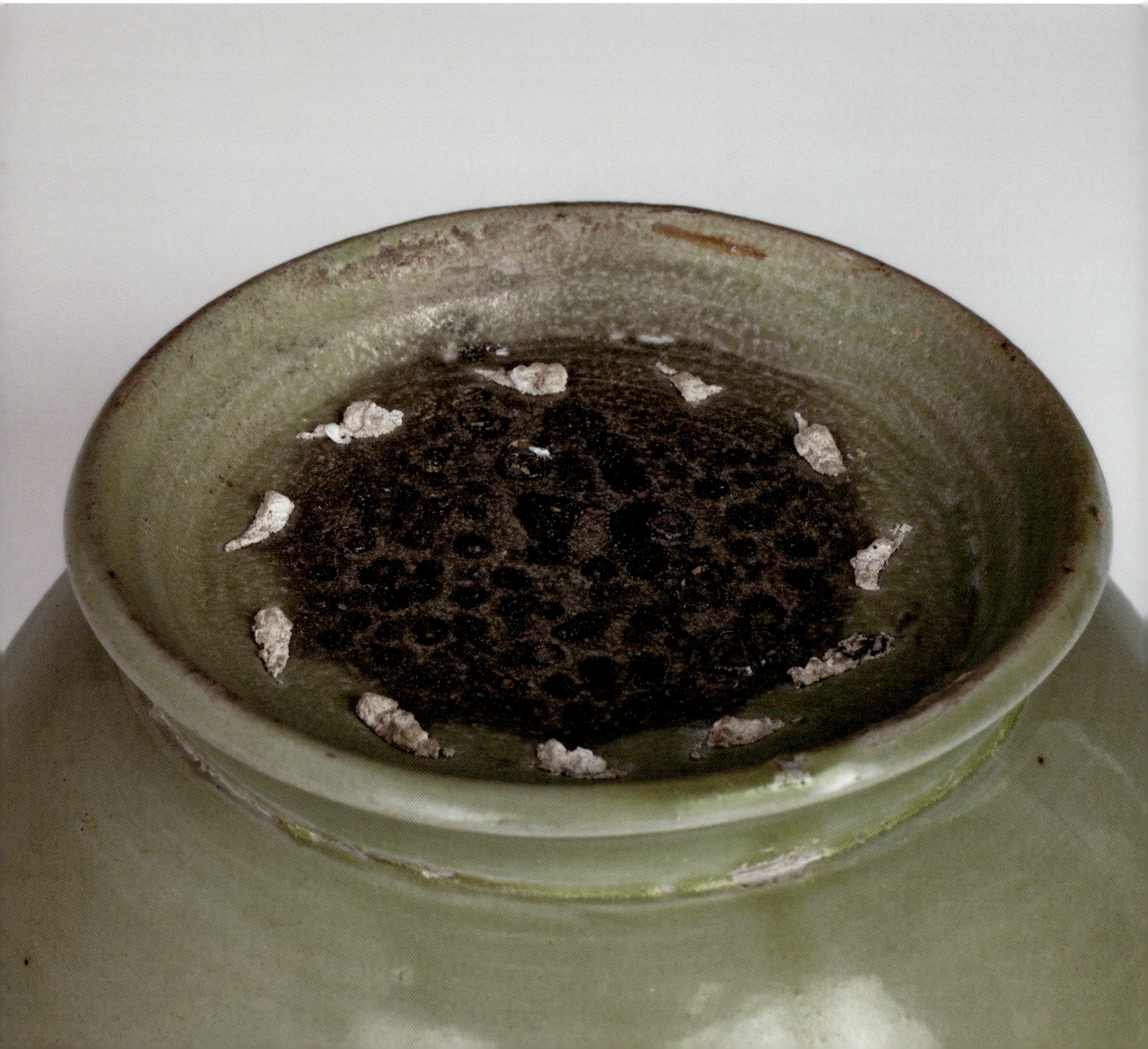

套盒：51 件

形制基本一致：平面呈方形，子母口，浅盘，委角，圜底近平，盘下粘接四层须弥座式高足，圈足外壁四面第三层各饰有两个壸门形镂孔，也有少数器物的其中一面尚未穿孔，孔外框模印一组莲花。此类型套盒外底多有刮削痕迹，均浅灰胎。通体施釉，多数釉色湖绿，釉面莹润。少量釉色不匀，局部偏黄，或有少量土沁。足端均有一周垫烧泥点痕。盘口边长多在 12.3—12.7 厘米，圈足边长多在 13.7—14.4 厘米，高度多在 6.4—6.7 厘米，另有少数器物有轻微变形。以 6 件为例。

套盒

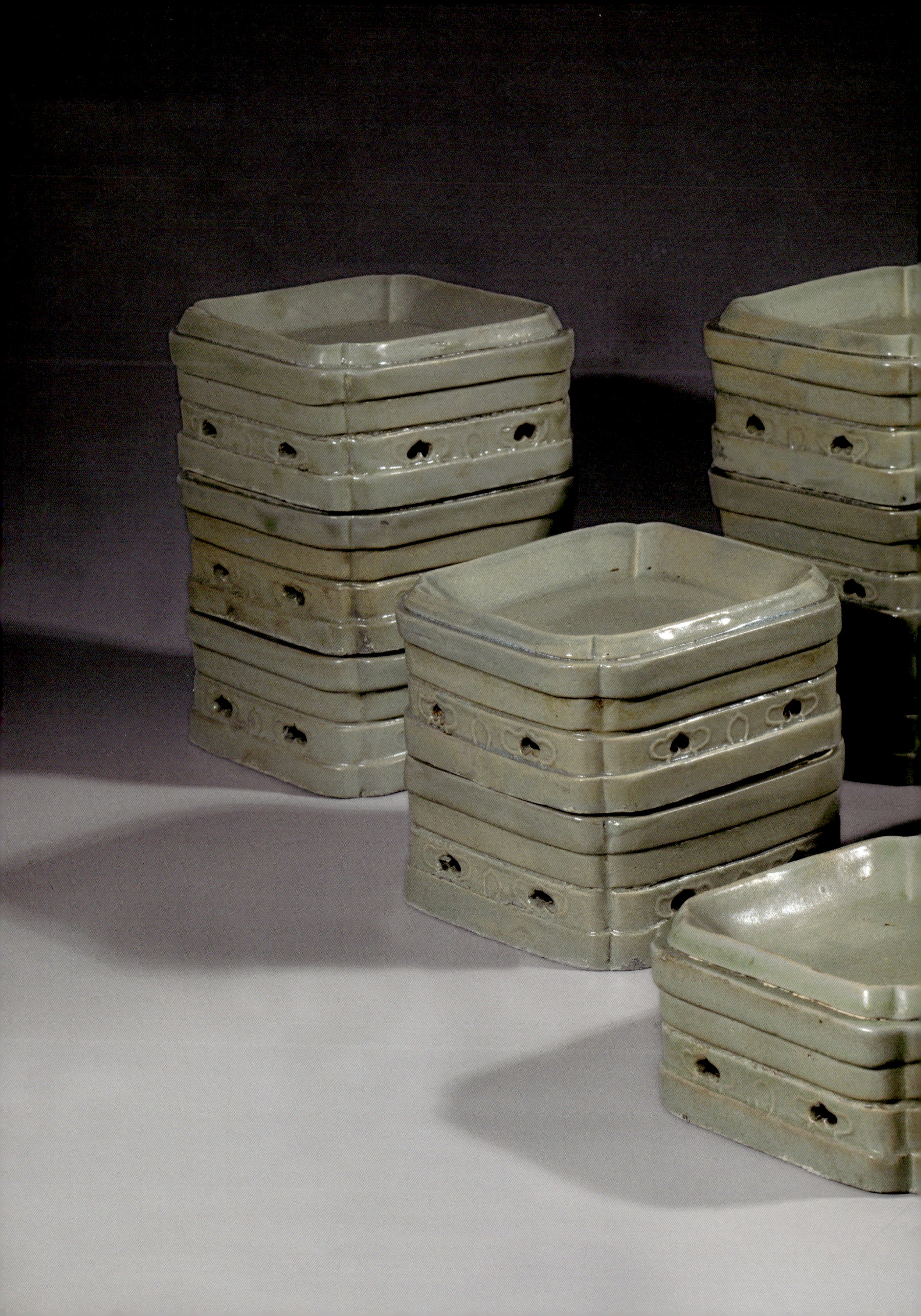

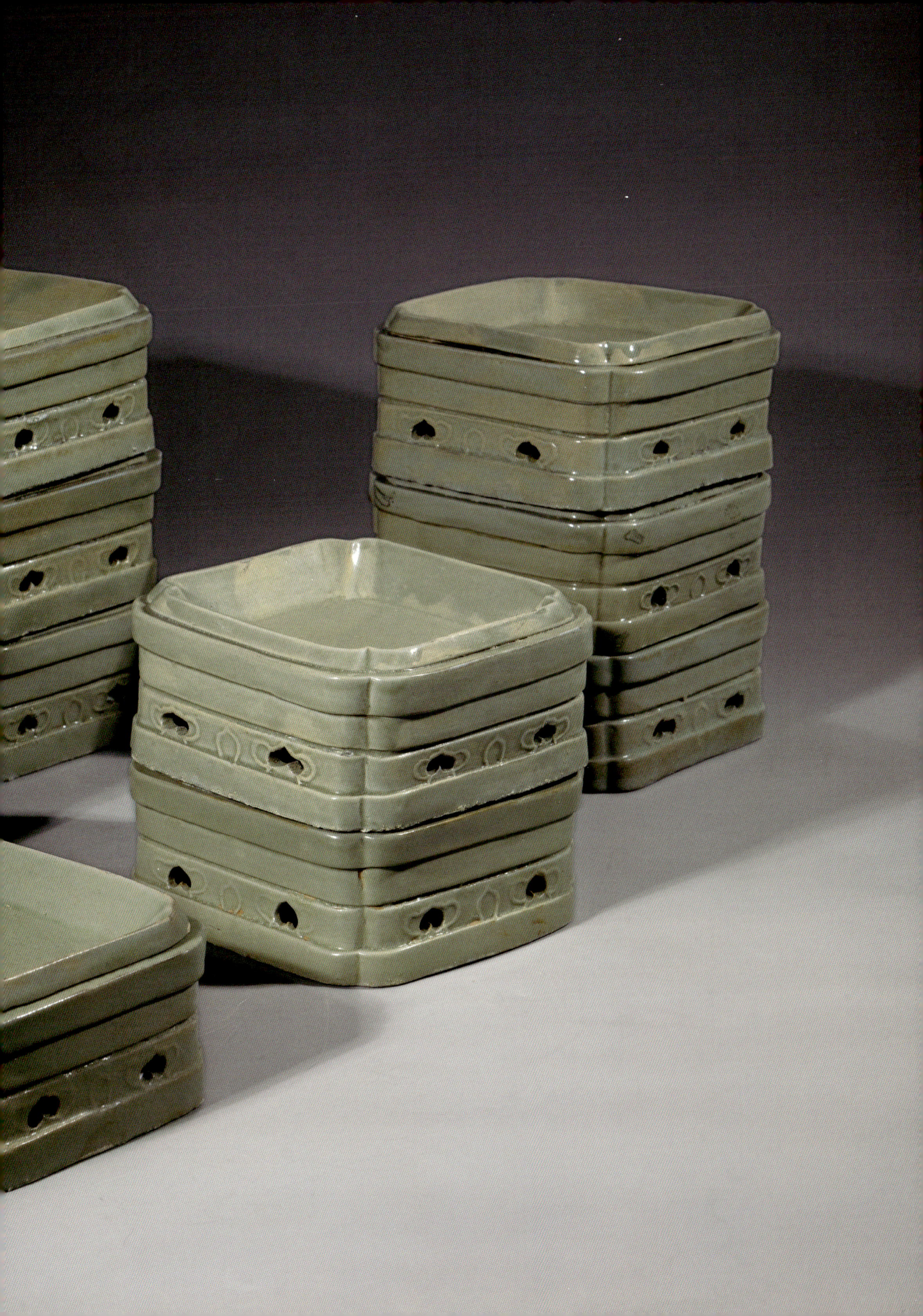

套盒

盘口边长约 12.4 厘米、圈足边长约 14 厘米，高 6.3 厘米

方形，子母口，委角，平底，须弥座式高足。

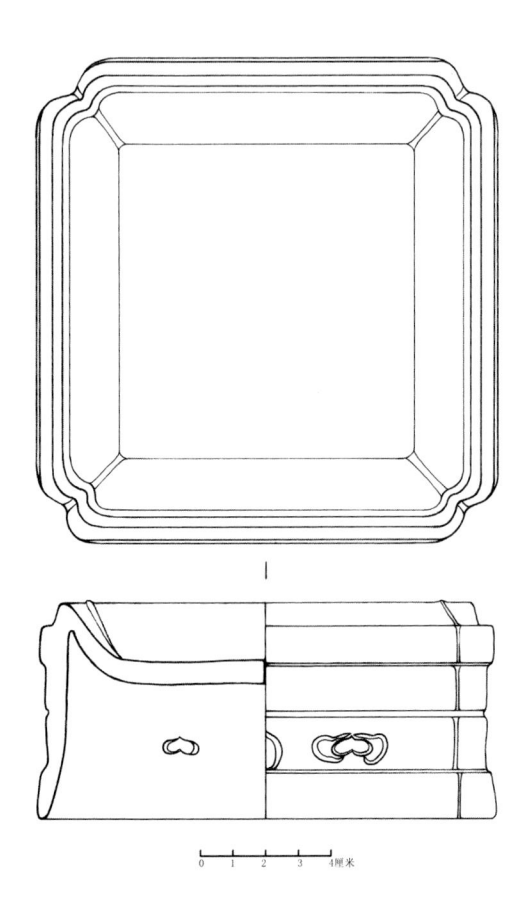

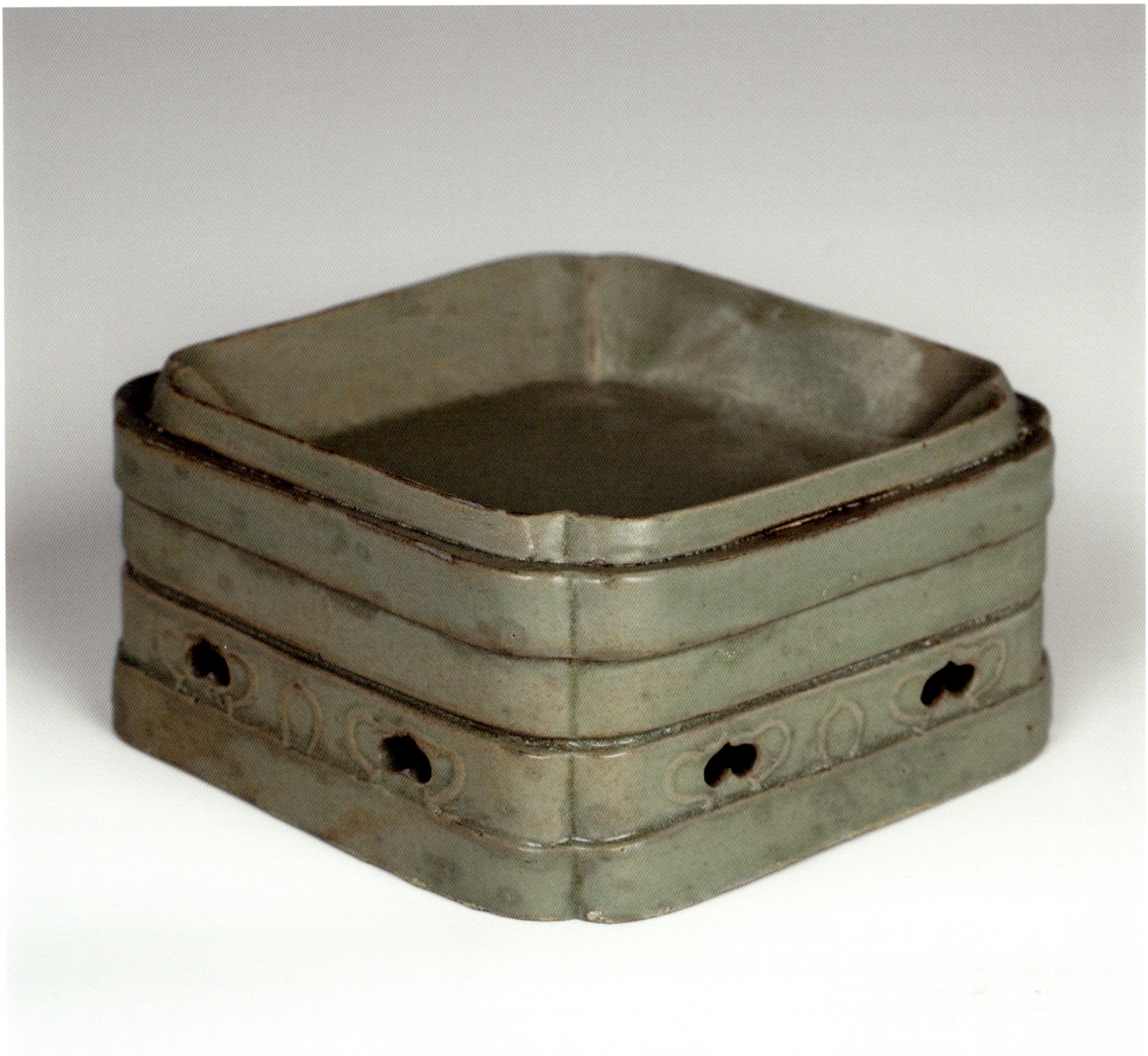

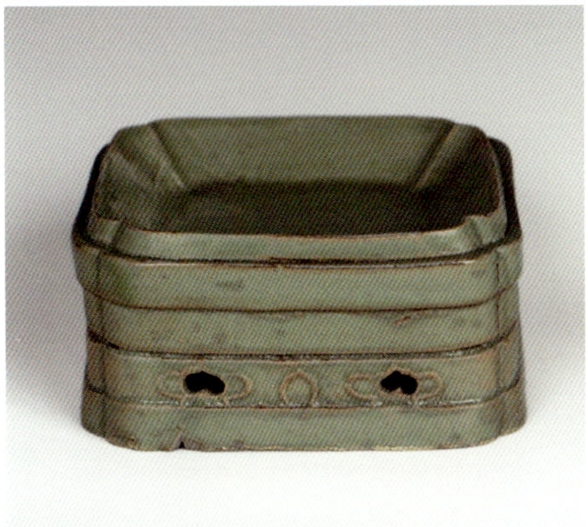

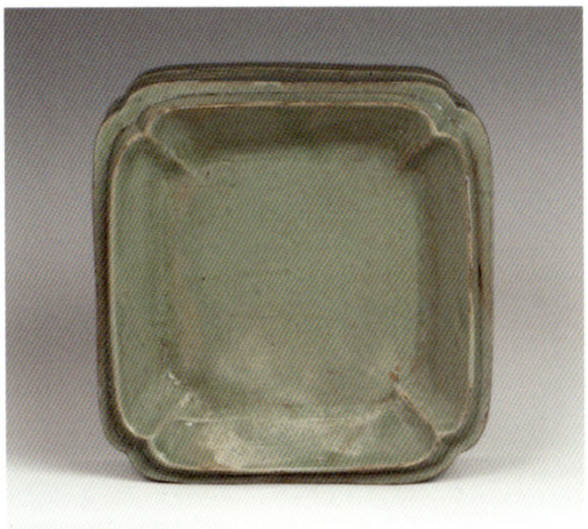

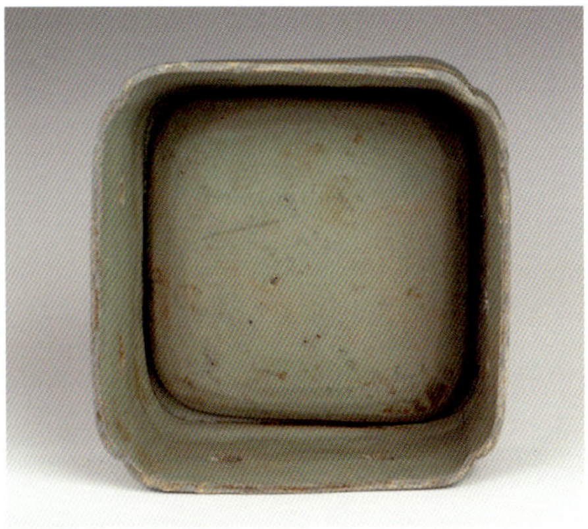

套盒

盘口边长 12.4 厘米、圈足边长 14.2 厘米，高 6.5 厘米

方形，子母口，委角，平底，须弥座式高足。

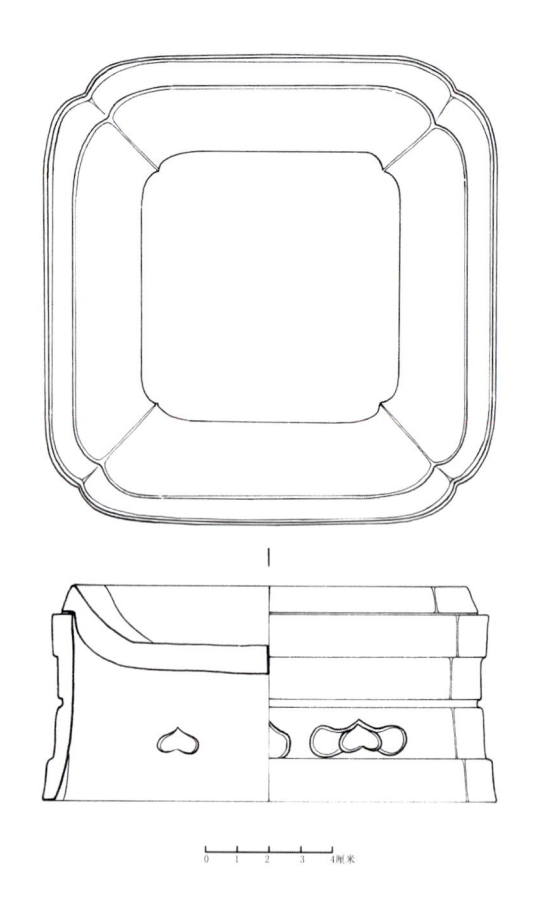

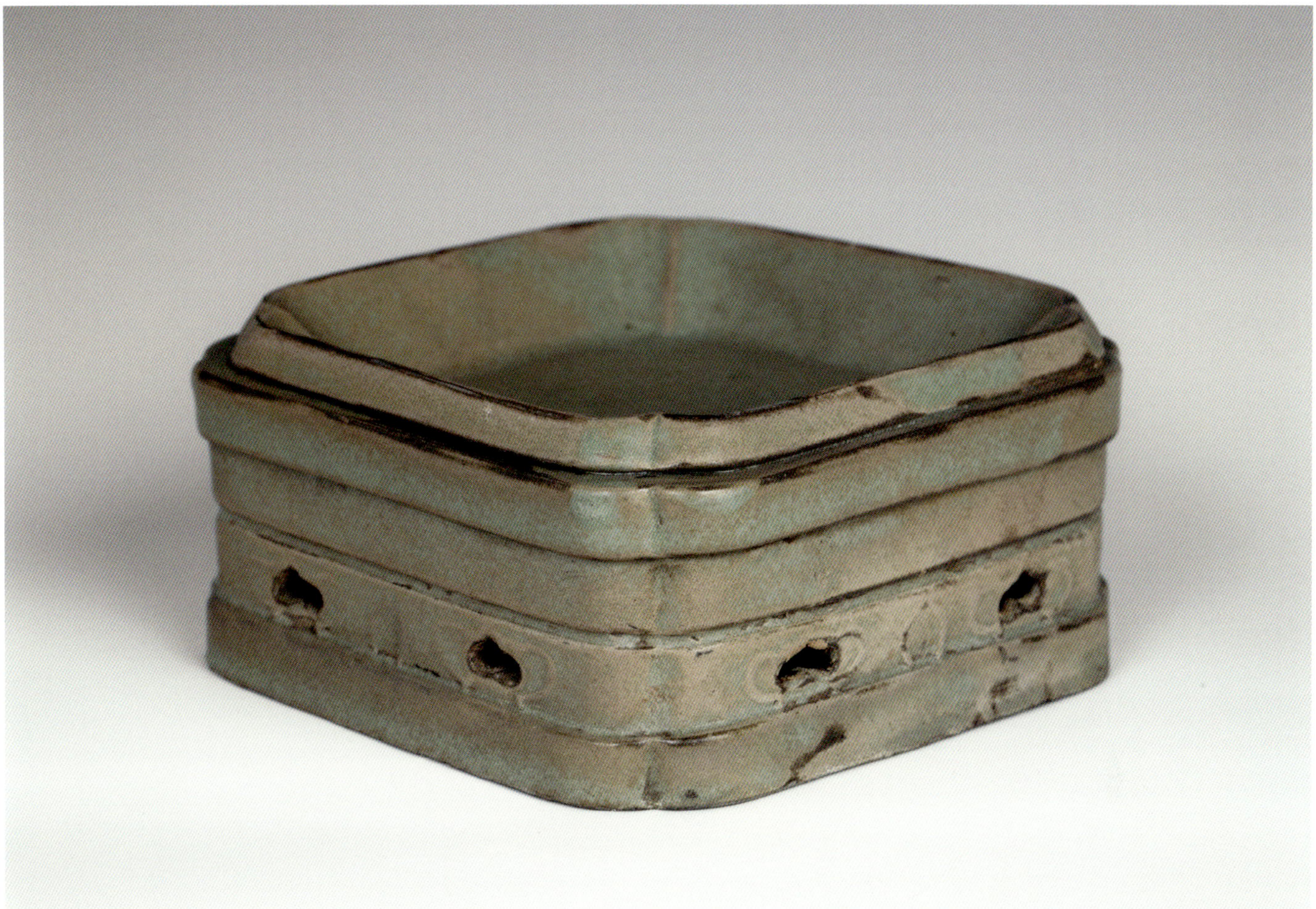

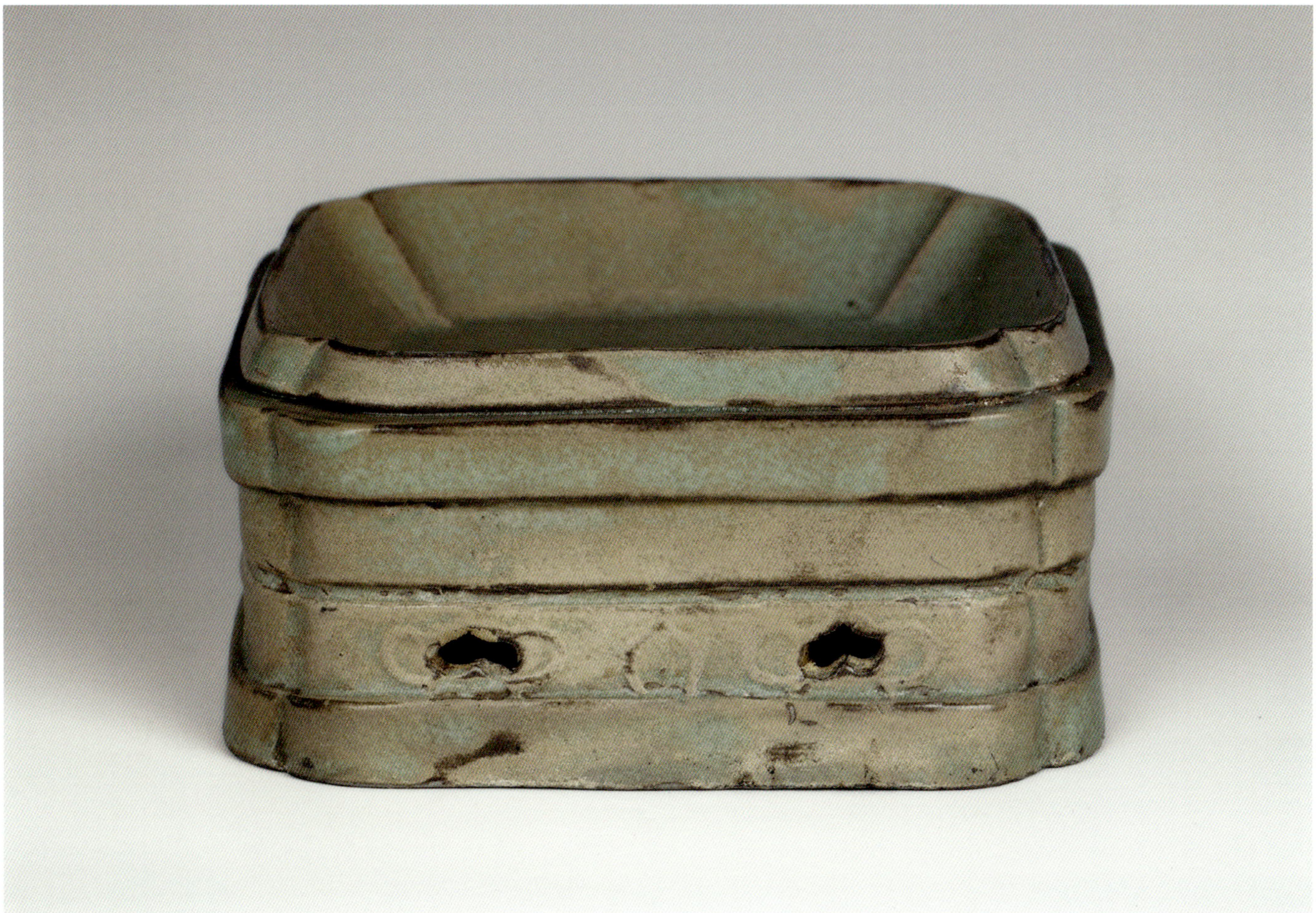

套盒

盘口边长 12.2 厘米、圈足边长 13.8 厘米，高 6.5 厘米

方形，子母口，委角，平底，须弥座式高足。

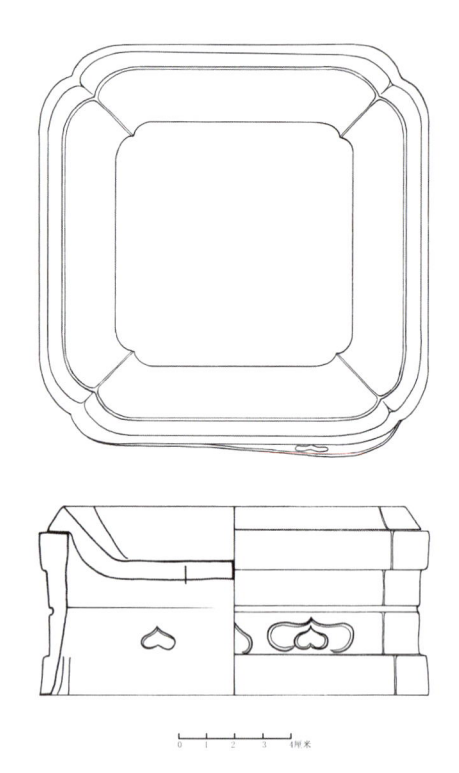

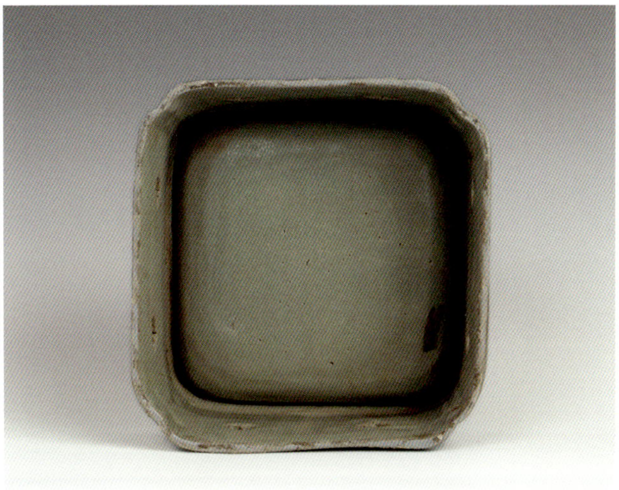

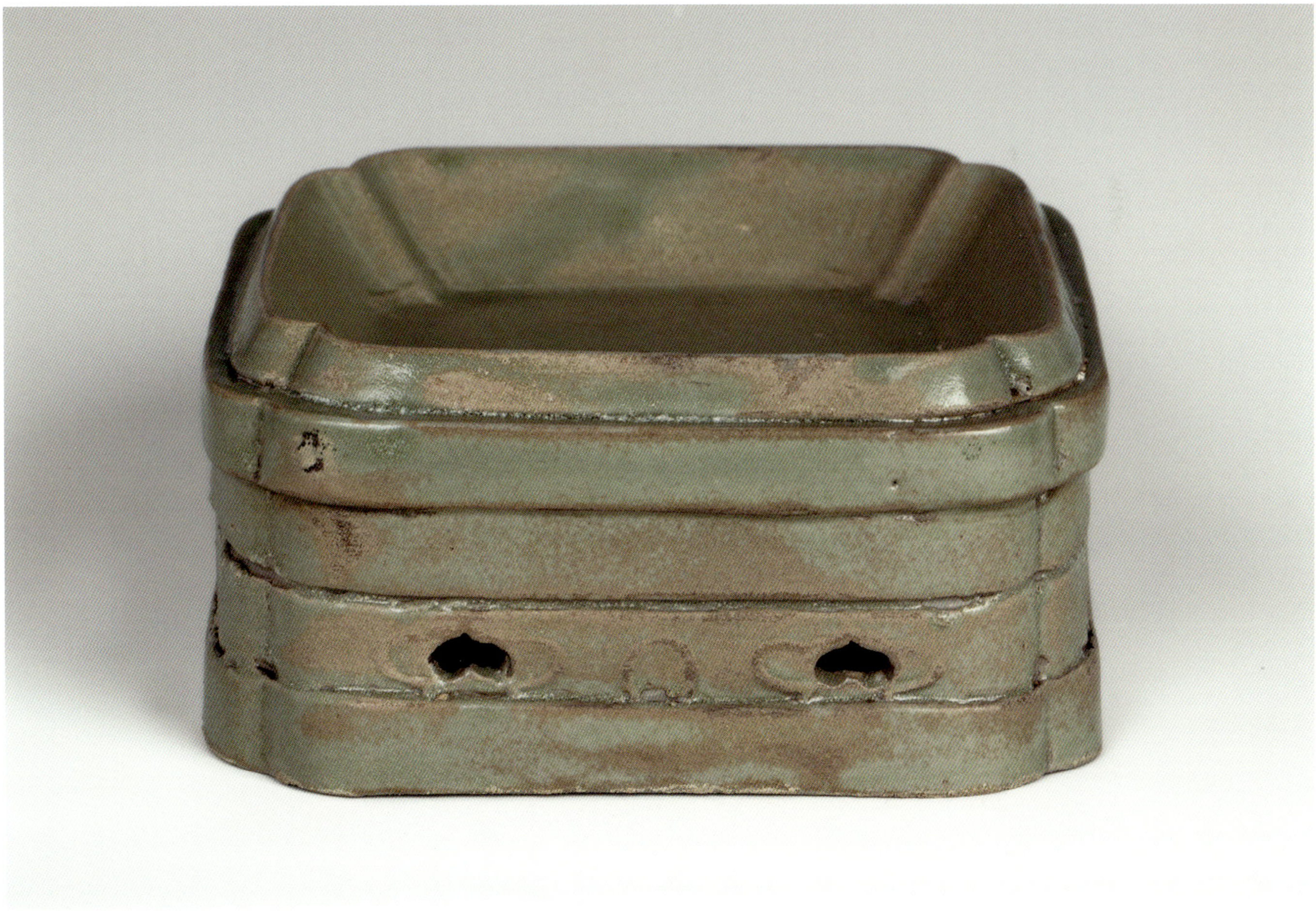

套盒

盘口边长 12.5 厘米、圈足边长 13.8—14 厘米，高 6.7 厘米

方形，子母口，委角，平底，须弥座式高足。

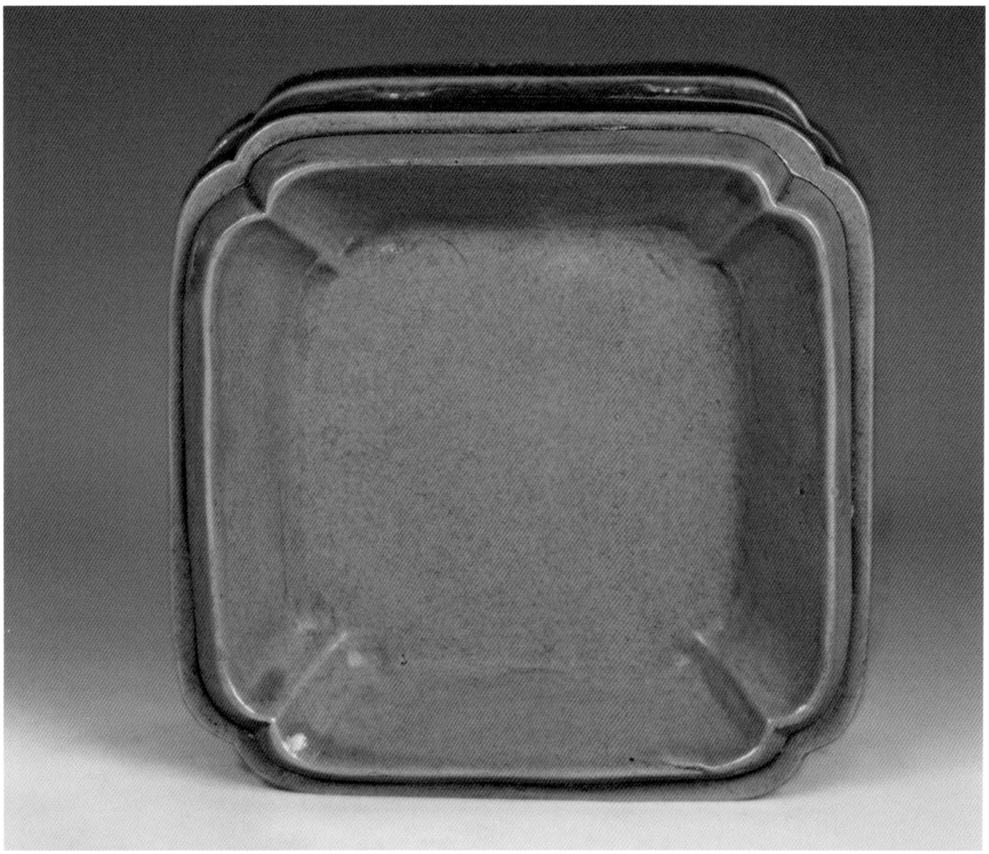

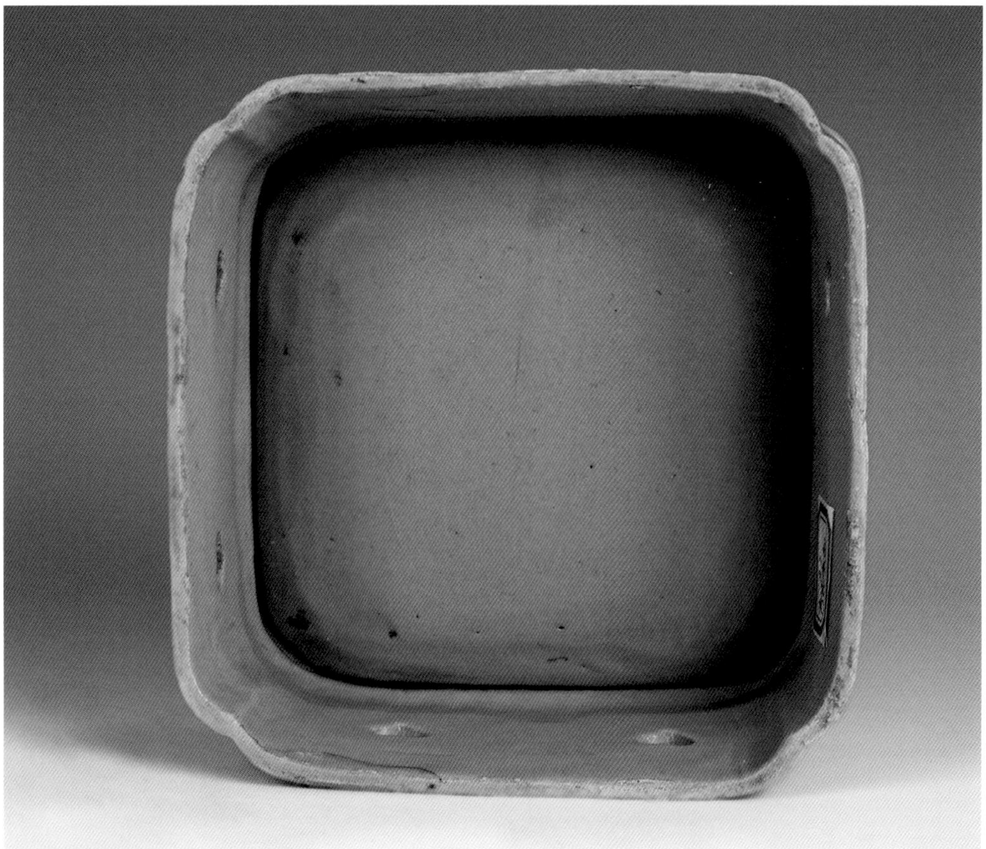

套盒

盘口边长 12.2—12.6 厘米、圈足边长 14 厘米，高 6.6 厘米

方形，子母口，委角，平底，须弥座式高足。

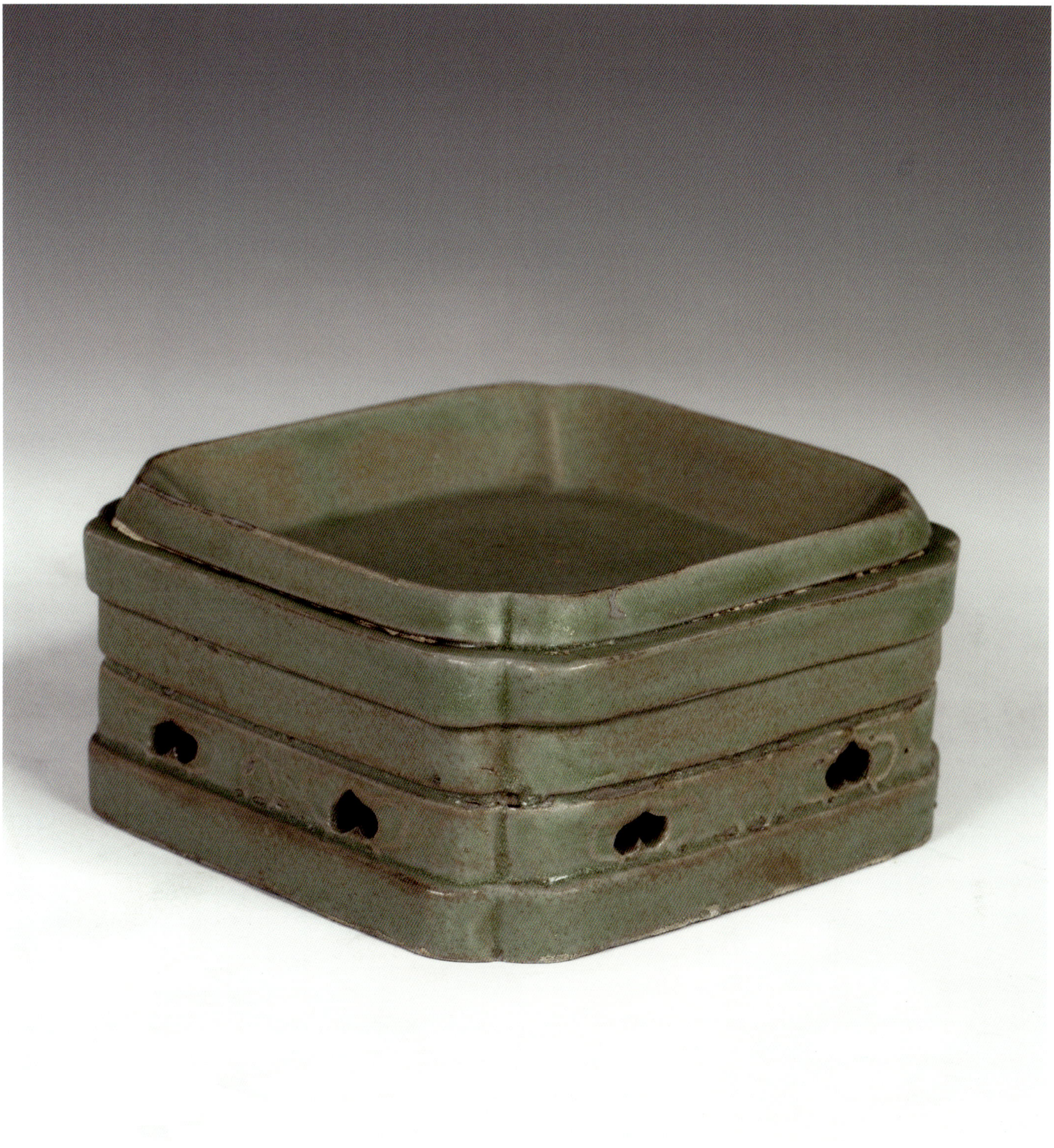

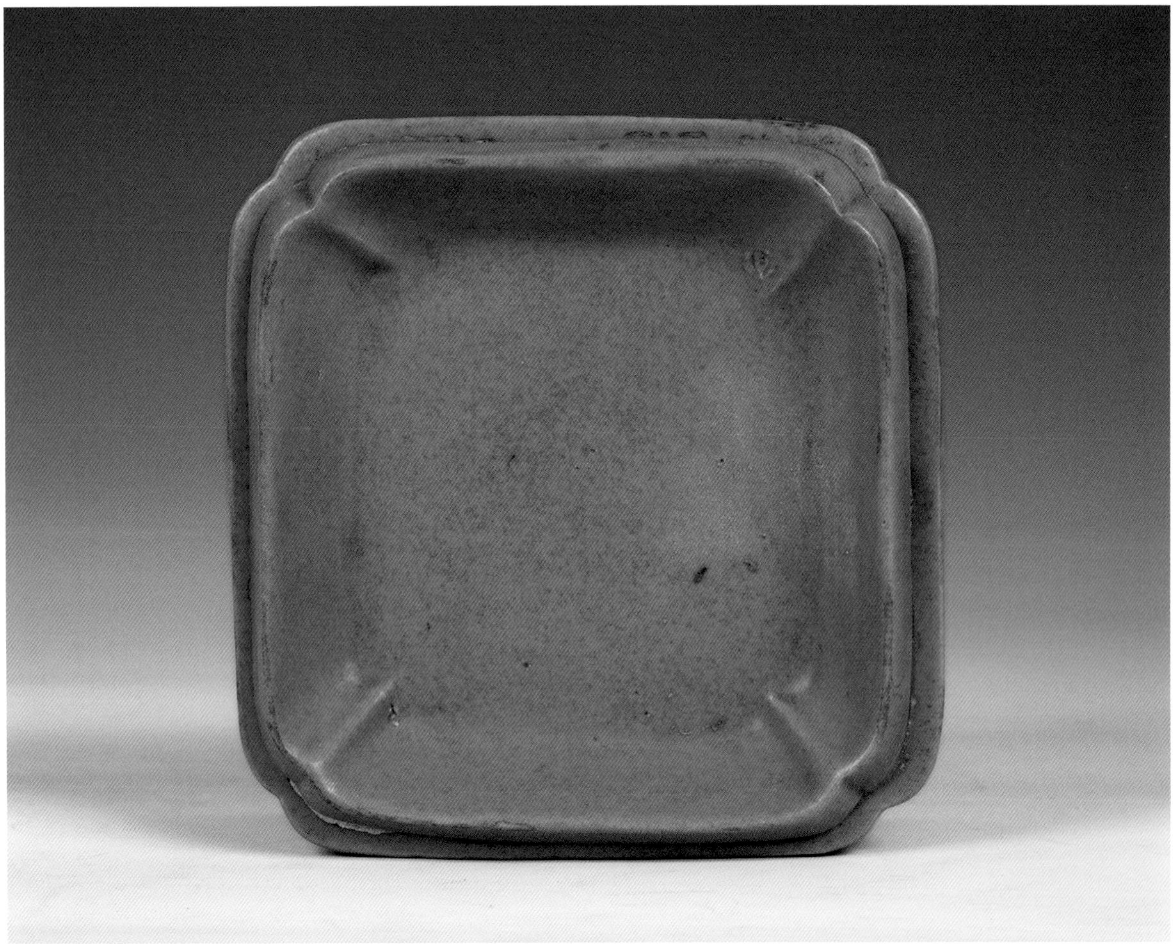

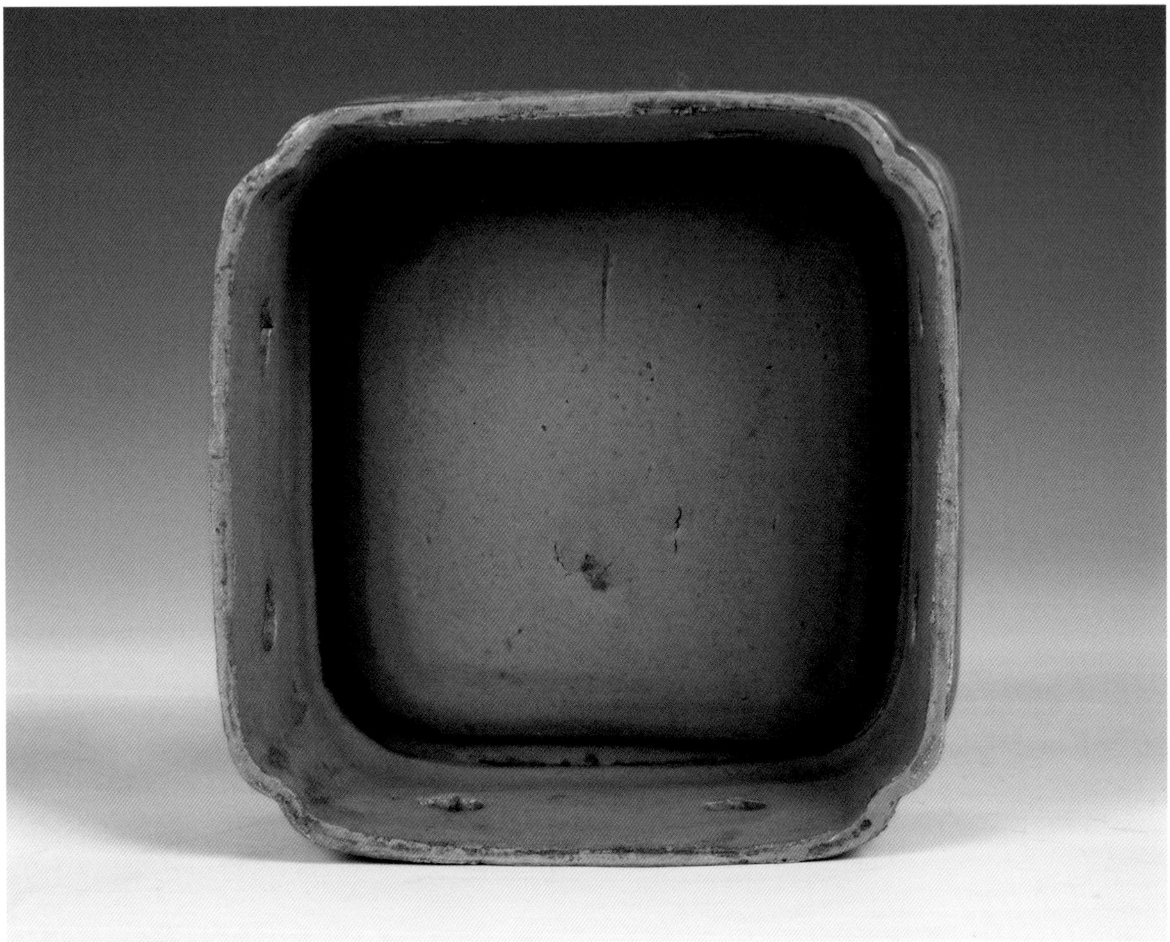

套盒

盘口边长 12.5 厘米、圈足边长 13.6—13.9 厘米，高 6.6 厘米

方形，子母口，委角，平底，须弥座式高足。

284

盒：3 件
根据底部特征，可分为平底盒和圈足盒两种。

盒

1 平底盒 2件

有捧盒、夹层盒两种。

捧盒

盒盖口径15.6厘米，高5.8厘米；盒身口径14.2厘米、底径6.8厘米，高6.6厘米；通高11.9厘米

分为盒盖和盒身两部分：盒盖母口微敛，方唇，盖面高隆；盒身子口内敛，尖圆唇，斜折腹，平底微上凹。盖面边缘有一周凹弦纹。浅灰胎，通体青釉，釉色呈湖绿色，釉面莹润。盒盖与盒身交界处有一周泥点间隔痕，盒身底面边缘残存一周垫烧泥点。

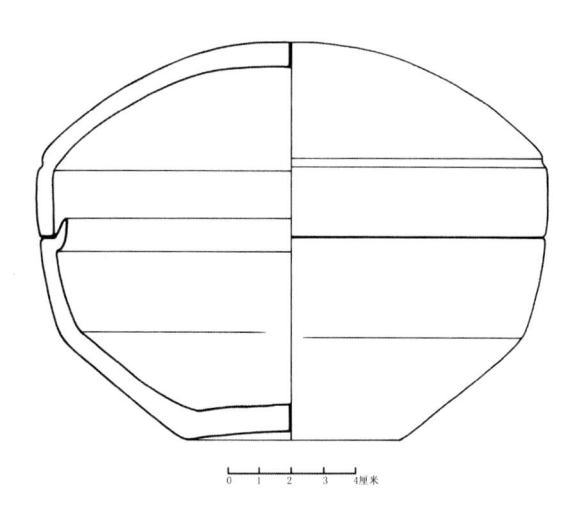

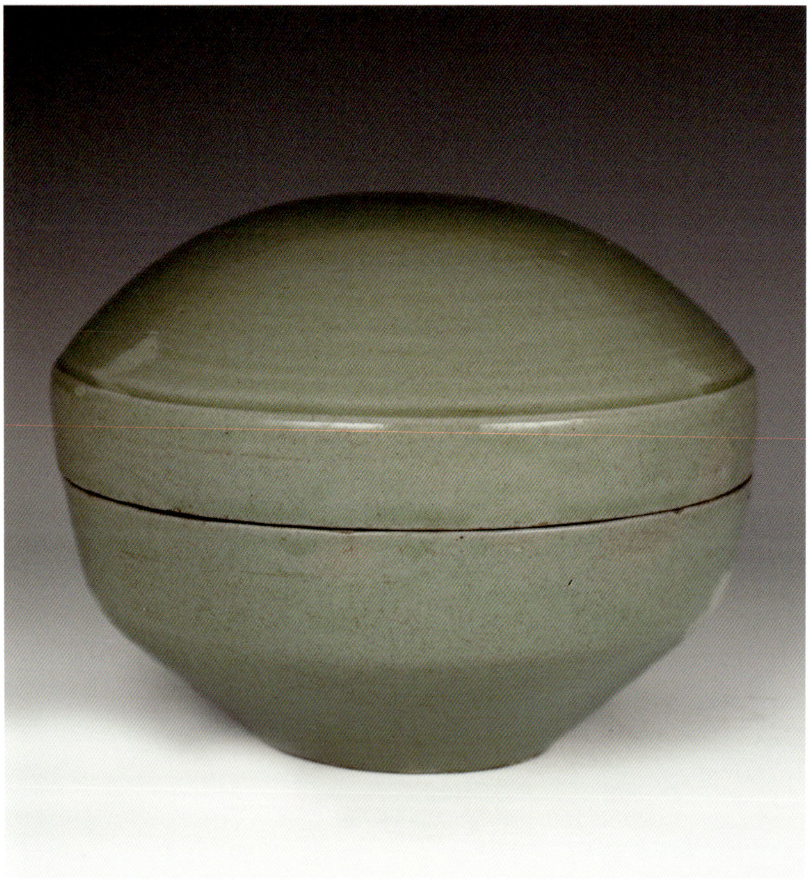
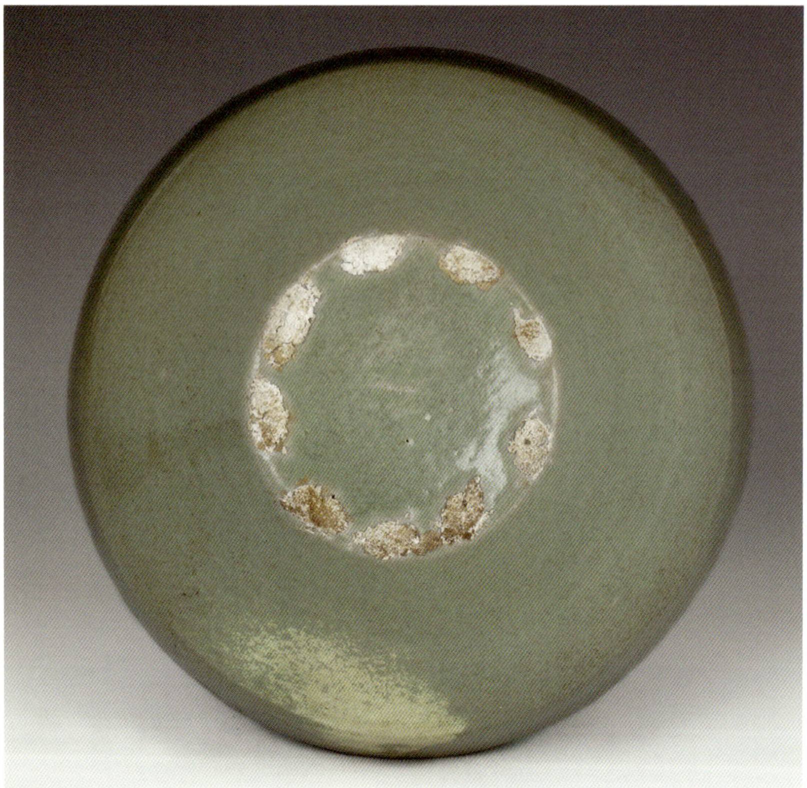
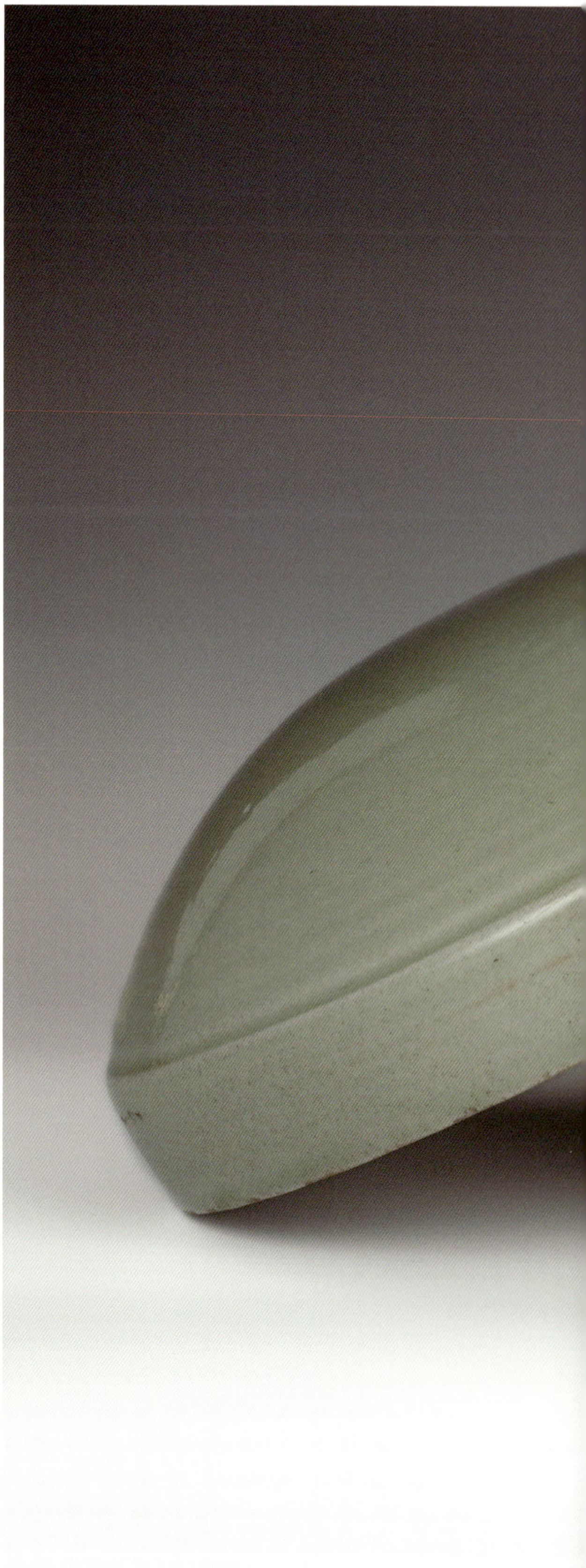

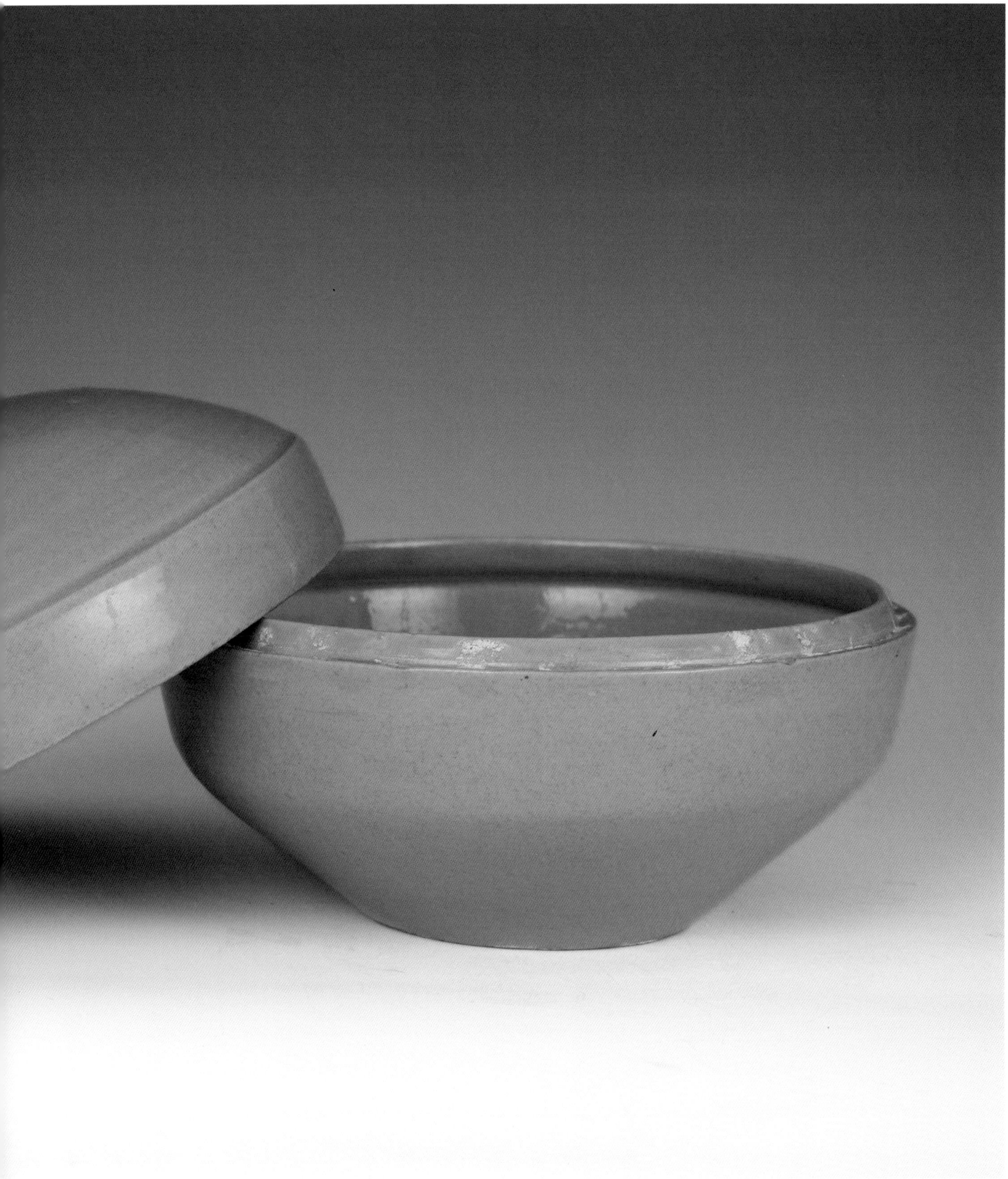

夹层盒

盒盖口径9.6厘米、盖面直径9.9厘米，高1.8厘米；夹层口径8.6厘米、底径4.5厘米，高1.5厘米；盒身口径8.6厘米、最大腹径9.6厘米、底径5.3厘米，高2.3厘米；通高3.6厘米

分为盒盖、夹层和盒身三部分：盒盖为母口微敛，方唇，盖面微弧，平顶微下凹；夹层为碟形，平折沿，浅折腹，平底；盒身子口内敛，圆唇，浅折腹，平底微上凹。浅灰胎，通体青釉，釉色呈湖绿色，釉面莹润。盒盖与盒身交界处有一周泥点间隔痕，盒身底面边缘有一周泥点垫烧痕，盒身子口的口沿和夹层的下沿有间隔垫烧痕。

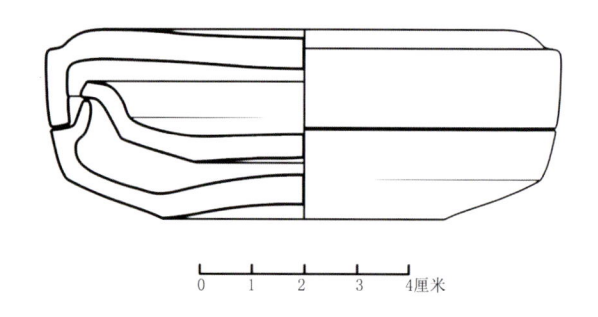

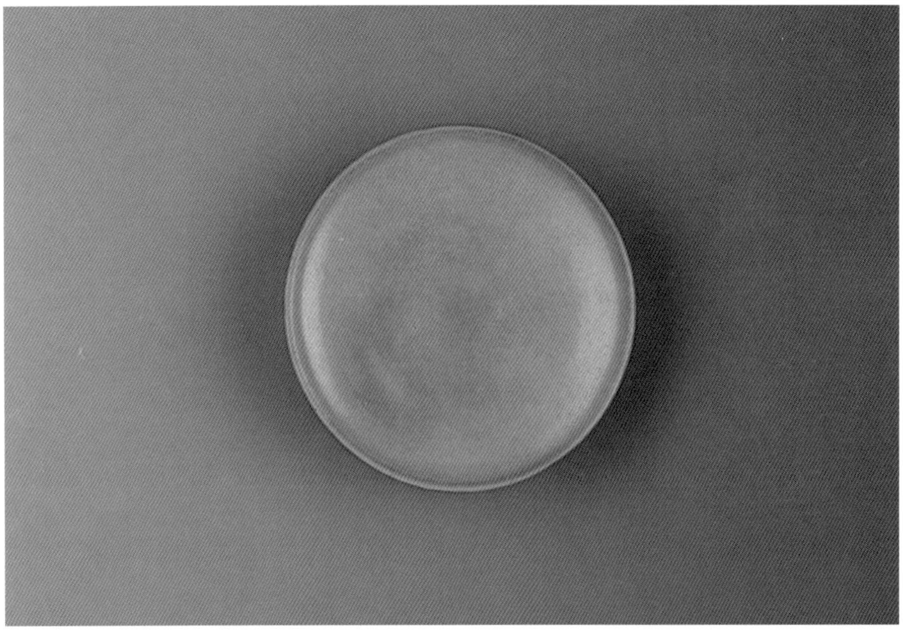

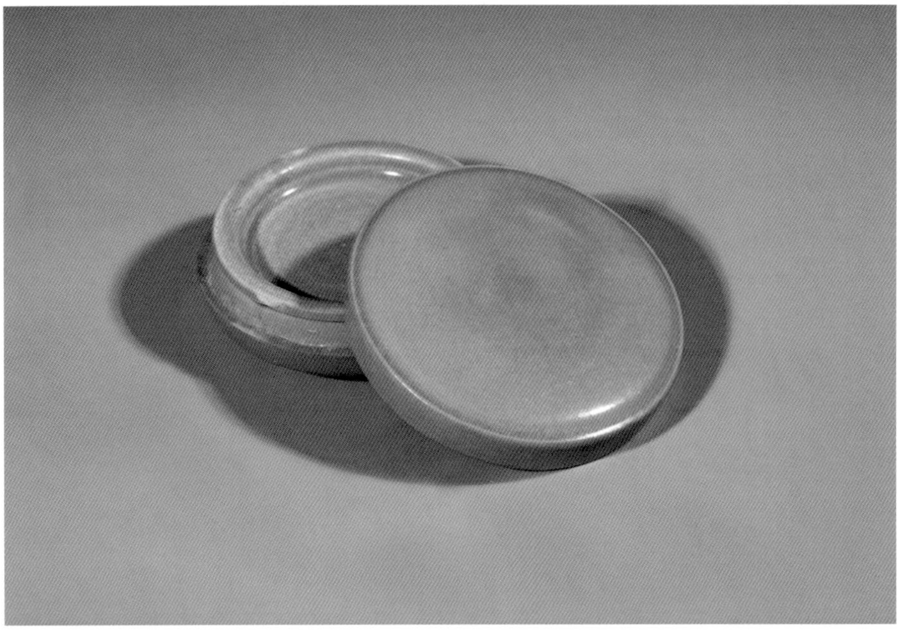

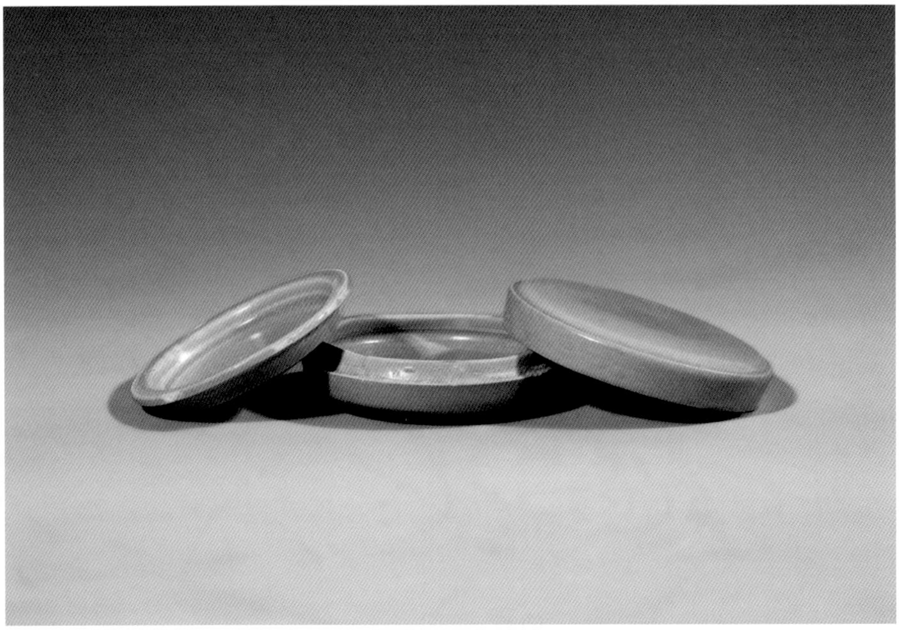

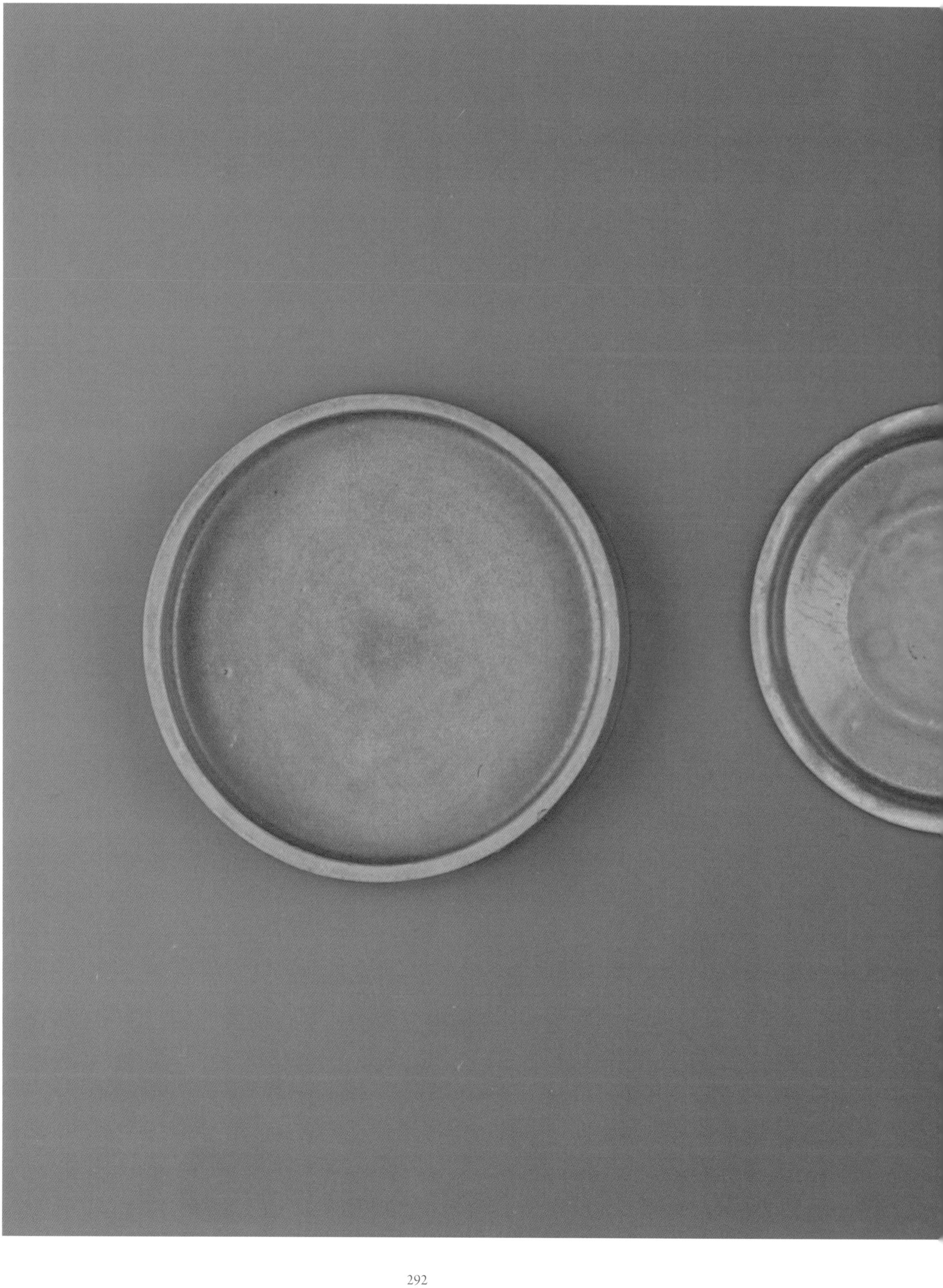

293

2 圈足盒 1件

四曲海棠形盒

盒盖口长 11.6 厘米、宽 7.6 厘米、盖面长 11.7 厘米、宽 7.5 厘米，高 2.2 厘米；盒身口长 10.8 厘米、宽 6.7 厘米、圈足长 8.2 厘米、宽 4.9 厘米，高 4.3 厘米；通高 6.1 厘米

平面呈四曲海棠形，分为盒盖和盒身两部分。盒盖母口微敛，方唇，盖壁内收，盖面微弧；盒身子口，方唇，折腹，圜底，圈足微外撇。盖面边缘有一周凹弦纹。浅灰胎，通体青釉，釉色呈湖绿色，釉面莹润。盒盖与盒身交界处有一周泥点间隔痕，盒身足端有一周泥点垫烧痕。

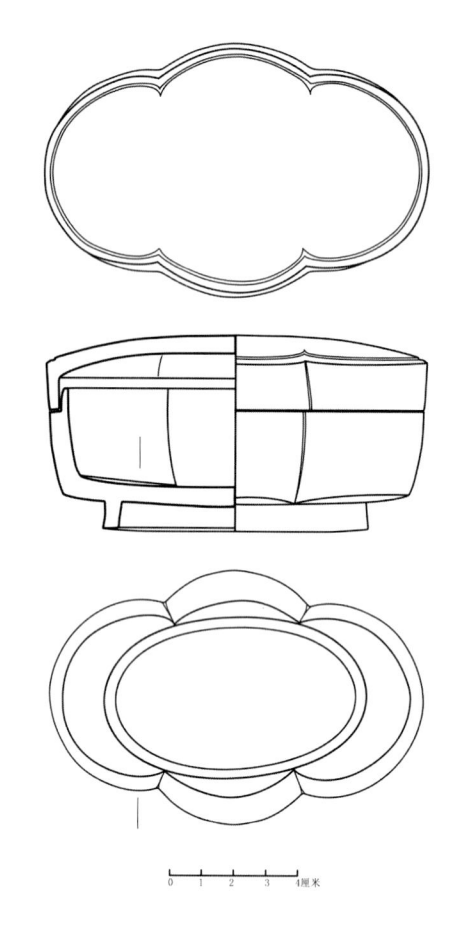

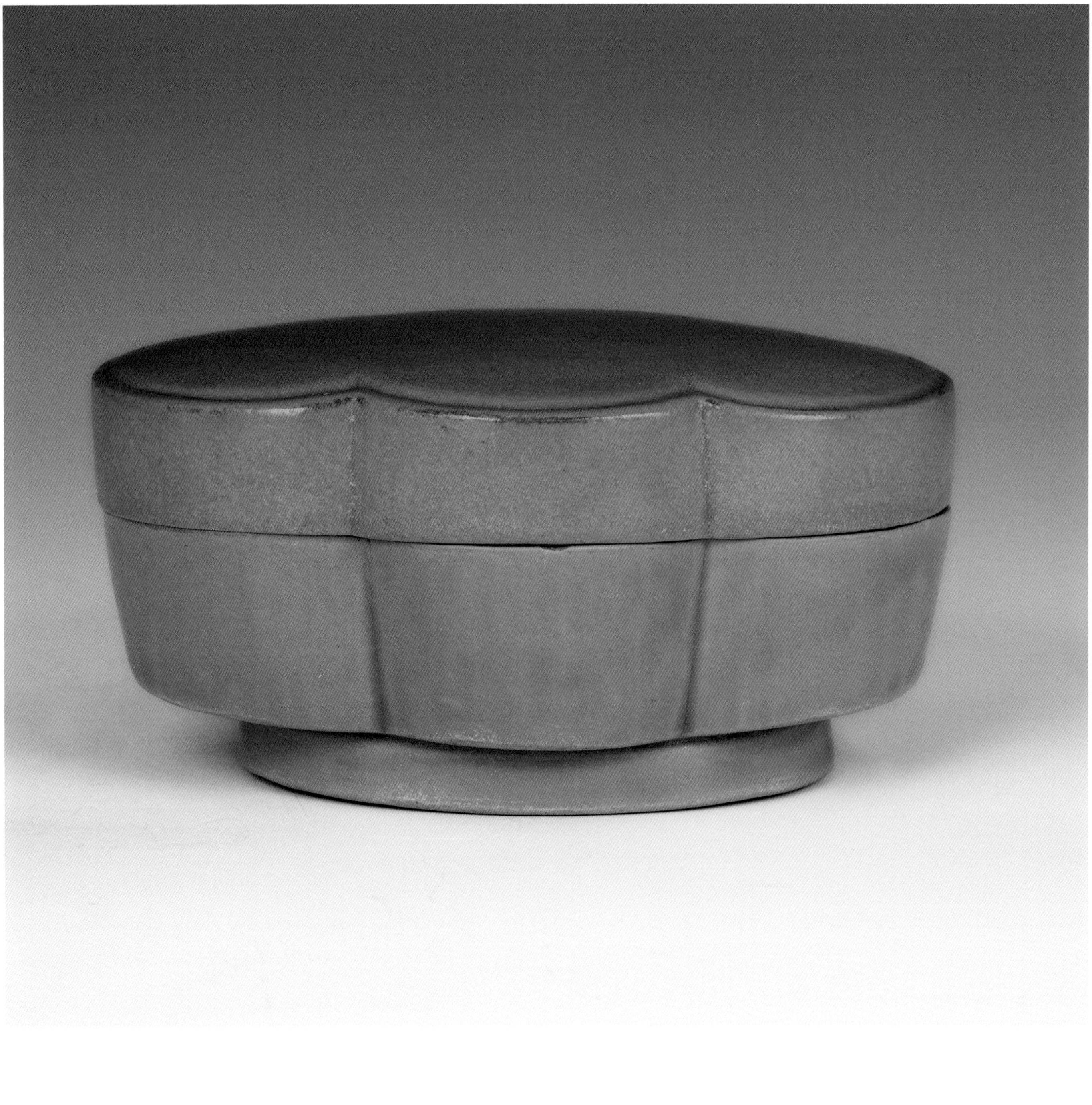

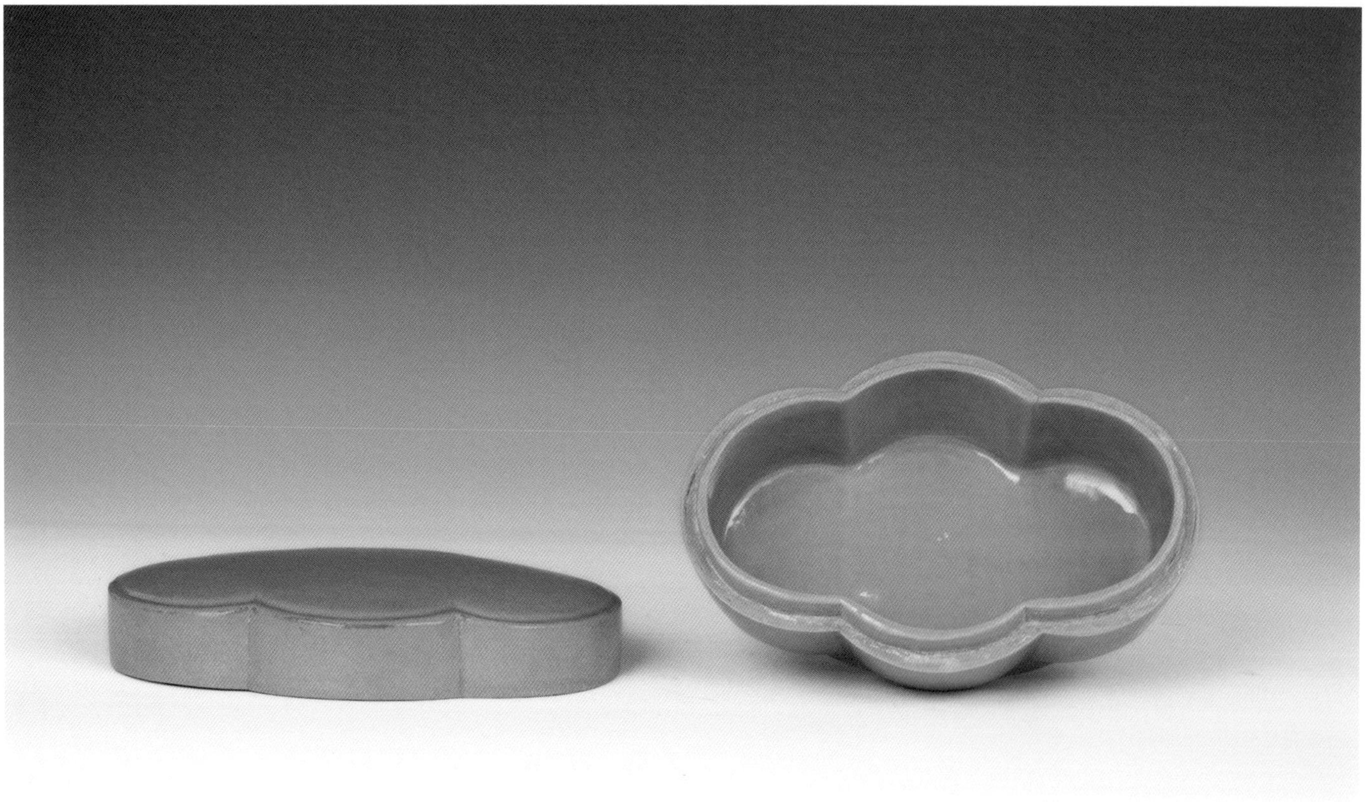

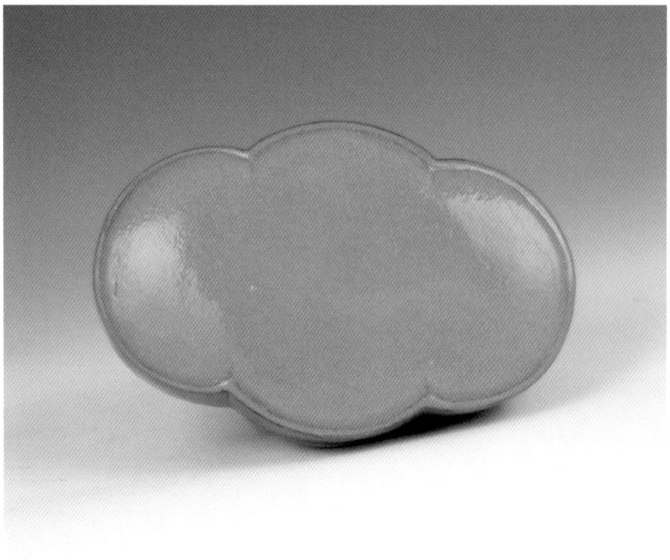

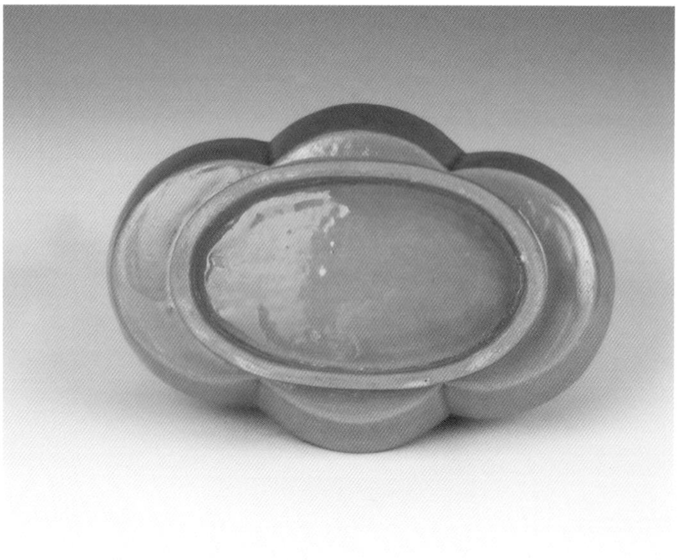

熏炉：2 件
根据形制特征，可分为盒式熏炉和兽头足熏炉两种。

熏炉

1 盒式熏炉 1件

盒式熏炉

炉盖口径 10.8 厘米，高 5.3 厘米；炉身口径 9.4 厘米、足径 6 厘米，高 5.5 厘米；通高 10.2 厘米

分为炉盖和炉身两部分：炉盖母口微敛，方唇，半球形，盖顶较平；炉身子口微敛，斜弧腹内收，平底，矮圈足外撇。炉盖口沿和炉身口沿外侧各一周釦银。盖面镂孔三组花卉纹和两组几何纹。浅灰胎，通体青釉，釉色呈湖绿色，釉面莹润。炉盖和炉身交界处有一周泥点间隔痕，炉身足端有一周垫烧泥点痕。

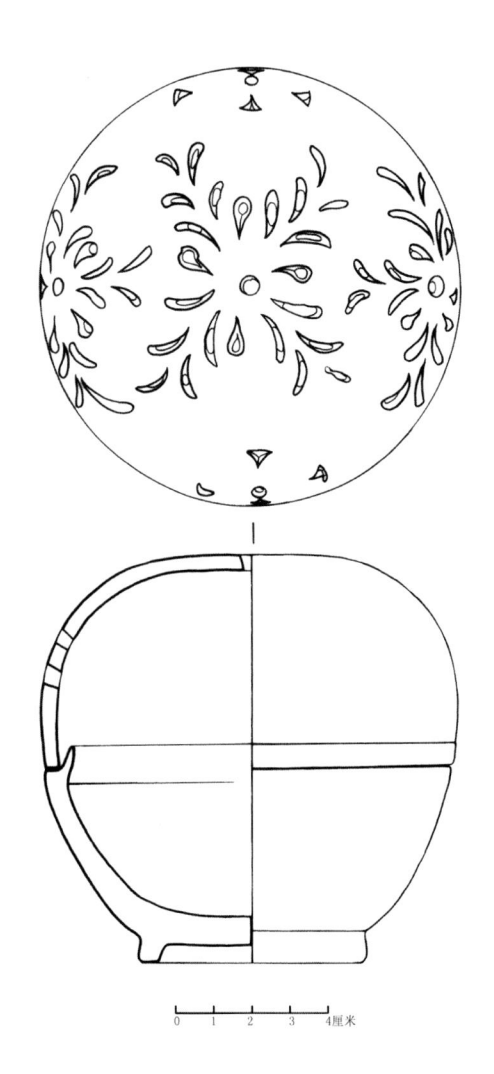

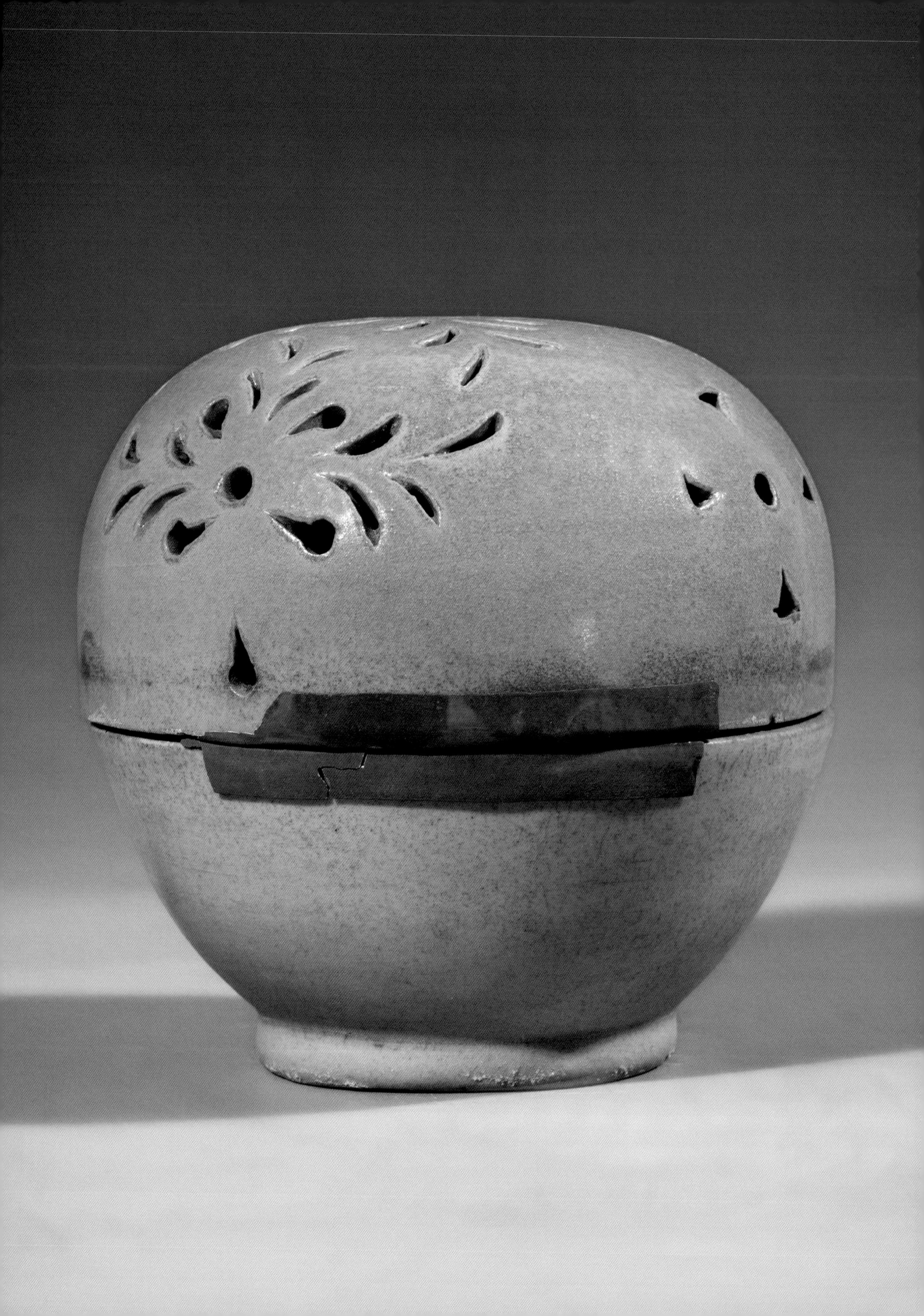

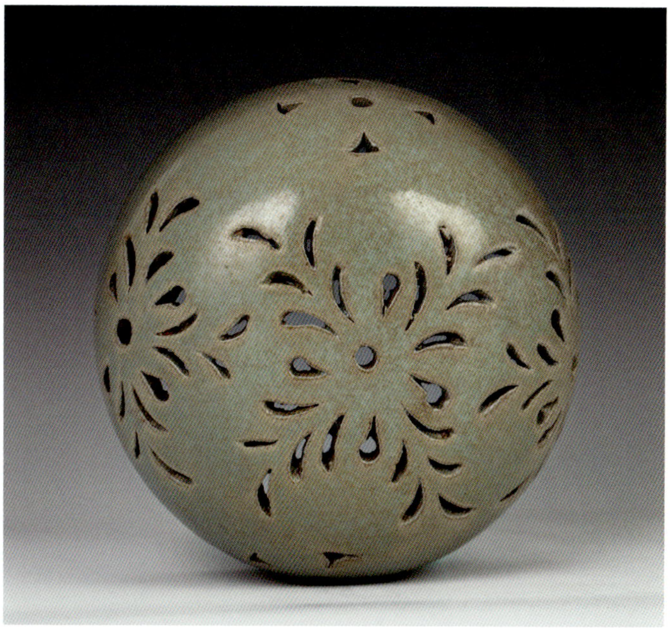

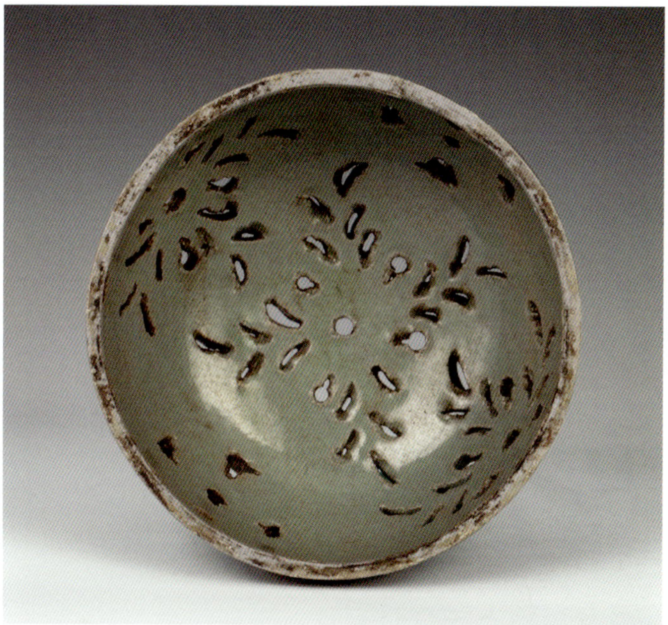

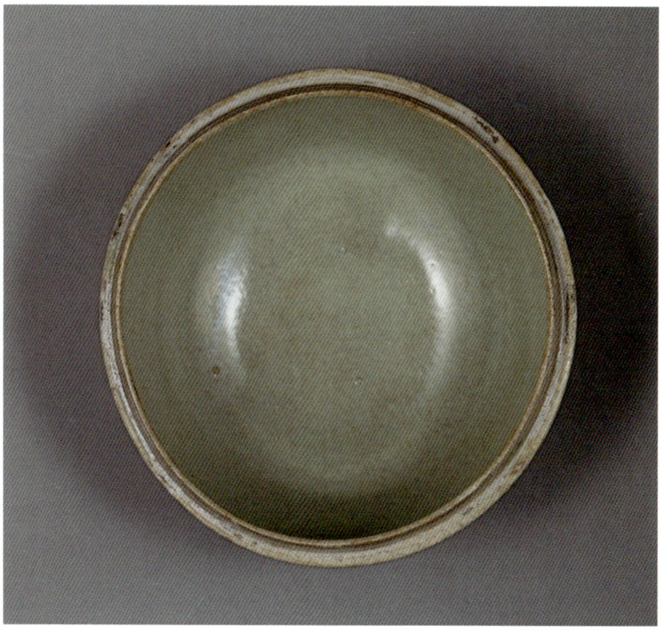

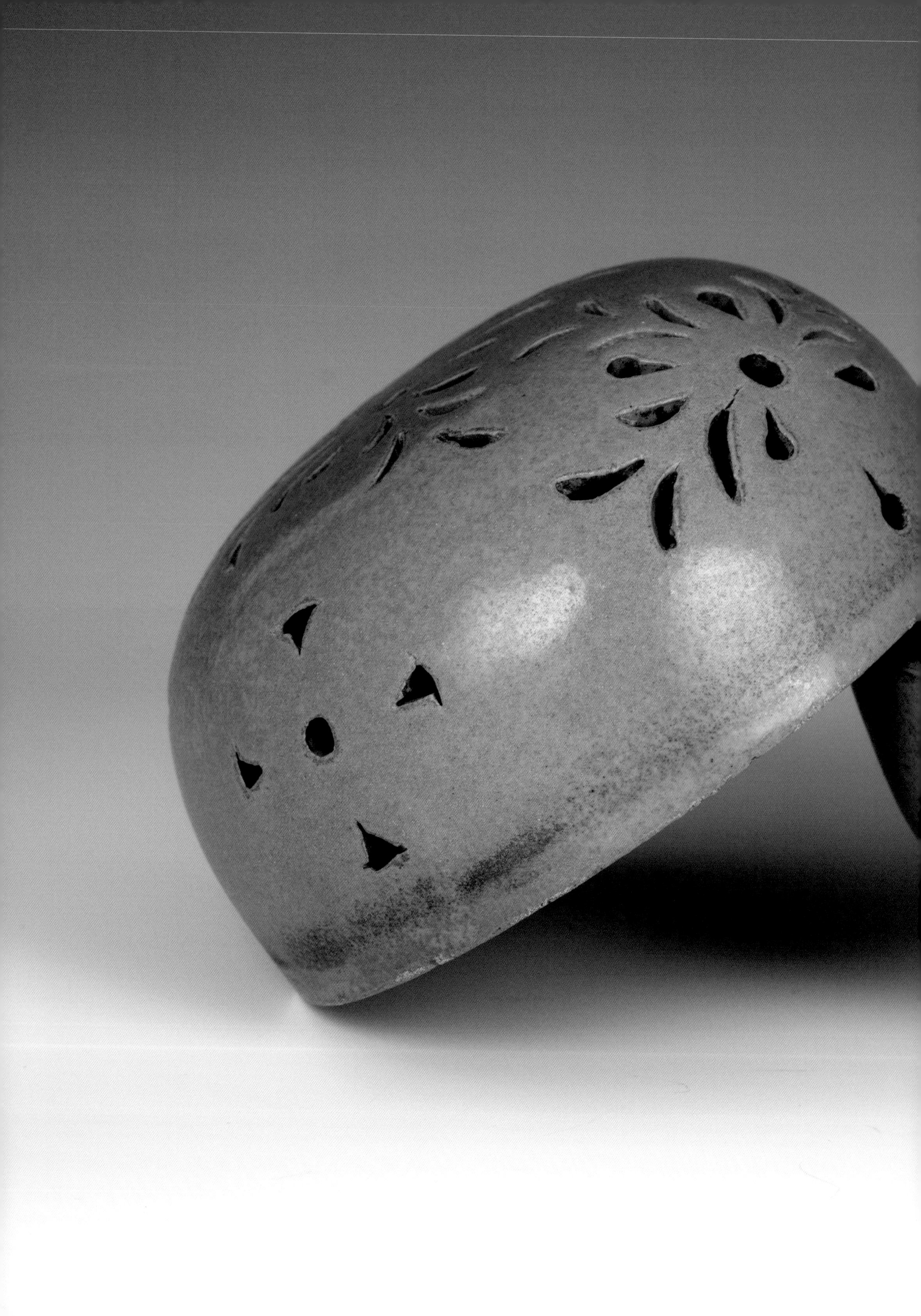

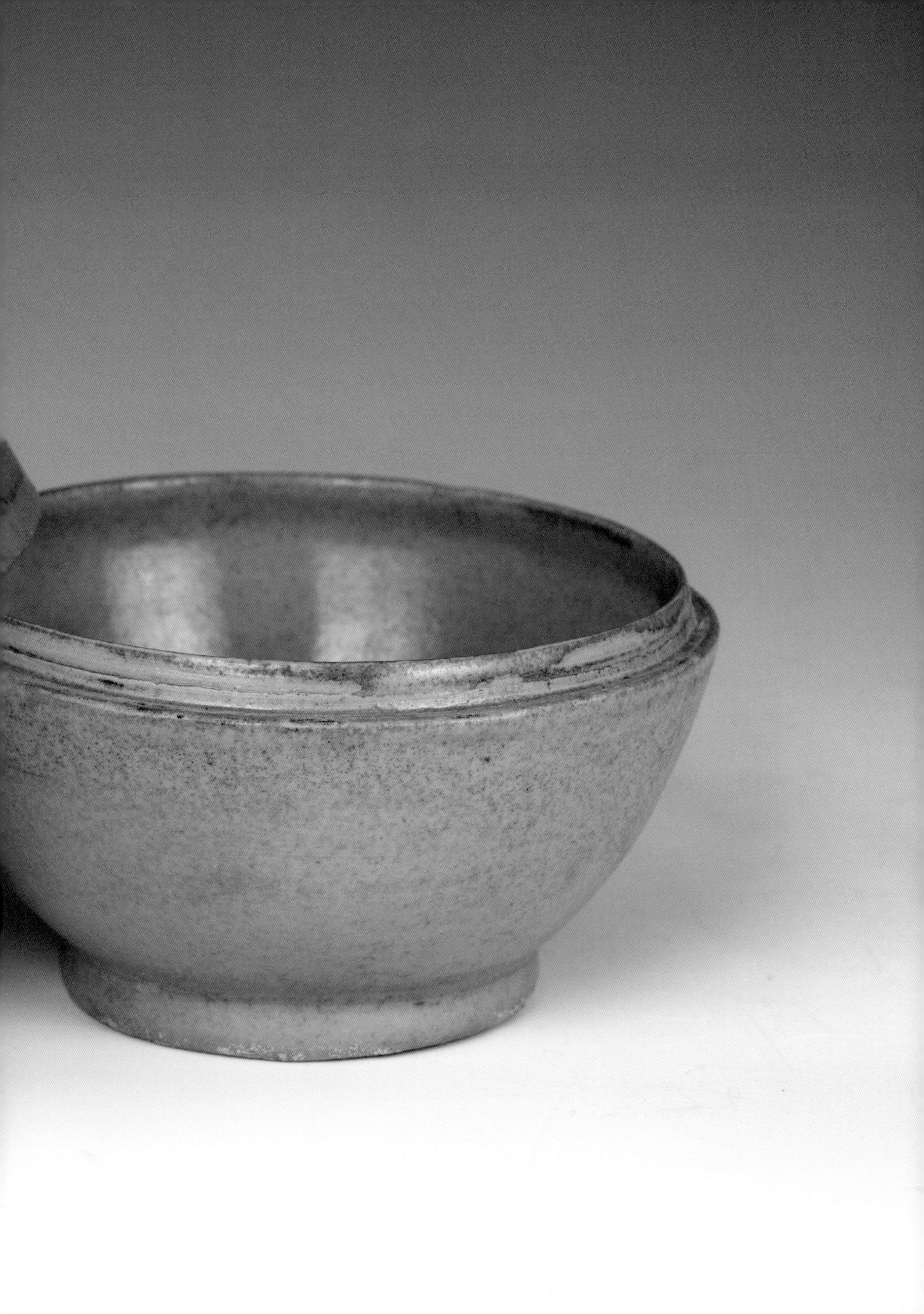

2 兽头足熏炉 1件

兽头足熏炉

盖钮高 26.1 厘米；盖口径 26.7 厘米、顶径 6.6 厘米，高 16.7 厘米；炉身口径 23.5 厘米，高 19.7 厘米；通高 58.9 厘米

整体由盖钮、炉盖和炉身三部分组成：其中盖钮由三部分拼合而成，自上而下分别为带细长管的球形腹、双层仰莲瓣和瓜棱形扁腹，瓜棱腹下有圆筒形套榫，套榫两侧有对称的方形插销口。炉盖盔形，三级，上两级腹部等距分布六组花瓣形镂孔，最上层花瓣形镂孔上部和中间也密集分布镂孔；炉身为子口微敛，圆唇，宽平沿，筒腹剖面呈上大下小梯形，腹部中间有两周凹弦纹，圜底，下腹部接五只虎头兽足，虎额均有"米"字，足中部有三条褶皱纹。参照水邱氏墓中出土褐彩云纹熏炉的形制，推测该熏炉下方或有炉座。浅灰胎，通体青釉，釉面莹润，炉盖内壁缩釉发灰。盖钮的瓜棱形扁腹下部、炉盖口沿、炉身外底各有一周垫烧泥点痕，兽足足端残存垫烧泥点。

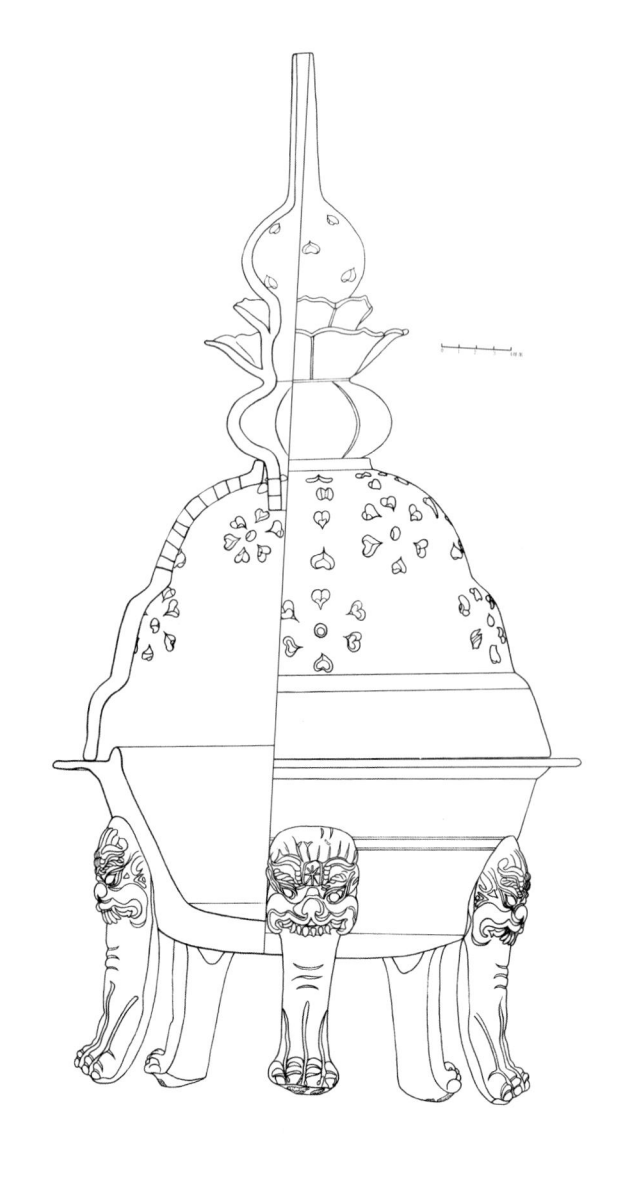

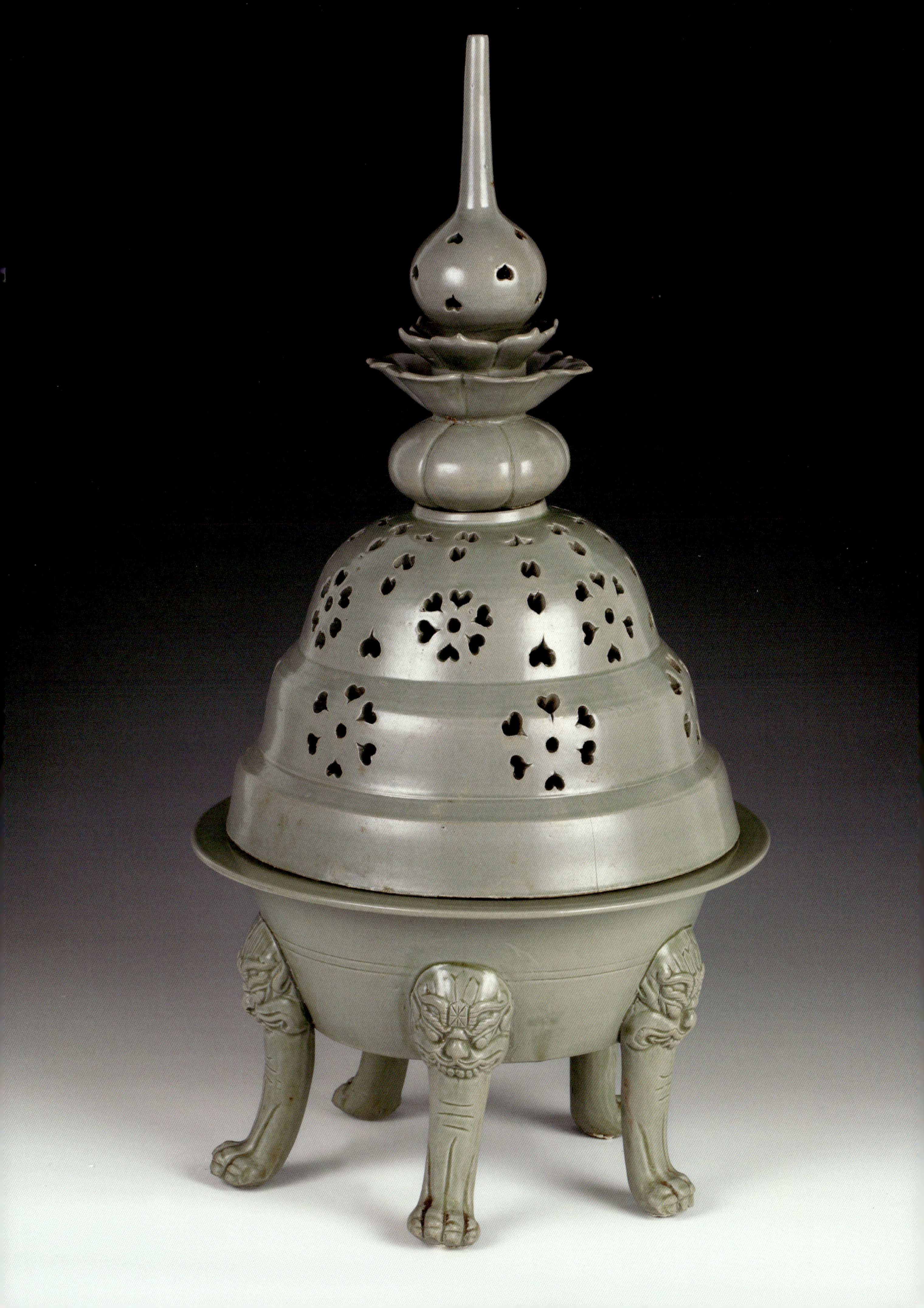

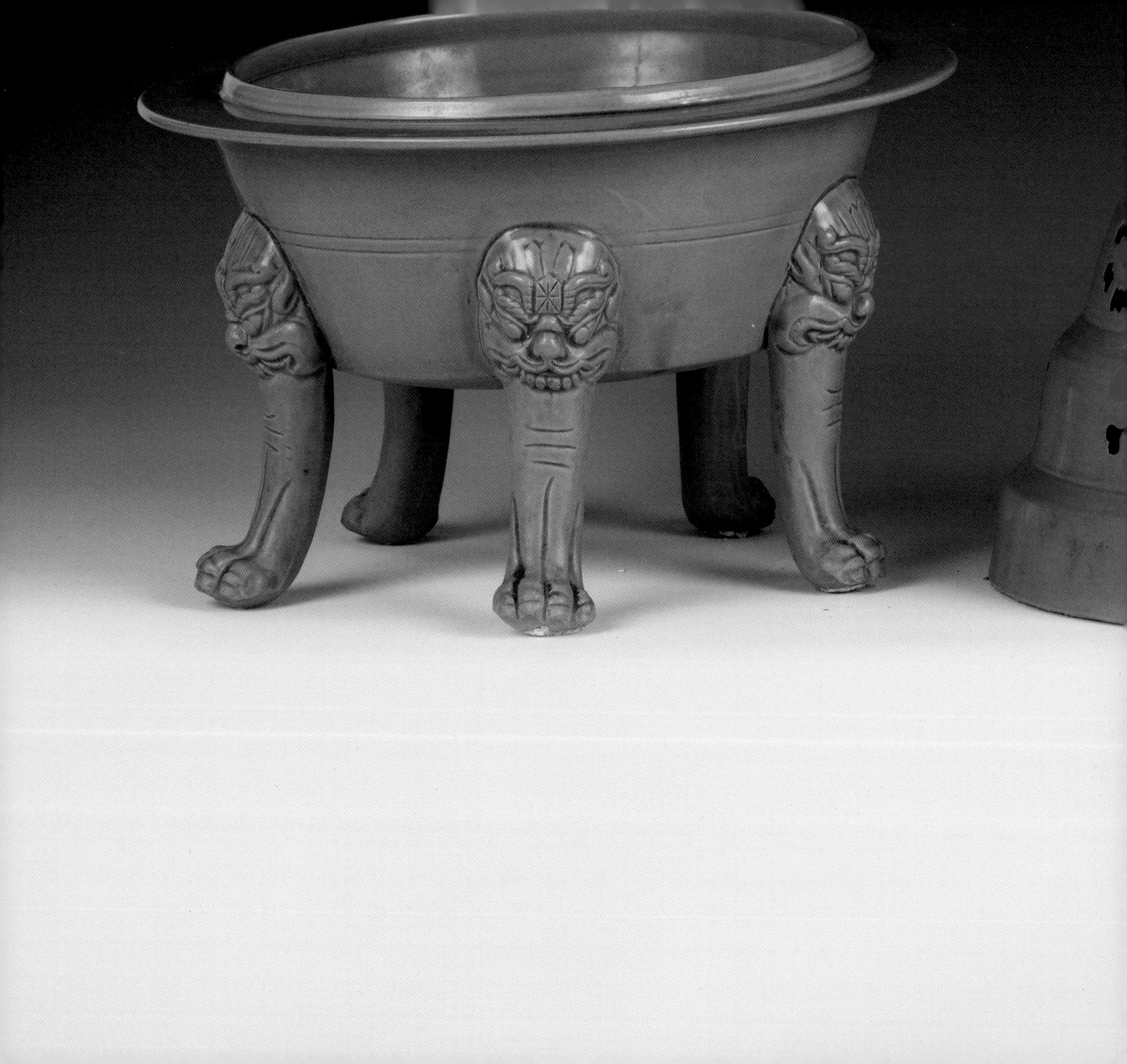

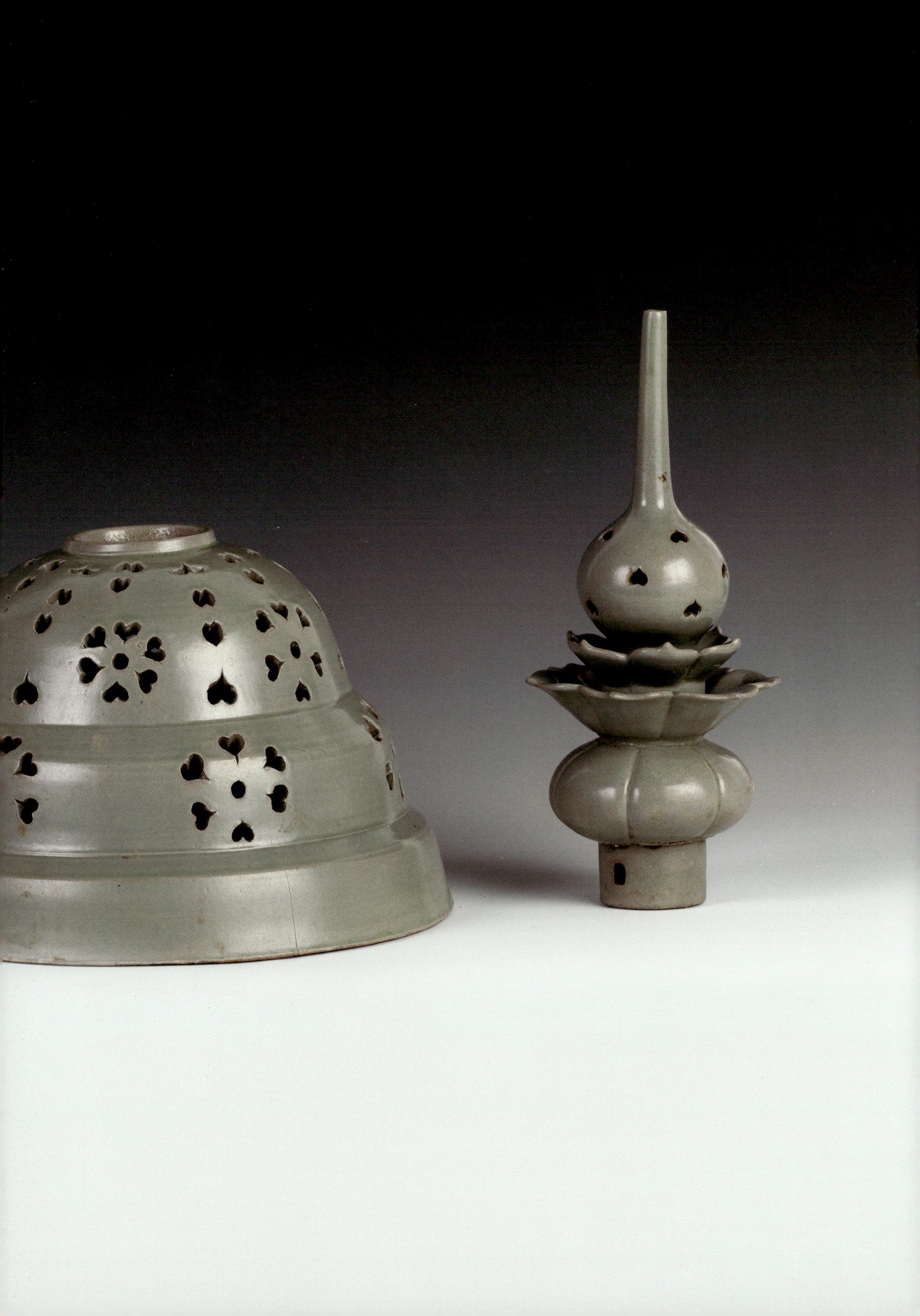

308

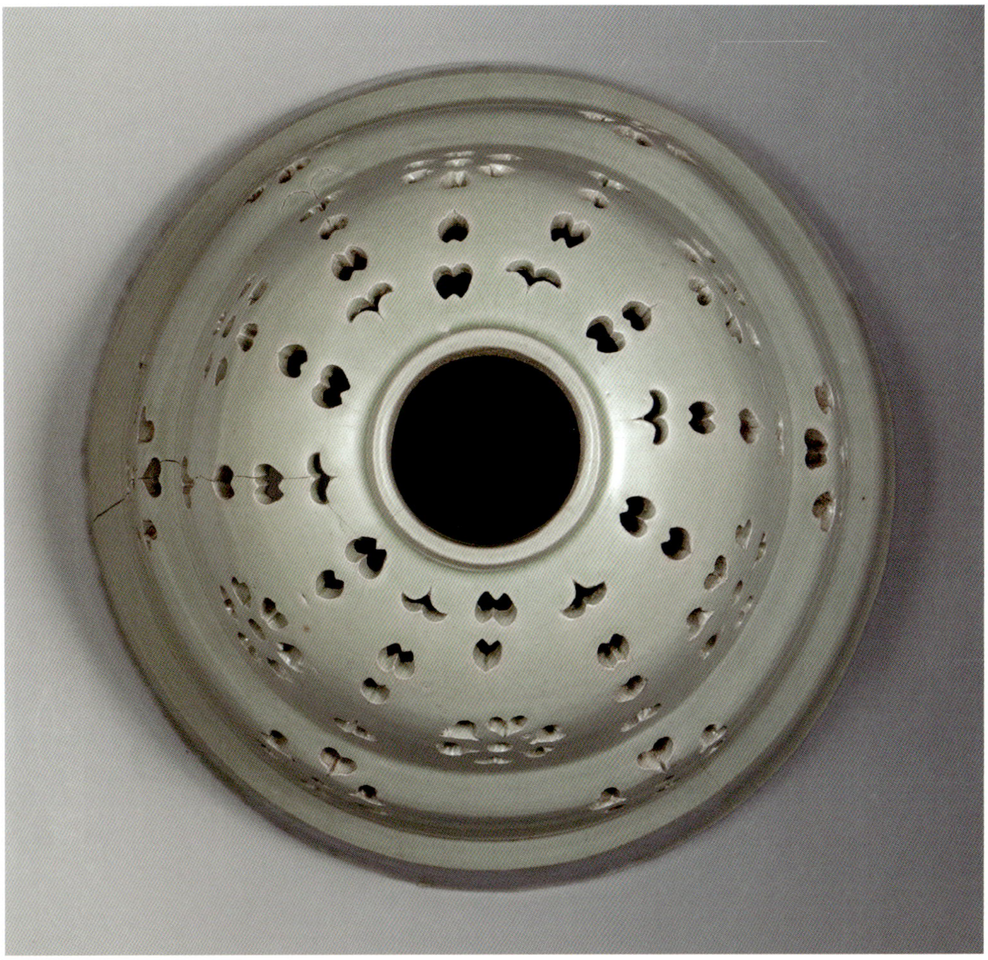

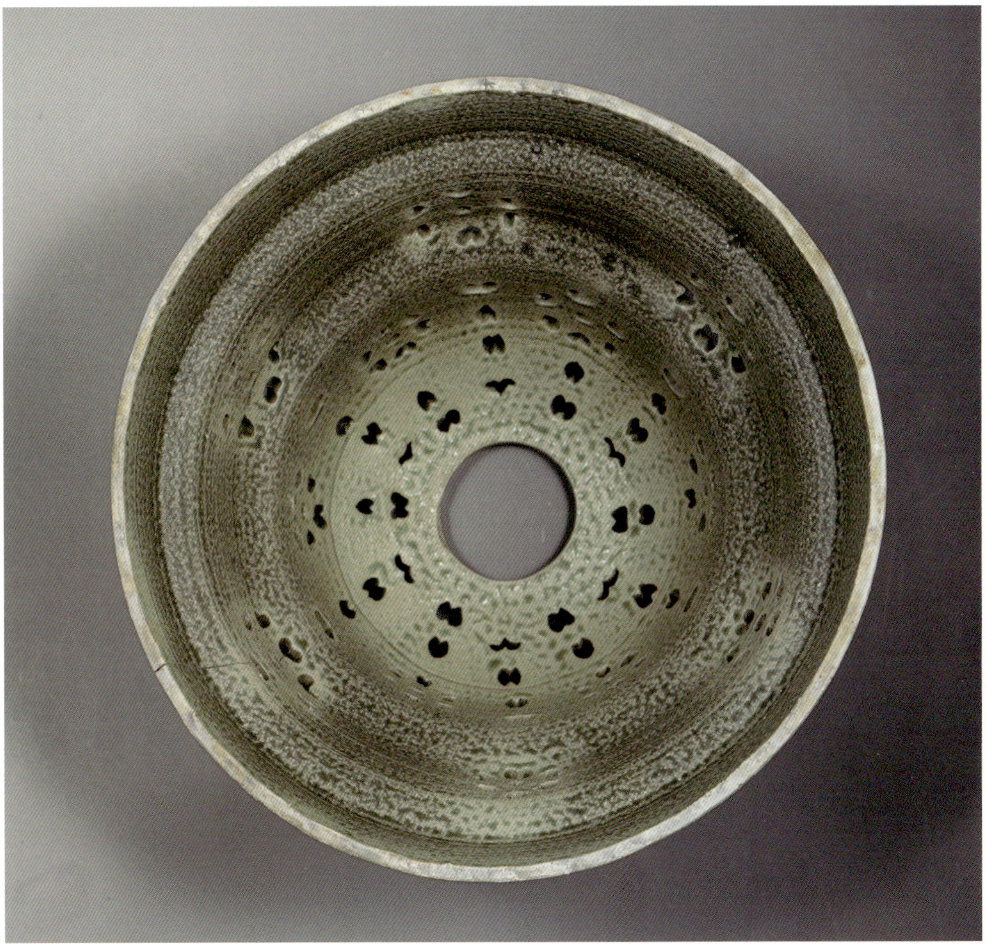

310

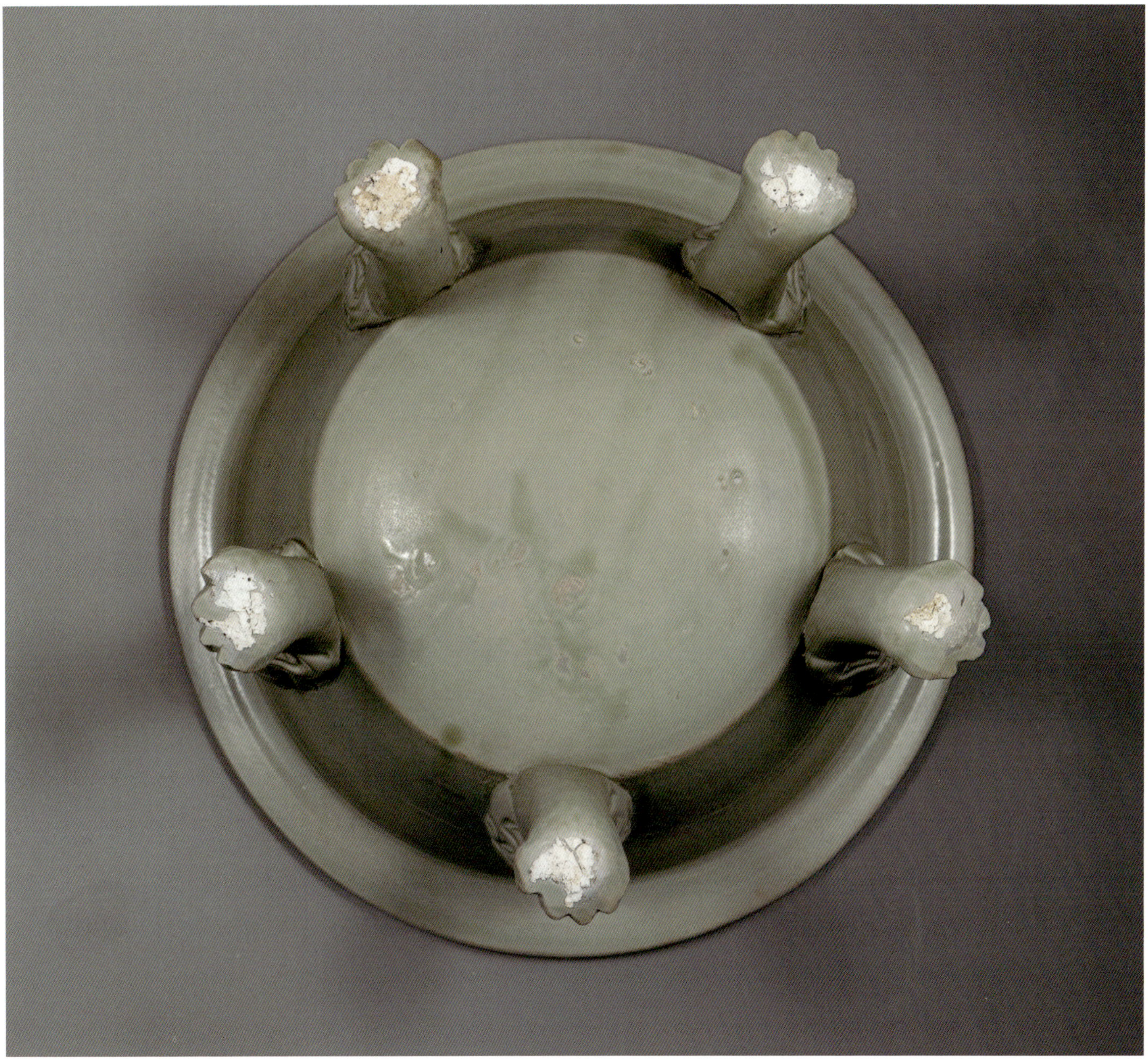

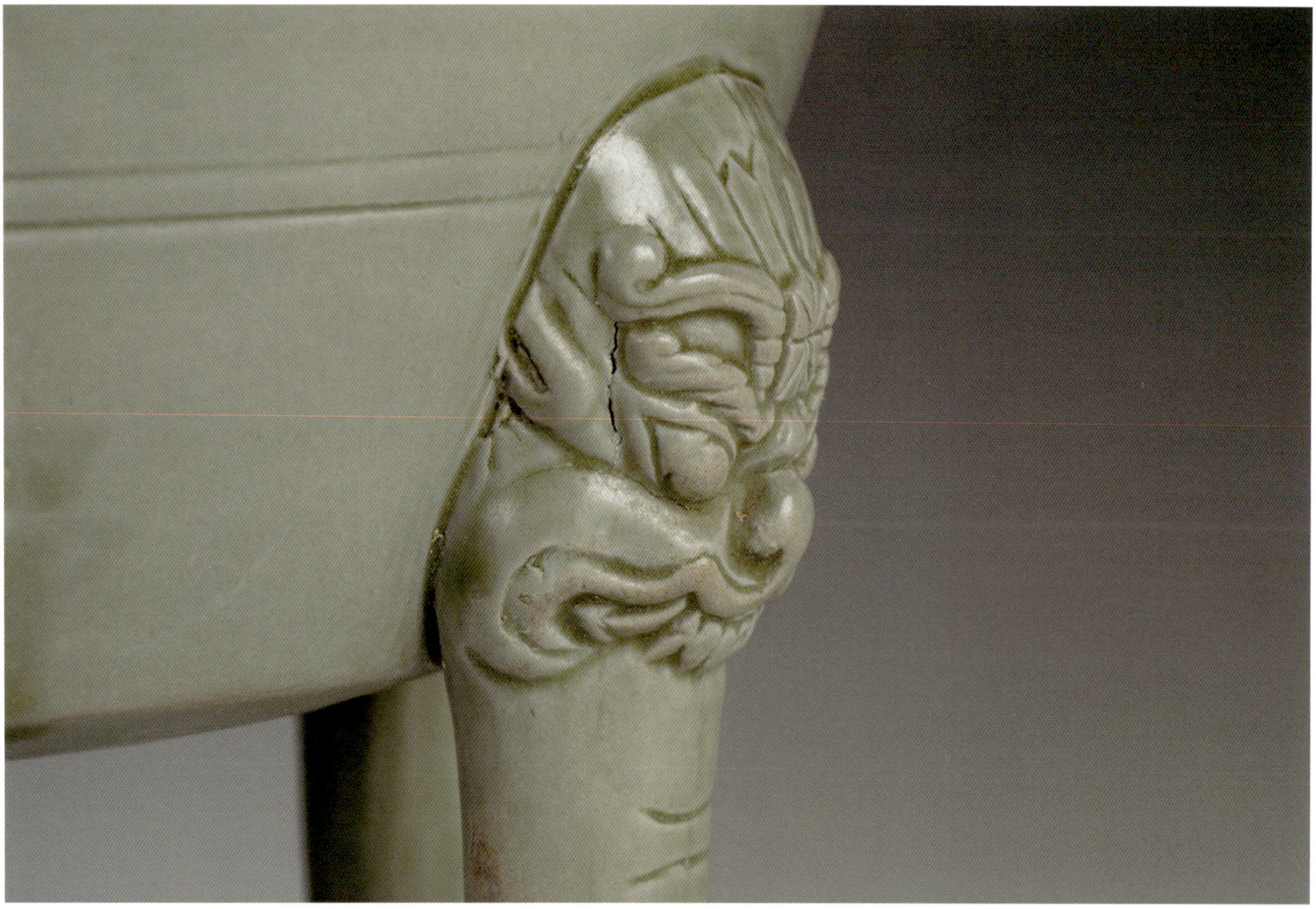

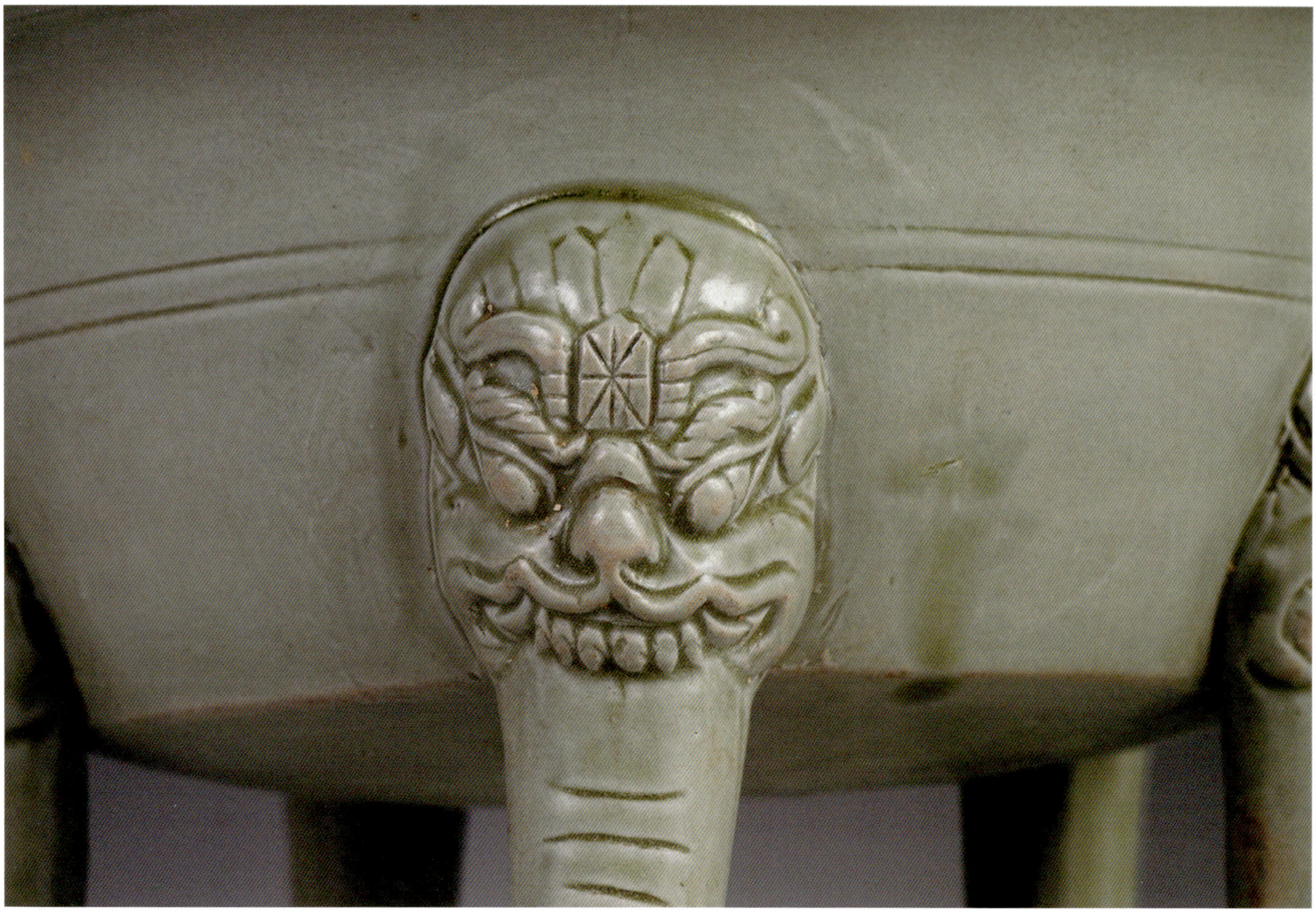

水盂:1件

水盂

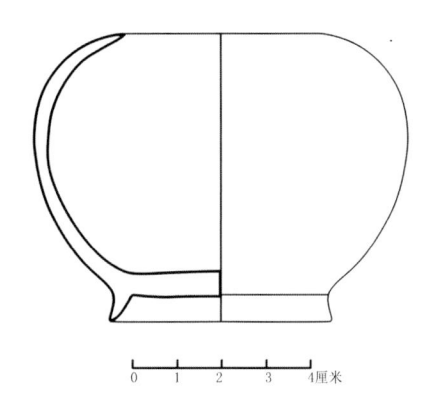

水盂

口径 4.3 厘米、最大腹径 8.4 厘米、足径 5 厘米，高 6.3 厘米

敛口，尖圆唇，圆鼓腹，平底上凹，矮圈足外撇。浅灰胎，通体青釉，釉色呈湖绿色，釉面莹润。足端有一周垫烧泥点痕。

316

唾壶：1件

唾壶

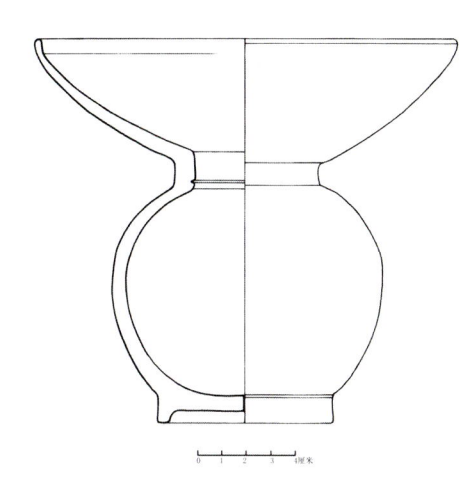

唾壶

口径 17.2 厘米、最大腹径 11 厘米、足径 7.1 厘米，高 15.2 厘米

大盘口微敛，圆唇，盘壁斜弧，短直束颈，球形腹，平底，矮圈足微外撇。浅灰胎，通体青釉，釉色呈湖绿色，釉面莹润。足端有一周垫烧泥点痕。

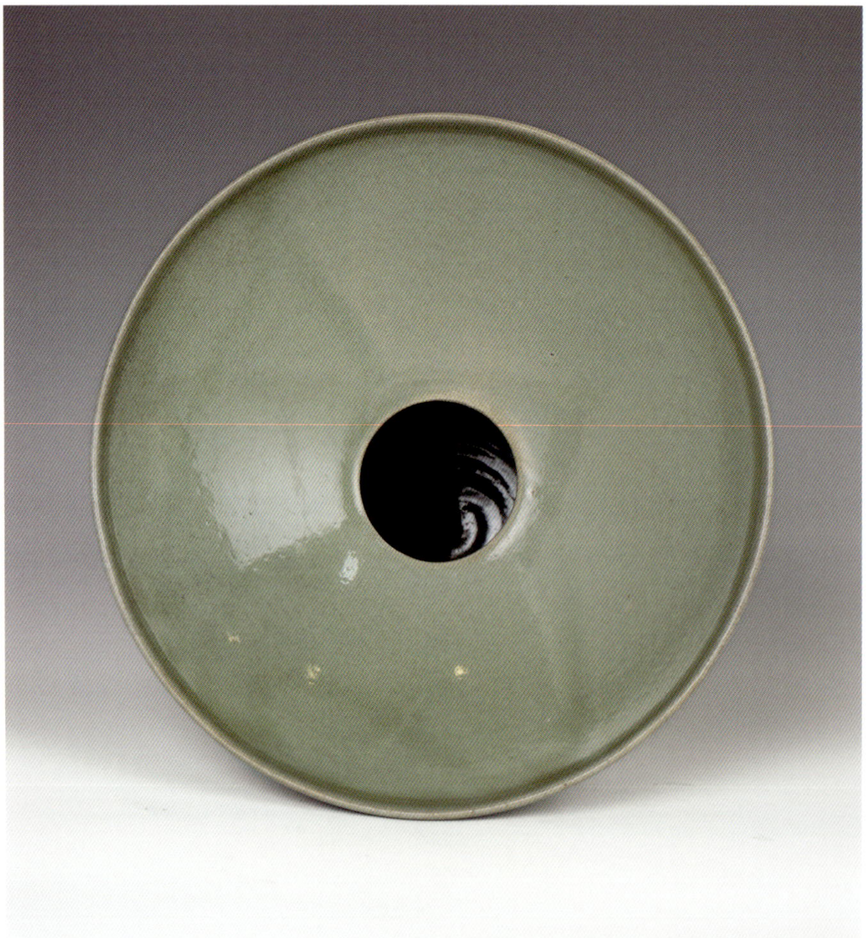

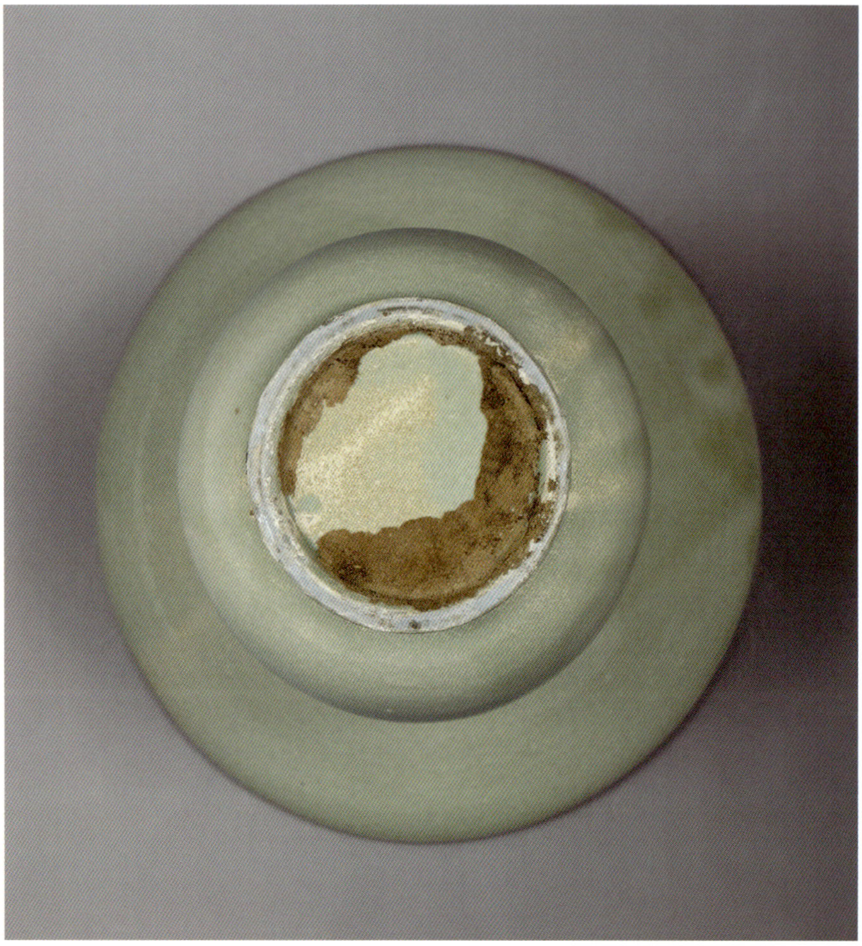

枕：1件

枕

枕

面长 15.3 厘米、宽 9.5 厘米、底长 13.9 厘米、宽 8.4 厘米、高 7.3 厘米

整体呈上大下小圆角长方体，枕面略下凹，腹部斜向内收，一侧上腹部有穿孔，平底微上凹。浅灰胎，通体青釉，釉色呈湖绿色，釉面莹润，底面刮釉。底面有多排垫烧泥点痕。

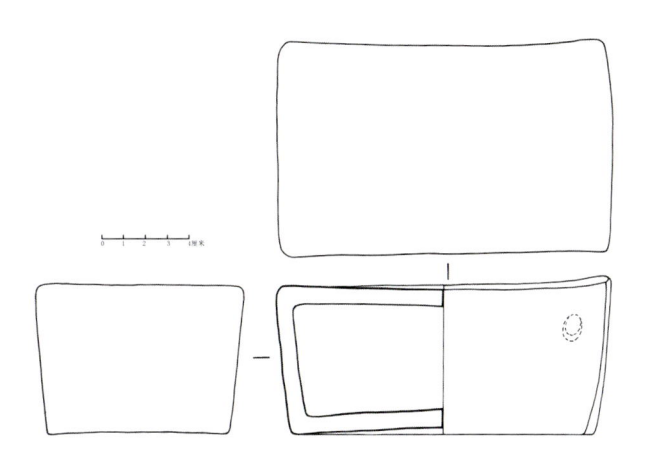

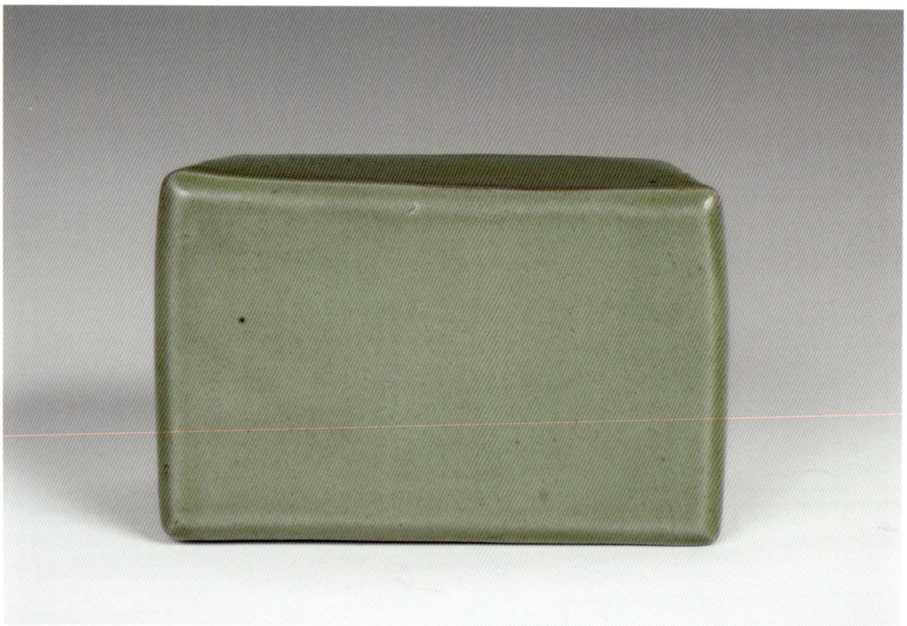

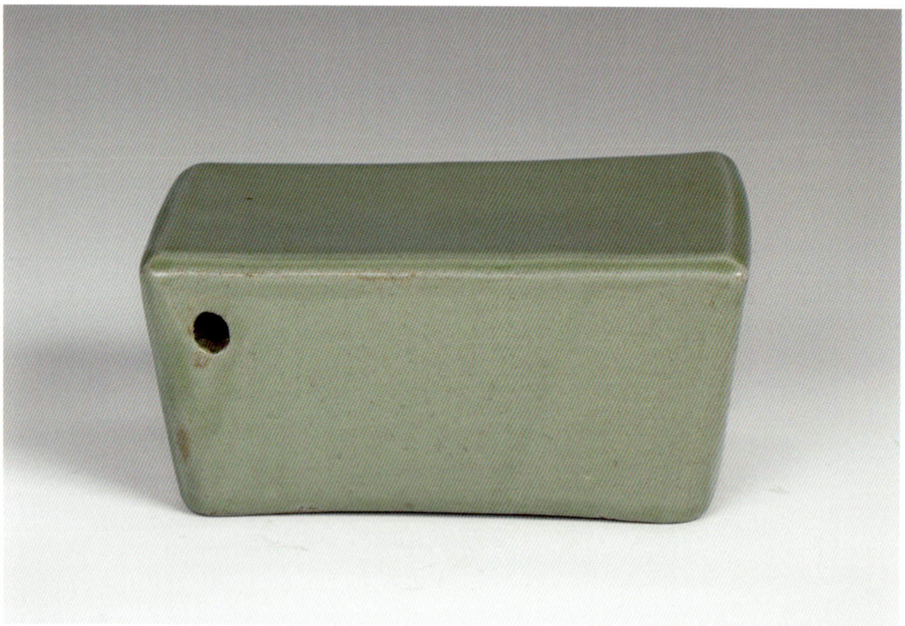

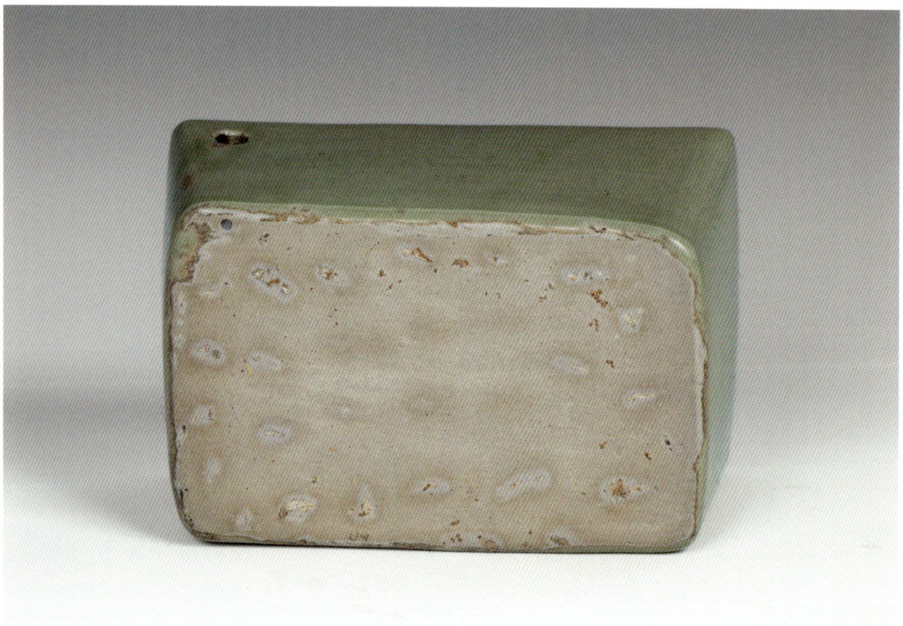

砚：1件

砚

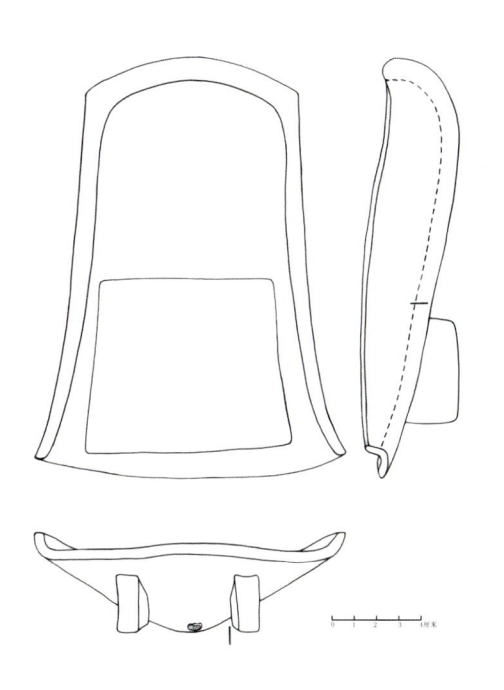

砚

砚面前宽 9.6 厘米、后宽 14 厘米、长 18.4 厘米、高 3.1—4.4 厘米

整体呈簸箕状，前窄后阔，砚面呈"风"字形，砚首低凹自然形成墨池，砚台中部至尾部设方形砚堂，砚尾有两梯形足。浅灰胎，除砚堂外，其余部分皆施釉，釉色呈湖绿色，釉面莹润。砚首着地处和足端均有垫烧泥点痕，且器底残存少量垫烧泥点。

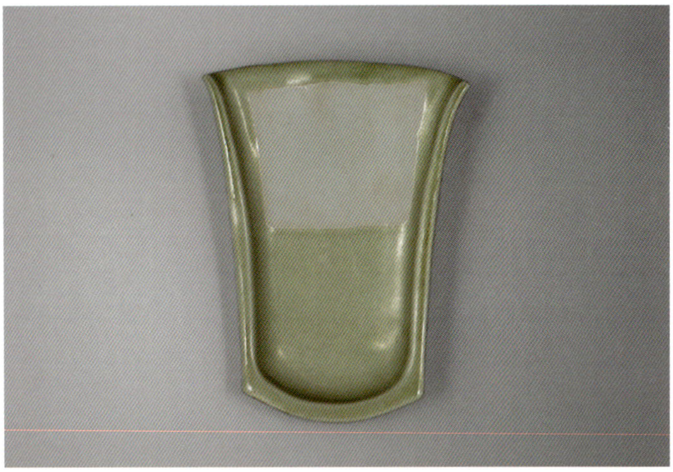
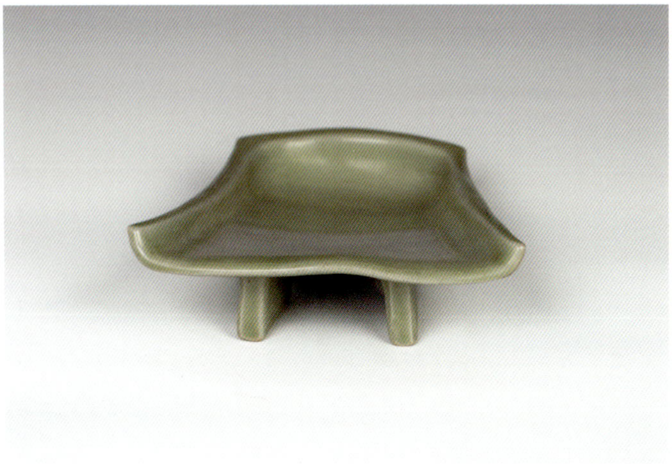
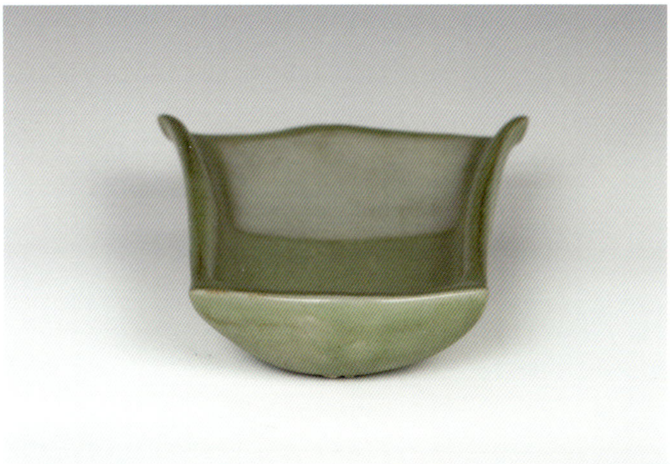
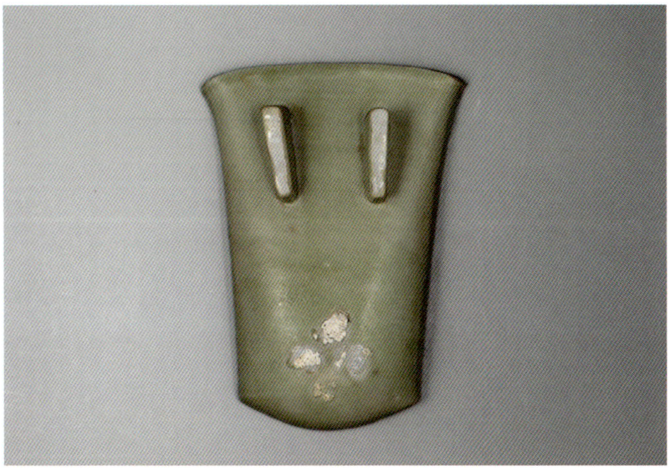

后 记

钱王陵出土的秘色瓷器，是迄今为止单批次中发现数量最多的越窑青瓷精品。本图录的编辑出版，目的在于将这批极具价值的资料呈现给学术界，以供研究参考，并满足社会各界对于文物认知与鉴赏的需求。图录中所收录的文物，经浙江省文物鉴定站组织的专家进行鉴定，目前收藏于临安区吴越文化博物馆。

为确保图录的质量与权威性，我们特别邀请了浙江古代青瓷研究资深专家、浙江省考古学会理事长郑建华先生担任主编，统筹本书的编纂工作，撰写总论，并审定书稿。浙江省文物考古研究所的青年学者张馨月，曾参与多项上林湖越窑的考古工作，也应邀参与本书的编纂，与馆内的张惠敏、徐玲共同承担了器物描述、绘图等多项基础工作。摄影工作由浙江省文物考古研究所的青年摄影师林城负责，该所的程爱兰同志亦参与了器物绘图工作。这本图录汇集了众多同仁的辛勤付出与期望，承载了无数人的关心与祝福，其价值之重大，非寥寥数语所能概括。在钱王陵出土文物中，秘色瓷器所占比例最高。在编撰过程中，我们对这些珍贵文物有了更深入的了解，钱王陵出土的越窑青瓷在器形特征及装烧工艺上，大体继承了晚唐至吴越国前期的风格，同时亦呈现出若干新的变化，显示出鲜明的过渡特征，部分器形极为罕见，甚至堪称前所未见。我们通过细致的整理与编纂，旨在揭示这些文物所蕴含的历史价值、文化特色及艺术魅力，从而使读者能够更加全面地认识这些文物的价值。

杭州临安作为吴越国第一代国王钱镠的诞生地和归息地，见证了钱氏"三世五王"的励精图治与保境安民，为两浙之地带来了较长的稳定与发展。钱镠之孙钱俶，秉承"如遇真主，宜速归附"的祖训，审时度势，纳土归宋，维护了国家与民族的统一，是中国历史上和平统一的伟大实践和典范。

我们以此书作为一份特殊的纪念。

杭州市临安区吴越文化博物馆　鲍伟华
2024 年 4 月 10 日于功臣山下

图书在版编目（CIP）数据

王陵秘色：钱镠墓越窑青瓷 / 郑建华主编；鲍伟华副主编；杭州市临安区博物馆编 . -- 杭州：浙江大学出版社，2024.7（2025.1重印）
  ISBN 978-7-308-24970-6

Ⅰ. ①王… Ⅱ. ①郑… ②鲍… ③杭… Ⅲ. ①越窑－瓷器（考古）－研究 Ⅳ. ① K876.34

中国国家版本馆 CIP 数据核字 (2024) 第 098411 号

王陵秘色
——钱镠墓越窑青瓷

郑建华　主编　　鲍伟华　副主编　　杭州市临安区博物馆　编

出 品 人	褚超孚
策　　划	陈　洁　宋旭华
责任编辑	徐凯凯
责任校对	蔡　帆
装帧设计	项梦怡
出版发行	浙江大学出版社
	（杭州市天目山路 148 号　邮政编码　310007）
	（网址：http://www.zjupress.com）
印　　刷	浙江海虹彩色印务有限公司
开　　本	889mm×1194mm　1/16
印　　张	21
字　　数	198 千
版 印 次	2024 年 7 月第 1 版　2025 年 1 月第 3 次印刷
书　　号	ISBN 978-7-308-24970-6
定　　价	398.00 元

版权所有　翻印必究　印装差错　负责调换
浙江大学出版社市场运营中心联系方式：0571-88925591；http://zjdxcbs.tmall.com